충청남도예산말사전]

예산말사전

제 1 권

이명재 著

불휘 기픈 남군 부루매 아니 뮐씨 곶 됴코 여름 하느니
시미 기픈 므른 구무래 아니 그출씨 내히 이러 바루래 가느니

『예산말사전 제1권』을 출간하며

몸이 편하고 마음이 물처럼 맑기를 생각하지만, 나는 수양이 부족하고 욕심이 많아서인지 그 꿈이 이루어지지는 않을 듯싶다.

그저 쫓기듯 살다 주위를 돌아보니 추레하게 나이를 먹어가는 이가 옆에 있다. 나와 닮아있는 듯도 싶고 나와는 전혀 다른 누군가인 듯도 싶다. 늘 내 곁에 붙어다니는 그를 자세히 보니 내가 바라던 내가 아닌 또 다른 나였다. 마흔을 훌쩍 넘긴 내가 추레하게 나이를 먹어버린 그를 바라보다가, 맑게 흐르는 시내처럼 강물을 향하여 나이를 먹고 강물이 되어 늙어가다가 바다에 눕고 싶어졌다.

내가 할 수 있는 것이란 무엇이며, 내가 함께 나누며 갈 곳이란 어디일까. 고민하다가 내가 세상에 나눠줄 수 있는 것이란 내 경험만큼의 지혜란 것을 생각했고, 내가 가야할 곳은 내 경험을 키우는 공부라 생각했다. 그래서 잡은 것이 예산말이다. 내 지닌 예산말의 자양분이 얼마만큼의 크기일까. 딱 잡아 말할 수는 없지만 예산에서 크고 자라고 생활하며 녹여낸 예산말과, 더불어 살아가는 수많은 예산사람들의 가슴 속에 쟁여놓은 말들을 꺼내 모으면 한 자루쯤의 씨앗과 녹록치 않은 말의 묘목 하나쯤은 세상에 키울 수 있으리라 생각했다.

나의 가슴과 수많은 사람들의 가슴 속에 녹여진 삶들, 그 말들을 끄집어내고 삭히고 우려내는 일은 어렵고 오래 걸릴 듯싶었다. 그것은 몸을 편히 하고 물처럼 마음을 맑게 하는 것으로 되는 일이 아니라, 뛰고 번민하고 속을 태운 뒤에라야 얻어지는 씨앗이라 생각했다. 그 불편과 번민의

욕심을 채우기 위해 나는 몸이 편하고 마음이 맑기를 포기했다.

『예산말사전 제1권』이 나오기까지 참 많은 분들이 살펴주었다. 예산의 많은 어르신들이 기껍게 잊혀져가는 어린 날의 기억을 전해주었다. 내가 지쳐갈 때면 주변의 많은 사람들이 위로와 격려를 보내주었다. 내가 예산 말을 품고 홀로 긴 밤들을 지새울 때 나를 위무해주고 함께 이야기를 나눠준 무한정보신문도 있었다. 예산군소식지가 지면을 열어주었다. 그로 하여 나는 많은 분들과 소통할 수 있었고, 외롭지 않을 수 있었다. 『예산말사전』을 출간하고자 할 때는 길을 열어준 친구가 있었고, 예산군수를 비롯하여 문화체육과 관계자들과 군의원들은 앞서 애써주었다. 모두 가슴 뜨겁게 고마운 분들이다.

특히 예산말사전 출간 문제로 고민할 때 내가 하는 일을 이해해주고 길을 터준 고남종 충남도의원과, 지난 8년간 매 순간 옆에서 지켜봐주고 조언을 아끼지 않은 무한정보신문사 이재형 친구와 식구들에게 고마운 마음을 따로 적는다.

이 고마운 모든 분들에게 보다 훌륭한『예산말사전 제2~5권』으로 보답하고자 하며, 부족한 대로『예산말사전 제1권』을 먼저 전한다.

2012년 10월 15일

이 명 재

일러두기

1. 표제어

1-1. 선정 범위

공시적으로 현대에 쓰이는 여러 형태의 예산말을 선정하였다. 통시적으로는 표준말 보급이 일반화되기 전인 1960대 이전의 말을 포함하였으며, 발생적 범주로는 고유어, 한자어, 외래어와 일상어, 속어를 포함하였다.

1-2. 배열 순서

자음과 모음의 순서에 따르되, 이중모음 '으(ji)'는 'ㅣ'의 뒤에 두었다. 자모가 같은 말의 차례는 고유어→한자어→외래어 순으로 하였으며, 동음이의어의 경우 짧은 소리를 앞에 두고 긴 소리를 뒤에 배열하였다.

1-3. 주표제어

원칙적으로 단일어 및 합성어, 파생어와 조사, 어미, 접사 따위의 형식형태소를 주표제어로 삼되, 표준말과 다른 특수한 예산말의 어구는 일부 표제어로 삼았다.

1-4. 표제어인 예산말에 대응하는 표준말은 표제어 뒤에 표로 나타내었다.
예) **가찹다**[-따] 표가깝다

1-5. 표제어는 쉽게 구분할 수 있도록 글자의 크기와 굵기를 달리 하였다.
예) **구럭** 표망태기

1-6. 소리값이 표준어 발음인 'ㅓ'와 방언 발음 'ㅡ'가 함께 쓰이는 경우엔 'ㅡ'를 가진 어휘를 방언으로 싣고, =로 함께 쓰이는 어휘를 표시했다.
예) **으즌** 표어전(御前) 명 ······ =어전
　　으즐 표어절(語節) 명 ······ =어절
　　으촌 표어촌(漁村) 명 ······ =어촌

2. 맞춤법과 발음

2-1. 맞춤법은 소리나는 대로 표기하여 예산말의 발음값이 잘 드러나도록 함을 원칙으로 하되, 형태소의 구분이 뚜렷한 경우엔 어법에 맞도록 하였다.

2-2. 표제어의 발음값은 표제어 바로 뒤 [ ]안에 변화된 음절만 표기하였으며, 변화하지 않는 음절에는 줄표(-)로 대신하였다.
　　예) 각개-표[-깨-]
　　　　깨구락지[-찌]

2-3. 국어 자모 체계에 없는 이중모음 '으'는 '이으[ji]'를 나타낸다.
　　예) 은애 표연애(戀愛)
　　　　은출 표연출(演出)

3. 뜻풀이

3-1. 뜻의 갈래

　　한 어휘가 여러 뜻을 지닐 때는 ①, ②, ③으로 가르되, 예산 지역에서의 사용 빈도가 높거나 근원이 되는 뜻풀이를 앞에 두었다. 표준말과 다른 뜻으로 쓰이는 경우엔 예산말의 뜻만을 취했으며, 뜻풀이는 되도록 간략히 하고자 했다.

3-2. 활용 형태

　　규칙과 불규칙은 표시하지 않음을 원칙으로 하되, 표준어에서 불규칙 활용하는 말이 예산말에서 규칙 활용을 할 경우에는 용언의 품사 뒤에 (규칙)이라 표시하고, ' '안에 활용 형태를 열거하였다.
　　예) 흘르다 표흐르다 동(규칙) '활용 형태 : 흘르게. 흘르니. 흘르고. 흘르더락. 흘르지'
　　　　저스다 표젓다 동(규칙) '활용 형태 : 저스게. 저스니. 저스구. 저스더락. 저스지'

3-3. 표준어에 대응하는 말이 둘 이상인 경우 모든 어휘를 실었다. 이러한 경우 1)사용 빈도가 높은 것과 2)더 이전의 모습을 보이는 어휘를 중심으로 정리했다. 또한 3)풀이가 중복되는 것을 피하여 ☞으로 풀이 항목을 가리켰다.
　　1)의 예 : 오티기 〉 오치기 〉 워치기.　오리봉낭구 〉 오리봉나무
　　2)의 예 : 몸띵이 〉 몸땡이.　몽딩이 〉 몽댕이
　　3)의 예 : 오틱-허다[-티커-] 표어떻게 하다 동어떤 일이나 행동을 어떠한 방법으로 하다.
　　　　　　오칙-허다[-치커-] 표어떻게 하다 ☞ '오틱허다'

4. 어원

4-1. 한자어를 비롯한 각 나라에서 들어온 말은 표준말의 뒤에 ( )를 두어 한자나, 국적, 영문 표기를 하였다.

4-2. 순우리말은 형태소별로 분석하였고, 각 요소의 변화되기 전 모습을 밝히고자 하였다. 형태소 분석시 접사, 조사, 어미의 뜻은 되도록 풀이하지 않고, 어근에 해당하는 형태소에는 ( )안에 한자를 넣어 뜻을 풀이하였다.
   예) **개: 동백-낭구** '개(접사)+동백(冬栢)+낭구(木)'

4-3. 어원 변천의 모습은 〉으로 시대적 앞뒤를 표시하였고, 개연성은 있으나 뜻과 형태가 불분명할 경우엔 ?로 표시하였다.
   예) 돈니다〉댄니다?〉대니다. 돈기다〉댄기다?〉댕기다

5. 용례

5-1. 용례는 예산말의 모습을 잘 살려내는 것을 목표로, 최대한 실제로 쓰이는 구어체 문장으로 하였다. 용례는 뜻풀이 뒤에 ¶로 구분하였으며, 하나 이상의 예문을 두고자 하였다.

5-2. 둘 이상의 예문 사이는 /으로 표시하였다. 단, 이어지는 대화 문장에는 /를 하지 않았다.

5-3. 용례에 해당하는 단어는 굵은 글씨로 하였다.
   예) **가꼬다** 표갖고 오다. 동(타) '가지구 오다'가 줄어든 말. ¶책 점 **가꽈라**./가방은 **가꽜니**?

5-4. 용례의 해석을 돕기 위해, 일부 예산말 뒤에 ( )를 두어 해당 한자를 써 넣었다.
   예) 송칭이(松蟲-)를 근디렸더니 따거워 죽겄네.

6. 이 밖의 사항은 기호 및 약호에 따른다.

6-1. 품사는 아래와 같이 약호를 사용하여 나타냈다.

　　　　대 대명사
　　　　수 수사
　　　　명 명사
　　　　의명 의존명사
　　　　형 형용사
　　　　보형 보조형용사
　　　　동 동사
　　　　보동 보조동사
　　　　관 관형사
　　　　부 부사
　　　　조 조사
　　　　감 감탄사

6-2. 기타 여러 사항에 대하여는 아래의 약호를 사용했다.

　　　　표　　　표준어
　　　　접　　　접사
　　　　미　　　어미
　　　　속　　　속담
　　　　준　　　준말
　　　( )　　　표제어나 표준어에 해당하는 한자
　　　( )　　　구문, 품사의 하위 갈래(문법요소)나 전문어, 특수어, 한자어 표시
　　　 +　　　형태소의 결합
　　　[ ]　　　발음값
　　　 ≒　　　비슷한 뜻으로 쓰이는 낱말
　　　 ↔　　　상대가 되는 낱말

☞	풀이가 있는 낱말 찾아가기, 중심 낱말 찾아가기
→	낱말의 변화 과정이나 형태 풀이
=	예산말에서, 앞에 풀이된 단어와 같은 뜻으로 함께 쓰이는 말
' '	낱말의 형태소 분석. 또는 활용의 형태를 살펴볼 때
:	긴소리로 나는 음절 표시
〉	어형 변화가 일어난 단어 사이에, 앞쪽에 있는 단어가 앞선 시대의 어형임을 나타냄
/	같은 무게로 나란히 쓰이는 말 표시. 병립(竝立), 또는 선택(選擇)
※	참고 사항이나 특이 사항

6-2. 전문어

〈가톨릭〉
〈경제〉
〈고고학〉
〈공업〉
〈광업〉
〈교육〉
〈군사〉
〈기독교〉
〈기상〉
〈논리〉
〈농업〉
〈동물〉
〈문학〉
〈물리〉
〈미술〉
〈민속〉
〈법률〉

〈불교〉
〈사회〉
〈생물〉
〈수학〉
〈수산업〉
〈식물〉
〈심리〉
〈언어〉
〈역사〉
〈연극〉
〈영화〉
〈예술〉
〈오락〉
〈음악〉
〈의학〉
〈인명〉
〈정치〉
〈지리〉
〈지명〉
〈철학〉
〈통신〉
〈한의학〉

목 차

▎『예산말사전 제1권』을 출간하며 / 2
▎일러두기 / 4

- ㄱ ·········· 15
- ㄴ ·········· 56
- ㄷ ·········· 70
- ㅁ ·········· 90
- ㅂ ·········· 106
- ㅅ ·········· 124
- ㅇ ·········· 177
- ㅈ ·········· 216
- ㅊ ·········· 268
- ㅋ ·········· 273
- ㅌ ·········· 275
- ㅍ ·········· 277
- ㅎ ·········· 279

▎표준어색인 / 293

예산말사전 제1권

ㄱ

가랑-잎새[-닙쌔] 표가랑-잎 명 '표준어화 과정→가랑잎새>가랑잎'. 떨어져 마른 활엽수의 잎. =가랑잎. ¶젖인 **가랑잎새**를 뭐다라 긁넌댜?/긁어 모대놔두 바람불믄 다 날러가넌 게 **가랑잎샌**디.

가랭이 표가랑이 명 'ᄀᆞᆯ/굴-(分,岐)+앙(접사)+이(접사)→가랑이>가랭이'. 몸통의 끝이 나뉘어 나란히 벌어진 부분. ¶뱁새가 황새 걸음허다가넌 **가랭이**가 찢어진다잖었남?/비가 와서 바지 **가랭이**가 다 젖어뻔졌어.

가러-막다[-따] 표가로-막다 동(타) 'ᄀᆞᆯ(橫)-+막-(防)+-다→ᄀᆞᆯ막다>가로막다/가러막다'. 앞을 가로질러 막거나, 어떤 것을 하지 못하도록 하다. ¶무한츤(無限川)을 **가러막구** 뚝을 쌓어 예당즈수지를 맹근 거잖어./내가 뭣 점 헐 즉마두 저늠으 자석이 **가러막넌다닝께**.

가러-맥히다[-매키-] 표 가로-막히다 동 ☞ '가러막다'의 피동사. ¶퇴근허넌 차덜루 도로가 자꾸 **가러맥혔다**.

가러-앉다[-안따] 표가라-앉다 동 (자) '갈-(降)+-어+앉-(坐)+-다'. 어떤 것이 바닥으로 내려앉거나, 아픔, 흥분, 바람, 물결 따위가 잠잠해지다. ㉰갈앉다. ¶태풍이 다 지나갔넌지 비바람이 **가러앉었다**./흥분이 **가러앉자** 지침두 **가러앉었다**.

가로-저스다 표가로-젓다 동(규칙) '활용 형태 : 가로저스게. 가로저스구. 가로저스니'. 가로 방향으로 젓거나, 부정, 의심 따위의 뜻으로 고개나 손을 가로 방향으로 젓다. ¶**가로저스지만** 말구 골고루 저스야 되여./내 말이 그는 고개를 **가로저셨다**.

가물 표가물/가뭄 명 오랫동안 비가 내리지 않아 메마른 날씨. ¶올히는 **가물**이 읎어서 좋구먼./시 해 **가물**인 살어두 속 달 장마이는 못 산다잖여.

가맹-즘 표가맹-점(加盟店) 명어떤 회사나 조직에 이어진 점포. =가맹점. ¶즈희는 **가맹즘**이 아니라 그 카드는 쓸 수 읎유./**가맹즘**이 가믄 즉립(積立) 포인트를 받을 수 있유.

가물-쓰다 표까물어-치다 동(자) '가물(沈?/氣絶)+쓰-(起)+-다'. 순간적으로 의식을 잃고 쓰러지다. =까물쓰다. 가물키다. 까물키다. ¶애가 자꾸 **가물쓰넌디** 오티긴대유?/자꾸 **가물쓰믄** 머리가 이상헌 애가 된댜. 얼릉 침이래두 맞혀봐.

까물-쓰다 표까물어-치다 동 ☞ '가물쓰다'의 센말. ¶인전 오쩔 겨? 오쪄긴 멀 오쮸? 오채피 이렇기 된 거 죽기 아니믄 **까물쓰기쥬**.

가물-키다 표까물어-치다 동 ☞ '가물쓰다'의 이형태(異形態). ¶애가 이 지꿍이루 **가물키더락** 넌 뭘 허구 있었던 겨?

까물-키다 표까물어-치다 동 ☞ '가물키다'의 센말. ¶야가 간지랄을 허나, 왜 갑자기 버쿰을 물구 **까물키는 겨**?

가심 표가슴 명 '가슴>가슴/가심'. ① 배와 목 사이의 부분이나, 여자의 유방을 이르는 말. ¶**가심**이 손을 읗구 반성 점 허라이./중핵겨에 들어간 딸 애의 **가심**이 봉긋하게 솟아나 있었다. ②심장이나 폐가 있는 몸의 속 부분, 또는 마음. ¶어이구, **가심** 속이 불나뻔진다닝께이./나쁜 소식을 들으니께 **가심**이 답답허구먼.

가심-둘레 표가슴-둘레 명가슴과 등을 둘러서 잰 길이. ¶**가심둘레**를 잴 때는 한끗 숨을 딜이 마셨다.

가심-뼈 표가슴-뼈 명 '가슴(胸)+쎠(骨)→가슴뼈/가심뼈'. 가슴 한복판에 세로로 있는 뼈. 좌우의 늑골과 연결되어 흉부의 앞 벽을 이룸. ¶년 새 **가심뼈**를 가져서니 육체미 운동을 히두 가심 근육은 잘 안 될 겨.

가심-살[-쌀] 표가슴-살 명가슴에 붙은 살. ¶닭괴기 중이선 **가심살** 괴기가 질 좋댜.

가심-패기 표가슴-팍 명 ☞ '가심팍'을 속되게 이르는 말. ¶하두 열통 터져서니 그는 특살을 쥐구 **가심패기**를 쥐박어뻐렸어./**가심패기**를 쥐뜯어봐야 다 소용읎넌 짓이구먼.

가심-앓이 표가슴-앓이 명 '가심(胸)+앓-(痛)+이(접사)'. 마음속으로만 애달파하는 일. 또는 가슴 부분이 쓰리고 아픈 병. ¶혼저 **가심앓이**허덜 말구 용길 내서 그 남잘 만나봐.

가심-팍 표가슴-팍 명 '가심(胸)+팍(板)'. 가슴의 판판한 부분. ¶아이는 **가심팍**이 얼굴을 묻구 슳게 울었다.

가운디 표가운데 명 '갑(中)+-오(어미)+디(處)→가본디>가온디>가운데/가운디'. ①한쪽으로 치우치지 않은 중심부. ¶즈수지 한**가운디**에 쬐그만

슴이 하나 있다. ②양쪽의 사이나, 일정한 범위의 안. =가운데. ¶그 둘 **가운디**다가 껴놔./느덜 **가운디**서 한 사람만 나와서 우리일 점 도와라.

가운디-발꼬락 표가운뎃-발가락 명 다섯 발가락 가운데 셋째 발가락. =가운데발꼬락. ¶울엄니두 **가운디발꼬락**이 질 지른디 나두 그려.

가운디-손꼬락[-/-송-] 표가운뎃-손가락 명 다섯 손가락의 한가운데에 있는 긴 손가락. ¶**가운디손꼬락**을 다쳤다.

가운디-송꼬락 표가운뎃-손가락 명 ☞'가운디손꼬락'. ¶**가운디송꼬락**이 까시가 백여서니 아퍼 죽겄네.

가:읍 표가:업(家業) 명대대로 이어온 집안의 생업. =세읍(世業). ¶**가읍**(家業)을 이서가다./**가읍**(家業)을 지키다.

가이 표개 명'가히>가이>개'. ①갯과의 포유동물. =개. ¶**가이**를 많이 질러봤어두 조롱기 미선 늠은 읎었단 말여./저 늠이 누굴 알길 **가이** 콕구녕이루 안다닝께. ②행실이 못된 사람이나, 남의 앞잡이를 낮잡아 이르는 말. ¶저 눔은 술만 먹으믄 지 부모두 물르넌 **가이**유./해두 일본 긍찰(警察)의 **가이**노릇을 허다니.

가이-괴기 표개:-고기 명☞'개괴기'. ¶**가이괴기** 먹넌 사람 나쁘다구 허기 전이 뻬쩍말른 느이집 가이 밥이나 점 챙겨 멕여.

가이-구넉 표개:-구멍 명☞'개구녁'.
가이-구녕 표개:-구멍 명☞'개구녁'.
가:-읎다[-읍따] 표가엾다 형'ᄀ/ᄌ(邊)+이(조사)+읎-(無)+-다→ᄀ이읎다>가:읎다'. 불쌍하고 딱하다. ¶에구, **가읎**으라. 즈 어린 것이 에미애비 떨어져서니 오티기 사까?

가제 부그렇지 아니하여도. ¶**가제** 돈이 읎어 걱정인 판인디 자네한티 빌려 줄 돈이 오디 있겄남?

가제-두 부그렇지 않아도. ¶**가재두** 심 들어 죽겄넌디, 너까장 속을 썩이는 겨?

가쟁이 표가지 명 ☞'가징이'. ¶4월이 되자 앵두낭구 **가쟁이**마두 꽃망울이 연분홍이루 물이 들었다.

가쟁이-치기 표가지-치기 명☞'가징이치기'. ¶시방 **가쟁이치기**가 급헌 게 아니구먼.

가즌 표가전(家電) 명☞'가즌지품' 이 줄어든 말.

가즌 표가전(家傳) 명집안 대대로 전하여 내려오는 것. 또는 그런 물건. ¶**가즌**지보(家傳之寶)를 박물관이 기증허다. /**가즌**지물(家傳之物)을 도둑맞다.

가즌-지품 표가전-제품(家電製品) 명가정에서 사용하는 세탁기, 냉장고 따위의 전기 기기. ¶**가즌지품**을 구입허다./**가즌지품**을 수리허다.

가징이 표가지 명'가지(枝)+엉이(접사)→가정이?>가쟁이>가징이'. 나무의 굵은 줄기에서 갈라져 뻗어나간 줄기. =가쟁이. ¶**가징이 가징이**마두 감이 찢어지게 열렸유./솔**가징이** 몇 개 치구 삭징이라두 줏으러 가유.

가징이-치기 표가지-치기 명나뭇가지를 잘라내는 일. =가쟁이치기. 즌지(剪枝). ¶과수원 일이란 게 **가징이치기**나 수분(受粉)허넌 게 손이 질 많이 가능 겨.

가차워-지다 표가까워-지다 동(자) 가깝게 되다. ¶그런 사람허구는 **가차워지**는 것두 반갑지 않이여.

가차이 표가까이 부거리가 조금밖에 떨어지지 않거나, 조금 못 미치는 상태로. 또는 사이가 친밀한 상태로. ¶은인(戀人)찌리는 서루 **가차이** 지내야 허능 겨. **가차이** 두구 만나야 증(情)두 생기구 그러넌 거지. 몸이 떠나믄 맘두 멀어지능 겨.

가차이-허다 표가까이-하다 동(타) 친하게 사귀거나, 무엇을 좋아하여 즐기다. ¶오쩌다보니 그 냥반을 **가차이허**게 됬어./술이랑 노름은 **가차이허**질 말어라.

가찹다[-따] 표가깝다 형'갓(邊)+갑(접사)+-다→가깝다/가찹다'. 거리나 시간이 보통의 경우보다 짧다. 또는 서로의 관계가 친하거나 밀접하다. ¶음, 지둥 사이가 너머 **가찹구먼**./그 두 사람은 **가차운** 날이 혼인허게 될 거랴./갸는 나랑 **가차운** 사인디.

가-츠분 표가-처분(假處分) 명① 어떤 사물을 임시로 처분하는 것. ¶**가츠분소득**(可處分所得). ②<법률>받을 권리가 있는 특정물을 처분하지 못하도록 법원이 행하는 일시적인 명령. ¶**가츠분명령**(假處分命令). **가츠분**허다.

가치 표개비 명가늘게 쪼갠 나무토막이나 기름한 토막의 낱개. ¶츰이 서울 가서 직장을 못 잡었을 땐 **가치** 담배를 서서 폈다닝께. 의명수량을 나타내는 말 뒤에서, 가늘게 쪼갠 토막을 세는 단위. ¶담배 한 **가치**만 빌립시다./성냥이 몇 **가치**배끼 안 남었군.

가트다 표같다 형'ᄀᆞᇀ다>가트다'. '활용 형태 : 가트게. 가트지. 가트구. 가트니께. 가터서'. 크기, 생김새 따위가 서로 다르지 않다. ¶나는 너 **가트지** 않어./이거랑 저거는 **가트구**, 요거랑 조거는 달브다.

각개-표 표가위표(-標) 명'×'의 이름. 틀린 것이나 특정 지점을 나타낼 때 쓰는 표시. ¶슨상님은 내 섬지에 마구 **각개표**를 그셔대었다.

간-떙이 표간-덩이(肝-) 명☞ 간떵이. ¶되두 않언 게 **간떙일** 오따 팔어먹구 왔구먼.

간-떵이 표간-덩이(肝-) 명'간(肝)+덩이(塊)'. '간'을 속되게 이르는 말. ¶그리기, 쟈가 **간떵이**가 붰내 뷰.

간수-허다 표간수-하다(看守-) 동(타) 물건을 잘 보살펴 지키다. ¶니 동생 잘 **간수허구** 조심히서 댕겨오니라.

간 : 슨 표간 : 선 (間選) 명 '간즙 슨거'가 줄어든 말. ↔직슨(直選). ¶간슨이 편허긴 헌디 말여. 그게 야료(惹鬧)가 생길 수 있단 말이지.

간 : 슨-제 표간 : 선-제 (間選制) 명간접 선거에 의하는 제도. ↔직슨제(直選制). ¶5공화국이서야 국민의 신임이 읎으닝께 윽지루 대통령 헤먹을라구 간슨제를 헌 거지. 인전 간슨제루 대통령이 또 나올 수 있남?

간-허다 표간-하다 동(타) 음식의 간을 맞추거나, 채소 따위를 소금에 절이다. ¶채소를 간히서 상이 올렸다.

갈가리 표피라미 명피라미의 수컷. ※표준어에서는 보통 피라미를 가리키나, 예산지방에서는 수컷피라미를 주로 가리킴. ¶갈가리는 오색피래미를 가리키넌 겨.

갈 : -근이[-그지] 표가을-걷이 명가을에 곡식을 거두어들이는 일. 추수(秋收). 동(자) 갈근이-허다. ¶갈근이는 온제 헐라구 단풍귀경만 댕기능가?

갈 : -눼 : 표가을-누에 명8~9월에 치는 누에. =갈누여. 추잠(秋蠶). ¶갈눼 칠라믄 뽕칼을 잘 챙기야 혀./이번 갈눼는 꼬치 매상날허구 추석맹절이 접쳐서니 참 븐잡허게두 생겼유.

갈 : 량 (-量) 표측 : 량(測量) 명'가르-(測)+량(量)→갈량'. 양을 측정하거나, 앞일을 살펴 헤아림. ¶넌 오티기 된 게 밥물 하나두 갈량을 못 허냐?

그리서니 시집이나 가겄냐?

갈러-지다 표갈라-지다 동(자) 어떤 사물이 쪼개지거나, 무리가 둘 이상으로 흩어지다. ¶칼을 대자마자 수박이 짝 갈러졌다./그 일 이후 모임은 두 패루 갈러져 싸웠다.

갈르다 표가르다 동(타) 쪼개거나 구별하거나, 옳고 그름을 따져서 구분하다. ¶편을 갈르다./물괴기 배를 갈르다./이치를 갈르다.

갈 : -바람[-빠-] 표가을-바람 명가을에 부는 선선한 바람. ¶갈바람은 총각바람이라넌디 이번 갈인 국수 점 을어먹을 수 있는 겨?

갈 : -볕[-뼫] 표가을-볕 명가을철의 내리쬐는 따가운 햇볕. ¶갈볕은 뜨거야 좋은 겨./갈볕이 뜨거니 농사는 좋은디 너머 더웁구면유.

갈 : -비[-삐] 표가을-비 명가을철에 내리는 비. ¶원래 갈비란 게 흔히 오넌 게 아닌디. 올 갈인 노상 빌세그려.

갈-앉히다[가란치-] 표갈-앉히다 동(타) '가라앉히다'의 준말. ¶화를 차분허게 갈앉히거라.

갈 : -일[-닐] 표가을-일 명가을에 익은 곡식을 거두어들이는 일. ¶자네 스방(書房) 뭐혀? 물류. 불여수헌티 홀렸넌지 갈일은 즈참이구 맨날 읍내가 살유.

갈-잎새[-닙쌔] 표떡갈-잎 명<식물>떡갈나무의 잎. =갈잎. 갈잎새기. ¶갈잎새는 오따 쓸라구 이렇기 많이 따온 겨? 야, **갈잎새**를 쉰 장씩 묶어서니 매상헐라구 그류. **갈잎새**를 누가 산다구 그려? 우리나라서 **갈잎새**를 일본이루 수출헌다잖유.

감미-럽다[-따] 표감미-롭다(甘美-) 형달콤한 느낌이 있다. ¶먼 향내가 요롷기 **감미럽댜**?

갑잔-허다[-짠-] 표갭직-하다 형☞ '갭잔허다'. ¶**갑잔헌** 것이락두 점 들어주슈.

강구다 표감싸다 동(타) 특별히 보살피고 감싸다. ¶**강군** 아이가 할애비 섬뻽넌 벱이야. 너머 **강구넌** 것은 안 좋다넌 뜻이여.

강궈-주다 표감싸-주다 동(타) 특별히 보살피고 감싸주다. ¶애덜을 너머 **강궈주믄** 커서니 암껏두 뭇헌댜. 이 냥반아, **강워주구나** 그런 소릴 히여.

강출 표강철(鋼鐵) 명탄소 함유량이 0.035~1.7%인 철. 또는 아주 단단하고 굳센 것. ¶**강출못**(鋼鐵-). **강출봉**(鋼鐵棒). **강출사**(鋼鐵絲). **강출판**(鋼鐵板)./ 보디빌딩인가 먼가를 헌다구 욜심이더니 근육이 **강출**같어졌더라구.

갚으다 표갚다 동(규칙) '활용 형태 : 갚으구. 갚으지. 갚으더라. 갚으게'. ①남에게 빌리거나 꾼 것을 돌려주다. ¶꾼 돈을 **갚으게** 네가 점 도와줘./꾼 돈은 얼릉 **갚으야지**. 그렇지 않으믄 나중이 **갚으기**가 더 심들어./뀌 간 돈을 **갚으지** 않다니, 뭇된 넘 같으니라구. ②남에게 진 신세나 원한 따위를 되돌려주다. ¶신셀 졌이니 암제라두 **갚으야지**.

개가죽-나무[-중-] 표가죽-나무 명 ☞ '개가죽낭구'. ¶**개가죽나무**는 근디리덜 말어. **개가죽나무**는 무거서니 지구가기두 그렇구 단단히서니 뻐개기두 심들구먼.

개가죽-낭구[-중-] 표가죽-나무 명 <식물> 소태나뭇과의 낙엽 활엽 교목. =개가죽나무. ¶산밑이 줄기가 허연 **개가죽낭구**가 많이 있긴 헌디, 암디두 썰 디 읎넌 **개가죽낭구**는 머더러 찾넝 겨?

개갈 명일이 시원하게 되어가는 형세. ¶맨날 비가 오닝께 일이 **개갈**이 안 나더먼./**개갈** 안 나넌 짓 그만 허구 싸게 돌어가자구.

개갈-나다 동(자) 하는 일이 시원스레 잘 되어가다. ¶인전 **개갈나게** 일 점 헤보자구./누군 **개갈나게** 살구 싶덜 않히서 못 사년가?/쟈가 공부를 그렇기 **개갈나게** 잘 헌댜.

개 : -괴기 표개 : -고기 명개의 고기. =가이괴기. ¶**개괴기**를 잘 먹넌다는 이 유루다가니 여자헌티 채였다는구먼.

개 : -구녁 표개 : -구멍 명담이나 울타리, 대문의 밑에 개가 드나들도록 터놓은 구멍. =개구녕. ¶**개구쟁이덜**

이닝께 **개구녁**이루 드나들지./**개구녁**이 망근치는 짓 허믄 넘두 안 되구 자네두 손해보능 겨.

개ː-구녕 표개ː-구멍 명☞'**개구녁**'. ¶대문 두구 **개구녕**이루 들어오는 건 먼 심사여?

개구락지[-락찌] 표개구리 명양서강 개구리목의 동물을 통틀어 이르는 말. =깨구락지. ¶구링이 **개구락지** 녁이듯 심두 안 딜이구 뚝딱 헤치우더라닝께.

개굴-창 표개울/개골창 명'개(浦)+골 (谷)+창(접사)→개굴창'. 흙탕물이 이 는 작은 개울이나 도랑. =갱굴창. 갱고랑. ¶날이 가물으닝께 **개굴창**두 썩 은 시궁내만 풍기너먼./드런 **개굴창**인 또 머더러 가능 겨?

개금 표개암 명<식물> 도토리와 비슷한 모양의, 개암나무의 열매. ¶가을이 되믄 산고염, 산밤, 머루, 부도, 으름에 **개금**까장 애덜의 주전부리가 산고랑마두 지즌이루 널려 있었다.

개금-나무 표개암-나무 명☞'개금낭구'. ¶요짐이 **개금나무**를 오디서 찾나이 사람아. 산이 나무가 우거져서니 인전 **개금나무**는 귀꿍(구경) 뭇히여.

개금-낭구 표개암-나무 명<식물> 자작나뭇과의 낙엽 활엽 관목. =개금나무. ¶토골이유, **개금낭구**가 쫙 깔린 디를 지가 맡어 놨유. 그닝게 거가 **개금낭구**밭이라닝께유.

개ː니 표괜-히 명'공연(空然)+흐-(爲) +이(접사)→고여니>괘니>개니'. ☞'괘니'. ¶**개니** 나섰다가 정치덜 말구 얼릉 빠져.

개ː동백-낭구 표생강-나무(生薑-) 명<식물> '개(접사)+동백(冬柏)+낭구(木)'. 녹나뭇과의 작은 낙엽 활엽 교목. ☞'동백낭구'. ¶일른 봄, 개나리버덤 먼첨 **개동백낭구**가 노랗게 꽃망울을 터쳤다.

개려-잡다[-따] 표골라-잡다 동(타) 여럿 가운데서 나은 것을 선택해 가지다. =골라잡다. ¶아무거나 막 흐집지 말구 하나만 얼릉 **개려잡어**./늬 맘대루 **개려잡어봐**.

개리다¹ 표가리다 동(자)(타) 보이지 않게 무엇에 막히거나, 통하지 못하도록 막다. ¶낭구가 **개려서** 뵈질 않네./점 **개리지덜** 말어. 앞이 뵈질 않잖어.

개리다² 표가리다 동(타) ①여럿 가운데 구별하여 고르거나, 시비를 분간하다. ¶잡초만 **개려** 뽑었다./다 큰 놈이 똥오줌두 뭇 **개리면** 오티기여? ②어린 아이가 낯선 이를 싫어하다. ¶내 조카는 낯을 심허게 **개린다**. ③편식하다. ¶음식을 **개리지** 말구 먹어라.

개미-눼 표개미-누에 명개미처럼 작고 까만, 알에서 막 깨어난 누에. ≒애기눼. ¶**개미눼**헌티 줄 뽕밥이라매 그렇기 굵게 쓸믄 오티긴댜?/구락징이 불 좀 지펴. 방이 따시야 **개미눼**가 좋아허넝 겨.

개 : -바눌 　표　도깨비-바늘 　명　<식물> '개(접사)+바눌(針)'. 국화과의 한해살이풀. ¶이눔이 오딜 쏘댕엿걸래 **개바눌**을 한 바랑 달구 오능 겨?

개 : 발-쇠 : 발 　표　개 : 발-새발 　부　글씨나 그림이 가지런하지 못한 모양. ¶글씨를 **개발쇠발** 쓰덜 말구 깨깟이 점 써 봐. 　명　가지런하지 못한 글씨나 그림. =개발새발. ¶글씨를 점 모냥나게 쓰야지 **개발쇠발**차람 그게 머냐? 이건 글씨가 아니구 **개발쇠발**인 겨.

개법다[-따] 　표　가볍다 　형　'가비얍-(輕)+-다→가법다>개법다'. ①무게가 적거나, 비중 따위가 적다. ¶신발이 **개법구** 따스히서 좋다./일 끝내니 맴이 행결 **개법다**. ②손해 따위가 심하지 않다 ¶벌금이 **개벼워** 그나마 다행이다.

개벼이 　표　가벼이 　부　'가비얍-(輕)+이(접사)→가비야빙>가벼이/개벼이'. ①낮거나 적게. 또는 어떤 일이 심하지 않게. ¶그 일은 **개벼이** 처리헐 문제가 아니다. ②손발 따위의 움직임이 날쌔고 재게. ¶몸을 **개벼이** 놀리지 마러.

개 : -복사[-싸] 　명　식용하지 못하는, 야생의 복숭아나무 열매. =개복숭아. ¶셔 터진 **개복사**를 머더러 따 먹는 겨?/**개복사**는 많이 먹으믄 배탈나니께 즉당이 먹어.

개 : 복사-낭구[-싸-] 　명　<식물> 산에 서 자라는 야생의 복숭아나무. ¶**개복사낭구**에 개복사가 다닥다닥 붙어있다.

개-뼛[-뻗] 　표　개-벚 　명　단맛이 적고 쓴맛이 많은 버찌. ¶에구 써라. 이건 모냥만 뼛이지 **개뼛**이구먼.

개뼛-낭구[-뻔-] 　표　개-벚나무 　명　<식물> 쓴맛이 나는 버찌를 맺는 벚나무. ¶그건 **개뼛낭구**니께 올러갈 생각두 말어.

개뿐-허다 　표　가뿐-하다 　형　들기 좋을 정도로 가볍다. 또는 기분이나 몸의 상태가 상쾌하다. ¶낮잠을 한 숨 잤더만 몸이 **개뿐허네**.

개 : -새낑이 　표　강아지 　명　① 개의 새끼. ② ☞ '개자슥'. ¶친구두 물르넌 눔은 **개새낑이여**.

개숩-물[-숨-] 　표　개숫-물 　명　'개수(器皿)+ㅅ+물(水)→개숫물>개숩물/개숨물(변자음화)'. 음식 그릇을 씻을 때 쓰는 물. =서르집물. 자순물. ¶드러운 **개숩물**을 수채구녕 두구 마당이 다 버리믄 오티기여?

개오돌-나무 　표　개옻-나무 　명　☞ '개오돌낭구'. ¶갈이믄 **개오돌나무** 단풍이 질 화려하잖남? 근디 단풍은 이뻐두 **개오돌나무**라구 막 꺾다간 옻올리넌 수가 있구먼.

개오돌-낭구 　표　개옻-나무 　명　<식물> 단풍나뭇과의 낙엽 활엽 소교목. =개오돌나무. ¶아니, **개오돌낭구**를 맨졌다구 옻이 오른 겨? 개오돌낭구 근디리구 옻타넌 사람은 츰 보넌구먼.
개용-돈[-똔] 표용돈(用-) 명'개용(個用?)+돈(錢)'. 개인이 자유로이 쓰는, 크지 않은 돈. ¶나참, **개용돈** 떨어지께 술 먹자넌 사람들이 줄을 스넌구먼./즑이라구 놀믄 뭣혀. 칡뿌리기래두 캐서 **개용돈**이래두 벌어 쓰야지.
개:-지름 표개:-기름 명얼굴에 번질번질하게, 땀기 배인 기름. ¶얼굴이 **개지름** 번지르르 허가지구 잘난 첵만 허넌디 응 재수가 읎더라니께.
개:-집 표기와-집 명☞'개와집'.
개호지[-/-오-] 표개호주 명①(예산말) 한국 토종의 야생표범. ②(표준어) 범의 새끼. ¶낭구가징이 새루 쉭쉭허구 **개호지**가 날러댕기넌디, 등어리가 션해지더먼.
개-후염 표개-헤염 명①물속에서 양팔로 번갈아 물을 끌어당기면서 치는 헤염. ¶난 후염 뭇허유. **개후염**두 뭇친다닝께유. ②엉터리 헤염. ¶후염 점칠 중 안다걸래 잘 치는가 힜더니, 후염치넌 거 보닝께 완존 **개후염**이더먼.
갠-수 표간-수(-水) 명소금에서 저절로 녹아 흐르는 짜고 쓴 물. ¶소금이서 **갠수**를 받어낸다.
갠찮다[-찬타] 표괜찮다 형'고연/괜(空然)+허-(爲)+-지-+아니(不)+허-(爲)+-다→괜허지 아니허다'가 줄어든 말. 나쁘지 않고, 탈이 될 것이 없다. ¶사람이 그만허믄 **갠찮지**./**갠찮**

유, 머 그럴 수도 있쥬.
갭잔-허다[갭짠-] 표갭직-하다 형'가녑/갑-(輕)+잔(如)+허-(爲)+-다→갑잔허다/갭잔허다'. 가녑거나, 가벼운 듯하다. =갑잔허다. ¶**갭잖헌** 걸 들구두 땀을 뻘뻘 흘리구 있군./무거운 중 알었더먼 **갭잔허구먼**.
갯-지:렁이[갣찌-] 표갯-지:렁이 명갯지렁잇과의 환형동물. 갯지네. ¶**갯지렁이**두 떨어져가구 인전 낚시를 걸으야겄다.
갱고랑 표갱골 명'개(浦)+골(谷)+앙(접사)→갱고랑'. ☞'갱굴/개굴창'. ¶**갱고랑**이서 가재를 점 잡어왔구먼유.
갱굴 표개울 명작은 물이 흐르는 시내. ¶장마가 져서니 **갱굴**이 막 넘쳤다닝께.
갱굴-갓[-깓] 표개울-가 명개울의 주변. ¶날 더우니께 애덜이 다덜 **갱굴갓**이루 몰려가넌구먼.
갱굴-물 표개울-물 명시내에 흐르는 물. 또는 그 물줄기. ¶**갱굴물**이 불어서니 건느기가 쉽지 않겄유./밤중이 오딜 댕겨오능 겨? **갱굴물**이 맑어서니 목간 점 댕겨왔슈.
갱굴-창 표개울 명'갱굴(川)+창(접사)'. 작은 물줄기. =갱굴. 갱고랑. ¶**갱굴창**이서만 사닝께 맨날 옷을 후질르지.
갱기다[1] 표감기다 동(자) 실 따위에 엉키다. 실, 옷 따위가 몸을 감듯 달라붙다. ¶줄에 **갱겨서** 빠지질 않혀./까시덩쿨이 다리에 **갱겨서** 바지가 찢어졌어.

갱기다² 표감기다 동(자) 눈꺼풀이 내려와 눈동자를 덮게 되다. ¶에구, 졸려. 밤 샜더니 눈이 막 **갱기네**./졸리닝께 눈이 막 **갱기네**.

갱기다³ 표감기다 동(타) 몸이나 머리를 씻어주다. ¶늬 동상 머리 점 깨깟허게 **갱겨줘라**.

갸 표걔 대 '그 아이'의 준말. =개. ¶**갸**가 벌써 고등가(高等科)이 댕기능 겨? 아이구, 고등가가 아니구유. 요짐은 고등핵겨유./**갸**가 왜 여기 있대유?/**갸**가 그럴 리가 읎다니께유.

갸-네 대 '그 아이네'의 준말. =걔네. ¶**갸네** 집일 갔더니 앞마당이 무진 널브더라구./**갸네** 가이가 새끼이를 났다구 글쎄 한 마린 우리 준대유.

갸-덜 표걔-들 대 '그 아이덜'의 준말. =걔덜. ¶**갸덜** 점 일루 오라구 히여./**갸덜** 보구 내가 점 보잔다구 전히여./**갸덜**일랑 어리니께 너머 혼내지 말으슈.

걍: 표그냥 부 '기냥'이 줄으든 말. 변화 없이 그 상태대로, 그런 모양으로 줄곧 ¶그 일은 간섭허덜 말구 **걍** 내비둬.

거그 표거기 대 듣는 이에게 가까운 곳이나, 앞서 이야기한 곳이나 대상. ¶**거그**는 가지덜 말어. 너머 우혐(危險)허다닝께.

거께 표거기-쯤 대 '거그(其所)+게(접사)→거께'. 듣는 이에게서 가까운 어느 곳. ¶**거께**다 뒀넌디 누가 근딜였나 보네유.

거께-쯤 표거기-쯤 대 듣는 이에게서 가까운 어느 곳. ¶**거께쯤**이서 봤넌디 시방두 있을라나는 물르겄유.

거꾸루 표거꾸로 부 ☞ '까꿀루'. ¶청깨구리차람 왜 허라넌 대루 안 허구 **거꾸루**만 헌댜?

거:두-즐미 표거두-절미 (去頭截尾) 명 ☞ '그두절미'. ¶**거두즐미**허구 용건이나 말허구 가.

거두-후염 표개구리-헤엄 명 '걷-(收)+우(접사)+후염(泳)'. 양팔을 앞으로 내밀었다가 물을 뒤로 걷어내며 치는 헤엄. ¶**거두후염**만 칠 중 알믄 물이 빠져두 베랑 걱정헐 것이 읎어./**거두후염**두 뭇 친다맨서 먼 후염 자랑이여?

거둬-딜이다 표거둬-들이다 동(타) '거두어딜이다'가 줄으든 말. 추수하다. 또는 추수한 곡식을 집안으로 옮겨놓다. =그둬딜이다. ¶엄니는 장마 오기 전이 스둘러 창쾌를 **거둬딜였다**.

거뿐-허다 표거뿐-하다 형 매우 가볍다. 제법 상쾌하다. =가뿐허다. ¶한심 자구 났더니 몸이 **거뿐허구먼**.

거시름-돈 표거스름-돈 명 '거스르-(返)+ㅁ+돈(錢)→거스름돈/거시름돈'. 거슬러 주거나 받는 돈. ¶물건 사구 남넌 **거시름돈**은 늬 심부럼갑이여.

거시리다 표거스르다 동(타) 일의 상황이나 흐름, 가르침이나 명령 따위에 어긋나는 태도를 취하다. ¶일 바쁜디 **거시리지** 말구 넌 저 짝이나 가 있어./저 냥반은 나한티 감정이 있나 내가 머라구만 허믄 **거시리네**.

거실러-올르다 표거슬러-오르다 동(타) 물의 흐름과 반대 방향으로 움직여가거나, 과거로 생각을 미치게 하다. ¶물 위루 쭉 **거실러올르믄** 배랑이 나올 겨./역사를 **거실러올르다** 보믄 뭔가 다른 게 있을 겨. (자) 생각이나 의식이 과거로 돌아간 상태가 되다. ¶옛날 우덜이 크던 어린 시절루 **거실러올러가** 봐.

거실르다 표거스르다 동(타) 셈할 돈을 빼고 나머지 돈을 주거나 받다. ¶잔돈푼은 돈두 아닌 겨? 왜 안 **거실러** 주능 겨?

거실리다 표거슬리다 동(자) 순순히 받아들여지지 않고 언짢은 느낌이 들다. ¶애를 이우지한티 맥겨놓구 왔넌디 자꾸 맴이 **거실리네**.

거이 표거의 [부] ☞ '거진'.

거진 표거의 [부] 어느 한도에 매우 가까운 정도로. =그진. ¶**거진** 다 됐으닝께 쬠만 참구 지둘러.

거진-거진 표거의-거의 [부] '거진'보다 더 가까운 정도로. =그진그진. ¶내 일이 **거진거진** 끝났으닝께 하냥 가자.

거치장-시럽다[-따] 표거 : 추장-스럽다. [형] ☞ '그치장시럽다'. ¶옷을 참 **거치장시럽게두** 입었구나./**거치장시럽게** 일 벌리지 말구 간단히 끝내자구.

거쿰 표거품 [명] 액체가 공기를 머금어서 생긴 방울. =버쿰. ¶가이헌티 놀래서 **거쿰** 물구 쓰러졌댜./애덜은 비누 **거쿰**쟝냥허넌 게 큰 재미지.

건건이-발 표맨-발 [명] '건건(乾乾)+이(접사)+발(足)'. 아무 것도 신지 아니한 발. =맨발. ¶**건건이발**루 돌어댕기덜 말라넌디두 쟈가 신발을 신을 중 물류, 글씨.

건 : 느다 표건 : 너다 동(타) '걷-(步)+나-(出)+-다→건나다>건너다/건느다'. 무엇을 사이에 두고 맞은편으로 가다. =근느다. ¶질을 **건느다**./돌다리루 갱굴을 **건느다**가 물이 빠졌다.

건느-방 표건넛-방(-房) [명] ☞ '근넙방'의 이형태. ¶**건느방**이 가서 할아부지 진 잡수시라 히라.

건는-방 표건넛-방(-房) [명] ☞ '근넙방'의 이형태. ¶손이 온다구 힜이니 **건는방**이다 불을 느놔라.

건뜻-허믄[-뜨터-] 표걸핏-하면 [부] ☞ '걸썬허믄'의 이형태. ¶그 사람은 **건뜻허믄** 시비럴 건다.

걸러-쿰 [부] '걸르-(缺)+-어(어미)+큼(접사)→걸러큼>걸러쿰'. 어느 부분이 군데군데 빠진 모양. 또는 어느 것을 빼고 건너뛰어서. =걸러큼. ¶매달마두 모일 수는 읎으니껜 인전 한 달썩

걸러쿰 만나기루 허지./뒷간 청소는 매일 헐 것 읎구 이틀 걸러쿰이루 허거라./이 신문은 하루 걸러쿰 발행된다.
걸러-큼 튀☞ '걸러쿰'. ¶이 잡지는 계간지라 시 달 걸러큼 발행된다.
걸르다¹ 표거르다 동(타) 어느 순서나 자리를 빼고 넘기다. ¶끼니를 걸르믄 안 된다./인터넷 강의는 걸르지 말구 들으야 헌다.
걸르다² 표거르다 동(타) 찌꺼기가 있는 액체를 체나 천 따위에 받쳐 액체만 받아 내다. ¶술을 걸르다./쭉징이를 걸르게 체 점 가져와.
걸림-독[-똑] 표걸림-돌 명 '걸림독>걸림돌'. 발길을 방해하는 돌. 또는 일의 장애물. ¶접짝이 걸림독이 되넌 말뚝 점 뽑어라./애덜헌티 우덜이 걸림독이 될 순 읎잖유.
걸썬-허은 표걸핏-하면 튀조금이라도 일이 있기만 하면 곧. =건뜻허믄. ¶쟤는 사람이 못 써. 걸썬허믄 꾀부린다니께.
걸터-안지다 표걸터-앉다 동(자) ☞ '글터안지다'. ¶심들게 쪼그리구 걸터안지지 말구 일루와서니 의자에 안져.
겁-나게(怯-)[검-] 표매우/아주 튀무서울 정도로. 엄청나게. 매우. ¶그 냥반은 걸음이 겁나게 빨러.
겉-더껭이[걷떠-] 표겉-더껑이 명걸쭉한 액체의 겉면에 엉기어 굳은 꺼풀. =더껭이. 웃더껭이. ¶비가 터서 꼬치장이 곰팽이가 쪘으니 겉더껭이를 걷어내야겄다./겉더껭이를 걷어내구 속잇것이루 퍼 오너라.
겉-모냥[건-] 표 겉-모양 (-模樣) 명겉으로 보이는 모양. 겉모습. 외양(外樣). ¶속읎이 겉모냥만 그럴 듯허게 꾸미넌 게 먼 소용이겄냐?
겉물-들다[건-] 동(자) '겉(外)+물(水)+들-(入)+-다'. 줏대없이 남 따라 겉모양만 꾸미다. ¶서울 사람덜 보구 겉물들믄 안 되여.
게: -거쿰 표게: -거품 명 ☞ '그이거쿰'.
게기 표고기 명 ☞ '괴기'. ¶게기근이나 슨물허믄 봐줄라나.
게-트름 표트림 명위에서 음식이 잘 소화되지 아니하여 생긴 가스가 복받쳐 나오는 것. =트름. ¶암디서나 그렇기 거억걱 게트름을 히대믄 못 쓰능 겨.
게: 피 표거: 피 (去皮) 명껍질을 벗기는 것, 또는 벗긴 것. ¶게피콩이루 고물을 맹글다.
게: 피-고물[-꼬-] 표거: 피-고물 (去皮-) 명콩이나 팥 따위의 껍질을 벗겨 만든 고물. ¶게피고물을 느서 찹쌀떡을 맹글어 봤넌디 맛이 어떨라나 먹어봐.
게: 피-떡 표거: 피-떡 (去皮-) 명 거피고물을 넣어 만든 떡. =게피팥떡. ¶팥이 풍년이라더니 게피떡이 팥고물이 넘쳐나너먼.

겝-말[겜-] 표겹-말/고의-춤 명'겹/ 급(疊)+말(捲)→겹말/급말>겝말/굅 말'. 바지나 치마의 위쪽을 겹으로 둘 러말아 여민 곳. ※예산의 서부 평야 지역에서는 '겝말'을, 동부 산간 지역 에서는 '굅말'을 많이 씀. =굅말. ¶이 늠아, 넘이 **겝말** 걱정허덜 말구, 네 **겝 말**이나 잘 추실러./이눔아. 궁딩이 다 비잖어. **겝말** 점 잘 추실르구 댕 겨.

겝겝이 표겹겹이 부☞ '접접이'.

겨 : -댕기다 표기어-다니다 동(자) (타) 가슴과 배를 바닥으로 두고 손이 나 다리를 놀려 움직이다. ¶(자) 애기 가 **겨댕기다**. (타) 개미가 낭구 위를 **겨댕기다**.

겨란 표계란(鷄卵) 명달걀. 닭이 낳 은 알. ¶**겨란**이두 뼈가 있는 겨, 이늠 아./**겨란**이나 달걀이나, 증치허년 늠 덜은 다 그늠이 그늠이여.

겨란-구이 표계란-구이(鷄卵-) 명 달걀을 풀어 삶은 뒤에 기름간장을 발 라 구운 음식. =달걀구이.

겨란-덮밥[-덥빱] 표계란-덮밥(鷄 卵-) 명달걀 푼 것에 양념을 섞어 지져서 덮은 밥. =달걀덮밥. ¶겨란이 귀헌 시절, **겨란덮밥**은 소풍날이나 먹 을 수 있넌 음석이었다.

겨란-빵 표계란-빵(鷄卵-) 명밀가 루에 계란을 넣고 반죽하여 만든 빵. ¶오숙모댁이 가믄 늘 쟁반이다가 **겨 란빵**을 내주셨다.

겨 : 시다 표계시다 동(자) ☞ '기시다'.

겨 : -올르다 표기어-오르다 동(타) 기듯 높은 곳을 올라가거나 올라오다. ¶비얄질을 제우제우 **겨올라갔다**. (자) 윗사람에게 버릇없이 굴다. ¶또 **겨올 르믄** 죽을 중 알어.

겨을 표겨울 명☞ '즠'. ¶이즌인 다 즠 이라구 헜지, 누가 **겨을**이라구 헜남?

겨을-츨 표겨울-철 명네 철 중, 가을 과 봄 사이의 계절. =동즐(冬節). 동즐 기(冬節期). 즐기. 즠. 결 : 츨. ¶**겨을 츨** 음석은 뜨끈헌 게 최고여./**겨을츨** 날씨가 왜 이 모냥이루 따숩댜?

결 : -츨 표겨울-철 명'겨을츨'이 줄 어든 말. ¶**결츨** 일이란 게 봄 농사 준 비허넌 거빼끼 더 있겄어? 아녀, 이 사람아. 비닐하우스 농살 짓넌 디는 **결츨**이 따루 읎다닝께.

고갭-말랭이[-갬-] 표고갯-마루 명 '고개(嶺)+ㅅ+ㅁㄹ(宗)+앵이(접사)→ 고갯말랭이>고갭말랭이(변자음화)'. 고개의 꼭대기. ¶이전인 저 **고갭말랭 이**에 큰 증자낭구(亭子木)랑 스낭당 이 있었다.

고 : 께-찜 표고기-쯤 대듣는 이에서 가까운 어느 곳. ≒거께찜. ¶내가 자 뻐진 디가 **고께찜**이여.

고동 표고둥 명<동물> 연체동물 복족 강의 동물을 통틀어 이르는 말. ¶**고 동**은 소라, 소라**고동**, 총알**고동**, 갯고 동차람 겉껍대가 말려있다.

고두랫-독[-래똑/-랟똑] 명발이나 돗자리 따위를 엮을 때 쓰는 8자형 돌. ¶돗자릴 맬라믄 **고도랫독**이 필요허잖남? 근디 그 **고도랫독**이 시방은 다 읎어졌어.

고라실 표고래실 명'고리(灌溝/炕洞)+실(谷)→고래실/고라실'. 바닥이 깊어 기름지고, 물길이 좋은 논. =고라실논. ¶**고라실** 한 배미만 있으믄 소원이 읎겄다 혔넌디 말여. 냇갈 윗짝이 즈 수지가 떡 생기닝께 내 츤수답덜이 죄 다 **고라실**이 되뻔진 거 아니겄남?

고라실-논 표고래실 명☞'고라실'.

고래-질 명'고리(炕洞)+질(접사)→고래질'. 불길이 잘 통하도록 긴 고무래로 막힌 방고래를 청소하는 일. ¶영기(煙氣)가 아궁지루 나오넌 걸 보닝께 고래가 꽉 멘내빈디, 암체두 쑤수땡일 엮어 **고래질** 한 번 히야쓰겄구먼./**고래질**을 히두 영기가 메툰 워딘가이 구들장이 네려앉은 거라닝께.

고렇기[-러키] 표고렇게 (구문) '고러허+기'가 줄어든 말. =고롱기. ¶야단 맞구 싶으믄 **고렇기**만 히여.

고려 표고래 (구문) '고러허여/고리허여→고려여'가 줄어든 말. ¶저 냥반 원체 승질이 **고려**.

고려두 표고래서 (구문) ☞'고리두'. ¶보매는 **고려두** 한참 더 쓸 수 있을 규./째끄맣구 **고려두** 그게 내 보물이여.

고려서 표고래서 (구문) ☞'고리서'.

¶사람이 **고려서**야 쓰겄능가?

고롱기[-로키] 표고렇게 (구문) '고로허+기'가 줄어든 말. =고렇기. ¶은어터지구 싶으믄 **고롱기** 허넌 겨.

고:-루 표고리-로 부'고리루/골루'의 준말. ¶**고루** 쭉 가믄 큰질이 나와유./**고루**만 가믄 된다구유.

고류 표고래요 (구문) '고러히유→고러유>고류'. ¶모냥새가 츰부터 시방까장 쭉 **고류**.

고리두 표고래도 (구문) '고려두>고리두'. '고리허여도', 또는 '그러허여두'가 줄어든 말. ¶**고리두** 고만허길 다행이라 생각히야지. 아니, **고리두** 고만허다뉴? 넘 일이라구 그리 말쌈허넌 건 아니쥬.

고리서 표고래서 (구문) '고려서>고리서'. '고리허여서', 또는 '그러허여서'가 줄어든 말. ¶사람이 하두 **고리서**니 내 참을 수가 읎었구먼./일이 **고리서** 그만둬뻔진 겨.

고모래 표고무래 명나락을 긁어모으고 펴거나, 아궁이의 재를 긁어내는데 쓰는 기구. ¶괄은 구락쟁이서는 불장냥 허덜 말랬더니 그여 **고모래**만 태워뻔졌구먼.

고모래-질 표고무래-질 명고무래로 무엇을 긁어모으거나 펴는 일. ¶재두 읎넌디 아궁지이다가 뭔 **고무래질**인 겨?/헐일 읎으믄 벳멍석이 **고모래질**이라두 혀.

고무-바 표고무-줄 명'고무(gomme)+발(繩)→고무발>고무바'. 고무로 만들어진 굵은 밧줄. =고무발. ¶짐이 흔들리덜 않게 **고무바** 점 땡겨 묶어라.

고무-발 표고무-줄 명☞'고무바'. ¶묶을 짐이 많으닝께 츨물즘이 가셔니 **고무발**을 끊어오너라.

고비 표고비-고사리 명<식물> 식용하는 고사릿과의 식물. =지비고사리. ¶고사린 뭇 꺾구 **고비**만 점 꺾어 왔유./근디 **고비**가 뭐래유? 이, **고비**는 지비고사리를 말허넌 겨.

고뺑이 표고삐 명'곳비(轡)+앵이(접사)→곳뺑이>고뺑이>괴뺑이'. 말의 재갈이나 소의 코뚜레에 잡아매는 줄. =괴뺑이. ¶이느무 쇠새끼가 **고뺑**일 잡어댕겨두 펄펄 뛰구 자빠졌네. **고뺑이**를 슬 잡으닝께 깐보구 그러능 겨. 코뚜레 밑이 **고뺑**일 배짝 들어쥐어봐.

고상-시럽다[-따] 표고생-스럽다(苦生-) 형일이나 생활이 어렵고 고된 데가 있다. ¶시상이 **고상시러운** 일이 한둘인감? 심들어두 점덜 참구 살어보자구.

고시레 표고수레 명<민속> '고스레>고수레/고시레'. ①민간신앙에서, 산이나 들에서 음식을 먹을 때나 무당이 굿을 할 때, 귀신에게 먼저 바친다는 뜻으로 음식을 조금 떼어 던지는 일. 단군 때에 농사와 가축을 관장하던 신장(神將)인 고시(高矢)에게 예를 드리는 뜻으로 음식을 바친 뒤에 먹게 된 데서 유래했다고 함. ¶동네 사람덜은 배갈이서 참을 먹을 때문 으레 밥을 한 술 떠서니 뒤루 던지군 했어. 뭐 땜이 그러냐구? 기냥 **고시레**닝께 그렇기 허넝 겨. ②고수레를 할 때 외치는 소리. ¶애덜두 등달어 밥 한 술을 떠 풀섶이루 던졌다. '**고시레, 고시레**' 소리를 지르맨서 그저 깔깔대었다.

고여-니 표공연-히(空然-) 부☞'괘니'. ¶**고여니** 지나가넌 사람 붙잡구 웬 시비여?

고연-시리 표공연-스레(空然-) 부☞'괜시리'.

고염 표고욤 명고욤나무의 열매. ¶**고염**이 참 다네유. 아줌니두 **고염** 점 잡숴봐유. 감버덤 달은 게 **고염**이라구 해싸두 난 씨 땜이 싫어.

고염-나무 표고욤-나무 명☞'고염낭구'.

고염-낭구 표고욤-나무 명<식물> '고욤낡(梱欄)+우(접사)→고염낭구>고염나무'. 감나뭇과의 낙엽 활엽 교목. ¶**고염낭구** 존 거 하나 맡어놨넌디 나랑 고염 따러 안 갈 텨? 서리두 왔구 **고염낭구**인 시방 고염이 말랑말랑허게 익었을 것이구먼.

고-짝 표고-쪽 대화자와 청자에게서 가까운 곳이나 방향. =곱짝. ¶이짝인 읎으닝께 **고짝**이서 찾어봐./**고짝**인 다 찾어본 겨?/**고짝**인 자리를 맡어논 임자가 있다녀먼유. 그참, **고짝**이 딱 좋은 자린디.
골 : 련-딱지 표궐 : 련-딱지 (卷煙 -) 명궐련갑에 든 여러 가지의 그림 딱지. 딱딱하고 두꺼운 종이. ¶그 흔 허던 **골련딱지**두 찾으니께 읎네.
골 : 루 표고리-로 부'골 : 리(其方)+루(조사)→골 : 리루>골 : 루'. 고쪽 방향으로. ¶**골루** 쭉 가믄 산질이 나올 겨.
골르다¹ 표고르다 동(타) 여럿 중에서 가려내거나 뽑다. ¶**골르구** 골른 게 벌레팅이군.
골르다² 표고르다 동(타) 평평하게 하거나, 가지런히 하다. ¶모를 낼라믄 쓰레루다가 논 바닥을 잘 **골르야** 히여.
골짜구니 표골짜기 명산과 산 사이 움푹 패어 들어간 곳. ¶**골짜구니**마두 물이 다 말러붙었댜.
골리 표고리 부'표준어화 과정→골리>고리'. 고쪽으로. 고쪽 방향으로. ¶**골리** 가믄 개굴창인디? **골리** 돌어갈라다간 진쿠딩이에 발만 빠진다닝께.
골-쌔리다 표골-때리다 동(자) '골(腦)+때리/쌔리-(擊)+-다→골쌔리다'. 언행이 이치에 맞지 않고, 터무니없음을 속되게 이르는 말. ¶참내, 저늠 알구 보닝께 아주 **골쌔리넌** 늠이더먼.
골-쎄리다 표골-때리다 동☞ '골쌔리다'보다 강하게 나타낼 때 쓰는 말.
곱실-머리[-씰-] 표곱슬-머리 명 '꼽실머리'.

곱-허기[고퍼-] 표곱-하기 명곱셈하는 일. ¶구구단을 뭇 외니 **곱허기**를 뭇헐 밖에.
공-딜이다 표공-들이다 (功-) 동(자) 무엇을 이루려고 정성을 드리고 애를 쓰다. ¶**공딜이**지 않구 되길 바러넌 건 도독놈 심뿌여.
과자-즘 표과자-점 (菓子店) 명과자를 파는 가게. ¶지 성이랑 **과자즘**일 한 번 가 보더니 얘가 맨날 과자타령만 허네.
곽 표갑 (匣) 명☞ '각'.
괄키 표갈퀴 명대쪽이나 철사를 엮어 부챗살 모양으로 만들어, 검불이나 곡식 따위를 긁는데 쓰는 기구. ¶**괄키**루 솔꺼럭을 점 긁어놨구먼./산림녹환가 먼가 헌다구 솔꺼럭이나 가랑잎을 **괄키**루 긁넌 것을 금지했다넌디?
괄키-눈 명갈퀴 모양의 험상스러운 눈. ¶늬가 **괄키눈**을 허구 노려보닝께 참 미섭다이. 근디 늬가 **괄키눈**을 헌다구 쫄어버릴 내가 아녀.
괄키-질 표갈퀴-질 명나뭇잎이나 검불 따위를 갈퀴로 긁는 일. ¶**괄키질**은 심이루 허넌 게 아녀여./되두 않넌 **괄키질**은 그만 허구 잔심부럼이나 히여이.
괄키질-허다 표갈퀴질-하다 동(자) 갈퀴로 곡식이나 검불 따위를 긁어대다. ¶**괄키질허다**가니 탑새기만 옴팡 뒤집어 썼어.

광 : 솔 표관 : 솔 명 '괄-(烈?)+ㄴ(어미)+솔(松)→관솔>광솔(변자음화)'. 송진이 엉겨, 불이 잘 붙는 솔가지나 옹이. ¶해마두 가징이를 쳐내닝께 **광솔**덜 송진딩이를 흘려대너믄.

광 : 솔-불[-뿔] 표관 : 솔-불 명 관솔에 붙인 불. ¶괄게 오래 타녕 거 보닝께 역시 **광솔불**이구먼.

괘 : 니 표괜-히 부 '공연(空然)+하-(爲)+이(접사)→공연히>괘니'. 특별한 까닭이 없이. =고녀니. ≒까닭읎이. ¶**괘니** 허튼 짓 허덜 말구 싸게 집이덜 가거라./**괘니** 엄헌 사람 잡지 말라닝께.

괜-시럽다[-따] 표괜-스럽다 형 까닭이 없고 실속이 없는 듯하다. ¶인전 다 소용읎으닝께 **괜시런** 짓덜 집어쳐.

괜-시리 표괜-스레 부 '공연(空然)+스럽-(접사)+이(접사)→공연스레>고연시리>괜시리'. 까닭없이. 실속이 없이. ≒고녀니. 고연시리. ¶죽은 사람 근대리구 초상치른댔잔녀? **괜시리** 상관허덜 말구 돌어가자닝께./**괜시리** 자꾸 근대리는 통이 구찮어 죽겄어.

괴리-띠 표허리-띠 명 '괴리(袴衣?)+띠(帶)'. 괴춤을 추스르거나, 바지가 흘러내리지 않도록 괴춤에 매는 띠. ¶**괴리띠**가 너머 조여서니 답답헤 죽겄어./잔칫상이 푸짐허니 **괴리띠**버텀 풀르야 쓰겄네.

괴삥이 표고삐 명 ☞ '고삥이'가 전설

모음화한 형태. 쓰임 빈도가 '고삥이'보다 낮다. ¶**괴삥이**두 놓치구 소를 오티기 잡을라녕 겨?

괴-타리 표고의-춤 명 '고의(袴衣)+타리(접사)→괴타리'. 바지 위쪽을 허리춤에서 여민 곳. =굅말. ¶뭐가 그리 바쁘다구 **괴타리**두 추실르덜 뭇허구 싸댕기는 겨? 이? 온제 **괴타리**가 네려갔댜?

괴타리-씨름 명 샅바 없이, 고의춤을 잡고 하는 씨름. ¶심심헌 것덜 같은디 **괴타리씨름** 한 판 헐 텨? 관 듀. 즌차람 **괴타리씨름** 핑게루다가니 넘의 바지만 벳겨놀라구 그러쥬?

굅-말[굅-] 표겹-말/고의-춤 명 '고의(袴衣)+ㅅ+말(捲)→굇말>굅말(변자음화)'. 허리춤. =괴타리. ☞ '겝말'. ¶괴리띠가 끊어졌나, 왜 자꾸 **굅말**이 흘러내린댜?

구녁 표구멍 명 ☞ '구녕'. ¶삽을 헉간 **구녁**이다가 처박어 논 걸 까먹구서니 죙일 찾었다닝께.

구녕 표구멍 명 '굵/구무(孔)+엉(접사)→구멍/구녕'. ①뚫어지거나 파낸 자리. ¶바늘**구녕**이루 황소바람 들어오능거니께 일을 허투루덜 허지 말어. ②어려운 상황을 헤쳐 나갈 길이나, 허술한 구석을 이르는 말. ¶하늘이 무녀져두 솟어날 **구녕**이 있다./일을 맥겼더니 허넌 일마두 **구녕**이 숭숭 뚫렸구먼./그 사람이 허넌 일은 흠잡을 **구**

녕이 읎다닝께 그러네.

구녕-가게[-까] 표구멍-가게 명조그맣게 차린 가게. ¶시골 초등핵겨 앞 **구녕가게**서넌 군것질거리며 문방구를 팔었다./시월이 지나맨서 시골 동네의 송방(松房)은 **구녕가게**가 됐구, 다시 슈퍼가 되었다.

구먹 표구멍 명 '굵/구무(孔)+억(접사)→구먹'. ☞ '구녕'. ¶지둥이다 **구먹**을 뚫으야는디 끝이 오디 갔나?

구실르다 표구슬리다 동(타) 그럴듯한 말로 꾀어 마음을 움직이다. ¶그 사람이 있어야 그 일을 허니께 심들어두 잘 **구실러**보자구.

구-쌰대기 표귀-싸대기 명 '귀/구이(耳)+쌈(腮)+대기(접사)→구이쌈대기/구잇쌈대기?>구쌰대기/귀쌰대기'. 귀 쪽 부분의 뺨을 속되게 이르는 말. =귀쌰대기. 구쌈대기. 구쌈배기. 귀쌈대기. 귀싸대기. ¶**구쌰대기**를 올려붙이야 증신을 채릴 늠여, 저게.

구-쌰배기 표귀-싸대기 명☞ '**구쌰대기**'. ¶때릴 디가 그렇기 읎어서니 **구쌰배길** 쳤니?

구-쌈대기 표귀-싸대기 명☞ '**구쌰대기**'. ¶**구쌈대길**랑 치덜 말어. 귀청 떨어지믄 클나.

구-쌈배기 표귀-싸대기 명☞ '**구쌰대기**'. ¶**구쌈배기** 한 대에 나가떨어질 늠이 그렇기 앙살그린 겨?

구지다 표궂다 형 '활용 형태 : 구지다.

구지구. 구지게. 구지더락. 구져서'. 날씨가 좋지 못하거나, 기분이 언짢다. ¶날 **구지믄** 왼 삭신이 쑤셔대여./**구진** 소린 집어치고 존 애기덜 허자구.

구찮다[-찬타] 표귀찮다 형 '귀(貴)+하-(爲)+-지-+아니(不)+하-(爲)+-다→귀치않다>구찮다'. 마음에 들지 아니하고 성가시다. ¶**구찮게** 굴지 말구 지발 나가 놀어라.

구텡이 표귀퉁이 명☞ '**구팅이**'. ¶어둔 **구텡이**서 쭈구리구 있지 말구 일루 와.

구팅이 표귀퉁이 명☞ '**구팅이**'.

구팅이 표귀퉁이 명 '굿(隅)+퉁(접사)+이(접사)→구퉁이>구팅이>구텡이/구팅이'. 사물이나 장소, 마음 따위의 구석진 곳. =구팅이. 구텡이. ¶이번 태풍이 올마나 쎘던지 독담부락 양 **구팅이**가 무녀졌다닝께./가심 한 **구팅이**가 흐즌(虛傳)허네.

구퉁-배기 표귀퉁이 명 '구퉁/귀퉁+배기(접사)→구퉁배기/귀퉁배기'. '귀퉁이'를 홀하게 이르는 말. ¶이걸, 콱 **구퉁배기**를 갈겨뻐려?

군 : -더디기 표군 : -더더기 명 '군(접사)+더덕(添垢)+이(접사)→군더덕이>군더디기'. 쓸데없이 덧붙은 것. ¶**군더디기**만 잔뜩 붙어 있구 쓸디있는 건 뵈질 않넌군.

군 : 둥-내 표군 : -내 명음식이 상해서 제 맛이 변하여 나는 냄새. ¶오디서 **군둥내**가 이나 했더니 비지 띄우구

있구먼./저눔이 메주 **군둥내** 땜이 증신이 하나두 읎네.

군시렁-거리다 표구시렁-거리다 동(자) 못마땅하여 군소리를 자꾸 하다. ¶머라구 그렇기 혼저 **군시렁거리는** 겨?

군시렁-군시렁 표구시렁-구시렁 부 군소리를 자꾸 하는 모양. ¶**군시렁군시렁** 뭔 불만이 그렇기 많은 겨?

굴:-내다 표내:다 동(자) '굴(煙突)+내-(出)+-다'. 고래가 막혀 불길이나 연기가 굴뚝으로 빨려 들어가지 아니하고 아궁이로 되돌아 나오다. ¶**굴내서** 방은 안 뜨시구 불 때기만 어렵군. **굴냈으믄** 구들장을 고치던지 방고래를 뚫으야지 걱정만 허구 있으믄 오치기여?

굴:르다¹ 표구르다 동(자)(타) 바퀴처럼 돌면서 옮겨 가다. ¶바쿠가 잘 **굴르지** 않넌다.

굴르다² 표구르다 동(타) 선 자리에서 발로 바닥을 내디디다. ¶시러운 발을 동동 **굴렀다**.

귀-꾸녁 표귓-구멍 명 ☞ '귀꾸먹'. ¶남덜 다 아넌 소문을 못 듣다니 **귀꾸녁**은 품이루 달구 댕인 겨?

귀-꾸녕 표귓-구멍 명 ☞ '귀꾸먹'. ¶큰 소리 쳐두 못 듣넌 거 보닝께 **귀꾸녕**을 처먹어두 단단히 처먹었구먼.

귀-꾸먹 표귓-구멍 명 '귀(耳)+ㅅ+구먹(孔)→귓구먹>궉구먹/귀꾸먹(변자음화)'. 귀의 밖에서 고막까지 이어진 구멍. ¶이 사람이 **귀꾸먹**이 맥혔나. 큰소리루 히두 뭇 알어 듣네.

귀-따겁다[-따] 표귀-따갑다 형 시끄러워 괴롭다. ¶**귀따거우니께** 저 짝이 가서 떠들어라.

귀뚜래미 표귀뚜라미 명 <동물> 메뚜기목 귀뚜라밋과의 곤충. ¶**귀뚜래미** 덜이 찌릭대넝 거 보닝께 발써 갈이 왔넝개 벼.

귀-먹쟁이[-쨍-] 표귀-머거리 명 '귀(耳)+먹-(塞)+쟁이(접사)→귀먹쟁이'. 귀가 어두워 듣지 못하는 사람. ¶당달봉사 눈 있으나 마나, **귀먹쟁이** 귀 있으나 마나.

귀-불알 표귓-불 명 '귀(耳)+불앓(睾丸)→귀불알'. 귓바퀴의 아래쪽으로 늘어진 살. ¶넌 **귀불알**이 축 늘어진 게 꼭 부천님 같다이.

귀-쌰대기 표귀-뺨/귀싸대기 명 ☞ '구쌰대기'. ¶어휴, 그런 버릇읎넌 눔은 **귀쌰대기**를 올려붙이야 속이 션헌 건디.

귀-쌈 표귀-뺨 명 '귀(耳)+쌈(腮)→귀쌈>귀쌈'. 귀 쪽 부분의 뺨. ☞ '구쌰대기'.

귀-쌈대기 표귀-뺨/귀-싸대기 명 ☞ '구쌰대기'.

귀:우개 표귀이개 명 '귀(耳)+우이-(刮:긁어내다)+개(접사)→귀우이개?>귀우개'. 귀지를 파내는 도구. ¶귀 간지러운 디 **귀우개**는 오디 갔냐?

귀:경[-/기-] 표구:경 명'구경>구경/귀경'. 어떤 것을 흥미나 관심을 가지고 봄. ¶그 냥반은 까막눈이라 여직 설 **귀경**을 뭇해봤대유, 글씨를 물르니께 차를 탈 중두 물른대유.

귀:경-가머리[기-까-] 표구:경-가머리 명①구경할 만한 것. =귀경감. ¶향츨리(香泉理) 향교에 가믄 큰 으낭낭구가 귀경헐만 허유. 나두 봤넌디, 그건 대술 으능징이에 있넌 거에 비허믄 **귀경가머리**두 뭇되여. ②남의 구경거리가 되는 우스운 짓. ¶너 그렇기 무잘르게 허구 댕길 겨? 동네방네 **구경가머리**가 되구 싶은 겨?

귀:경-거리[-꺼-/기-꺼-] 표구:경-거리 명구경할 만한 대상. =구경. ¶**귀경거리**가 하나 생겼넌디 하냥 가볼려?

귀:경-꾼[-/기-] 표구:경-꾼 명구경하는 사람. =구경꾼. ¶약장사패가 와서 츤막을 치구 노래두 불르구 연극두 헌다넌디 **귀경꾼**덜한티 꽁짜루 슨물두 준댜.

귀:경-허다[-/기-] 표구:경-하다 통(타) 흥미나 관심을 가지고 무엇을 바라보다. ¶그려? 그거 **귀경헐** 만헌 것이구먼. 재미나게 연극두 **귀경허구** 슨물두 받구 말여.

그:구 표거:구(巨軀) 명거대한 몸집. ¶그런 **그구**(巨軀)가 밥 한 그륵 먹구 심을 쓰겄남?

그:금 표거:금(巨金) 명아주 큰 돈. '큰돈'으로 순화. ¶구장(區長)이 회관을 짓넌디 **그금**을 내 놨다던디 우덜두 멋 점 히야쓰지 않겄남?

그-끄저끼 표그끄저께 명'그저께'의 전날. 오늘로부터 사흘 전. ¶**그끄저낀**가? 왜 내가 자네헌티 전헌 말 있잖여.

그나-허다 표거나-하다 명어느 정도 술에 취한 상태에 있다. ¶**그나허게** 헌 짐이 노래방두 가보까?

그닥 표그다지 부'그다지'의 준말. ¶**그닥** 맴두 읎넌디 왜 자꾸만 만나라구 헌대유?

그:담-제 표거:담-제(祛痰劑) 명가래를 묽게 삭이는 약.

그:대-허다 표거:대-하다(巨大-) 형엄청나게 크다. 커다랗다. ¶**그대헌** 빌딩숲./**그대헌** 태풍이 밀려올 거라넌디 비니루하우스가 걱정이네.

그도 표톱/거도(鋸刀) 명자루가 한 쪽에만 있어 혼자 켤 수 있게 한 톱. =톱칼. ¶**그도**를 가져와라./**그도**가 잘 안 드네.

그도-질 표톱-질 명톱으로 물건을 자르거나 켜는 짓. ¶**그도질**두 아무나 허넌 게 아녀. **그도질**두 다 요령이 있넌 볍이랑께.

그돕-밥[-빱] 표톱-밥 명톱으로 나무를 켜거나 자를 때 쓸려 나오는 가루. ¶**그돕밥**이 마당이 가득헌 걸 보니 장적을 참 많이 헸구먼.

그돗-날[-돋-] 표톱-날 명톱니의 날이 선 부분. ¶그돗날이 안 들으니 줄루 벼르야겄다.

그:동 표거:동(擧動) 명행동하는 모습이나 태도. ¶그동(擧動)이 수상헌 자를 신고허믄 포상금이 나온다는디. 동(자) 그동-허다.

그:두 표거:두(巨頭) 명어느 조직이나 분야에서 높은 지위에 있는 사람. 우두머리. ¶실학파의 그두(巨頭) 증약용의 책덜은 귀양지이서 씌여졌댜.

그두다 표거두다 동 '걷/근-(收)+우(접사)+-다'. ①곡식이나 열매, 성과 따위를 얻다. ¶서리태를 그둬야겄다. 들깨를 그두러 가자./올심히 애쓴 덕이 좋은 성적을 그뒀다. ②흩어져 있는 물건 따위를 한데 모으다. ¶쓰레기를 그두어 태웠다.

그둬-딜이다 표거둬-들이다 동(타) ☞ '거둬-딜이다'. ¶그둬딜이는 일이라구 그저 재밌기만 헌감?

그라구 표그리고 부 ☞ '그러구'보다 쓰임 빈도가 크게 낮다. ¶그라구 인저버텀은 슨상님 말씸 잘 들으야 헌다이.

그라믄 표그러면 부 ☞ '그러믄'의 이형태. '그러믄'에 비해 사용 빈도가 낮다. ¶쬠만 지둘러 봐. 그라믄 좋은 일이 생길 것이니께./그라믄 인전 다 끝난 규?

그:란 표거란(契丹) 명<역사> '글단(契丹)→그란/거란'. 5세기 이후 내몽골의 시라무렌강(Siramuren江) 유역에 나타나 살던 유목 민족. 10세기 초 야율아보기는 그란(契丹)의 여러 부족을 통합허구 요나라를 근국(建國)허였다.

그란디 표그런데 부(접속) ☞ '그런디'보다 쓰임 빈도가 크게 낮다. ¶그란디 이 자식은 죙일 오디 가서 농땡일 치구 있댜?

그러구¹ 표그리고 부(접속) 단어나 문장을 대등하게 이어주는 말. =그라구. 그리구. ¶그러구 자네, 이따가 나 좀 꼭 보지./그러구 뭐 빠친 거 읎나 살펴봐.

그러구² 표그리고 (어구) '그리허구'가 줄어든 말. ¶충분히 그러구두 남을 분이지, 암./그러구 서 있덜 말구 얼릉 안이루 들어와./그러구 말이여. 낼은 오티길 건감?

그러니께 표그러니까 부(접속) '그러허+니께'. 이유나 근거에서 결과의 내용으로 이어주는 말. ¶그러니께 늬 말은 들어볼 것두 읎다닝께./그러니께 일이 이렇기 틀어진 것 아닌가?

그러닝께 표그러니까 부(접속) ☞ '그러니께'의 이형태. ¶그러닝께 그게 오치기 된 거냐문유./그러닝께 내가 발거릴 친 게 아니구 지가 혼저 자빠진 거여.

그러믄 표그러면 부(접속) 앞 내용이 조건이나 전제가 됨을 나타내며, 뒤의

문장으로 이어주는 말. =그라믄. 그럼. ¶하냥 가자닝께. **그러믄** 내가 만화책 뵈줄 것이구먼./좋아. **그러믄** 인저버터는 안 봐줄 겨.

그런디 표그런데 부(접속) '그러허-(然)+-ㄴ디→그런디'. 앞의 내용을 다른 방향이나, 상반된 내용으로 이어주는 말. =그란디. ¶늬 형제덜은 다 공부 잘헌다매. **그런디** 너는 왜 이렁 겨?

그렇기[-러키] 표그렇게 부'그러허+기'가 줄어든 말. ¶**그렇기** 허넌 게 아녀.

그렇다-믄[-러타-] 표그렇다-면 (구문) '그렇다'에 조건이나 가정의 뜻을 지닌 연결어미 '-믄'이 붙은 형태. ¶**그렇다믄** 워쩔 건디유?/**그렇다믄** 한 번 해보자넌 거유 머유?/**그렇다믄** 지두 가만 안 있을 규.

그렇지믄[-러치-] 표 그렇지만 부(접속) '그러허-(然)+-지믄'. 앞말과 대립, 반대, 상이의 뜻으로 이어주는 말. ¶동상 말이야 **그렇지믄**서두 우덜까장 끌구들어가진 말어./말이야 **그렇지믄** 실지룬 으림두 읎넌 소리유.

그려¹ 표그래 형'그렇-(肯)+-어'. 긍정이나 확인을 나타낼 때 쓰는 말. ≒기여. ¶**그려**. 늬 말이 다 맞넌구먼./**그려그려**. 너헌티 그런 어려운 일이 있었구먼./**그려**. 너 말구 그 일을 헐 사람이 또 있겄는감?

그려² 표그래 감감탄, 강조, 물음, 선언 따위를 나타낼 때 쓰는 말. ¶**그려**. 넌 참 잘났구먼./**그려**? 참말루 늬가 그런 일을 헌단 말이지?/**그려**, 다시 한 번 헤 보자.

그려³ 표그래 조종결 어미 뒤에 붙어, 듣는 이에게 공감을 청하는 뜻의 보조사. ¶자네두 하냥 가지**그려**./그참 재밌구먼**그려**./장깐 더 셨다 허지**그려**.

그려⁴ 표그래 (구문) '그리허여/그러허여'가 줄어든 말. ¶그게 겉은 **그려** 보여두 속은 아직 쓸만하다닝께./**그려** 개지구 온제 핵겨 갈래?

그려두 표그래도 (구문) ☞ '그리두'의 이형태 ¶지 배깥냥반이 말은 **그려두** 속은 참 따숩구먼유.

그려서¹ 표그래서 부 ☞ '그리서¹'의 이형태 ¶오넌디 차가 무지 맥힌대유. **그려서** 많이 늦겄다구 즌화가 왔구먼유./**그려서** 워쨌다는 겨? 속 터지게 허덜 말구 션허게 얘길혀 봐.

그려서² 표그래서 부 ☞ '그리서²'의 이형태 ¶그 냥반이 자꾸 **그려서** 지는 진짜 그런 중만 알었쥬./허는 일마두 **그려서** 워쩔수읎이 혼꾸녕을 점 냈구먼유.

그려서니 표그래서는 (구문) ☞ '그리서니'의 이형태 ¶**그려서니** 오티기 됬남? 궁금헤 죽겄구먼. 얼릉 뒷 야기 점 히봐. **그려서니** 일이 잘 풀린 겨?

그ː-루 표그리-로 부'그리루/글리루'가 줄어든 말. ☞ '글루'. ¶이루 가라넌디 왜 자꾸 **그루** 갈라능 겨?/그루 가믄 야중이 후회헐 거구먼.

그류 :¹ 표그래요 형'그렇-(肯)+어유→그려유>그류'. 긍정과 확인을 나탤 때 쓰는 말. ≒기유. ¶**그류**. 사람이 실수헐 적두 있구 그렇지유./**그류**. 일이 그렇기 된 거라구유.

그류² 표그래요 (구문) '그러혀유/그리히유>그리유'가 줄으든 말. ¶지가 허넌 일이 다 **그류**./지가 상황이 아주 **그류**.

그리구 표그리고 부 ☞ '그러구¹'의 이형태. ※예산에서는 '그러구, 그리구'의 쓰임 빈도가 둘 다 높다. ¶**그리구** 또 머가 남었더라? **그리구** 남긴 머가 남어유? 다 챙겼구먼유. **그리구** 아줌닌 왜 연태 거기 서 있대유?

그리기¹ 표그러게 감상대편의 말에 찬성이나 긍정의 뜻을 나타낼 때 쓰는 말. ¶**그리기**, 듣구보닝께 그렇기두 허겄네./**그리기**, 그런 일두 있었구먼.

그리기² 표그러게 부자신의 말이 옳았음을 강조할 때 쓰는 말. ¶**그리기** 내 말을 잘 들으라구 힜잖어./**그리기** 그런 디는 위험허닝께 가질 말라구 힜잖어./내가 **그리기** 조심허라구 헌 거 아닌감?

그리두¹ 표그래도 부(접속) '그렇다 허더래두'가 줄으든 말. ¶매운 즒날이 었지. **그리두** 추운 줄을 물렀지.

그리두² 표그래도 (구문) '그리허여두' 또는 '그러허여두'가 줄으든 말. ¶니가 암만 **그리두** 그 일을 이루기는 쉽지 않구먼./갸가 착허다군 **그리두** 우리 애덜만은 뭇허구먼.

그리-봤자 표그래 보았자 (구문) 그렇게 해 본다 하더라도. ¶그게 낫다구는 허더먼, **그리봤자** 월매나 낫겄는감?

그리서¹ 표그래서 부(접속) '그려서>그리서'. 원인, 근거, 조건 따위의 앞 내용에 따라 결과의 뒤 내용으로 이어주는 말. =그려서. ¶참말루 어젠 사정이 점 있었유. **그려서** 지가 약속을 뭇 지킨 것이라구유.

그리서² 표그래서 (구문) '그리허여서/그러허여서'가 줄으든 말. =그려서. ¶사람의 인두겝을 쓰구서 **그리서**는 안 되능 겨./**그리서** 오티기 됬는감?/일이 **그리서** 나는 손을 떼구만 겨./넌 말투가 **그리서** 사람덜헌티 존 소릴 뭇 듣는 겨.

그리서-니 표그래서-는 (구문) '그리허+어서+니→그리허여서니'가 줄으든 말. =그려서니. ¶한참을 지둘러두 오덜 않더먼유. **그리서니** 헐수읎이 혼저 온 규.

그리야¹ 표그래야 부(접속) '그렇게 하여야'의 뜻으로 앞뒤 내용을 이어 주는 말. ¶밥을 먹으야 심이 나구, **그리야** 공부도 잘 허는 겨.

그리야² 표그래야 (구문) '그리허여야/그러허여야'가 줄으든 말. ¶**그리야**

너두 좋구 나두 좋은 겨./**그리야** 다 좋은 중이나 알구덜 있어.

그렸다 표그랬다 (구문) '그렇기 헸다'가 줄어든 말. ¶**그렸다구** 사람을 그리 몰어붙이믄 쓰냐?/백번 양보히서니 **그렸다구** 쳐. **그렸다구** 그게 사람꺼정 잡을 일인가?

그:만 표거만 (倨慢) 명잘난 체하며 남을 업신여김. ¶그는 **그만**을 부렸다.

그:만-허다 표거만-하다 (倨慢-) 형잘난 체하며 남을 업신여기다. ¶그 **그만헌** 눔을 뭣허러 두둔허능감?

그-망큼 표그-만큼 부명 ☞ '그만침'.

그:머리 표거:머리 명 ☞ '금저리'.

그미 표거미 명 '검-(黑)+의(접사)→ 거믜>거미/그미'. 절지동물 거미목 거미류에 속하는 동물의 총칭. =거미. ¶**그미**두 줄을 쳐야 버러지를 잡넌다 잖남?/째끄만 거미두 **그미줄**을 칠 중 아넌디 넌 헐 중 아는 게 뭐여?

그미-알 표거미-알 명거미의 알. ¶**그미알**이 같이 되닝께 광천장이다 **그미알**을 잔뜩 슬어놨군.

그미-줄 표거미-줄 명①거미가 뽑아낸 줄. ¶그게 그렇기 분허믄 **그미줄**이 목매달구 죽어뻐려, 이눔아./그 냥반이 올마나 궁헌지 **그미줄**이 목이라두 맬 태세라닝께. ②누군가를 잡기 위하여 여러 곳에 마련해 둔 함정. =거미줄.

그미줄-치다 표거미줄-치다 동(자) ①거미가 벌레를 잡기 위하여 그물처럼 줄을 벌여두다. ¶산입이 **그미줄치**는 벱은 읎는 겨. ②범인을 잡기 위해 곳곳에 비상선을 펼쳐놓다. =거미줄치다. ¶긍찰이 **그미줄친** 포위망을 뚫구 범인이 도망했다.

그미-집 표거미-집 명거미가 쳐 놓은 줄이나 알을 슬기 위해 얽어놓은 집. =거미집. ¶요짐 사정이 안 좋아서니 **그미집**이래두 털으야 헐 헹편이여.

그:봉 표그:봉 (巨峰) 명①두드러지게 높고 큰 산봉우리나, 아주 뛰어난 인물. =거봉. ¶서예가의 **그봉**이신 자암 김구와 추사 김증희의 고향은 모두 예산 신암이다.

그:부 표거:부 (巨富) 명아주 큰 부자. =거부. ¶이즌이는 충청도이 숨은 **그부**는 공주랑 예산이 많다구덜 혔는디.

그:북살-시럽다[-쌀-따] 표거:북살-스럽다 형몹시 거북한 데가 있다. ¶옷이 너머 쪽어서 **그북살시럽네**.

그:북-허다[-부커-] 표거:북-하다 형자연스럽지 못하고 불편하다. ¶다리다가니 붕대를 감었더니 근기가 응 **그북허구먼**./그 **그북헌** 자리이 왜 자꾸 날 데리꾸 갈라능 겨?/일이 틀어지닝께 사람덜 대허기두 **그북허더먼**.

그:사 표거:사 (居士) 명①숨어 살며 벼슬을 하지 않는 선비. ②일은 하지 않고 놀고 지내는 사람을 속되게 이르는 말. ¶그 사람이 자칭 산림그

사(山林居士-)라넌디 그게 뭔 **그산** 겨? 뭔 **그사긴**, 기냥 놀구 먹넌 **그사**지.

그ː상 표거ː상(巨商) 명밑천을 많이 들여 하는 큰 장사. 또는 그런 사람. ¶학용품을 살라구 송방(松房)이 갔다가, 송방이 조선시대 개성의 **그상**이었던 송상(松商)의 지즘이란 걸 알게 되였어.

그시다 표긋다 동(타) ①금이나 줄을 그리다. ¶금을 점 똑띠기 **그셔** 봐. ②외상으로 처리하다. ¶시방 먹은 술값은 장부다가 **그셔** 봐.

그시르다¹ 표거슬리다 동(타) ☞ '그실르다'.

그시르다² 표거스르다 동(타) ☞ '그실르다²'. ¶이런, 돈만 **그시리구서니** 산 물건은 안 들구 왔네.

그시름-돈[-똔] 표거스름-돈 명☞ '거시름돈'. ¶심부럼가서 **그시름돈**을 빠띠리구 오다니.

그ː실 표거ː실(居室) 명가족이 모여 일상생활을 하는 집안의 공간. ¶**그실**이 참 널브구먼./날씨가 취져서 화초를 **그실루** 딜여놨다.

그이 표게 명<동물> 십각목(十脚目)의 갑각류를 동물을 통틀어 이르는 말. ¶**그이**는 옆이루다가니 겨댕긴댜./**그이**나 사람이나 부모란 것은 말이여. 지는 옆이루 겨댕긴맨서두 지 새낑이는 앞이루 걷기를 바려넌 뱁인 겨.

그이-거쿰 표게ː-거품 명①게가 토

하는 거품 모양의 침. ②몹시 괴롭거나 흥분했을 때 입에서 나오는 거품 같은 침. =게거쿰. ¶등치는 째끄마두 **그이거쿰**을 물구 댐비넌디 그참 미섭더먼.

그이-걸음 표게ː-걸음 명게처럼 옆으로 걷는 걸음. ¶뭔 잘못을 했걸래 **그이걸음**이루 도망질을 헌댜?/뭔 일을 그렇기 **그이걸음**이루 허냐?

그ː인 표거ː인(巨人) 명①몸집이 아주 큰 사람. ¶내 친구는 2미다(m)가 넘는 **그인**이여. ②어느 분야에서 매우 뛰어난 능력을 보이거나 위대한 업적을 남긴 사람. ¶성 교수는 우덜이 쉬 넘을 수 읎넌 **그인**이여.

그ː장 표거ː장(巨匠) 명두드러지게 뛰어난 예술가. ¶피카소는 흔대미술(現代美術)의 **그장**이다.

그저끼 표그저께 명'그(其)+적(時)+의(조사)→그젓긔>그저끼'. 어제의 앞날. 이틀이 지난 날. ¶**그저끼** 지가 헌 일두 물르는 거 보닝께 자네두 노망들 날이 가까웠내 벼.

그ː점[-쩜] 표거ː점(據點) 명활동의 근거가 되는 중요한 곳. ¶일을 크게 벌릴라믄 **그점**(據點)버텀 마련히야지.

그-중 표그-중(-中)/가장 명①(표준어) 범위가 정해진 여럿 가운데. ¶**그중**이선 그게 나은 겨./**그중**에서 질 즉은 눔만 골러서 버린 규. ②(방언)

여럿 가운데 어느 것보다, 제일. ※예 산지방에서는 '가장'이란 말이 쓰이지 않고, '그중'이 쓰임. ¶**그중** 잘 달리넌 눔만 추려낸 규./이게 **그중** 낫다닝께 그러네.

그:지 표거:지 명 '것바싀/것밭>것와싀/것워싀>거어지/거으지/그으지>거지/그지'. 남에게 돈이나 음식을 얻어먹으며 살아가는 사람. =동냥백이. 거렁뱅이. 비렁뱅이. ¶저 눔은 인색허기가 **그지** 밥두 뺏어먹을 눔이여./이런 **그지**같은 눔을 봤나?/**그지**두 부지런허믄 따순 밥 읃어 먹넌댜, 이눔아.

그지-반 표거지-반(居之半) 부 절반을 넘어간. 거의. =거지반. ¶일이 **그지반** 끝나가넌디 손님덜이 밀려오넌 통이 마무리를 뭇허구 말었어.

그진 표거진 부 ☞ '거진'의 이형태. ¶**그진** 다 됬으닝께 쬠만 참어.

그진-그진 표거진-거진 부 ☞ '거진거진'의 이형태. ¶일이 **그진그진** 끝나가닝께 쪼끔만 지둘러.

그질-루 표그길-로 부 어느 곳에 도착한 그 걸음으로. 또는 어떤 일이 있은 다음에 곧. ¶장일 들렀다가 **그질루** 가니 병원일 댕겨왔지./고향일 내려갔다가니 **그질루** 친적들헌티두 다 인사디리구 왔어.

그-짝 표그-쪽 대 듣는 이에게 가까운 곳. 또는 이미 알고 있는 곳이나 사람. ¶**그짝**이루 죽 가믄 핵겨가 나올 겨./

그짝이선 뭐라던가? **그짝** 생각은 오떻더냐구. **그짝**두 사증(事情)이 어렵대능 겨?

그치 표거치(据置) 명 <경제> 채무의 상환이나 지급을 일정 기간 하지 않는 일. ¶군농협일 가설래미 2년 **그치** 3년 상환이라넌 조건이루 대출을 점 받어왔다.

그치다 표거치다 동(자) 무엇에 걸리거나 막히다. ¶가넌 질이 스산(西山)일 잠시 **그쳐서** 갔구먼. (타) 오가는 도중에 어디를 지나거나 들르다. =거치다. ¶산질 옆이 컹컴헌 생여(喪輿)집 옆일 **거쳐** 오넌디 오떤 냥반이 갑자기 텨나와서 무지 놀랬어./벌써 슥사(碩士)과정을 **그치구** 박사 과정이루 들어갔다너먼.

그칠다 표거츨다 형 '거츨다/그츨다>거칠다/그칠다'. ①나무나 살결 따위가 매끄럽지 않거나, 피륙의 올이 성기고 굵다. ¶살결이 배양살차람 **그칠구나**./옷감이 너머 **그칠어서** 뭇 쓰겄구먼. ②일을 찬찬하거나 야무지게 못하다. ¶그렇기 **그칠게** 일헐라믄 아예 허덜 말어. ③사납거나 세차다. =거칠다. ¶승질이 드럽게 **거칠구먼**./바람이 너머 **그친디** 농작물이 걱정이네./숨결이 **그친** 게 다 츤식(喘息) 때문인 겨.

그-터락 표그-토록 부 그렇게까지. 그러한 정도까지. ¶일이 **그터락** 되였다믄 우린 찔 자리가 읎는 겨./비가 그 터락 쏟아질 중은 꿈이두 생각 뭇혔지.
그-허다 표거-하다(巨-) 형크고 웅장하다. =거허다. ¶그허게 한 잔 걸쳤더니 증신이 알딸딸허다./새루 진 집(建物)이 **그허구먼**.
그:행 표거:행(擧行) 명①의식을 치르는 것. ¶준공식을 **그행허**. ②명령에 따라 행하는 것. 동(타) 그행-허다. ¶교장슨상님의 분부대루 **그행허였구먼유**.
근:각 표건:각(健脚) 명튼튼한 다리. 또는 그런 다리를 가진 사람. ¶벚꽃마라톤대회에 참가헌 400여 **근각**(健脚)덜이 예산공슬운동장일 막 출발허구 있다.
근:국 표건:국(建國) 명나라를 세우는 것. =개국(開國). ¶고조선의 **근국**이늠은 홍익인간(弘益人間)이다./조선은 이태조에 의하여 14세기에 **근국**되였다.
근:군 표건:군(建軍) 명군대를 처음으로 세움. 창군(創軍). =건군. ¶국군은 1948는 대한민국 증부 수립과 하냥 **근군**되였다.
근:너-가다 표건:너-가다 동(타) 무엇을 건너서 저쪽으로 가다. ¶즈수지를 후염쳐서니 **근너갔다**.
근:너-오다 표건:너-오다 동(타) 무엇을 건너서 이쪽으로 오다. ¶물이 불어서니 **근너오기**가 심들다구 지둘

르지 말래유./옆집 아줌니 점 우리집이 **근너오시래라**.
근:너-짚다[-집따] 표건:너-짚다 동(타) ①무엇을 건너서 팔을 내짚거나 발로 디디다. ②앞질러 짐작으로 알아차리다. ¶기냥 **근너짚어서** 얘길 헌 건디 그 냥반 얼굴이 뻴개지더라구./함부루 **근너짚지** 말어.
근:너-뛰다 표건:너-뛰다 동(타) ①일정한 공간을 사이에 두고 건너편으로 뛰다. ②차례를 거치지 않고 거르다. ¶중간일 빼먹고 자꾸 **근너뛰지** 말구 차근허게 풀어봐.
근:너-편 표건:너-편 명마주하고 있는 저편. =근너편짝. ¶물 **근너편**이루 가믄 산막(山幕) 한 채가 있을 규.
근:너-편짝 표건:너-편짝 명마주하고 있는 저쪽. =근너편. ¶물 **근너편짝** 이루 가믄 산막(山幕)이 나와유.
근:널-목 표건:널-목 명철도와 도로가 엇갈린 곳. ¶**근널목**이선 늘 조심해야 헌다. **근널목** 사고가 질 미서운 겨.
근:넙-마을[-넘-] 표건:넛-마을 명건너편에 있는 마을. ¶**근넙마을**이 상사가 있어서 그길 댕겨오넌 질이여.
근:넙-방[-빵] 표건:넛-방 명'근넛방>근넙방(변자음화)'. 안방에서 대청을 거쳐 맞은편에 있는 방. =건는방. ¶**근넙방**이 가서 할아부지 진지다 잡쉈나 보구오너라.

근 : 넛-산[-넏싼] 표건 : 넛-산 명건너편에 있는 산. ¶저 근넛산일 넘으믄 온양이란다.

근 : 네다 표건 : 네다 동(타) '검/근-(步)+나-(出)+이(접사)+-다→건내다/근내다>건네다/근네다'. 어떤 것을 받으라고 내밀거나, 말을 붙이다. ¶슨상님께 과제물을 근넸다./슬메시 말을 근넸지믄 통 대꾸를 않더라구.

근 : 네-받다[-따] 표건 : 네-받다 동(타) 상대가 내미는 무엇을 손으로 받다. ¶꿔줬던 돈을 김씨루부터 근네받었다.

근 : 네-주다 표건 : 네-주다 동(타) 상대에게 무엇을 손을 내밀어 주다. ¶빌려 쓴 은장을 근네줬다.

근 : 느다 표건 : 너다 동☞ '건느다'. ¶짚은 물은 근느지 말구 돌어가거라.

근대기 표건더기 명☞ '건디기'.

근 : 대다 표건드리다 동☞ '근대리다'의 준말. ¶지분지분 근대지 말구 함꺼번이 헤치워 뻔져.

근 : 대리다 표건드리다 동☞ '근드리다'. ¶이것저것 근대리기만 허구 선허게 끝내는 일이 읎군.

근 : 드리다 표건드리다 동(타) '근들(의태어)+이(접사)+-다'. ①손으로 만지거나 무엇으로 대다. ¶구찮어 죽겄구먼 왜 자꾸 옆구리는 근드리능겨. ②자극하는 말이나 행동으로 상대의 기분을 상하게 하다. ¶내 승질 근드려서 이로울 게 읎을 텐디. ③부녀자를 꾀어 육체적인 관계를 맺다. =근대리다. 근디리다. 근딜다. 근들다. ¶이 으자 즈 으자 근드리다가 이 번이 아주 혼구녕이 났다너먼.

근 : 들다 표건 : 들다 동(타) ☞ '근드리다'가 줄어든 말. ¶자넌 사람은 왜 근들여 깨울라는 겨?

근디 표그런데 부☞ '그런디'가 줄어든 말. ¶근디 걔는 오티기 허다 가막소일 간 겨?

근 : 디리다 표건드리다 동(타) ☞ '근드리다'. ¶구찮게 자꾸 근디리지 말어.

근 : 딜다 표건 : 들다 동(타) ☞ '근디리다'의 준말. ¶또 한 번만 더 근들믄 혼난다이.

근 : 물 표건 : 물 (建物) 명사람이 살거나, 물건을 넣어 두기 위하여 땅 위에 지은 집. ¶목조 근물. 석조 근물.

근방 표건방 명잘난 체 하거나 주제넘은 태도. ¶같잖은 게 근방을 떨구 안 졌구나.

근방-떨다 표건방-떨다 동(자) 건방지게 행동하다. ¶저눔은 근방떨다 혼꾸녕나넌 게 생활이라니께.

근방-지다 표건방-지다 동(자) 잘난 체하거나 주제넘어 다른 이의 기분을 상하게 하다. ¶이쁘다 이쁘다 허닝께 근방지기가 하늘을 찔르넌구먼.

근배 표건배 (乾杯) 명여럿이 건강, 행복 따위를 빌면서 서로 술잔을 비우는 일. ¶우덜의 근강(健康)을 위허여, 근배(乾杯)!

근:의 표건:의(建議) 명개인이나 단체가 어떤 문제에 대하여 희망이나 의견을 제시하는 것. 동(타) 근의-허다 ¶사장헌티 월급을 올려달라구 근의했지먼 사장이 받어주질 않았댜.

근:의-문 표건:의-문(建議文) 명건의하는 뜻을 적은 글. =건의문. ¶사장헌티 올린 근의문이 받어딜여져서니 월급이 오르게 됐다너먼.

근:의-서 표건:의-서(建議書) 명건의의 뜻이나 조항을 적은 문서. ¶여럿이 근의서래두 작성히서 사장헌티 보내야되넌 거 아닐까?

근:의-안 표건:의-안(建議案) 명회의에서 토의할 안건이나 건의할 내용을 적은 초안. ¶학부모덜은 비리에 연루된 핵교장을 해임허라넌 근의안을 교육청이 냈다.

근재 표건재(乾材) 명<한의학> 조제하지 않은 원료 그대로의 한약재. ¶난 근재 약국이 백복통이구, 근재 약방이 감초란 말여. 그러니 내가 빠지믄 안 된다닝께.

근지럽다[-따] 표간지럽다 형'근질(의태어)+업(접사)+-다→근지럽다'. 가려운 느낌이 있다. ¶슭이 되닝께 왼 몸이 다 근지럽네.

근지럼 표간지럼 명'근지럽-(軟痒)+-ㅁ(접사)'. 간질거리는 느낌. =간지럼.

¶날이 근조(乾燥)허믄 아토피 근지럼이 심헤지넌 벱이잖어.

근:평 표건:평(建坪) 명건물이 차지한 밑바닥의 면적. ¶대지 300평이 근평 50평짜리 집을 졌다./근평이 1칭은 50평, 2칭과 3칭은 30평이다.

근:필 표건:필(健筆) 명문장이나 시 따위를 의욕적으로 씀. ¶이슨상, 근강허시구 근필허슈.

근:-허다 표건:-하다 형①아주 넉넉하다. ②'그나허다'의 준말. ¶오디서 근허게 한 잔 걸쳤구먼.

글다[-따] 표걷다 동(타) ①늘어진 것을 말아 올리거나 가려진 것을 치우다. ¶시수를 헐 땐 소매를 글구 히야지. ②깔려 있는 것을 접거나, 일을 멈추다. =걷다. ¶아까 깔어둔 자리를 글어./창문이 커텐을 글어라./날이 더우니께 일을 잠시 글구 선헌 수박이나 쪄개 먹자.

글어-차다 표걷어-차다 동(타) ①발을 들어 세게 차다. ¶정갱이를 글어 찼다. ②관계를 끊고 내치다. ¶실컨 부려먹구 글어차다니.

글어-치다 표 걷어-치우다 동(타) '글-(收)+-어+치-(撤)+-다'. ①흩어진 것을 거두어 옮기다. ¶잘라구 허넌디 이불요를 왜 글어쳤댜? ②하던 일을 중도에서 그만 두다. ¶일을 그렇기 헐라믄 글어쳐 번져라.

글-잡다[-짭따] 표걷-잡다 동(타)

'글-(收)+잡-(執+)+-다'. ①잘못되어 가는 형세를 바로잡다. ¶홍수가 나서 넘쳐드넌 물을 **귿잡을** 수 읎다. ②마음을 진정하거나 억제하다. ¶불안헌 맴을 **귿잡을** 수 읎이 되었다.

글 : -루 표그리-로 뷔'글 : 리(其方)+루(조사)→글 : 리루>글 : 루>그루'. 그쪽으로. 장소, 방향을 지시하는 말. ¶일루 가야지 **글루** 가믄 질이 읎어.

글르다 표그르다/그릇되다 휑(규칙)'활용형태 : 글르게. 글르지. 글러'. ①그르다-사리에 맞지 아니하다. ¶니 생각이 **글른 겨**. ②그릇되다-잘못되다. 틀려서 잘 될 가망이 없다. ※'그릇되다'란 말은 거의 쓰이지 않고, '글르다'가 포괄적으로 쓰임. ¶일이 잘 되긴 애시당초 **글렀다닝께**.

글리 표그리 뷔'표준어화 과정→글리>그리'. 그쪽으로. 그곳 방향으로. ¶**글리서** 오란다구 추썩그리구 가는 겨? 에이, 자발읎넌 눔 같으니.

글 : 상[-쌍] 표걸 : -상 (-床) 명의자. 사람이 걸터앉을 수 있도록 만든 도구. ※예전의 경우 '의자'의 쓰임은 일반적이지 않았다. ¶거기 있넌 나무 **글상** 점 치워줘.

글 : 치다 표 걸 : 치다 통(자)(타) '걸/글-(掛)+티(접사)+-다→걸티다/글티다>걸치다/글치다'. ①무엇이 가로질러 걸리다. ¶두 지벙 위루 새닥다리가 **글쳐** 있다. ②지는 해나 달이 산이나 고개 따위에 얹히다. ¶해가 스산말랭이에 **글쳐** 있다. ③일정한 횟수나 시간, 공간을 거쳐 이어지다. =걸치다. ¶친구헌티 빌린 돈을 늑 달이 **글쳐** 원금과 이자를 갚었다.

글터-앉지다 표걸터-앉다 통(자) 온몸의 무게를 실어 걸어 앉다. =걸터안지다. ¶심들게 쪼그리구 안져있지 말구 여기 의자이 점 **글터앉져**.

금 : 객 표검 : 객(劍客) 명검술(劍術)에 능통한 사람. 금사(劍士). ¶이전 우리나라인 싸울애비라넌 즌문 **금객**이 많었댜.

금 : 거 표검 : 거(檢擧) 명<법률> 수사 기관이 용의자를 일시적으로 잡아두는 일. 통(타) 금거-허다. ¶용자를 **금거허구** 보닝께 바루 이우지 사람이더랴.

금 : 도 표검 : 도(劍道) 명①검술을 익히는 도(道). ②죽도(竹刀)를 이용하는 운동 경기. ¶개는 **금도**가 2단이라구 뻐기매 댕긴다넌디 대체 **금도**가 머더닝 겨?

금 : 문 표 검 : 문(檢問) 명 의심되는 것을 검사하기 위하여 따져 물음. ¶요짐은 음주 단속을 헌다구 **금문**를 자주 허넌구먼.

금 : 문-금 : 색 표검 : 문-검 : 색(檢問檢索) 명검사하기 위하여 따져 묻고 검사하여 찾아냄. ¶마약밀수를 막넌다구 공항에서 저리 **금문금색**을 출

즈(徹底)허게 허넌 거랴.
검ː문-소 표검ː문-소(檢問所) 명군인이나 경찰이 통행인을 막고 인적 사항을 묻거나 소지품 및 차량 따위를 검사하는 곳. ¶아산서 예산이루 들어오는 신례원 초입이는 **검문소**가 슬치(設置)되여 있다.

검ː사 표검ː사(檢査) 명일정한 기준에 맞추어 일이나 사물의 상태를 살피는 것. ¶신체 **검사**장서 몸이 드러워 챙피를 당허다. 숙제 **검사**에 걸려 벌스게 되었다. 동(타) 검사-허다.

검ː사 표검ː사(檢事) 명<법률> 범죄 수사, 공소 제기, 재판 따위를 집행하는 사법행정관. ¶서울고등법원인가이서 부장 **검사**를 허던 냥반이 이번이 예산이다 븐호사사무실을 은다넌구먼.

검ː사-관 표검ː사-관(檢査官) 명검사하는 일을 맡아서 하는 관리. ¶올 담배매상은 응 신통치 못허네. **검사관**이 하두 짜게 메기넌 통이 등급이 다 떨어져번졌어.

검ː사-대 표검ː사-대(檢査臺) 명검사할 물건을 올려놓는 대. ¶푸대를 **검사대** 우에 올려놔 보슈.

검ː사-장 표검ː사-장(檢査場) 명검사가 이루어지는 곳. ¶신체**검사**장서 친구를 만났넌디 빨개벗구 있으니께 옆이 있어두 잘 물러보겄더라구.

검ː산 표검ː산(檢算) 명계산한 결과가 바른가 그른가를 살펴보는 일.

¶섬보구 나서 시간이 남으믄 꼭 **검산**을 히야헌다. 동(타) 검산-허다.

검ː색 표검ː색(檢索) 명①무엇을 밝히기 위하여 조사함. ¶밀수허는 사람덜이 많어져스니 공항마두 보안허구 **검색**이 심해진 거랴. ②책이나 컴퓨터에서 필요한 자료를 찾아내는 일. 동(타) 검색-허다.

검ː색-엔진 표검ː색-엔진(檢索-engine) 명인터넷에서, 찾고자 하는 내용이나, 필요한 사이트를 찾아 주는 프로그램. ¶**검색엔진**만 점 활용헐 중 알어두 인터넷이 무지 픈허다너먼.

금-싸래기 표금-싸라기(金-) 명①금의 잔부스러기. ②아주 드물고 귀중한 물건. ¶저것이 즉은 땅이지먼 내 식구덜을 멕여살리넌 **금싸래기**같은 땅이여.

검ː안 표검ː안(檢眼) 명시력, 색맹의 여부 따위를 알아보기 위하여 눈을 검사하는 것. ¶눈이 뻣뻣히서 병원이서 **검안**이란 걸 히보닝께 안구근조증인가 먼가라구 안약을 주더구먼.

거ː저리 표거ː(머리 명<동물> '거마리(巨末伊)→거머리/그머리/금저리'. 다른 동물의 피를 빨아먹고 사는 거머릿과의 동물. 또는 남에게 피해를 주는 사람. ¶물이 들어갈 땐 **금저리**를 조심히라./저런 **금저리**같은 늠허구 놀어봤자 너만 손해여.

급작-시리[-짝씨-] 표갑작-스레 부

'급작(急卒)+스럽-(접사)+이(접사)→급작스레>급작시리'. 겨를 없이. 갑자기. ¶꾼구 있다가 **급작시리** 뎀벼드넌늠을 오티기 당히여?/**급작시리** 당헌 일이라 증신이 하나두 읎유.

기 : 다¹ 표깊 : 다 동(타) 떨어지거나 해어진 곳을 꿰매다. ¶아이 양말을 **겨** 주었다./옷이 찢어졌으믄 **겨**서 입으야지.

기다² 표그렇다/맞다 형'활용형태 : 기다. 기쥬. 기쥬? 기유. 기유? 기여, 기여? 기라구. 기라닝께'. ①그렇다-상대 의견에 긍정하면서, 의문이나 강조형으로 쓸 때. ¶**기유**. 슨상님 말씸이 딱 옳다니께유. ②맞다-문제에 대한 답이 틀리지 아니하다. 또는 말, 육감 따위가 틀림이 없다는 뜻으로 쓸 때. ¶지말이 맞쥬? **기쥬**? 틀림읎이 **기라니께유**.

기 : 산 표계산 (計算) 명①수를 헤아림. ¶이눔아, **기산**은 똑바루 히야되넌 겨. ②어떤 일을 예상하거나 이해득실을 따짐. ¶**기산**이 빠르다. **기산**에 밝다. 동(타) 기 : 산-허다.

기시다 표계시다 동(자) '겨/크-(存)+-시+(有)+-다→겨시다/크시다>기시다'. '있다'의 높임말. =겨시다. ¶느이 아부지 시방 오디 **기시냐**? 야, 시방 시골에 **기셔유**.

기여 표 그래/맞아 형 '기-(肯/的中)+어'. ☞'그려'처럼 긍정과 확인의 뜻을 지녔지만, 긍정보다는 주로 '확인'의 뜻을 나타낸다. ¶**기여**? 늬가 헌 짓이 분뭉(分明)헌 겨?/**기여**, 쟈가 헌 짓이 분뭉허다닝께.

기유 표그래요/맞아요 형 '기-(肯/的中)+어유→기여유>기유'. ☞ '그류'처럼 긍정과 확인의 뜻을 지녔지만, 긍정보다는 주로 '확인'의 뜻을 나타낸다. ¶**기유**. 그 냥반이 그렇구먼유./**기유**. 그러닝께 더 따지구 자시구 헐 필요두 읎넌 것이랑께유.

기특-허다[-뜨커-/뜩커-] 표기특-하다 (奇特-) 형뛰어나고 특별하여 사랑스럽다. ¶그놈 째그만 녀석이 참 **기특허구먼**.

까그매 표까마귀 명<동물> '깍(의성어)+으(매개모음)+매(鷹)→까그매'. '깍/까옥'하며 우는 매로, 까마귓과에 속한 새. 또는 몹시 더러운 것을 빗대어 일컫는 말. ¶저 눔이 **까그매**괴길 처먹었나 왜 그렇기 깜막깜막허능 겨?/얼릉 시수(洗手)혀. **까그매**가 친구허자겄네.

까그매-밥 표까마귀-밥 명<민속> 음력 정월 대보름날을 까마귀 제삿날이라 하여 들에 떠어내는 잡곡밥. 또는 죽음을 비유. ¶벽이다 똥칠헌다닝께 인전 그 노인네두 **까그매밥** 될 날이 멀지 않은 겨.

까다-럽다[-따-] 표까다-롭다 형 '가/까(의문사?)+달/탈?(欠?)+업-(접사)+-다→가달웁다?>까다럽다'. 복잡하여 다루기가 어렵거나, 성격이 별스럽다. ¶되게 **까다럽게** 구년구먼. 이번 일은 **까다럽게** 지지구 볶넌다구 될 일이 아니란 말여.

까마구 표까마귀 명 ☞ '까그매'. ¶얼굴이 그게 뭐여? **까마구** 즉 니 보문 성 냄허겠구먼.

까빡 표깜빡 부기억이나 의식 따위가 잠깐 흐려지는 모양. =깜막. ¶이구, 또 **까빡** 잊어먹구 왔구나./**까빡** 졸었넌디 삼십 분이 지나뻐렸네.

까빡-거리다 표깜빡-거리다 동(자) ☞ '까빡그리다'.

까빡-그리다 표깜빡-거리다 동(자) (타) ①기억이나 의식 따위가 자꾸 잠깐씩 흐려지다. ¶요짐 내가 증신이 웂어. 우리집 즌화번호두 들구 **까빡그린 다닝께**. ②불빛이나 별빛 따위가 자꾸 어두워졌다 밝아졌다 하다. ¶흥광등 (螢光燈)이 **까빡그리넌** 게 갈어질 때가 된 게루구먼. ③눈을 자꾸 감았다 떴다 하다. =깜막거리다. ¶심란허닝께 그렇기 눈을 **까빡그리매** 쳐다보덜 말어.

까빡-까빡 표깜빡-깜빡 부자꾸 깜빡거리는 모양. =깜막깜막. ¶촛불이 **까빡까빡** 죽어가잖어. 싸게 심지 점 돋어봐./젊은 사람이 왜 그렇기 **까빡까빡** 잊어먹넌 게 그리 많은감?

까빡-이 표깜빡-이 명자동차의 방향 지시등을 달리 이르는 말. ¶자동차 **까빡이**가 나가서니 새루 갈러가는 질이 구먼유.

까빡-허다[-빠커-] 표깜빡-하다 동 (타) 어떤 것을 기억하지 못거나 주의를 기울이지 못하다. ¶**까빡허구** 못 가져왔는디유. **까빡헐** 게 따루 있지. 일 허러 가넌 눔이 연장 **까빡허는** 건 뒷간 가맨서니 밑찡개 안 들구 가넌 것버덤 더헌 것이여, 이눔아.

까시 표가시 명바늘처럼 끝이 뾰족하고 날카롭게 돋친 것. ¶찔레순을 딸 때는 **까시**에 찔리덜 않게 조심혀./밴댕이는 **까시**가 많으니께 멀국만 떠 먹어./손톱밑이 **까시**가 백여서 아퍼 죽겄유.

까시-나무 표가시-나무 명 ☞ '까시낭구'.

까시-낭구 표가시-나무 명찔레나 탱자나무 따위처럼 가시가 있는 나무를 통틀어 이르는 말. ¶**까시낭구**에 연줄 걸리드끼 왜 죽 따러 댕기능 겨?

까시-넝굴 표가시-넝쿨 명 ☞ '까시덩굴'. ¶**까시넝굴**은 뭣허러 걷어오능 겨? 야, 짐성덜 때미 밭둑일 **까시넝굴**루 둘러칠라구유.

까시-넝쿨 표가시-넝쿨 명 ☞ '까시덩굴'. '까시넝굴'의 센말. ¶아니, **까시 넝쿨**을 돈 팔어 사온 규? 이런 무식헌. 이건 **까시넝쿨**이 아니라 츨조맹(鐵條網)이라능 겨, 이 사람아.

까시-눈 몡상대를 매섭게 쏘아보는 눈. ¶왜 **까시눈**을 허구 노려보능 겨?

까시-덤부달 표가시-덤불 몡 ☞ '**까시덤부살**'.

까시-덤부살 표가시-덤불 몡가시나무의 넝쿨이 엉클어진 수풀. =까시덤부달. ¶**까시덤부살**인 머더러 가서 긁히구 온 겨?/그 고랑팅이는 **까시덤부살**이 그득해서 댕이기 심들어.

까시-덤불 표가시-덤불 몡 ☞ '**까시덤부살**'.

까시-덩굴 표가시-넝쿨 몡길게 뻗어 나가는, 가시가 달린 식물의 줄기. =까시닝굴. 까시닝쿨. 가시덩쿨. ¶밭둑 이루 넘어오넌 **까시덩굴** 점 오티기 히 봐유.

까시-덩쿨 표가시-넝쿨 몡 ☞ '**까시덩굴**'의 센말. ¶장마가 끝나닝께 **까시덩쿨**덜이 뒤란까장 내려왔구먼. 낫이루설래미 **까시덩쿨**을 긎어내야겄어.

까시랭이 표가시랭이 몡식물 가시의 부스러기. =꺼시랭이. 끄시랭이. ¶**까시랭이**가 옷 속이루 잔뜩 들어가서니 따거워 미치겄어.

까시-바눌 표가시-바늘 몡바늘처럼 끝이 뾰족하고 날카로운 식물의 가시. ¶**까시**가 백혀서 곪은 디는 **까시바눌**루 따야 쉬 나스는 겨. 그닝께 뱊이 가설래미 대추낭구 까시 큰 걸루다가 둘만 따 와.

까시-방석 표가시-방석(-方席) 몡 ☞ '**바눌방석**'. ¶불르기에 갔더니만 사람덜 잔뜩헌디 대놓고 튼박(面駁)을 주넌디 **까시방석**이 따루 읎었어. 암만, **까시방석**두 그런 **까시방석**이 읎었다닝께.

까시-밭[-받] 표가시-밭 몡가시 덩굴이 우거진 수풀. 또는 고난이 심한 상황을 비유. ≒까시덤부살. 까시덤부달. ¶**까시밭**이는 가덜 말어./시상이 왼통 **까시밭**인디 어린 것이 혼저 헤쳐 가기가 쉽겄남.

까시밭-질[-받찔] 표가시밭-길 몡가시덤불이 우거진 험한 길이나, 험한 삶의 여정. ¶**까시밭질**같었던 이즌 일은 다 잊어뻐리구 힘내서니 새루 시작 혀봐.

까탈-시럽다[-따] 표까다-롭다 혱 '가/까(의문사?)+탈(欠)+스럽-(접사)+-다'. 성격이 별스럽게 까다롭다. ¶그참, 먹언 것 개지구 **까탈시럽**게 구네. 그리 **까탈시런디** 오먼 사내가 너 좋다겄냐?

깍대기 몡 ☞ '**깍디기**'.

깍디기 몡 '깍(殼/匣)+대기(접사)'. 아랫몸에 입고 있는 옷. 바지나 고쟁이를 이르는 말. ¶까불믄 **깍디기**를 벳길 겨./**깍디기**까정 벳겨 먹을라구 허남?

깔: 표꼴 몡말이나 소에게 먹이는 생풀. ¶**깔** 비러 가는 늠이 바수거릴 빠치구 가믄 오치기여? **깔**두 비구, 오넌 질이 통나무 등걸 멫 개 주서올라구

유./등걸 위다가니 깔을 즌쳐 올리믄 되넌구먼유.

깔까럽다 표깔끄럽다 형 '깔깔(의태어)+업(접사)+-다'. 꺼끄러기 따위가 살에 닿아서 뜨끔거리거나, 겉면이 매끄럽지 못하고 꺼칠꺼칠하다. ≒껄러럽다. ¶바심을 허구 났더니 몸이 막 **깔까럽구먼**. **깔까러서** 알몸이 삼베옷을 워치기 입넌다능 겨?

깔:-꾼 표깔-꾼 명꼴을 주로 베는 사람들을 이르는 말. ¶**깔꾼**덜이 산이루 올라가넌디, 야는 뭇 봤유./해다가넌디 **깔꾼**은 왜 안 내려오능 겨?

깔때기 표깔따구 명<동물> '굴다괴>깔따구/깔때기'. 깔따굿과의 곤충을 통틀어 이르는 말. ¶올이는 들판이 왜 그렇기 **깔때기**덜이 많은지 통 논일을 뭇 허겄어./**깔때기**덜이 물어싸니 모깁불을 놔여겄네.

깔:-머심 표꼴-머슴 명나무나 꼴을 베어오는 나이 어린 머슴을 일컫는 말. ¶올마나 일이 밀렸넌지 요새 가트믄 **깔머심**이래두 하나 두구 싶다닝께.

깔:-지게[-찌-] 표꼴-지게 명꼴을 져 나르기 위해 발채를 얹은 지게. ¶**깔지게**는 오따 두구 작대기만 들구 오나?

깔:-짐[-찜] 표꼴-짐 명소나 말이 먹을 꼴을 싣거나 꾸려 놓은 짐. ¶**깔짐**이냐구 삼태미버더 즉구먼. 야, 속이 안 좋아서 **깔짐**을 다 뭇 채웠구먼유.

깜막 표깜박 부기억이나 의식 따위가 잠깐 흐려지는 모양. 또는 눈이 잠깐 감겼다 뜨이는 모양. =까빡. ¶내가 **깜막** 잊구 뭇 챙긴 게 있넌디, 집이 점 장꽌 댕겨오믄 안 되까?/눈을 **깜막** 감었다 떴는디 먼가 앞이루 휙 지나가더라구.

깜막-그리다[-끄-] 표깜박-거리다 동(자)(타) ①기억이나 의식 따위가 잠깐씩 흐려지다. ¶요즘 나이가 들어선가 증신이 **깜막그릴** 때가 많어졌어. ②불빛이나 별빛 따위가 어두워졌다 밝아졌다 하다. ¶춉불이 **깜막그리는**디 심지를 점 돋어봐. ③눈이 자꾸 감았다 떴다 하다. =까빡그리다. 꿈먹거리다. ¶눈이 머 들어갔남? 왜 그렇기 눈을 **깜막그리는** 겨?

깜막-깜막 표깜박-깜박 부자꾸 깜빡거리는 모양. =깜빡깜빡. 까빡까빡. 껌먹껌먹. ¶요짐 **깜막깜막** 졸구 있는 품이 꼭 닭뿡들었다닝께./그 노인네 자꾸 **깜막깜막** 증신읎다구덜 허더니 치매라더먼./**깜막깜막** 불이 꺼질라구 허넌 걸 보니 세겨(石油)가 떨어진 모냥이구먼./대낮버텀 **깜막깜막** 졸구 자빠졌으믄 오티기자넌 겨?

깜막깜막-허다[-마커-] 표깜박깜박-하다 동(자) ①기억이나 의식 따위가 자꾸 잠깐씩 흐려지다. ¶요짐 내가 까그매괴길 먹은 것두 아닌디, 증신이 **깜막깜막헌다닝께**. ②눈을 잠깐씩 감

왔다 떴다 하다. ¶그리 눈을 **깜막깜막 허맨서** 먼 생각을 허능 겨? ③불빛이나 별빛 따위가 어두워졌다 밝아졌다 하다. =껌먹껌먹허다. 까빡까빡허다. ¶등잔불이 **깜막깜막허녕** 게 세겨가 떨어진 모냥이여.

깜막-허다[-마커-] 표깜박-하다 동(타) 어떤 것을 기억하지 못하거나 주의를 기울이지 못하다. =껌먹허다. ¶**깜막허구** 은장을 뭇 챙겨왔넌디 가져 올 동안 장깐 지둘러.

깨구락지[-락찌] 표개구리 명☞'개구락지'의 센말.

깨구락지-후염[-찌] 표개구리-헤엄 명양팔과 두 다리를 폈다가 오므리며 나아가는 헤엄. ¶개후염을 칠 중 알믄 **깨구락지후염**은 금방 배울 수 있는 겨.

깨깟이[-까시] 표깨끗이 부더럽지 않게. 잘 정돈되게. ¶소지(掃除)를 **깨깟이** 힜더니 집안이 훤허네./접짝일 **깨깟이** 처놓더락 혀.

깨깟-허다[-까터-/-깥터-] 표깨끗-하다 형①사물이 더럽지 않고 맑다. ¶**깨깟허게** 시수 점 히여./갱굴물이 **깨깟허다**. ②허물이나 아쉬움 따위가 없다. ¶그 사람 뒤를 캐봤넌디 아주 **깨깟헸대유**.

깨송깨송-허다 표또릿또릿-하다 형의식이 맑고 또릿또릿하다. ¶**깨송깨송헌** 것이 인전 잠이 다 깬 모냥이구나.

깨-치다 표깨-뜨리다 동(타) '깨-(破)+치-(擊)+-다'. '깨다'의 힘줌말. ¶밥사발을 **깨쳤다**./유리창을 **깨쳤다**.

꺼꾸러-지다 표거꾸러-지다 동(자) 거꾸로 넘어지거나, 힘을 잃고 무너지다. ¶모래판이루 **꺼꾸러지다**.

꺼꿀루 표거꾸로 부☞'까꿀루'보다 센말. ¶낭구서는 **꺼꿀루** 매당기뛰지 말어라.

꺼떡 : -허믄[-떠커-] 표걸핏-하면 부☞'걸썬허믄'. 조금이라도 일이 있기만 하면 곧.

꺼럭 표꺼끄러기 명'껄껄/썰(의태어)+억(접사)'. 벼, 보리의 수염이나, 솔잎 따위의 껄끄러운 것. =껄꺼럭. ¶헐 일 읎다구 가만 있덜 말구 빗자락 들구 **꺼럭**이래두 쓸어봐.

꺼스랭이 표가시랭이/거스러미 명☞'끄시랭이'. ¶옷이 **꺼스랭이**가 잔뜩 일었구먼. 이렇기 **꺼스랭이** 인 옷을 오티기 입구 나간댜?

꺼스렁-베 표꺼끄렁-베 명몽글게 추수하지 않아 꺼끄러기가 많이 있는 벼. ¶나락이 잘 여물지 않어서니 **꺼스렁베**가 많구먼유.

꺼스렁-보리 표꺼끄렁-보리 명몽글게 추수하지 않아 꺼끄러기가 많이 있는 보리. ¶**꺼스렁보리**는 머더라 줘담능가? 해다가서니 임시루 담어두넝 규.

껄꺼럽다[-따] 표껄끄럽다 형'껄껄(의태어)+업(접사)+-다'. ①꺼끄러기가 살에 닿아 뜨끔거리거나, 겉면이 매끄럽지 못하고 꺼칠꺼칠하다. ¶목이 까시가 백혀 껄꺼럽다./손이 터서니 살갓이 껄꺼럽다. ②마음에 걸리거나 거북한 데가 있다. ≒깔까럽다. ¶친구랑 싸우고 나서니 사이가 껄꺼럽게 되얐다./인전 다 지난 일이닝께 껄꺼런 것덜은 다 털어버려.

껌먹-거리다 표깜박-거리다 통(타) 눈을 자꾸 감았다 떴다 하다. =감막거리다. ¶눈만 껌먹거리구 있지 말구 말을 히 보라구.

껌먹-껌먹 표깜벅-깜벅 부 ☞ '깜막깜막'. ¶껌먹껌먹 두께비눈을 허구 먼 생각을 그리허능 겨?

껌먹껌먹-허다[-머커-] 표깜벅깜벅-하다 통(자) ☞ '깜막깜막허다'. ¶보일러 감지기가 껌먹껌먹허넌 걸 보닝께 오디 고장났내 벼./눈만 껌먹껌먹허덜 말구 대책을 내놔보란 말유./증신이 껌먹껌먹허넌 냥반이 자꾸 나가네유. 그리군 집을 뭇 찾아와유.

껌먹-허다[-머커-] 표깜벅-하다 통 ☞ '깜막허다'. ¶올마나 뻔뻔시런지 눈 한짝두 껌먹허덜 않더라닝께.

꺼뻑 표꺼벅 부 머리를 멋쩍게 숙이는 모양. ¶꺼뻑 인사는 허더먼, 누군질 물르겄네./그렇기 날뛰더니 왜 갑자기 꺼뻑 기가 죽은 겨?

껄-꺼럭 표꺼끄러기 명 '껄껄(의태어)+억(접사)'. 솔잎이나 벼, 보리의 수염같이 껄끄러운 것. =꺼럭. ¶말래에 쌓인 껄꺼럭 점 쓸어 퇴비장이다 버려라.

껑쩡-허다 표껑충-하다 형 다리가 길고 키가 멋없이 크다. ¶개는 키만 껑쩡허지 시맹이가 읎어.

께림칙-허다[-치커-/-칙커-] 표꺼림칙-하다 형 ☞ '껄적지근허다'. ¶애만 혼저 집이 냉겨놓구 왔더니 께림칙허네.

꼬나-박다 표꼬라-박다 통(타) 거꾸로 내리박다. 또는 돈 따위를 어떤 일에 헛되이 써 버리다. ¶너 들꾸 말썽시피픈 개굴창이 꼬나박넌다./장사 밑천을 노름이다가 다 꼬나박었다.

꼬느다 표겨누다 통(타) 활이나 총 따위로 목표물을 향해 방향과 거리를 잡다. ¶새를 잡을라먼 총을 잘 꼬너야 허능 겨.

꼬라지 표꼴 명 '꼴(貌/行色)+아지(접사)'. '꼴'을 속되게 이르는 말. =꼬락스니. ¶그늠 참 꼬라지 허구는. 그 꼬라지루 오딜 싸댕긴 겨?

꼬락스니[-쓰-] 표꼬락서니 명 '꼴'의 낮춤말. =꼬라지. ¶그늠 참 꼬락스니 한 번 볼만허구먼. 늬 꼬락스니닐 보먼 늬 부모 참 좋아두 허시겄다.

꼬:-매기 표꿰:-매기 명 터지거나 헤진 곳을 꿰매는 일. ¶븅원(病院) 가서 꼬매기는 힜넌디, 덧나덜 않더락 조심허라는구먼./터진 자루 꼬매기가 월매나 구찮은디.

꼬:-매다 표꿰:-매다 통(타) ①해지

거나 뚫어진 데를 바늘로 깁거나 얽어 매다. ¶구녕난 양말을 **꼬맸어**./찢어진 살갓을 시 바늘이나 **꼬맸지**. ②어수선 하고 허술한 일을 매만져 두다. ¶그 복잡헌 일덜을 **꼬매구** 맞추너라 참 애썼네.

꼬장-부리다 통(자) 못된 버릇이나 거친 성질을 드러내어 남을 괴롭게 하다. ¶인전 그만 **꼬장부리구** 집이 들어가슈./그렇기 **꼬장부린다구** 안 되넌 일이 되남유.

꼬장꼬장-허다 표꼬장꼬장-하다 형 ①늙었는데도 허리가 굽지 아니하고 꼿꼿하다. ¶그 냥반 연태까장 살어기신지나 물르겄다. 먼 소리여. 그 냥반 팔순이 넘었지먼 허리 하나 안 굽구 **꼬장꼬장허구먼**. ②성정이 곧아 남의 말을 좀처럼 듣지 않다. ¶워낙 **꼬장꼬장헌** 승미라 우덜 말을 곧이들으실렁가 물르겄다.

꼬지지 표꾀죄죄 부찌들고 때가 올라서 더러운 모양. =꾀제제.

꼬지지-허다 표꾀죄죄-하다 형얼굴을 씻지 않아 더럽거나, 옷차림이 때가 올라 더럽다. =꾀제제허다. ¶사람이 맘 쓰넌 게 그렇기 **꼬지지허문** 뭇쓰능 겨./애덜 점 잘 씻기구 그러야지, 애가 **꼬지지허게** 허구 댕기넌디 너무 끄럽지두 않남?

꼬추 표고추 명<식물> ①가짓과에 속하는 한해살이풀. 또는 그 열매. ¶울 엄니는 맨날 밭이서 **꼬추만** 따유. ②어린 사내아이의 조그만 자지. ¶지집 애만 싯 난 게 **꼬추** 농사두 못 진다구 울 할무니가 그리싸서니 엄니는 맨날 **꼬추밭이서** 산다닝께유.

꼬추-뿔[-춥-] 명마른 고추의, 딱딱하게 굳은 꼭지. ¶아니, 매워 죽겄구먼 왜 **꼬추뿔**을 방이서 따구 지랄이랴? 그럼 날 춰 죽겄넌디 **꼬추뿔**을 마당이서 따남유? 아니, 그렁 게 아니구 나 읎을 때 따런 말이여.

꼬추-상투 표고추-상투 명머리가 빠진 늙은이의 조그만 상투를 비유하여 이르는 말. ¶왜 지삼자가 넘 일이 그렇기 창관허넌 겨? **꼬추상툴** 확 비틀기 즌이 자넨 빠지란 말여.

꼬추-씨 표고추-씨 명붉은 고추에 들어 있는 씨앗. ¶**꼬추씨** 빠러 방앗간일 댕여오넌 질이유. 아니, **꼬추씨**는 머더러 뽑는가? 야, 고치장 당굴 때 느믄 맛이 좋아진대서유.

꼬축-가루[-까-] 표고춧-가루 명☞'꼬춧가루'. ¶올힌 하두 비가 와서니 다덜 피농힜잖남? 그리서 꼬추가 귀허닝께 **꼬축가루** 값두 금값이랴.

꼬춥-물 표고춧-물 명☞'꼬춧물'. 쥑일 고춧가루만 버무렸더니 손톱 밑이 벌겋게 **꼬춥물**이 들어번졌네.

꼬춧-가루[-춘까-/-축까-] 표고춧-가루 명'꼬추(苦椒)+ㅅ+가루(粉)→꼬춧가루>꼬축가루(변자음화)'. 붉은 고추를 빻아 만든 가루. ¶그깟 **꼬춧가루** 안 먹으믄 그만이지. 아니, 이 사람아. **꼬춧가루** 읎이 즑진장은 워치기 헐 참인가?

꼬춧-물[-춤-] 표고춧-물 명 '꼬추(苦椒)+ㅅ+물(水)→꼬춧물>꼬춥물(변자음화)'. 고추나 고춧가루가 우러나온 붉은 물. ¶아니, 그 아까운 **꼬춧물**을 왜 자꾸 흘리구 그런다?

꼬춧-잎[-춘닙] 표고춧-잎 명 ☞ '꼬춧잎새기'.

꼬춧-잎새기[-춘닙쌔-] 표고춧-잎 명고추의 잎사귀. =꼬춧잎. ¶**꼬춧잎새길** 따라구 힜더니 성헌 꼬춥모가지를 다 꺾어 놨구먼.

꼬치-장 표고추-장(-醬) 명 '꼬추장>꼬취장>꼬치장'. 밥이나 떡가루에, 메주, 소금, 고추 따위를 넣어 만든 붉은 장. ¶늬 놈 비우 다 맞추다가닌 승질 나서 **꼬치장** 단지 댓 개는 깨졌다, 임마./**꼬치장**이 허연 곰팽이가 쪘구먼. 얼릉 **꼬치장**을 퍼다가니 가마솥이 늫구 끓이야겄다.

꼰-장(-杖) 명<민속> '꼰(筋斗?)+장(杖)'. ①장치기놀이에서, 장을 높이 쳐드는 것. ②반칙, 억지를 부리는 짓. ¶재는 걸핏허믄 **꼰장**을 부리닝께 우덜찌리 놀자./**꼰장**만 내세덜 말구 그게 긍우(境遇)이 맞넌가를 생각히봐. ③장의 끝에서, 사물의 맨 꼭대기를 이르는 말 ¶난 저 낭구 **꼰장**까장 올

라가 봤다닝께. 넌 미서움이 많어서니 저 **꼰장**까장은 뭇 올러갈 걸?

꼰장-부리다 동(자) 억지를 부리다. ¶네가 그렇기 **꼰장부리넌** 디 내가 질렸다닝께./인저버텀 **꼰장부리넌** 늠덜은 내가 혼구녁을 낼 겨.

꼽실-머리[-썰-] 표곱슬-머리 명곱슬곱슬한 머릿결. =곱실머리.

꽁-댕이 표꽁지 명 ☞ '꽁딩이'.

꽁-딩이 표꽁지 명 '쇼리(尾)+ㅇ당이(접사)→꽁당이>꽁댕이/꽁딩이'. ①새의 꽁무니에 붙은 깃. ¶우리집 가이는 맨날 달기 **꽁딩이**만 따러댕긴다닝께. ②사물의 맨 끝을 낮잡아 이르는 말. ¶생슨 매운탕이라더니 몸땡이는 다 오디루 가구 대가리허구 **꽁딩이**만 잔뜩허구먼.

꽤 표깨 명참깨, 들깨, 검은깨를 일컬음. 또는 깨의 씨앗. ¶장마 오기 전이 서둘러 창**꽤**를 딜여았다./저집은 맨날 **꽤**를 볶더먼 우리집은 왜 맨날 쌈박질만 해댄다니?

꽤-꽃[-꼳] 표깨-꽃 명꿀풀과의 한해살이풀. ¶배고픈 날이믄 **꽤꽃**을 따서 빨어먹기두 힜넌디. 뿐인감? **꽤꽃** 떨어지구 나믄 씨두 빼서 먹군 힜지.

꽽-모[꽴-] 표깻-모 명 '꽤(荏)+ㅅ+모(苗)→꽷모>꽵모(변자음화)'. 본 밭에 옮겨심기 전의 어린 깨. ¶**꽽모**를 윙겨심으야는디 비가 안 와서 큰일이네./**꽽모**가 무잘른디, 자네 남는 것 점

있넌가?

깹-목[깸-] 표깻-묵 명'깨(荏)+ㅅ+목(墨 ?)→깨목/깨목>샛목/괫목?>깹목(변자음화)'. 기름을 짜고 남은 깨의 찌꺼기. ¶송 '깹목이두 씨가 있다.' -아무 것도 없는 듯한 곳에도 뭔가 있는 수가 있다.

괫-잎[괜닙-] 표깻-잎 명☞ '괫잎새기'. ¶너머 위 짝이 붙은 괫잎은 따덜 말어. 너머 위쪽차를 따믄 꽤가 안 영그니께.

괫-잎새기[괜닙쌔-] 표깻-잎 명들깨의 잎. 또는 들깨의 잎으로 만든 반찬. ¶대공 밑이 작은 괫잎새기가 좋은 것이여./오째 반찬이 이렇댜? 장이 박어논 괫잎새기라두 점 끄내와 봐.

꾀제제 표꾀죄죄 부☞ '꼬지지'.

꾀제제-허다 표꾀죄죄-하다 형☞ '꼬지지허다'. ¶암만 새 옷을 입혀두 꾀제제헌 게 모냥이 응 안 나넌구먼유./그 냥반 허구댕기넌 게 꾀제제허니 요새 헹픈(形便)이 안 좋은개 뷰.

꼿-송아리[꼳쏭-] 표꽃-송이 명☞ '꼿셍이'. ¶가만히 혼저 속 태우덜 말구 꼿송아리래두 점 갖다가 앵겨주구 그리봐.

꼿-셍이[꼳쎙-] 표꽃-송이 명대궁이나 꽃자루 위의 꽃 전체. =꼿송아리. ¶아까시낭구 꼿셍이덜이 주렁주렁헌디 밤마두 그 꿀냄새 땜이 환장헌다닝께.

-꾸리기 표-꾸러기 접앞의 명사가 지

넌 뜻의 사물이나, 그런 버릇이 심한 사람을 이르는 말. ¶걱정꾸리기. 내숭꾸리기. 말썽꾸리기. 븐덕꾸리기. 심술꾸리기. 음살꾸리기. 욕심꾸리기. 장냥꾸리기. 잠꾸리기. 츤덕꾸리기

꾸지 명'쑤지>꾸지'. 가을철에 붉게 익는, 꾸지나무의 열매. ¶꾸지낭구 까시가 오지게 억시니께 꾸지를 올러가서 따지는 말어./근디 들 익은 꾸지를 머더러 딸래능 겨?

꿈먹-꿈먹 표꾸벅-꾸벅 부눈을 자꾸 감았다 떴다 하는 모양. 또는 잠깐씩 잠이 들거나 조는 모양. =껌먹껌먹. 깜막깜막. ¶천방지축인 저놈이 눈을 꿈먹꿈먹허매 가만히 있넌 걸 보믄 먼 잘못을 허긴 헸내벼.

끄-내다 표꺼-내다 동(타) '끌-(引)+-어+내-(出)+-다→끌어내다>끄내다'. ①안에 들어 있는 것을 손이나 도구를 통해 밖으로 나오게 하다. ¶있넌 것덜을 다 끄내여. ②상대에게 화제를 내놓다. ¶말을 끄내긴 끄내야넌디 입이 안 떨어진다.

끄:-댕기다 표끌어-당기다 동(타) '끌-(引)+-어+댕기-(行)+-다'. 끌어서 앞으로 나오게 하다. ¶줄다리기 끝났으닝께 인전 끄댕기지 않어두 되여.

끄드름-허다 표끄느름-하다 형아궁이나 가스레인지의 불꽃 따위가 약하다. ¶음석을 골 때는 불을 끄드름허게 헤 놓구 오래 끓이야 헌다.

끄:름 표그을음 명 '끄을-(燒)+음(접사)'. 무엇이 불에 탈 때 연기에 섞여 나오는 검은 가루. ¶먹은 **끄름**과 아교풀을 섞어 맹그는 거다.

끄시랭이 표가시랭이 명 나무나 풀의 가시 부스러기. =까시랭이. 꺼스랭이. ¶**끄시랭이**가 옷 속이루 잔뜩 들어가서니 따거워 미치겠어.

끄적 표거적 명 ☞ '그적'의 센말. =꺼적.

끄적-거리다 표끼적-거리다 동 (자)(타) 그림이나 글씨를 아무렇게나 그리거나 쓰다. ¶염필 가지구 **끼적거리**기만 허덜 말구 지대루 점 써봐.

끄적-때기 표거적-때기 명 ☞ '그적때기'의 센말. =꺼적때기. ¶**끄적때기**는 머더러 찾남? 날이 춰져서 목매기 등이 언져줄라구 그려.

끄적-문[-정-] 표거적-문 명 ☞ '그적문'의 센말. =꺼적문.

끌르다 표끄르다 동 (규칙) '활용형태 : 끌르구. 끌르게. 끌러. 끌러서'. 맺은 것이나 맨 것을 풀다. ¶보따리를 **끌르다**./묶인 줄을 **끌르다**.

끌어-딜이다 표끌어-들이다 동 (타) ①물건을 안으로 옮겨놓다. ¶베토매점 허깐이루 **끌어디려라**. ②남을 꾀어 자기편이 되게 하다. ¶쟤를 우리편이루 **끌어디려야** 헐 텐디.

ㄴ

나-댕기다 표나-다니다 동(자) 여기저기 밖으로 돌아다니다. ¶썰디읎이 **나댕기지** 말구 집안이 점 백혀있어라. (타) 어느 곳을, 여기저기 돌아다니다. ¶오딜 그렇기 **나댕기능** 겨?

나-댕이다 표나-다니다 동(자) ☞ '나댕기다'.

나동그러-지다 표나-뒹굴다 동(자) 뒤로 물러나면서 넘어져 뒹굴다. ¶그 친구 팔씨름을 잘 헌다구 왼통 자랑허더니, 대회 나가서니 내리 시 판을 지구 **나동그러지더라구**.

나-동글다 표나-뒹굴다 동(자) ☞ '나뒹굴다'보다 느낌이 작은 말.

나둥구러-지다 표나-뒹굴다 동(자) ☞ '나동그러지다'보다 느낌이 큰 말. ¶그렇기 쉽게 **나둥구러질** 꺼맨서 시작은 머더러 헌 거라?

나-둥굴다 표나-뒹굴다 동(자) ①뒤로 물러나면서 넘어져 뒹굴다. ¶벳토매를 지구 가다가니 논뚝질서 **나둥굴어** 다리가 부러졌다너먼. ②이리저리 마구 뒹굴다. ¶그렇기 암디서나 **나둥글믄** 옷 꼴이 뭐가 되니? ③여기저기 어지럽게 널리어 있다. ¶집안이 쓸만헌 거는 읎구 왼통 씨레기만 **나둥굴구** 있구먼.

나락-모가지 표이삭 명곡식의 이삭. 주로 벼의 이삭을 이름. ¶베를 너머 늦게 벴더니 **나락모가지가** 논바닥이 많이 떨어졌어./멀쩡헌 사람이 왜 넘이 **나락모가지를** 버가겠유?

나무-구신 표나무-귀신(-鬼神) 명 ☞ '낭구구신'.

나-무끄럽다[-따] 표남-부끄럽다 형 ☞ '너무끄럽다'. ¶그리기 **나무끄런** 짓을 왜 허구 댕기냔 말여.

나무-저깔 표나무-젓가락 명 '나모(木)+저(箸?)+ㅅ+가닥(節)→나무젓가락>나무적가락>나무저깔'. ☞ '나무저범'. ¶철렵가넌 거니께 **나무저깔** 두 몇 개 준비히야겄지?

나무-저범 표나무-젓가락 명나무로 만든 젓가락. =나무저깔. ¶요짐은 쓰레길 줄인다구 식당이서 **나무저범**을 못 쓰게 헌댜.

나무-판때기 표나무-판자(-板子) 명판판하고 넓적하게 켠 나무. =늘빤지. 널빤지. 늘판때기. ¶목재소이 가서니 **나무판때기** 몇 개만 구해오니라. **나무판때기**는 뭐허게유?

나뭇-가젱이[-묻까-] 표나무-가지 명☞'낭구가징이'. ¶사람덜언 늦갈이 믄 **나뭇가젱이**를 쳐 뒀다가 말른 뒤 겨울 땔거리루 썼다.

나뭇-가징이[-묻까-] 표나무-가지 명☞'낭구가징이'. ¶**나뭇가징이**를 점 쳐 내야겄어. 저 **나뭇가징이** 때미 그늘이 쪄서 곡석덜이 안 되잖남.

나뭇-데미[-묻때-] 표나무-더미 명☞'낭굿데미'. ¶**나뭇데미**를 산같이 쌓아놓구 또 낭구허러 가는 겨?/갈이해논 **나뭇데미**가 산이 점 남어있구먼.

날 : 굿이-허다 동(자) 날이 궂은 날, 모여 음식을 장만하여 놀다. ¶비가 오넌 날인 동네 사랑방이 **날굿이허년** 사람덜루 북적였다.

날-다갈 표날-달걀 명익히지 않은 계란. =날겨란. 생달갈. 생겨란. ¶합창부이 들어간 뒤루 누나는 맨날 **날다갈**을 들구 핵겨에 갔다.

날-달갈 표날-달걀 명☞'날다갈'.

날러-가다 표날아-가다 동(자) '날르-(飛)+어+가-(去)+다'. ①공중에 떠서 가거나 공중을 통해 가다. ¶새덜이 **날러간다**. ②떨어져 나가거나 없어지다. ¶놀음이루 천 만원이 **날러갔다**.

날러-댕기다 표 날아-다니다 동(자)(타) '날르-(飛)+-어+댕기-(行)+-다'. ①이리저리 날아 움직이다. ¶자마리가 여기저기 **날러댕긴다**./벌덜이 윙윙거리매 꽃밭이를 **날러댕겼다**. ②아주 빨리 돌아다니다. ¶할아버지는 일흔 살이 넘었넌디두 산 속일 **날러댕기신다**.

날러-오다 표날아-오다 동(자) 공중을 떠서 오거나, 공중을 통해서 오다. ¶화살이 **날러와** 낭구이 백혔다./참새 몇 마리가 **날러왔다**.

날르다 표날다 동(규칙) '활용형태 : 날르게. 날르구. 날르지. 날러'. ①공중에 떠서 어떤 곳에서 다른 위치로 움직이다. ¶종이비행기 점 잘 **날르게** 접어 줘. ②매우 빨리 움직이다. ¶개는 뛰넌 게 아니라 **날르는** 겨.

날-장적 표날-장작(-長斫) 명마르지 않은 생장작. ¶참낭구는 **날장적**이래두 잘 타잖나? 불두 괄구 허닝께 **날장적**이래두 좋잖어.

날카-럽다[-따] 표날카-롭다 형'눌(刃)+칼(刀)+업(접사)+-다→날카럽다'. 예리하고 매섭다. ¶끝이 너머 **날**

카럽구먼./쓱 째려보넌디 말여. 눈매가 올마나 **날카런지** 슴뜩허더라구.

날-파리 표하루-살이 명<동물> 하루살잇과의 벌레. ¶올히는 **날파리**덜이 유난히 많은 거 같어. 저 떼져 날르드넌 **날파리** 점 봐. 즌등불이 뵈지두 않얼 지경이네.

낡으다 표낡다 형'활용형태 : 낡으게. 낡으구. 낡으더락. 낡어'. ①물건 따위가 헐고 너절하다. ¶은장이 다 **낡으구** 녹실어서 뭇 쓰겄구먼. 몇 해를 헛간이 처박어 논 것덜인디 은장이라구 **낡으지** 않구 배기넌남유? ②제도나 문물 따위가 시대에 뒤떨어져 새롭지 못하다.

낭구 표나무 명<식물> '낡(木)+우(접사)→남구>낭구>나무'. 뿌리와 목질의 가지와 줄기를 지닌 여러해살이 식물. ¶즒 땔감이루 **낭구** 쉰 동을 쌓아 놨다./**낭구**허러 산일 올러간다.

낭구-가징이[-까-] 표나뭇-가지 명 나무에서 벌어 나온 줄기. =나뭇가징이. ¶예즌 사람덜은 늣갈이믄 **낭구가징이**를 쳐 됐다가 말른 뒤 겨울 땔거리루 썼지.

낭구-고두래 명발이나 자리 따위를 엮을 때 쓰는 토막나무. ¶자리 매넌디 왜 고두랫독은 찾는가? 기냥 있넌 **낭구고두래**루 매믄 되잖어.

낭구-구신 표나무-귀신(-鬼神) 명 오래 묵은 나무에 붙어산다는 귀신. ¶설 사람이 오백 년 묵은 으낭낭구를 빌라넌디 **낭구구신**이 노헌다구 동네 사람덜이 뭇 비게 핬잖어.

낭구-꾼 표나무-꾼 명'낭구(木)+ㅅ+군(접사)→낭구꾼>나무꾼'. 땔나무를 하는 사람. ¶지픈 산이두 **낭구꾼**덜이 댕이던 질은 있구먼유. 시방 임도(林道)가 크게 나긴 했어두 **낭구꾼**이 지나던 질은 이전대루 남어 있유.

낭구-때기 표나무-때기 명가늘고 조금 긴 조각나무. =나무때기. ¶불을 피야 헐 것이닝께 **낭구때기**를 구히와. **낭구때기**는 올마나 주서오믄 되유?

낭구-치기 표가지-치기 명나뭇가지를 쳐 내는 일. =즌지(剪枝). ¶겨울 땔감을 준비허너라 **낭구치기**를 좀 히 놨어.

낭구-허다 표나무-하다 동산에서 나무를 베거나 잘라 모으다. =나무하다. ¶**낭구허러** 가자더니 오디 가서 코빼기두 안 뵌댜?/지게두 안 지구 **낭구허러** 가능 겨?

낭굿-데미[-군때-] 표나뭇-더미 명 가리고 쌓아놓은 나무 덩어리. =나뭇데미. 나뭇더미. ¶뒤껼에 **낭굿데미**가 산이더믄, 먼 낭구를 맨날 허러 가능가?

낭굿-잎[-군닙] 표나뭇-잎 명'표준어화 과정→낭굿잎>나뭇잎'. 나무의 잎. ¶**낭굿잎**이 다 지넌 걸 보닝께 올히두 거진 가넌구먼.

낭굿-짐[-군찜] 표나뭇-짐 명사람이 지거나 마소에 싣거나 한 땔나무의 짐. ¶낭굿짐이 올마나 무거운지 다리가 막 후달려서 혼났다닝께.

낯-개리다[낟깨-] 표낯-가리다 동(자) 간난 아이가 낯선 이 대하기를 싫어하다. ¶깐난쟁이가 이우지 사람만 봐두 **낯개려** 운다.

낯-개림[낟깨-] 표낯-가림 명①갓난 아이가 낯선 사람 대하기를 싫어함. ¶애가 **낯개림**이 심히서 딴 사람헌티는 가지 않넌다. ②적은 돈이나 선물로 겨우 체면을 세움. ¶그렇기 즉은 것이룬 **낯개림**두 안 될 건디.

내 : 깔 표냇 : -가 명'내(川)+ㅅ+갈(접사)→냇갈>넉갈/내깔(변자음화)'. 냇물의 가장자리. 천변(川邊). ¶**내깔**이 가서니 빨래를 허구왔유.

내남-보살 표내전-보살(內殿菩薩) 명'내전보살(內殿菩薩)'의 오류. '내전에 앉은 보살'이란 뜻에서, 알면서도 모르는 체하는 것을 비유. ¶일 바삐죽겄는디 너는 **내남보살**만 허구 있으믄 오떡허냐?

내남보살-허다 표내전보살-하다(內殿菩薩-) 동(자) 알면서도 모르는 체하다. ☞'내남보살'. ¶일 바뻐죽겄는디 너는 **내남보살허구** 있으믄 오티기냐?

내 : 동 표내 : 내 부처음부터 끝까지. 줄곧, 계속해서. ¶**내동** 잘 허더니 웬일이여?

내 : -동딩이 표내-동댕이 명무엇을 마구 힘껏 던지거나 던짐을 당하는 짓. ¶우악시런 눔이 들러붙더니 갑자기 **내동딩이**를 헤놓구 달어나더라구.

내 : 동딩이-치다 표내 : 동댕이-치다 동(타) ①아무렇게나 힘껏 마구 내던지다. ¶애비란 사람이 자석덜이 공불 않넌다구 책가방을 마당이다 **내동딩이쳤댜**. ②어떤 것을 버리거나 포기하다. ¶이 사람아, 농삿일을 **내동딩이치구** 밖이루만 나댕기믄 오떡허나?

내 : -둘르다 표내 : -두르다 동(규칙) 무엇을 이리저리 휘휘 흔들다. ¶팔점 **내둘르지** 마러. 미서워 죽겄구먼./할아부지, 맨날 지팽이를 휘휘 **내둘르매** 댕기넌 까닭이 뭐래유?

내리-눌르다 표내리-누르다 동(규칙) 위에서 큰 힘을 가해 누르다. ¶심은 됐다 오따 쓸라능 겨? 심껏 **내리눌러** 보란 말여./내리눌를수루기 반발심두 커지는 뱁이잖여.

내 : -맥기다[-매끼/-맥끼-] 표내 : -맡기다 동(타) 남이 마음대로 하도록 맡기다. ¶넘덜한티 **내맥겼으믄** 줸장이 인저와서 상관허믄 긍우(境遇)가 아니쥬.

내 : -뱉다[-받따] 표내 : -뱉다 동(타) '내-(出)+밭다(喀痰)'. ①입 밖으로 세차게 내보내다. ¶드러운 가래침을 암디나 **내밭으믄** 오티기헌대유? ②내키지 않거나 못 마땅한 어조로 짧게 말하다. ¶터진 주딩이라구 그렇기 함부루 말을 **내밭으믄** 츤벌(天罰)을

내 : -불다

받지, 암.
내 : -불다 표내-버리다 동(타) ☞ '냅비리다'. ¶그런 건 기냥 **내불어**./**내불** 건 **내부녕** 게 속 편히여.
내 : 비-두다 동(타) ☞ '냇비려두다'가 줄어든 말. ¶쥉일 잠만 자넌 아덜을 엄니는 **내비두고** 지켜만 봤다.
내 : -비리다 표내 : -버리다 동(타) ☞ '냅비리다'. ¶못 쓸 건 **내비려** 번져.
내 : -빌다 표내 : -버리다 동(타) ☞ '냅비리다'.
내 : 숭-꾸리기 표내 : 숭-꾸러기 명 '내숭(內凶)+꾸리기(접사)'. 겉으로는 순진해 보이나 속으로는 그렇지 않거나 엉큼한 사람. ¶그 여잔 겉이룬 순진헌 거 같어두 **내숭꾸리기**라구 소문이 자자혀.
내 : -저스다 표내-젓다 동(규칙) ①손이나 손에 든 물건을 밖으로 내어 휘두르다. ¶그는 손을 **내저스매** 그절(拒絶)을 표시헸다. ②물 따위를 세게 휘젓다.
내 : -질르다 표내-지르다 동(타) ①앞이나 밖으로 세차게 지르다. ¶하두 깝숙대걸래 궁딩이를 냅대 **내질렀더니** 기냥 나가떨어지더먼. ②소리를 냅다 크게 내다. ¶술 먹구 와서니 고래고래 소리를 **내질른다넌디** 왼 동네가 다 떠네려가넌 중 알어러. ③'누다/낳다'를 비속하게 이르는 말. ¶뒷간 두고 왜 자꾸 담배락이다 오줌을 **내질르능 겨**?/

새낑이덜만 잔뜩 **내질러놓구** 맨날 놀기만 허든 오쩌자능 겨?
내 : -쫙기다[-끼-] 표내-쫓기다 동(자) '내쫓기다>내쬑기다(변자음화)'. '내쫓다'의 피동. ¶**내쬑기기** 싫으믄 꼼짝말구 일히여./고롱기 까불다가 **내쬑기니께** 기분 좋지?
냅 : -두다[-뚜-] 동(타) ☞ '냅비려-두다'가 줄어든 말.
냅 : 대[-때] 표냅다 부 '냅다>냅대'. 있는 힘을 다해 마구. =냅다. ¶**냅때** 한 대 줘 팼넌디.
냅 : -물[냄-] 표냇 : -물 명 '내(川)+ㅅ+물(水)→냇물>냅물(변자음화)'. 내를 흐르는 물. ¶**냅물**이다 발을 정그니 무진 션허다.
냅 : -버리다[-뻐-] 표내 : -버리다 동(타) ☞ '냅비리다'.
냅 : -불다[내뿔-/냅뿔-] 표내 : -버리다 동(타) ☞ '냅비리다'.
냅 : -비리다[내삐-/냅삐-] 표내-버리다 동(타) '내-(出)+ㅅ+버리-(棄)+-다→냇버리다>냇비리다>냅비리다(변자음화)'. 쓰지 않는 물건이나, 못 쓰게 된 물건 따위를 버리다. =냇비리다. ¶그는 썪은 감자를 골러 **냅비렸다**.
냅비려-두다[내삐-/냅삐-] 표내버려-두다 동(타) '내-(出)+ㅅ+버리-(棄)+-어+두-(置)+-다→냇버려두다>냅비려두다(변자음화)'. 관심을 보이지 않거나 돌보지 않고 놓아두다. ¶갠

자꾸 혼내두 소용읎으니께 기냥 **냅비려두슈**.
냅 : -빌다[내뻴-/냅뻴-] 표내 : -버리다 동(타) ☞ '냅비리다'가 줄어든 말.
냇비려-두다[낻뻬-/냅뻬-] 표내버려-두다 동(타) ☞ '냅비려두다'. ¶굶거나 말거나 **냇비려둬**.
냇 : -비리다[낻뻬-/냅뻬-] 표내-버리다 동(타) ☞ '냅비리다'. ¶씰디읎넌 건 **냇비리지** 뭐더러 들구 가넌가?
냉 : -가심 표냉 : -가슴 (冷-) 명 ① 몸을 차게 하여 생기는 가슴앓이. ② 혼자서 속으로만 끙끙대고 걱정하는 것. ¶말두 말어. 윽울허구 환장히두 말두 뭇허넌 내 속이 시방 벙어리 **냉가심**이여.
너머 표너무 튀 '넘-(過)+어(접사)→너머'. 일정한 정도나 한계에 지나치게. ¶불쌍헌 사람한티 **너머**덜 허녕구먼./**너머** 까다럽게 골르구 그러덜 말어. 그렇기 골르다가니 눈 먼 사우 은넌대잖여.
너머-너머 표너무-너무 튀 ☞ '너머'를 강조하는 말. ¶자식넘이 공무원 섬에 붙었다니 **너머너머** 좋은 일이구먼.
너머-허다 표너무-하다 형 비위에 거슬리는 말이나 행동이 도에 지나치다. ¶슨상님, 지각 점 헸다구 애를 때리넌 건 **너머허**는 일이유.
너-무끄럽다[-따] 표남-부끄럽다 형 '넘(他)+붓그리-(恥)+업(접사)+-다'.

남을 대하기가 창피하다. ¶너 땜이 **너무끄러서니** 이우지두 뭇 가졌어./그 나이 됬으믄 **너무끄런** 중두 알으야지./애덜 듣넌디 그런 욕을 허다니, **너무끄럽두** 않냐?
넌저리 표넌더리 명 ☞ '는저리'. ¶맨날 감자만 먹어서니 인전 감자라믄 **넌저리**가 났유.
넌절-머리 표넌덜-머리 명 ☞ '는절머리'. ¶가난이라믄 **넌절머리**가 나닝께 어렵던 옛날얘기는 허지 말어.
널브다 표넓다 형 '활용형태 : 널브게. 널브구. 널브지. 널브더락. 널버'. ① 기준보다 크기나 폭이 큰 상태에 있다. ¶와, 운동장이 참 **널브구나**!/마당을 **널브더락** 손 점 봐야겄다. ②마음됨됨이가 크다.
널-빤때기 표널빤지 명 '널(板)+판(板)+대기(접사)'. 판판하고 넓게 켠 나무 판자. =늘판때기. ¶실경이 올릴 **널빤때기**가 있었으믄 좋겄는디.
넘 표남 명 ①자기 이외의 다른 사람. ¶속 **넘**이 다리 긁기. **넘**이 떡이 커 뵌다. ②나와 아무런 관계가 없는 사람. ¶**넘**이 말이라믄 쌍지팽이 짚넌다.
넘 : -보다 표넘겨다-보다 동(타) '넘-(越)+보-(見)+-다'. 남의 것을 부러워하여 기웃거리다. ¶친구 **넘보지** 말구 너나 잘히여.
넘어-띠리다 표넘어-뜨리다 동(타) ①바로 선 것을 넘어지게 하다. ¶뭇쓸

것만 **너머띠리구** 성헌 것은 놔두거라. ②남이 차지한 지위나 권세를 꺾다. = 넝겨뜨리다. ¶넘 **넘어띠리구** 잘 되넌 눔 못 봤다닝께.

넘-우끄럽다[-따] 표남-부끄럽다 형 ☞ '너무끄럽다'.

넘의집-살이[너미-싸-] 표남의집-살이 명 남의 집안일을 하여 주며 그 집에 붙어사는 일. 또는 그런 사람. ¶오죽허믄 **넘의집살일** 허겄어./**넘의집살이**허매 자랑헐 것이 무에 있다구 큰소린 겨?

네려-가다 표내려-가다 동(자) ①높은 곳에서 낮은 곳으로 이동하다. ¶에리베이타가 고장나서 기단이루 **네려갔다**./물이 넘쳐서 **네려가다가** 웅딩이예 고였다. ②서울에서 시골로 떠나가다. ¶오랜만이 시골루 **네려갔다**. ③물가나 기온 따위가 떨어지다. ¶물이 **네려가는** 것을 점 보구 싶은디. ④아래 세대로 전하여 가다. ¶좋은 것은 후대로 **네려가야** 허능 겨. ⑤음식이 소화가 되다. ¶먹은 게 **네려가덜** 않구 얹혔는개 벼.

네려-놓다[-노타] 표내려-놓다 동(타) 위에 있는 것이나 들고 있던 것을 아래로 옮겨 놓다. ¶이왕 쉴 거믄 봇짐두 **네려놓구** 셔./실겅이 매달어 논 메주 점 **네려놓거라**.

네려다-보다 표내려다-보다 동(타) ①위에서 아래를 향하여 보다. ¶단임

슨상님이 옥상이서 애덜이 떠노는 운동장일 **네려다보구** 기셨다./어릴 적 할아부지는 나를 가만히 **네려다보시군** 헸다. ②상대를 낮추어 보다. ¶공부 점 잘 헌다구 다른 친구를 **네려보믄** 못쓰는 거여.

네려다-보이다 표내려다-보이다 동(자) '네려다보다'의 피동. ¶임존성이서 **네려다뵈넌** 예당저수지 위루 즈녁 햅빗이 붉게 흘르구 있었다.

네려-띠리다 표내려-뜨리다 동(타) 위에 있는 것이나 손에 쥔 것을 아래로 떨어뜨리다. ¶초가지벙을 새로 이는 날, 동네 으른덜이 헌 이영을 둘둘 말어 아래루 **네려띠렸다**.

네려-보다 표내려-보다 동(타) =내려다보다.

네려-쓰다 표내려-쓰다 동(타) 아래에 자리를 잡아서 글을 쓰다. ¶칸이 부족히서 다음 줄이다가 **네려쓰야만** 헜다.

네려-앉지다 표내려-앉다 동(자) ①건물, 지반 따위가 아래로 꺼지거나 주저앉다. ¶폭설루 비닐하우스 지벙이 **네려안졌다**. ②낮은 곳으로 옮겨 앉거나, 지위가 떨어지다. ¶거긴 위험허닝께 이리 **네려안져**. ③어둠이나, 안개, 분위기가 따위가 끼거나 가라앉다. ¶어둠이 **네려안지더락** 머허너라구 안 오나 물르겄유. ④크게 놀라 충격을 받다. ¶차사고가 났대서니 가슴이 들컥 **네려안졌유**.

네려-오다 표내려-오다 동(자) ①높은 곳에서 낮은 곳으로 이동해 오다. ¶어덕이서 **네려오구** 있네유./상부이서 감사단이 **네려온대유**. ②과거로부터 전해오다. ¶이건 조상덜루버텀 **네려온** 우리집 가보유. (타) ①높은 곳에서 무엇을 낮은 데로 오게 하다. ¶차이서 짐을 **내려오너라**. ②높은 곳에서 낮은 곳으로 행하여 오다. ¶산비얄을 뛰다시피 **네려왔다**.

네려-찍다[-따] 표내려-찍다 동(타) 위에서 아래로 찍다. ¶도치를 들어서니 장적을 **네리찍었다**./낫이루 낭구 가징이를 **내리찍었다**.

네려-치다 표내려-치다 동(타) 아래로 향하여 힘껏 치거나 때리다. ¶벱멍석을 헤치는 닭을 빗자락이루 **네려쳐** 쫓었다.

넹겨-듣다[-따] 표넘겨-듣다 동(타) ☞ '넝기다'.

넹겨-띠리다 표넘어-뜨리다 동(타) ☞ '넝겨띠리다'.

넹겨-받다[-따] 표넘겨-받다 동(타) ☞ '넝겨받다'.

넹겨-주다 표넘겨-주다 동(타) ☞ '넝겨주다'.

넹겨-짚다[-집따] 표넘겨-짚다 동(타) ☞ '넝겨짚다'.

넹기다 표넘기다 동(타) ☞ '넝기다'.

노간지-나무 표노간주-나무 명 ☞ '노간지낭구'. ¶식목일날 산이서 **노간지**나무를 캐다가 울타리를 따러 심었다.

노간지-낭구 표노간주-나무 명<식물> '노가즈(老柯子/杜松)+낚(木)+우(접사)→노가즈남구?>노간지낭구>노간지나무'. 측백나뭇과의 상록 침엽교목. =노간지나무 ¶산이 **노간지낭구**를 몇 개 맡어두구 왔구먼. **노간지낭구**는 머달라구? 야중이 **노간지낭구**를 비다가니 쇠코뚜레루 쓸라구 혀.

노내기 표노래기 명<동물> 다리가 많고 습한 곳에 사는 벌레. 노래기강의 절지동물. ¶넌 뭇 먹넌 게 뭐여? 널 보구 있으믄 **노내기**두 해(駭) 쳐 먹넌다는 옛말이 떠올러./냄새 나넌 **노내기**를 머더러 잡으러 댕기냐?/장마츨이 되니께 **노내기**덜이 잔뜩 겨댕기네.

노누-기 표나누-기 명나눗셈을 하는 일. ¶3학년이 되더락 **노누기**두 뭇허다니.

노누다 표노느다 동(타) 여러 몫으로 나누다. ¶재산을 **노누다**./과자를 동상허구 **노눠** 먹어라.

노눗-셈[-눈쎔] 표나눗-셈 명 '노누-(分)+ㅅ+셈(算)'. 어떤 수를 다른 수로 나누는 셈법. =제산(除算). ¶구구단두 뭇허넌 애헌티 먼 **노눗셈**을 갈쏜다구 허능감?

노나-가지다 표나눠-가지다 동(타) ☞ '노너가지다'.

노나-갖다 동(타) ☞ '노너가지다'.

노너-가지다 표나눠-가지다 동(타)

'노느/노누-(分)+-어+가지-(持)+-다
→노눠가지다>노너가지다/노나가지
다'. 둘 이상이 서로의 몫으로 나누어
가지다. ¶째끄만 돈 가지구서니 서루
싸울 거 읎이 그냥 **노너가지구** 맙시다.

노너-갖다[-갇따] 표나눠-가지다 동
(타) ☞ '노너가지다'. ¶책을 친구허구
노너갖거라.

노너-주다 표나눠-주다 동(타) '노누
어주다'가 줄어든 말. ¶돈 몇 푼 갖구
손 썼지 말구 자석덜한티 기냥 **노나줘**
번져.

논둑-질[-뚝찔] 표논둑-길 동논둑이나
논두렁 위로 난 작은 길. ¶빨르다구
큰질 두구 **돈둑질루** 댕이지는 말어라.

넝겨-듣다[-따] 표넘겨-듣다 동(타)
어떤 소리나 말을 예사롭게 흘려듣다.
=넹겨듣다. ¶증신 똑바루 채리구 들
어두 알 둥 말 둥인디 그렇기 **넝겨들**
으믄 오티기허니?

넝겨-띠리다 표넘어-뜨리다 동(타)
①바로 선 것을 넘어지게 하다. ¶책상
을 **넝겨띠리지** 말구 바루 세놓거라.
②남이 차지한 지위나 권세를 꺾다. =
넹겨뜨리다. ¶4·19는 자유당 독재증
권(獨裁政權)을 **넝겨띠린** 참된 그사
(擧事)란 말여.

넝겨-받다[-따] 표넘겨-받다 동(타) 물
건, 권리, 책임, 일 따위를 받아 맡다.
=넹겨받다. ¶**넝겨받었으믄** 대충 끝내
번지자구. 질질 끌구가봤자 우덜두 유

리헐 거 읎잖어.

넝겨-주다 표넘겨-주다 동(타) 물건, 권
리, 책임, 일 따위를 남에게 주거나 맡
기다. =넹겨주다. ¶이번 함 번은 **넝겨주**
지믄 담이 또 그러믄 돌려주지 않을 겨.

넝겨-짚다[-집따] 표 넘겨-짚다 동
(타) ①남의 생각이나 행동에 대하여
지레짐작으로 판단하다. ¶무작정 도
둑눔이루 **넝겨짚덜** 말란 말여. ②일정
한 사이를 거르고 짚다. =넹겨짚다. ¶
지 앞이 꺼 놔두고 먼 것 **넝겨짚다가**
자빼겼다닝께.

넝기다 표넘기다 동(타) ①'넘다'의 사
동사. ¶그 책 다 봤으믄 재헌티 **넝겨.**
②쓰러뜨리거나 뒤집다. ¶발거리를 쳐
서 뎀벼드넌 남자를 확 **넝겼다.** ③권
리나 책임 따위를 내어 가지게 하다.
④남에게 맡기다. =넹기다. ¶혼저 짐
들고 땀빼지 말구 나한티 좀 **넝겨.**

누여 표누에 명<동물> ☞ '눼'에 비해
쓰임 빈도가 매우 낮다.

누여-꼬치 표누에-고치 명☞ '눼꼬치'.
누여-농사 표누에-농사 명☞ '눼농사'.
누여-똥 표누에-똥 명☞ '눼똥'.
누여-밥 표누에-밥 명☞ '눼밥'. ¶뽕
잎새기를 따다가니 **누여밥**을 줬다.
누여-씨 표누에-씨 명☞ '눼씨'.
누여-치기 표누에-치기 명☞ '눼치기'.
눼 : 표누에 명<동물> 명주(明紬)를 얻
기 위해 기르는, 누에나방의 애벌레.
=누여. ¶**눼**가 뽕을 안 먹구 두릿거리

는 걸 보니 얼릉 올리야졌어./눼 한 장 치맨서 뭔 음살이랴?

눼:-꼬치 표누에-고치 명누에가 번데기로 변태하기 전에 실을 토하여 지은 집. =누여꼬치. ¶눼꼬치를 타야넌디 틀이 부셔져뻐렸네. 빠뻐죽겠다닝께 눼꼬치틀까장 속을 쎅이너먼.

눼:-농사 표누에-농사(-農事) 명 ☞'눼치기'.

눼:-똥 표누에-똥 명누에가 싸놓은 똥. =누여똥. ¶눼똥은 퇴비장이다가 버리지 그걸 머덜라구 따로 챙기넌겨? 이, 내가 아넌 한약방에서 눼똥 두어 푸대만 깨깟이 말려서 보내달라구 허더라구.

눼:-밥 표누에-밥 명누에에게 먹일 뽕잎. =누여밥. ¶눼밥 안 주구 오딜 싸댕기냐? 시방 눼덜 잠자넌디 먼 눼밥이래유?/새벽이 일나 눼밥 줄라믄 눈까풀이 츤근이라닝께.

눼:-쓸기 표누에-쓸기 명알에서 깨어난 누에를 다른 채반으로 옮겨 놓는 일. ¶이구, 그렇기 그친 깃털루 눼쓸기를 허믄 워칙허냐? 눼쓸기는 고운 깃털루 살살 조심히야 쓰능 겨.

눼:-씨 표누에-씨 명누에의 알. =눼알. 잠종(蠶種). ¶눼씨는 몇 장이나 받었는가? 눼씨 슥 장을 받긴 했넌디, 좀 많은 것 같으. 그려? 그럼 눼씨 반 장만 나헌티 넹기지그려.

눼:-알 표누에-알 명 ☞'누에씨'.

눼:-치기[눼:-] 표누에-치기 명누에를 길러 고치를 얻기까지의 일. =누여치기. 양잠(養蠶). ¶이전이야 눼치기 만헌 일이 오디 있었남? 무짜게 바쁘긴 했지먼서두 눼치기를 히서 애덜 핵겨보내구 그랬잖어. 통(자) 눼치기-허다.

눈:-송아리[-쏭-] 표눈:-송이 명 ☞'눈셍이'. ¶눈송아리가 참 탐시럽기두 허구먼.

눈:-셍이[-쎙-] 표눈:-송이 명꽃송이처럼 내리는 굵은 눈. =눈송아리. ¶눈셍이가 곱기는 허다만, 이 눈 속을 뚫구 야는 오딜 쏘댕기능 겨?

눈-두뎅이[-뚜-] 표눈-두덩 명'눈(目)+두뎡(岸)+이(접사)→눈두뎅이>눈두뎅이/눈두딩이'. 눈언저리의 도드라진 곳. ¶야가 울었나, 눈두뎅이가 뷌네. 아뉴, 쬥일 잠만 자서니 갸 눈두뎅이가 팅팅 븐 규.

눈-두딩이[-뚜-] 표눈-두덩 명☞'눈두뎅이'.

눈-질¹[-찔] 표눈-길 명①눈이 가는 곳. 또는 눈으로 보는 방향. ¶눈질을 돌렸넌디 거기 딱 그 냥반이 서 있더라구./눈질이 마추치자마자 그 여자헌티 기냥 반해뻤겄다더먼. ②주의나 관심을 빗대어 이르는 말. ¶이우지찌리 데면데면허덜 말어. 서루 눈질이라두 주구받구 살으야지 않겄나./애덜헌티 눈질두 주구 그리봐.

눈 : -질²[-찔] 표눈 : -길 명눈 위에 난 길이나 눈에 덮인 길. ¶눈질이 여간 미끄런 게 아니여. 집밖이 나갈라믄 채비덜 잘 허구 눈질 조심혀./올핀 왜 이렇기 눈이 와 쌌넌지 도로가 왼통 눈질이구먼.

눌 : 르다 표누 : 르다 동(타) ①물체에 압력을 가하거나, 사람의 행위에 규제를 가하다. ¶아프니께 살살 점 눌러./애덜을 다시릴 땐 살살 구실르야지, 그렇기 눌르기만 허믄 뭇써. ②마음을 드러내지 않고 참다. ¶열이 나두 화를 눌를 중 알으야 쓰능 겨.

눌 : 다 표눋다 동(자) '활용형태 : 눌게. 눌고. 눌더락. 눌지. 눌어'. 누른빛이 나도록 조금 타다. ¶밥이 눌더락 뭐 했지?/밥을 눌게 놔 둬라. 누룽개 허구 숭님을 맹글어야니께.

느¹ 표네 관단위 명사 앞에서, 그 수량이 넷임을 나타내는 말. ¶스슥(黍粟) 느 말만 빌려줘. 스슥을 느 말씩이나 갖다가 뭐헐라구려?

느² 표너 대듣는 상대방을 가리키는 말. ¶인저 느네 집인 다시 안 갈 겨.

느 : 네-덜 표너희-들 대'느(汝)+네(접사)+덜(접사). =느덜. ¶느네덜이 심을 좀 쓰야겄넌디. 점 도와줄 텨?

느 : -덜 표너희-들 대'느(汝)+덜(접사)'. 2인칭 복수대명사. 듣는 여러 상대를 가리키는 말로 너희보다 개별적이고 구체적이다. ¶자꾸 얼쩡대지 말구 느덜은 얼릉 집이루 돌어가라.

느 : -들 표너희-들 대☞'느덜'이 표준어화한 말.

느싯-느싯[-신-싣] 표느긋-느긋 부여유롭고 넉넉한 모양. ¶바쁠 것 읎으닝께 느싯느싯 셔가맨서니덜 혀.

느싯-허다[-시터-] 표느긋-하다 형여유가 있고 넉넉하여 느린 듯하다 ¶종종대지 말구 느싯허게 지둘러봐.

느이¹ 표너희 대'느(汝)+이(접사)'. 듣는 이가 동년배나 아랫사람일 때, 듣는 여러 사람들을 일컫는 말. ¶느이가 암만 그리봐야 택두 읎어./느이는 접짝이루 가 있어.

느이² 표넷 수셋보다 하나가 많은 수. ¶하나, 둘, 스이, 느이, 그러닝께 니가 가진 게 점부 합치야 지우 느이로구먼.

늑 표넉 관단위 명사 앞에서, 그 수량이 넷임을 나타내는 말. ¶늑 달 가물이 논밭이 남어난 것이 읎어.

늑-갈[-깔] 표늦-가을 명☞'늦갈'이 변자음화한 형태.

늦-갈[늗깔] 표늦-가을 명겨울로 이어지는 늦은 시기의 가을. ↔초갈. 즉어두 늦갈까정은 일을 끝내야 헐텐디 오티기 될라넌지 물르겄어.

늘 : 표널 : 명①넓게 컨 나무판, 또는 널뛰기에 쓰는 널빤지. ¶늘을 뛰다./미친 년 늘 뛴다넌 소리 들어봤남? 저 년 허넌 짝이 딱 그짝이라닝께. ②송장을 넣는 나무 상자. =널. 관(棺). ¶

예산지방서는 원래 늘을 광(壙)이다 늫지 않잖여. 그러닝께 늘 준비허넌 디다가는 큰 돈 안 써두 된다닝께.

늘ː-감[-깜] 표널ː-감 명관(棺)을 만드는 재료. ¶큰 솔낭구를 비어서니 **늘감**을 미리 장만혔댜. 그야 알어서 혔겄지만서두 말여. 근디 솔낭구를 **늘감**이루 허먼 올마 뭇 가서니 금 가구 뻬개지덜 않겄남?

늘ː-뛰기[-/-띠-] 표널ː-뛰기 명 <민속> '닐/늘(板)+뛰-(躍)+-기(접사)'. 긴 널의 양쪽 끝에 한 사람씩 올라서서 번갈아 뛰어오르며 노는 민속놀이. =널뛰기. ¶설날이믄 사내애덜은 은(鳶) 날리기를 허구, 지집애덜은 **늘뛰기**를 허매 놓었지. 예즌인 슫달이믄 동네 츠녀덜이 **늘뛰기**를 참 많이 혔어. 인젼 민속촌이나 가야 귀경헐 수 있지먼 말여.

늘ː-뛰다 표널ː-뛰다 동(자) ①널뛰기를 하다. ②어떤 상황이나 일의 형세가 오르락내리락하다. =널뛰다. ¶핵겨 성적이 얌즌칠 뭇허구 마냥 **늘뛰기**를 허닝구먼./저 냥반은 때읎이 븓득(變德)이루 **늘뛰닝께** 통 비우를 맞출 수가 읎어.

늘-따랗다[-라타] 표널-따랗다 형 '너르/느르-(廣)+-다랗다(접사)→늘다랗다>늘따랗다'. 꽤 넓다. ¶마당이 **늘따라서니** 타작허기가 좋네.

늘름 표널름 부 ①혀를 재빠르게 내밀었다 들이는 모양. ¶이눔아, 어른덜 기신디 너만 먹겄다구 괴기반찬을 **늘름** 집어가버리믄 오티기여. ②무엇을 재빠르게 받아 가지는 모양. ¶떡을 **늘름** 처먹구선 안 먹은 첵허는 것 점 봐. ③물결이나 불길이 빠르게 오르내리며 흔들리는 모양.

늘름-늘름 표널름-널름 부 ☞'늘름'. ¶안 먹넌다더니 **늘름늘름** 뚝딱 다 먹었구먼./큰물지더니 다리 위루 갱굴물이 **늘름늘름** 넘쳐나더라구.

늘름-그리다 표널름-거리다 동(자)(타) ①혀나 손 따위를 자꾸 내밀었다 들였다 하다. ¶빨랑 와 봐유. 시방 저 낭구 밑이 크다란 배얌이 셉바닥을 **늘름그리구** 있다닝께유. ②자꾸 고개를 내밀어 남의 것을 노리다. ¶넘의것 자꾸 **늘름그리봐야** 소용읎다닝께 그러네. ③불길이 재빠르게 나왔다 들어갔다 하다. =낼름거리다.

늘리다 표널리다 동(자) '너르/느르-(廣)+-리(접사)+-다'. ①'널다'의 피동. ¶빨랫줄이 **늘린** 수건이나 걷어와. ②여기저기 많이 흩어져 놓이다. =널리다. ¶질바닥이 으낭잎새기가 **늘렸군**./개네는 집안이 **늘린** 게 돈이래유.

늘ː-밥[-빱] 표널ː-밥 명널을 띌 때 양편의 몸무게에 따라 가운데의 굄으로부터 각기 차지하는 널의 길이. ¶몸집이 큰 늬가 **늘밥**을 그렇기 많이 가져가믄 난 오티키라는 겨?

늘 : -빤지 표널 : 빤지 명판판하고 넓적한 조각나무. =나무판때기. 늘판때기. ¶늘빤지 하나 때민이 예산까장 갈 수두 읎구. 오디 늘빤지 하나 빌릴 디 읎으까?

늘 : -판때기 표널 : -판때기 명☞ '나무 판때기'. ¶참내, 늘판때기 점 빌려 달랬더니 그깟[그깍] 것을 개지구 유세를 뜰유.

늘 : 어-놓다[-노타] 표널 : 어-놓다 동(타) 무엇을 죽 널어서 벌여 놓다. =널어놓다. ¶마당 갓이다 늘어논 쑤수땡이 점 치우거라./베토매가 비에 젖었으니 담배락 위다 늘어놓거라.

늘 : -조각[-쪼-] 표널 : -조각 명널빤지나 널(棺)의 조각. ¶이장(移葬)을 허너라구 광을 팠넌디 신체는 뼤 하나 읎구 늘조각 썪은 자국만 꺼멓게 남었더라니께.

늠실-그리다 표넘실-거리다 동(자) ①물결이 너울거리다. ¶크다런 물결이 늠실거리넌 강물에서 먼 후염을 친다구 그러넌 겨? ②무엇이 자꾸 가볍게 움직이다. ¶들이 왼통 금물글루 늠실그리너먼. ③액체가 넘칠 듯하다. =늠실거리다. ¶잔이 막 늠실그리게 술을 채워보라닝께. ④해가 떠오르거나 지다.

늠실-늠실 표넘실-넘실 부무엇이 넘실거리는 모양. ¶해가 스산(西山)이 늠실늠실 넘어가너먼.

능청-꾸리기 표능청-꾸러기 명능청을 잘 부리는 사람. ¶얼핏 순진헌 것 같은디 가만 보믄 순 능청꾸리기라니께.

늫 : 다[느타] 표넣다 동(타) ①들어있게 하거나 들어가게 하다. ¶서리방콩을 많이 느서 콩밥 점 져봐라. ②다른 것을 곁들이게 하다. ¶이번 축제이는 연극두 늫 것이다.

늬 표네 관단위 명사 앞에서, 넷을 나타내는 말. ¶밥 늬 그륵만 퍼.

늬 : -거리 표네-거리 (-距離) 명네 갈래로 나넌 길. =늬질목. ¶위루 쭉 올러가믄 늬거리가 나오넌디 오여편짝이루 가믄 되여.

늬 : -덜 표너희-들 대☞ '느덜'. ¶째끄만 늬덜이 뭘 헌다구 자꾸 나스는겨?

늬 : -들 표너희-들 대☞ '느덜'.

늬 : -질목 표네 : -거리 (-距離) 명네 갈래로 나넌 길. =늬거리. ¶좁짝이루 들어가믄 늬질목이 나오는구먼. 고 늬질목 오여편이루 돌어가믄 우리집이여.

늣[늗] 표넷 수셋에 하나를 더한 수. ¶난 딱지가 늣배끼 읎넌디 좀 쎠주라. 늣 개지구는 쎠줄 수 읎구먼.

늣 : -두리[늗뚜-] 명'늬(四)+ㅅ+두르-(周)+이(접사)'. 한 동이의 김치나 젓갈 따위를 넷으로 나누는 일. 또는 그렇게 나눈 몫. ¶새우젓을 늣두리로 나눴넌디, 두 사람이 안 왔으니 츤상

우리가 둘썩 가지야졌어.

니네-덜 표너희-들 대'니(汝)+네(접사)+덜(접사)'. 손아랫사람들이나 동년배를 가리키는 말. ※'니네'보다 개별적이고 구체적으로 가리킨다. ¶니네덜은 공부 안 허구 오딜 가는 겨? 니네덜두 뭔 일이 있는 겨?

닝닝-허다 표밍밍-하다/느끼-하다 형①음식 따위가 제 맛이 나지 않고 싱겁다. ¶커피맛이 **닝닝헌** 게 벨루구먼. ②속이 메스껍거나 거북하다. ¶커피를 여러 잔 마셨더니 속이 **닝닝허네**.

ㄷ

다갈 표달걀 명☞'닭알'.

다갈-구이 표달걀-구이 명☞'겨란구이'. =달걀구이.

다갈-말이 표달걀-말이 명☞'겨란말이'. =달걀말이.

다갈-덮밥[-덥빱] 표달걀-덮밥 명☞'겨란덮밥'. = 달걀덮밥.

다갈-찜 표달걀-찜 명☞'겨란찜'. =달걀찜.

다딤이 표다듬-이 명'다듬-(搗)+이(접사)→다듬이>다딤이>다딤이'. '다딤이질, 다딤잇감'이 줄어든 말. ¶요짐이야 테레비 연속극이어서나 **다딤이** 소리를 듣지 오디서 들겄남?

다딤이-질 표다듬이-질 명옷이나 옷감 따위를 방망이로 두드려 반드럽게 하는 일. ¶대리미질두 집이서 안 허넌 시상이 **다딤이질** 뭇 헌다구 숭꺼리가 되겄남?

다딤익-감[-믹깜] 표다듬잇-감 명☞'다딤잇감'이 변자음화한 형태.

다딤잇-감[-읻깜/-믹깜] 표다듬잇-감 명'다듬이(搗砧)+ㅅ+감(접사)→다딤잇감>다딤잇감(모음동화)>다딤익감(변자음화)'. 다딤이질을 할 재료. ¶**다딤잇감**을 들구 오디 가능 겨? 마실가능 겨?

다딤잇-독[-읻똑] 표다듬이-돌 명'다듬-(搗)+이(접사)+ㅅ+독(石)→다딤잇독>다딤잇독'. 다딤이질을 할 때 밑에 받치는 돌. ¶**다딤잇독**을 비구 누으믄 안되넝 겨. 입 삐뚤어지닝께 그 위엔 안지지두 말어./말른 담뱃잎새기는 **다딤잇독**이루다가니 꽉 눌러뒀유. 그려, 말른 담배는 **다딤잇독**이루 꽉 눌러두야 상품(上品)이 되지.

다딤잇-돌[-읻똘] 표다듬이-돌 명☞'다딤이독'. ¶근디 **다딤잇돌**은 오따 처둔 겨? 오따 처두긴유, 접때 민속박물관인가 먼가 허넌 디서 돈 준대서니 팔어뻔졌잖유.

다듬잇-방맹이[-미빵-] 표다듬잇-방망이 명다듬이질을 할 때 쓰는, 두 개가 한 켤레로 맞춰진 나무 방망이. ¶**다듬잇방맹이**루 죽더락 은어맞구 홍두깨루 더 은어터지야 증신차릴 늠이여, 저눔이.

다듬-질 표다듬이-질 명☞ '다듬이질'이 줄어든 말. ¶왜 맨날 **다듬질**만 시킨댜?/**다듬질** 내 대신 히줄 사람 읎나?

다시리다 표다스리다 동(타) '다술-(治)+이(접사)+-다→다스리다>다시리다'. ①국가나 사회, 단체, 집안의 일을 관리하고 통제하다. ¶츤하를 **다시릴라믄** 집안 단속버텀 잘히야 헌다 혔어. ②사물을 일정한 목적에 따라 정리하거나 처리하다. ¶물을 잘 **다시리야** 홍수를 막을 수 있는 겨. ③어지러운 일이나 상태를 수습하다. ¶홍분허들 말구 늬 맘버텀 **다시려라**.

다정-시럽다[-따] 표다정-스럽다(多情-) 형정이 많아 따스한 느낌이 있다. ¶둘이 만나기만 허믄 투닥거리더니 오늘은 왠일루다가니 **다정시럽댜**?

다정-시리 표다정-스레(情-) 부따스하고 친절하게. ¶속이 읎으맨서니 **다정시리** 구넌 거 다 알어. 그러닝께 윽지루 **다정시리** 굴 것 읎어.

닥채-나무 표닥-나무 명☞ '닥채낭구'. ¶**닥채나무**는 왜 비는가? 썰디읎넌 **닥채나무**가 뒤란이루 자꾸 넘어오능구먼.

닥채-낭구 표닥-나무 명<식물> '닥(楮)+채(鞭?)+낡(木)+우(접사)→닥채낭구>닥채나무'. 뽕나뭇과의 낙엽 활엽 관목. =닥채나무. ¶뺑이채는 **닥채낭구** 껍데기가 최고라닝께. 근디 **닥채낭구**가 오디 흔허간디?

단풍-잎새[-닙쌔] 표단풍-잎(丹楓-) 명가을이 되어 갈색이나 노란색, 붉은색 따위로 물든 나뭇잎. 또는 단풍나무의 잎. ¶님자는 **단풍잎새**마냥 곱게두 늙었구랴.

달갈 표달걀 명☞ '닭알'.

달갈-구이 표달걀-구이 명☞ '계란구이'.

달갈-말이[-마리] 표달걀-말이 명☞ '계란말이'.

달갈-덮밥[-덥빱] 표달걀-덮밥 명☞ '계란덮밥'.

달갈-찜 표달걀-찜 명☞ '계란찜'.

달-구신(-鬼神) 명☞ '달기신'.

달기-게기 표닭-고기 명'닭(鷄)+의(조사)+게기(肉)'. 닭의 살코기. =닭게기. ¶아니, **달기게기**를 오디서 났댜?

달기-고집 표닭-고집(-固執) 명'닭(鷄)+의(조사)+고집(固執)'. 별일 아닌 것에 고집을 부리는 사람을 놀림조로 일컫는 말. ¶사람 많은 디서 고여니 **달기고집** 부리들 말구 어여 집이나 가이 사람아.

달기-똥 표닭-똥 명'닭(鷄)+의(조사)+똥(糞)'. 닭이 눈 똥. ¶어이구, 큰일났네. 아니, 생**달기똥**을 밭이다 기냥 뿌리믄 오치긴대유?

달기-띠 표닭-띠 명닭해에 태어난 사람의 띠. =닭띠. ¶년 **달기띠**구 난 원생이띠니께 인저버턴 반말허지 마.

달기-새낑이 표병아리/닭 명'닭(鷄)+의(조사)+새낑(子)'. 닭을 욕설조로 이르는 말. ¶저 눔이 **달기새낑이**가 널어논 곡석(穀食)을 다 흐집어 놓네.

달 : -기신(-鬼神) 명'닭(鷄)+의(조사)+기신(鬼神)'. 수 년 이상 오래 살아 귀(鬼)가 썬 닭. =달구신. ¶닭이 오래 살믄 죽어서두 **달기신**이 되어 새벽마두 운다넌 옛날얘기를 들은 뒤루다가는 달기장의 수탉이 미서워 피허게 되었다.

달기-발 표닭-발 명'달기발>닭발'. 닭의 발. =닭발. ¶**달기발**을 잘 묶어 둬. 달어나덜 뭇허더락 말여.

달기-장 표닭-장 (-欌) 명'닭(鷄)+의(조사)+장(欌)'. 닭을 가두어 기르는 우리. ¶**달기장** 가서니 다갈 점 끄내 오거라./**달기장**이 냄새가 고약허니 달기똥을 치우야겄다./오늘 새벽이 **달기장**이 쪽지비 새낑이가 들어서 장닭을 두 마리나 직여놔 뻔졌어.

달기-죽 표닭-죽 (-粥) 명닭고기를 넣고 쑨 죽. ¶엄니른 귀헌 **달기죽**을 끓여내셨지만 열에 들뜬 아이넌 쉬이 목이 넹기질 뭇했다.

달기-해 표닭-해 명'닭(酉)+의(조사)+해(年)'. 천간(天干)이 닭(酉)에 해당하는 해. =닭해. ¶올히가 원생이해니께 내는(來年)인 **달기해**가 되겄구먼.

달러-붙다 [-붇따] 표달라-붙다 동(자) ①끈기 있게 찰싹 붙다. ¶날 뜨건디 자꾸 **달러붙지** 말어. ②한 곳에 머물러 자리를 뜨지 않다. ¶진득허니 한 곳이 **달러붙어** 있능 게 나을 겨. ③어떤 일에 매우 열중하다. ¶큰애가 죙일 컴퓨터만 **달러붙어** 있어서니 큰 걱정유.

달러-지다 표달라-지다 동☞'달버지다'.

달르다 표다르다 동☞'달브다'. '달브다'가 표준어화 한 형태. ¶모냥이 점 **달르다구** 그렇기 화낼 건 읎잖여.

달므다 표닮다 형사물의 생김새, 성질 따위가 서로 비슷하다. 어떠한 것을 본떠 같아지다. ¶**달므더락** 애써라. **달므게** 노력히라. **달므지** 않더락 심써라.

달브다 표다르다 형'다르-(異)+브(접사) +-다'. ①비교가 되는 두 대상이 서로 같지 아니하다. ¶너랑 나랑은 생긴 게 영 **달버**./흥제간(兄弟間)이 승극(性格)이 그렇게 **달블** 수가 읎다닝께. ②보통의 것보다 두드러진 데가 있다. ¶내 거랑 늬 거는 **달븐** 겨.

닭-알[달갈/다갈] 표달걀 명닭이 낳은 알. =계란. 달갈. ¶손님덜이 온다넌디 **닭알**이래두 사다 놔야겄어.

담배-각[-깍] 표담배-갑 명담배를 담아 두는 작은 갑. 또는 담배를 포장

한 갑. ¶어유, **담배각**을 물이다 빠쳐서서니 담배가 다 풀어져번졌네.

당구다 표담그다 동(타) ☞ '당그다'. ¶밥그릇을 설거지통이다가 **당궜다**./장을 **당궜다**.

당그다 표담그다 동(타) ①액체 속에 넣다. ¶식길랑 서르지통이다가니 **당거라**. ②김치, 술, 장, 젓갈 따위를 만드는 재료를 버무리거나, 익도록 그릇에 넣어 두다. ¶파짐치는 **당그지** 말구 저더러집(저쪽의 이웃집) 것을 읃어다 먹자.

당금-질 표담금-질 명 '당그-(浸)+-ㅁ(어미)+질(접사)'. ①고온으로 열처리한 금속 재료를 물이나 기름 속에 담가 식히는 일. ②낚시를 물에 담갔다가 건졌다가 하는 일.

당기다 표담기다 동(자) '담-(入)+기(접사)+-다→담기다>당기다(변자음화)'. '담다'의 피동사. ¶그럭이 물이 까득 **당겼네**./증성(精誠)이 **당긴** 물건을 슨물루 받었댜.

당까 표담가(擔架) 명 '담가(擔架)>당까(변자음화)'. 네모난 거적이나 천 따위의 양변에 막대기를 달아 앞뒤에서 환자나 물건을 맞드는 기구의 하나. =들것. ¶쓰레기를 모대서 **당까**에 실어다 버렸다.

당슨 표당선(當選) 명 선거나 심사에서 뽑힘. 동(자) 당슨-허다. 당슨-되다. ¶이번이 국회의원이루 **당슨된** 사람덜이 슨거뱁 위반이루다가니 무디기루 걸렸다너먼.

당체 표당최 명 부정하는 말에 호응하여, '도무지, 영, 도대체'의 뜻을 나타내는 말. ¶자친 붱환(病患)은 오떠신가? 약을 쓰넌디두 **당체** 낫덜 안허구 심헤지기만 허네유. 인전 곡기두 **당체** 입에 안댈라구 히유./손이 딸려서니 사람을 하나 딜었넌디, **당체** 뭣 하나 헐 중 아녕 게 읊다닝께.

대-낭구 표대-나무 명 <식물> '대낭구>대나무'. 볏과의 상록 교목을 통틀어 이르는 말. ¶창대미루는 **대낭구**가 최곤디 나두 **대낭구**를 심어볼까? 즠이 추믄 다 죽어번지넌 **대낭구**를 머더러 심을라남?

대-괄키 명 대나무로 만든 갈퀴. ↔쇠괄키. ¶검불 긁으라구 시켰더니 땅만 긁어대다가니 **대괄키**를 뭇 쓰게 맹글어 났구먼.

대루 표대로 의명 ①어떤 모양이나 상태와 같이. ¶내가 허넌 **대루** 따러서 히봐. ②어떤 상태나 행동이 나타나는 그 즉시. ¶핵겨 마치넌 **대루** 집이루 와. ③할 수 있는 만큼. 최대한. ¶헐 수 있넌 **대루** 빨랑 끝내라.

대리다 표다리다 동(타) 옷이나 천의 구김을 다리미로 문질러 펴다. ¶옷점 잘 **대려봐**.

대리-즘 표대리-점(代理店) 명 일정한 회사 따위의 위탁을 받아 거래를 대리하거나 매개하는 가게. ¶직응(直營) **대리즘**이라구 허서 갔더니 다른 디나 벨루 다르지 않더먼. 더 난 것두 읎더라구.

대-바눌 표대-바늘 명주로 뜨개질에 쓰기 위해, 대나무로 만든 바늘. ¶우산대는 머더라 들구 댕이능 겨? 야, 깎어서니 **대바눌** 점 멫 개 맹글라구유.

대-빗자락[-빋짜-] 표대-비 명가는 댓가지나 잘게 쪼갠 대오리를 엮어서 만든 비.

대으-즘 표대여-점(貸與店) 명돈을 받고 일정 기간 특정한 물품을 빌려 주는 가게. ¶요짐은 응상(映像)기기덜이 발달허서 비디오**대여즘**이 다 읎어졌어.

댑 : 대[-때] 표도리어 부☞ '됩대'가 발음의 편리에 따라 저모음화한 형태. ¶지 잘못을 **댑대** 나헌티 떼밀믄 오쩌라는 겨?

댕기다¹ 표다니다 동(자) 어떤 것이 일정한 곳에 드나들다. ¶차가 **댕기는** 행질인 나가덜 말어./차를 타구 **댕기다**. (타) 어떤 곳을 지나가고 지나오고 하다. ¶직장을 **댕기다**./사고갸 나서 그 질을 **댕길** 수가 읎다.

댕기다² 표당기다 동☞ '땡기다'. ¶고뿔이 심허닝께 입이 **댕기년** 것두 읎어.

댕이다 표다니다 동☞ '댕기다'. ¶칭일 **댕긴** 했넌디 소득이 읎어.

댕일 표당일(當日) 동일이 있는 바로 그날. ¶**댕일** 헐 일은 **댕일**치기루 다가 해치워 버려라.

댕일-치기 표당일-치기(當日-) 동일이 있는 바로 그날 하루에 일을 서둘러 함. ¶섬공부를 **댕일치기**루 했다가 다 망쳤다.

덜 표들 접앞말에 붙어 복수를 나타내는 말. ¶우**덜**찌리만 놀러 가자./다**덜** 모이신 겨?/왜**덜** 그려?

덜그덕 표덜그럭 부☞ '들그덕'.

덜그덕-거리다[-꺼-] 표덜그럭-거리다. 동(타) ☞ '들그덕거리다'. ¶서지는 지대루 못허맨서 **덜그덕거리기**는 잘 허넌군.

덜그덕-덜그덕 표덜그럭-덜그럭 부☞ '들그덕들그덕'.

덜렝-이 표덜렁이 명행동이 침착하거나 야무지지 못하고 덤벙거리는 사람. ¶그런 **덜렝이**헌티 일을 맥기년 게 아닌디, 시켜놓구 보니께 이응 불안허구먼.

데 : 다 표데우다 동(타) 식었거나 찬 것을 덥게 하다. ¶작엄니가 너더러 뜨신 물 점 **데랴**./목물 점 따숩게 **데거라**.

데미 표더미 명많은 물건을 한데 쌓아놓은 큰 덩어리. ¶누가 장적(長斫)을 저렇기 **데미**루 쌓아논 겨?

뎀벼-들다 표덤벼-들다 동(자) 함부로 대들거나 달려들다. ¶엉아한티 까불매 **뎀벼들믄** 혼날 중 알어.

뎀비다 표덤비다 동(자) ①마구 대들거나 달려들다. ¶**뎀빌라믄 뎀벼**보라구. ②침착하지 못하고 서두르다. ¶그렇기 막 **뎀빈다구** 될 일이 아녀.
뎁히다[데피-] 표덥히다 통(타) ①어떤 물체나 물질에 열을 가하여 높은 온도를 갖게 하다. ¶물이 다 식었으니 다시 **뎁혀** 놓거라. ②불을 쬐거나 운동을 하거나 하여 체온을 올라가게 하다. ¶에구, 몸뗑이가 얼름뗑이차람 차겁구먼. 얼릉 방이 들어가 몸 점 **뎁히구** 나오너라.
뎅이 표덩이 의명 ☞ '딩이'.
도깨비-장냥 표도깨비-장난 명 ①도깨비가 사람을 홀리려는 못된 장난. ②도무지 까닭을 알 수 없거나 터무니없는 짓. ¶저 사람이 허넌 일은 **도깨비장냥**이여. 뭣을 허넌디 통 뭔 일인지 알 수가 읎어.
도매-즘 표도매-점(都賣店) 명 물건을 근 단위로 파는 가게. ¶**도매즘**서 물건을 모개루 싸게 사왔는디 나 혼저 쓰긴 많구 누구 나랑 노나쓸 사람 읎을라나?
독: 표돌: 명 암석에서 떨어져 나온 덩어리, 또는 흙 따위가 굳어서 된 덩어리. ¶밭이 **독**이 너머 많네. 니얼은 시간이 있으니께 **독**을 주서내야겄어.
독:-구수[-꾸-] 표돌:-구유 명 돌을 파서 만든 구유. ¶오양간 **독구수**이 쇠죽을 뷔주었다.
독:-그륵[-끄-] 표돌:-그릇 명 돌로 만든 그릇. =석기(石器). ¶공주 속

장리서 말여. 옛날 **독그륵**이 숱허게 나왔댜.
독:-너덜[동-] 표돌:-너덜 명 '독(石)+너르-(散/擴)+얼(접사)'. 돌이 널려있는 비탈. ≒독담불. ¶**독너덜**인 왜 자꾸 올러댕기능 겨? 배얌 나올까 미섭구먼.
독:-널[동-] 표돌:-널 명 ☞ '독늘'. ¶누가 **독널**를 쓴댜? 우리 예산이서는 **독널**은 쓰덜 않잖는가?
독:-늘[동-] 표돌:-널 명 돌로 만든 널. =독널. 석관(石棺). ¶웬 **독늘**이랴? 김부자네 집이서 미리 **독늘**을 맞춰논 거라너먼.
독:-담[-땀] 표돌:-담 명 '독담>돌담'. 돌로 쌓은 담. ¶아부지는 **독담** 새루 싸립문을 매어 달었다./덕수궁 **독담**질.
독:-담불[-땀-] 표돌:-담불 명 산이나 들에 있는 돌무더기. ¶**독담불** 가생이루 찔레꽃이 하얗게 피었구먼. 이럴 땐 **독담불**두 뵈기에 좋네.
독:-담부살[-땀-] 표돌:-담불 명 '독(石)+덤불(쑴)+살(접사)'. ☞ '독담불'. ¶**독담부살**이는 땅배얌허구 구링이가 많이 살어. 그러닝께 **독담부살**인 들어가덜 말라구.
독:-덤불[-땀-] 표돌:-담불 명 ☞ '독담불'. ¶**독덤불** 속이서 뭣덜 허는가? 이, **독덤불** 위를 덮은 칡넝쿨을 걷구 있구먼.

독 : -데미[-떼-] 표돌 : -더미 명돌이 무더기로 쌓여있는 덩어리. =독디미. 독더미. ¶이번 장마루 개우장둑(개울둑)이 무너졌잖여. 그 참이 우리 밭이 **독데미**밭이 됐다닝께. 그 숱헌 **독데미**를 오치기 치야 헐지 속 터져 죽겄어.

독 : -디미[-띠-] 표돌 : -더미 명 ☞ '독데미'. ¶독담불이 무녀져 생긴 **독디미**를 오치기 다 치울 것이여?

독 : -뎅이[-뗑-] 표돌 : -덩이 명 ☞ '독딩이'. ¶산비얄 뜨징이밭이는 **독뎅이**덜이 널려 있었다.

독 : -딩이[-띵-] 표돌 : -덩이 명돌멩이보다 크고 바위보다 작은 돌. =독뎅이. 돌딩이. 돌뗑이. ¶떡이 말러서 **독딩이**가 됐군.

독 : -막[동-] 표돌 : -멩이 명 '독(石)+막(접사)→독막>돌막'. 주먹보다 작고 자갈보다 큰 돌덩이. =돌막. 돌팍. ¶바람 때미 비니루 날러갈라구 허닝께 **독막** 점 몇 개 주서와라.

독 : -메[동-] 표돌 : -메 명돌로 만든 메. ¶큰 동앗줄을 꼴 짚이 도착허자 동네 청년덜이 **독메**를 들어 짚단을 두딜겼다./절구뗑이 가져오라니께 웬 **독메**를 들구 오능 겨?

독 : -멩이[동-] 표돌 : -멩이 명 '독(石)+멩이(접사)→독멩이>돌멩이'. 돌덩이보다 작고 자갈보다 큰 돌. ¶왜 자꾸 **독멩이**는 집안에 딜이냐? 그건

기냥 **독멩이**가 아니구 목자유. 목자는 **독멩이** 아니냐 이늠아?

독 : -무덤[동-] 표돌 : -무덤 명돌로 만든 무덤. 또는 돌이 무덤처럼 쌓여 있는 곳. ¶그런 **독무덤**인 가지 말어./동네 음달(응달)이 **독무덤**이 많잖어, 글씨 거기가 애장터랴.

독 : -무데기[동-] 표돌 : -무더기 명 ☞ '독무디기'. ¶**독무데기** 접짝이루 돌어가믄 산질이 나온다닝께그려.

독 : -무디기[동-] 표돌 : -무더기 명 '독(石)+몯-(集)+억/어기(접사)→독무더기>독무데기>독무디기'. 돌덩이가 무더기로 쌓인 것. =독무데기. 돌무디기. 돌무데기. ¶산등셍이 한 컨이 쌓인 **독무디기**를 보매서 애덜은 애장터라구 피해 댕겼다.

독립-승분[동닙-] 표독립-성분(獨立性分) 명<언어> 문장의 다른 성분과 관련 없이 따로 떨어져 있는 성분. ¶불르구 대답허는 말은 흔히 **독립승분**이루 나타난다.

독 : -바닥[-빠-] 표돌 : -바닥 명 ☞ '독바당'. ¶질마두 **독바닥**을 깔어노니께 좋긴 좋구먼. 이 사람아, 이건 **독바닥**이 아니라 보도블럭이라구 허닝거랴.

독 : -바당[-빠-] 표돌 : -바닥 명 '독(石)+바당(底)→독바당>독바닥>돌바닥'. 돌이 많이 깔려 있는 바닥. 또는 돌을 깔아놓은 바닥. =독바닥. ¶우험

허게 **독바당**을 왜 맨발루 떠댕기는 겨?

독 : -밭[-빧] 표돌 : -밭 명돌이 많은 거친 밭. 또는 돌이 많은 곳. =독자갈밭. ¶그 밭은 **독밭**이라 들쩨빼긴 심어 먹을 수가 읎유./그런 **독밭**인 머더러 헤매구 대니능 겨?

독 : -배[-빼] 표돌 : -배 명산에서 자라는 돌배나무의 열매. 아주 작고 단단하며 맛은 시고 떫다. ¶갈서리가 오믄 단맛이 든 **독배**를 따러 아이덜이 산길을 올러댕겼잖어. 근디 **독배**두 이전이나 귀경헐 수 있었지. 시방두 4월 되믄 꽃은 허옇게 피지먼서두 저 우거진 산속이서 먼 **독배**를 맺겄남?

독배-낭구[-빼-] 표돌배-나무 명 <식물> '독(石)+배(梨)+낡(木)+우(접사)→독배남구>독배낭구>돌배나무'. 산에서 자생하는 장미과의 낙엽 활엽 소교목. ¶**독배낭구**두 시방인 귀경허기 어려워. 숲이 잡목이루 우거졌넌디 **독배낭구**가 지대루 배기덜 뭇허지.

독 : -부리[-뿌-] 표돌 : -부리 명땅 위로 드러난 돌의 뾰족한 부분. ¶**독부리**를 차문 지 발부리만 아프다구, 열 받넌 다구 새끼덜 잡으믄 자네만 손해 겨.

독사-풀[-싸-] 표뚝새-풀 명<식물> 원통형의 작은 이삭이 뭉쳐나는 볏과의 풀. =독새풀. 둑새풀. ¶아랫집 애가 **독사풀**죽을 먹구 죙일 슬사를 헌다네유. 에구, 먹을 것이 읎으닝께 **독사풀**을 비다가니 죽을 쒀 먹은 게여.

독 : -산[-싼] 표돌 : -산 (-山) 명 '독산>돌산'. 돌이나 바위가 많은 산. =석산(石山). ¶방산 고랑이는 옛날버텀 곱돌이 많이 나넌 **독산**이 있잖어. 그 **독산** 때미 동네 이름두 곱작골(膏石谷)이 되었댜.

독 : -살[-쌀] 표돌 : -발 명'독(石)+살(矢)'. 돌멩이를 쌓아 물고기를 몰아두는 발. =돌그물.

독새-풀[-쌔-] 표뚝새-풀 명☞ '독사풀'. ¶보릿고개이 먹을 것이 읎으믄 **독새풀**를 비다가니 죽을 쒀먹기두 헐 수 있넌디 말여. 보리쌀이래두 점 섞어 죽을 쑤야지 **독새풀**만 개지구 죽 쒀 먹으믄 배탈이 난다닝께.

독 : -쌈 표돌 : -싸움 명마을 단위로 돌을 던져 승패를 가르는 싸움. 석전(石戰). ¶예산 장날이믄 장고개선 아이덜의 **독쌈**이 일어나군 허였다.

독 : -어덕 표돌 : -언덕 명돌이 쌓여 언덕처럼 된 곳. 또는 돌이 많은 언덕. ¶애덜이 **독어덕**이서 놀다가 다쳤다는디.

독 : -자갈[-짜-] 표자갈-돌 명사람의 주먹보다 좀 작은 돌멩이. =자갈. 자갈돌. ¶갈바심(秋收)이 끝난 마당은 납작헌 **독자갈**을 들구 자갈치기를 허넌 아이덜루 시끄렀다.

독 : 자갈-밭[-짜-받] 표돌 : -밭 명조그마한 돌들이 많은 밭. =독밭. ¶**독자갈밭**이 머가 되었어. **독자갈밭** 위루 다가니 객토래두 허야될 것이구먼.

독 : -절구[-쩔-] 표돌 : -절구 명돌을 파서 만든 절구. 석구(石臼). ¶탈곡기두 있구 방앗간이 가믄 곡석 알갱이덜 줄줄 쏟아지넌디 누가 독절구다가 절구질을 허겠어?

독 : -지둥[-찌-] 표돌 : -기둥 명돌로 만든 기둥. =돌지둥. ¶신암이 화순 옹주정려문 뒤루 가믄 독지둥만 서 있다닝께. 주븐(周邊)인 다 단장헜던디, 거긴 왜 독지둥만 냉겨두구 복원(復原)털 않는댜?

독 : -질[-찔] 표돌 : -길 명자갈이나 돌이 많은 길. =돌질. ¶독질을 따러 산을 올러가다 보믄 째끄만 방죽이 하나 보였다.

독 : -짐[-찜] 표돌 : -짐 명지게나 등에 올려진, 돌로 된 짐. =돌짐. ¶독짐을 지구 오다 엎어져서 크게 다쳤다니 이를 워쩐댜?

독 : -팔매 표돌 : -팔매 명무엇을 향해 멀리 던지는 돌멩이. =돌팔매. ¶독팔매 잘 헌다구 새잡니? 자랑헐 것 읎으닝께 독팔매까장 내세넌구먼.

독 : 팔매-질 표돌 : 팔매-질 명무엇을 향해 돌멩이를 멀리 던지는 일. =돌팔매질. ¶마당갓이의 살구가 누렇기 익어가믄 동네 애덜의 독팔매질이 극성이었다.

돈 : -그 : 래 표돈 : -거 : 래(-去來) 명돈을 주고받는 거래. ¶형제지간이두 돈그래는 함부루허넌 게 아니라구 헜잖어./인젼 자네랑은 돈그래를 끊겄어.

돈 : -고상[-꼬-] 표돈 : -고생(苦生) 명돈이 없거나 부족하여 겪는 고생. ¶사람 사넌디 돈고상이야 뉘나 겪넌 거닝께 애껴가매 살으야지 벨 수 있남.

돈 : -데미[-떼-] 표돈 : -더미 명쌓아놓은 돈의 더미. 돈이 아주 많음을 빗대어 이르는 말. ¶죽어두 돈데미에 깔려죽었으믄 좋겄넌디. 늬가 뭐가 좋다구 돈데미가 널 깔곘었냐?

돈 : -시 : 탁 표돈-세 : 탁(-洗濯) 명기업의 비자금이나 정당하지 못한 돈을 정당한 돈처럼 탈바꿈하여 자금의 추적을 어렵게 하는 일. ¶오티기 시돈탁을 헌 건지 금찰(檢察)의 기좌 추적이루두 알 수가 읎더랴.

돈 : -지[-찌] 표돈 : -계(-契) 명쌀이나 포목이 아닌 돈으로 내고 돈으로 태워주기로 하는 계. ¶돈지 허넌디 짓돈을 마련헌다구 곡석을 가지구 돈 사러 갔다너먼.

돈 : -팔다 표사다 동(타) 돈을 주고 물건을 사다. ¶돈팔어 물건 점 샀더니 돈이 다 떨어졌어.

돈-나물[돈-] 표돌-나물 명돌나물과의 여러해살이풀. 봄철에 나는 나물의 한 갈래. ¶나박지에 돈나물을 느니께 을마나 션헌지 물르겄어.

돌 : -뎅이[-뗑-] 표돌 : -덩이 명☞ '독딩이'. ¶돌뎅이를 치우라구 헸더

니, 장냥질만 치구 있었군.
돌ː-딩이[-띵-] 표돌ː-덩이 명☞ '독딩이'. ¶그 큰 **돌딩이**덜은 오디서 온 겨?/이번 홍수루다가 우리 밭이 **돌딩이** 츤지(天地)가 되 버렸어.
돌ː-뿌리기 표돌ː-부리 명땅 위에 내민 돌의 뾰족한 부분. =독부리. ¶그리기 **돌뿌리기**를 조심허라 혔잖어. 디 퉁맞게 떠댕기다 맨날 **돌뿌리기**에 챈다닝께.
돌ː-막 표돌ː-멩이 명☞ 독막. =돌팍. ¶어이, 왜 말루두 헐 수 있넌 일이 **돌막**은 들구 지랄이여? 그렇기 **돌막** 들구 뎀비니께 디럽게 미섭구먼.
돌ː-무데기 표돌ː-무더기 명☞ '독무디기'. ¶나참, 밭이 돌이 많어서니 가생이루 주서 뫘더니 저렇기 크다런 **돌무데기**가 되어뻔졌네그려.
돌ː-무디기 표돌ː-무더기 명☞ '독무디기'. ¶근디 저 **돌무디기**는 뭔 거여? 작년까장두 저런 **돌무디기**가 읎었넌디?
돌ː-버개 표돌ː-베개 명베개로 삼아 머리에 베는 돌. =돌벼개. ¶어떤 년은 독부리에 걸려두 꼬추밭이 엎어지구, 빨래를 가두 **돌버개**를 빈대넌디, 넌 오티기 된 것이 그 숱헌 사내늠덜이 하나두 안 따른다냐?
돌ː-벼개 표돌ː-베개 명'돌버개'.
돌ː-쇵편 표돌ː-송편(-松-) 명아기 돌상에 올려놓는 조그마한 송편.

¶애기 **돌쇵편**이루 쓸 것이닝께 째그맣구 이쁜 것이루 사와.
돌어-가다 표돌아-가다 동(자) ①물체가 일정한 축을 중심으로 움직이다. ¶자징거 앞바쿠가 잘 안 **돌어가네**. ②죽다. ¶붱윽(病席)이 뉘기시던 울할아부지가 **돌어가셨어**. ③어떤 것이 차례로 전달되다. ¶**돌어가맨서니** 한 잔쓱덜 허지.
돌ː-어덕 표돌ː-언덕 명☞ '독어덕'. ¶그러기 **돌어덕**이 가선 놀덜 말라구 혔잖어. 왜 자꾸 **돌어덕**인 가서 다치구 오능 겨?
돌ː-지둥[-찌-] 표돌ː-기둥 명☞ '독지둥'. ¶자네 허넌 꼬락스니가 꼭 모래벌판이다가 **돌지둥** 세는 짝이여. 그닁께 씰디읎넌 디다가 헛심쓰덜 말구 그만둬.
돌ː-지집 표돌ː-계집 명아이를 갖지 못하는 여자. =석녀(石女). ¶**돌지집**이라구 소문났던디 괜찮겄나? 즌스방이 문제일 수도 있으닝께 두구 봐야겄쥬.
돌ː-짜구 표돌ː-쩌귀 명문설주에 달아 문을 여닫도록 하는 두 개의 쇠붙이. ¶방문이 고장났이닝께 철물즘이 들러서 **돌짜구** 점 사 오니라.
돌ː-칭게[-게] 표돌ː-층계(-層階) 명돌로 쌓아 만든 계단. ¶**돌칭게**두 있구, 째끄만 초가이 있을 건 다 있구먼.
돌ː-팍 표돌ː-멩이 명☞ '독막'. ¶거

동백-나무

긴 **돌팍**이 많으닝께 입짝이루 와서덜 놀거라./**돌팍** 개지구 장낭허덜 말어.

동백-나무[-뱅-] 표 생강-나무(生薑-) 명 ☞ '동백낭구'. ¶산고랑인 눈이 허연디 **동백나무**인 꽃셍이가 노랗게 올러오구 있구먼유.

동백-낭구[-뱅-] 표 생강-나무(生薑-) 명 <식물> 녹나뭇과의 작은 낙엽 활엽 교목. ※표준말 동백나무가 아닌 생강나무를 일컫는다. ¶그려. 동장군이 아무리 기승을 부려두 오넌 봄을 **동백낭구**가 먼처 안다닝께.

동백-꽃[-꼳] 표생강나무-꽃(生薑-) 명생강나무의 꽃. 2월 하순의 이른 봄에 피는, 손톱만하고 노란 빛깔의 꽃. ¶암만유. **동백꽃**이 노랗게 펴나던 걸 보믄 긩칩(驚蟄)두 인전 올마 안 남은 규.

동아-바 표동아-줄 명 '동하(?)+발(繩)→동아발>동아바'. 굵고 튼튼하게 꼰 줄. ¶짚은 **동아바** 맹글라구 추시리능가? 야, 동네 줄다리기에 쓸 **동아바**잖유.

동아-발 표동아-줄 명 ☞ '동아바'. ¶**동아발**은 워따 쓸라구 맹그능 겨?

동:-즐 표동:-절(冬節) 명겨울철. =겨울즐.

동:-즐-기 표동:-절-기(冬節期) 명겨울철에 해당하는 기간. ¶**동즐긴**디 야덜은 고쟁이 바람이루 쏘댕기네.

동토-나다 표통토-하다(動土-) 동

① 파서는 안 될 땅을 파서 토신(土神)과 목신(木神)에게 재앙을 당하다. ¶지신허티 먼첨 지사를 지내구서니 일을 히야 **동토나지** 않능 겨. ②일을 그르쳐 재난을 당하다. =동티가 나다. ¶당집을 근디리믄 **통토나능** 겨./**동토날까비** 너랑 안 놀어.

동티-나다 표통토-하다(動土-) 동 ☞ '동토나다'.

돼지-울간[-깐] 표돼지-우리 명①돼지를 가두어 기르는 곳. ¶**돼지울간**을 고친다드만 더 부셔놨구먼. ②아주 더러운 곳을 비유하여 이르는 말. ¶애덜이 왔다가더니 집안이 왼통 **돼지울간**이 되뻐렸네.

되-넝기다 표되-넘기다 동(타) ①물건을 사서 곧바로 다른 곳으로 넘겨 팔다. ¶오늘 물건 받은 거를 오늘 다 되넝겼다. ②넘어온 것을 도로 넘기다. ¶직원이 가져온 서류를 **되넝겨** 버렸다.

되똑-그리다 표되똑-거리다 동(자) ☞ '되똑그리다'. ¶촐랑그리구 **되똑그리매** 가지 말구 빤뜨시 걸어가봐.

되:레 표도리어/되려 부 '돌-(回)+-아+혀-(引)+-어→도르혀>도리어/되리어>되:려/되:레'. 예상했던 바와 반대로. 전혀 다르게. =됩대. 댑대. 되레. 되려. ¶지가 잘못허구 **되레** 나헌티 머라 허네./좋은 일 헌다구 헌 건디 시키지두 않언 짓 혔다구 **되레** 혼만 났다닝께.

되-보다 동(타) '되-(升)+보-(比)+-다'. 되로 곡식이나 가루, 액체 따위의 분량을 헤아리다. ¶**되보두** 않구 오티기 그렇기 갈량을 잘헌대유? 대충 **되지** 말구 지대루 **되보란** 말여.

됨 : 박 표뒤웅-박 명①박을 쪼개지 않고 꼭지 근처에 구멍만 뚫어 파낸 바가지. ②박으로 만든 바가지.

됩 : 대[-때/됩 : 때] 표도리어 부예상했던 바와 반대로. 전혀 다르게. ※예산의 동부에서 상대적으로 많이 사용. =댑대. 되레. ¶죙일 놀기만 헌 늠이 **됩대** 큰소릴 치넌구먼.

됩-박[-빡] 표되 명한 되 분량의 곡식, 가루, 액체 따위를 담을 수 있는 바가지. ¶곡석을 되보게 광이 가서니 **됩박** 점 가져 오너라.

됩박-지기[-빡찌-] 표되-지기 명한 되 분량의 볍씨를 뿌려 심을 만한 넓이의 땅. 한 마지기의 10분의 1. ¶그 친군 말지기는 그만 두구 **됩박지기** 땅 떼기두 읎으맨서 큰농사 짓넌 척은 다 헌다닝께.

됭여-매다 표동여-매다 동(타) 끈이나 줄 따위로 감거나 둘러매다. =동여매다. ¶말뚝이다 얼른 **됭여매여**. 꽉 **됭여매믄** 플탈 읎을 겨./심 뒀다 오따 쓸라구 허넝 겨. 벳토매 점 꽉꽉 **됭여매** 봐.

됭이 표동이 명흔히 물 긷는 데 쓰는 것으로, 둥글고 아가리가 넓으며 양옆으로 손잡이가 달려 있는 질그릇. ¶물을 진구 오다가 짜뻐져서 **됭이**를 깼다. 의명물 따위를 담아 그 분량을 세는 단위. ¶그는 한 자리서 시 **됭이**의 술을 먹구서니 술첨지라는 벨명을 은었다.

됭이다 표동이다 동(타) '동이다>됭이다'. 끈이나 실 따위로 감거나 둘러 묶다. =동이다. ¶나뭇단이 흐트러지지 않더락 꽉 **됭여**./다친 송꼬락을 **됭여야** 허니께 들어가서니 홍겁 점 얼릉 가져와./댕기는 지대루 **됭여야** 이쁜 겨.

두드럭-그리다[-ㄲ-] 동(자) 손가락이나 가는 막대기 따위로 두드리는 소리를 내다. ¶에고, 자꾸 옆이서 **두드럭그리닝께** 잠을 잘 수가 읎네. 시끄러니께 **두드럭그리는** 소리 점 내지 말어.

두딜기다 표두들기다 동(타) ①소리가 나도록 잇따라 세게 치다. ¶온제 들어 온 겨? 들어올 때는 문을 **두딜기던지** 기척을 좀 허지. ②(속되게) 마구 때리다. ¶저넘은 **두딜겨** 패야 말을 듣는 다닝께.

두리뭉실-허다 표두루뭉술-하다 형 ①말이나 행동 따위가 철저하거나 분명하지 아니하다. ¶그 일만은 **두리뭉실허게** 넹기지 않을 것이니 각오덜 혀. ②모나지도 둥글지도 아니하다. ¶사람이 **두리뭉실허서** 됨됨이를 오떻다구 딱 말허기가 그렇구먼.

둘르다 표두르다 동(타) ①띠나 수건, 치마 따위를 몸에 휘감다. ¶치마만 **둘**

른다구 여자 되년감? ②둘레에 선을 치거나 벽 따위를 쌓다. ¶담배락 주변 이루 빙 **둘러딜** 서 보라닝께. ③손이나 팔로 감싸다. ¶허리다가니 팔을 척 **둘르구** 댕겨서니 애인인 중 알었지.

둥굴다 표둥굴다 동(자) ①누워서 이리저리 구르다. ¶떼골떼골 **둥굴지만** 말구 책 점 보거라. ②하는 일 없이 빈둥빈둥 놀다. ¶그는 일웂시 집안에서만 **둥굴구** 있었다. ③여기저기 어지럽게 널려 구르다.

둥굴-둥굴 표둥굴-둥굴 부누워서 자꾸 이리저리 구르는 모양. ¶젊은 넘이 허구헌 날 방구석이서 **둥글둥글** 자빠져 있으니 답답히 죽겄어.

둥굴둥굴-허다 표둥굴둥굴-하다 형 누워서 자꾸 이리저리 구르거나 하는 일 없이 빈둥거리며 놀다. ¶방구석이서만 **둥굴둥굴허구** 있자니 심심혀 미치겄어.

뒴 : -데미[-떼-] 표두엄-더미 명두 엄을 쌓아둔 더미. ¶**뒴데미**를 달기새 낑이가 또 흐집구 있구먼./묵은 **뒴데미**다 보닝께 지렁이허구 굼빙이덜이 솔차니 많어.

뒤-꾸녁 표뒷-구멍 명☞ '뒤꾸먹'.

뒤-꾸녕 표뒷-구멍 명☞ '뒤꾸먹'.

뒤-꾸먹 표뒷-구멍 명 '뒤(後)+ㅅ+구먹(孔)→뒷구먹>뒥구먹/뒤꾸먹(변자음화)'. ①뒤쪽에 나 있는 구멍. ¶맨날 똥독간이서 사넌 걸 보닝께 **뒤꾸먹**이 탈난 모양이구먼. ②드러내지 않고 넌지시 행동할 만한 통로. ¶**뒤꾸먹**이루 호박씨덜 까지 말구 당당허게 나스란 말여.

뒷-그:래[뒫끄-] 표뒷-거:래 (-去來) 명남의 눈을 피하여 하는 정당하지 않은 거래. 동(자) 뒷그래-허다. ¶치사허게 **뒷그래허덜** 말어. 또 똥구녕이루 호박씨 까넌 식이루 **뒷그래허다** 걸리믄 죽넌 중 알어.

뒷-들미[뒫뜰-] 표뒷-덜미 명목덜미 아래의 양 어깻죽지 사이. ¶밤중이 생여집 옆일 지나넌디 누가 **뒷들미**를 자꾸 잡어댕기더라구. 그리서 휙 돌아스맨서 뒤를 잡어챘넌디, 보닝께 낭구가징이더먼.

뒷-등배기[뒫뜽-] 표뒷-등성이 명 '뒤(後)+ㅅ+등(背)+박이(접사)→뒷등배기'. 뒤쪽에 있는 산등성이. ↔앞등배기. 앞등성이. ¶안락산 **뒷등배기**를 타구 가믄 덕봉산이 나오는구먼유./근디 그 **뒷등배기**는 질이 홈허구 더러 끊겨서니 사람덜이 잘 안 댕기는디유.

뒷-서르지[뒫써-] 표뒷-설거지 명①설거지. ¶먹기만 허구 다 내빼믄 **뒷서르지**는 누가 허눙 겨? ②큰일을 치른 다음에 하는 설거지나 뒤처리. ¶난 바뻐서 먼첨 갈 테닝께 미얀허지믄 **뒷서르지**는 자네덜이 혀.

뒷-질[뒫찔] 표뒷-길 명①집채나 마을의 뒤에 있는 길. ¶동네루 들어오는 뒷질이 있긴 헌디 차를 끌구 오긴 심들 거유. ②떳떳하지 못한 수단이나 방법. ↔앞질. ¶**뒷질**루 들어온 사람이먼 큰 소리 겨?/지눔은 **뒷질**을 두구 빠져나가서니 죄 읎넌 우덜만 고상허게 생겼어.

드:러움 표더:러움 명 '더럽/드럽-(汚)+음(접사)→드러봄?>드러움'. 더러워지는 일. =디러움. ¶저 증치꾼이 **드러움**이 먼지를 똑띠기 뵈주넌구먼.

드:러워-지다 표더:러워-지다 동 (자) ①어떤 것이 지저분해지다. ¶새 얌물이 **드러워져서** 인전 먹지 못허게 됐어./흙장냥만 허구 댕기니께 맨날 옷이 **드러워지지**./개가 원래는 착헌 눔이었넌디, 못된 눔덜하구 어울리맨 서버텀 승질이 참 **드러워진** 겨. ②명예나 정조 따위를 잃다. =디러워지다. ¶이름이 **드러워지다**./몸이 **드러워지다**.

드:럽다[-따] 표더:럽다 형 ①때나 찌꺼기 따위가 있어 지저분하다. ¶흙장냥을 했더니 손이 **드럽네**. ②언행이 막 되거나 추잡한 면이 있다. ¶그 친군 심보가 **드러워**. ③못마땅하거나 불쾌하다. =디럽다. ¶날씨 한 번 **드럽게** 춥다./내가 **드러워서** 너한틴 손 안 벌릴 겨.

드:럽히다[-러피-] 표더:럽히다 동(타) '더럽/드럽-(汚)+히(접사)+-다→드럽히다'. 무엇을 더러워지게 하다. ¶물을 **드럽히다**./이름을 **드럽히다**.

드부룩-허다[-루커-] 표더부룩-하다 형 ①머리털, 나무, 풀 따위가 우거져 수북하다. ¶머리가 **드부룩허니** 그게 머냐? 지발 머리 점 깎어라. ②소화가 잘 되지 않아 배속이 시원하지 않다. ¶속이 **드부룩헌** 게 아무리두 즈녁 먹은 게 체했내 벼.

드불다 표더불다 동(불완전) '더/드(加)+븓-(屬)+-다→드블다>드불다'. 어떤 대상과 함께 하다. ¶자은(自然)과 **드불어** 사는 게 질 신간 편헌 것인 중만 알어.

드-시다 표드-세다 형 힘, 기세 따위가 몹시 사납다. ¶그 놈 고집이 보통 **드신** 게 아니여.

들: 표덜 부 어떤 기준이나 정도가 약하게. 또는 그 이하로. ¶잠이 **들** 깼나 벼./저 친구 술이 **들** 깨서 증신읎구먼.

들그덕 표덜거덕 부 단단한 물건들이 서로 부딪쳐 나는 소리. =덜그덕.

들그덕-거리다[-꺼-] 표덜거덕-거리다 동(자) 덜거덕 소리가 잇달아 나다. ¶바람이 올마나 씨게 불든지 창문이 막 **들그덕거리더라닝께**. (타) 덜거덕 소리를 잇달아 내다. =덜그덕거리다. ¶물건을 **들그덕거리지** 말구 조용허게 욍겨라.

들그덕-들그덕 표덜그덕-덜그덕 부 덜거덕거리는 소리. =덜그덕덜그덕. ¶**들그덕들그덕** 밤새 시끄러서 잠을 설쳤어.

들그렁 표덜그렁 부얇고 큰 쇠붙이 따위가 맞부딪치거나 스쳐 울리는 소리. =덜그렁.

들그렁-거리다 표덜그렁-거리다 동(자)(타) 잇달아 덜그렁 소리가 나거나, 그런 소리를 잇달아 내다. ¶뷕이서 자꾸 들그렁거리니께 잠이 안 와유.

들그렁-들그렁 표덜그렁-덜그렁 부잇달아 나는 들그렁거리는 소리. =덜그렁덜그렁. ¶들그렁들그렁 시끄럽게 굴덜 말어.

들-깨 표들-깨 명<식물>'두리(?)+뼈(荏)→두리뼈/두리쌔>듧쌔>들깨/들쌔'. 꿀풀과의 한해살이 풀, 또는 씨앗. ¶독자갈밭인 콩이나 들쌔배끼는 되넌 게 읎어./들쌔의 모가 웃자러서 허리를 꺾어서 심으야만 혔다.

들깨-죽 표들깨-죽 (-粥) 명들깨와 쌀을 물에 불려 갈아서 쑨 죽. ¶아부지가 드러눕자 엄니는 조석이루 들쌔죽을 쒀 방이루 딜이셨다.

들뺏-잎[-팬닙] 표깻-잎 명들깨의 잎. ¶들뺏잎은 너머 큰 것은 못 쓰는 것이여./매운탕인 들뺏잎이 들어가야 냄새가 고소허다닝께.

들뺍-묵[-쨈-] 표들깻-묵 명'들뺘(荏子)+ㅅ+묵(墨?)→들뺏묵>들뺍묵(변자음화)'. 들기름을 짜고 남은 찌끼. ¶들뺍묵은 곱게 갈어서 낚시밥이루 쓰먼 참 좋아.

들 : 다 표덜 : 다 동(타) ①일정한 수량이나 정도에서 얼마를 떼어 줄이거나 적게 하다. ¶내 가진 것 점 들어서 너 주께. ②어떤 행위나 일의 상태를 적게 하다. ¶너가 도와줘서 한 시름 들었구먼./힘들어 죽겄넌디, 일 점 들어 주슈.

들 : -즘성[-쯤-] 표들 : -짐승 명'듧(野)+즁싱→들즘싱>들즘성'. 들에 사는 짐승. 야수(野獸). ¶들짐성덜이 농작물을 헤쳐대서 큰일이구먼.

들-지름 표들-기름 명들깨에서 짜낸 기름. ¶들지름은 들쌔를 볶어서 짜야 고숩게 되는 거여.

들 : -질[-찔] 표들 : -길 명들판에 나 있는 길. ¶고덕, 신암, 우강, 면천 쪽이루 이서진 예당평야 들질은 끝이 읎어.

들 : -짐성[-쯤-] 표들 : -짐승 명☞'들즘성'.

들컥 표덜컥 부①갑자기 놀라거나 겁에 질려 가슴이 내려앉는 모양. ¶깜깜한 디서 갑자기 떠나오문 오티기여. 아유, 간이 들컥 떨어지는 중 알었네. ②어떤 일이 매우 갑작스럽게 진행되는 모양. =덜컥. ¶일은 들컥들컥 저질러놓구 뒤책음은 나물러라 허넌 눔이여, 저 눔이.

들 : -허다 표덜-하다 형일의 형세가 이전보다 적거나 낮다. ¶오째 사과맛이 이전버덤 들헌디./사과값이 이전버덤 들히서 걱정이여.

등-들미[-뜰-] 표등-덜미 명등의 윗부분. =등덜미. ¶교실에서 만화책을 보구 있넌디 누가 등들미를 탁 치드라구. '오떤 눔이여' 허구 돌어보닝께 슨상님이 '나여' 허맨서니 만화책을 뺏어가드라구.

등-멱 표목-물/등-목(-沐) 명팔다리를 뻗고 엎드린 사람의 허리 위에서부터 목까지를 물로 씻어 주는 일. ¶땀 흘리구 나서 등멱을 허니께 아주 션허네.

등치 표덩치 명몸의 크기, 몸집. ¶이 사람아, 꼬추가 즉다구 안 매운감? 그 친구 등치 즉다구 깐보다간 큰 코 다쳐.

등칙-갑[-깝] 표덩칫-값 명'덩치(體軀)+ㅅ+갑(價)→등칫갑>등칙갑(변자음화)'. '몸집에 어울리는 행동'을 홀하게 이르는 말. ¶저렇기 밥은 디립다 먹어대맨서니 일헐 때는 등칙갑의 반두 뭇허넌 눔이여.

디 표데 의명(관형어의 뒤에서) 장소, 일, 물건, 경우, 상황이나, 어떤 요소 따위를 이르는 말. ¶너 가는 디가 오디여?/그 일이 뭔 디 그려?/그건 다친 디다 발르넌 약이여./그 글은 나무랄 디가 읎던디.

디:다 표데:다 동(자) ①불이나 뜨거운 기운으로 살이 상하다. ¶불이 디서 손잔등이 물집이 잽혔댜. ②몹시 놀라거나 괴로움을 겪어 진저리가 나다. =데다. ¶난 보리밥 허먼 어렸을 적이 하두 디서 다신 먹구 싶지 않이여.

디:러움 표더:러움 명☞'드러움'.

디:러워-지다 표더:러워-지다 동(자) ☞'드러워지다'.

디:럽다[-따] 표더:럽다 형☞'드럽다'.

디리다 표드리다 동(타) ①'주다'의 높임말. ¶선물을 디리다. ②인사, 결의, 축하 따위를 하다. ¶축하를 디리다. ③신에게 비는 일을 하다. ¶기도를 디리다.

디퉁-맞다[-따] 표데퉁-맞다 형행동이 차분하거나 치밀하지 못하고 미련한 데가 있다. ¶디퉁맞게 굴지 말구 차분히 굴거라.

딜여-보내다 표들여-보내다 동(타) 안이나 속으로 들어가게 하다. ¶회사에 딜여보내다./동창회에 회원이루 딜여보내다.

딜여-앉히다[-안치-] 표들여-앉히다 동(타) 안으로 들어와 앉게 하다. ¶첩을 딜여앉히다./그는 회사를 그만두게 허구 아내를 집안이 딜여앉혔다.

딜이다 표들이다 동(타) ①어떤 것을 들어가게 하거나 머물러 있게 하다. ¶손님을 딜였다./물건을 딜였다./봉숭아꼿물을 손톱이 딜였다. ②추수하다. 또는 추수한 곡식을 집안으로 옮겨놓다. ¶오늘은 창쾌 점 딜여야겠다.

딜이-키다 표들이-켜다 동(타) '들-(入)+이+혀-(引)+-다→들이키다>딜이키

다>딜이키다'. 물이나 술 따위를 단숨에 마시다. ¶뜸딜이덜 말구 얼릉 **딜이켜**.

딩이 표덩이 명 작게 뭉쳐서 이루어진 것. ¶팔뚝이서 뭔 **딩이**가 잽히네. 의명 작게 뭉쳐서 이루어진 것을 세는 단위. =뎅이. ¶시제떡 한 **딩이**를 읃어먹을라구 애덜은 묏자리 주변을 서성거렸다.

따겁다[-따] 표따갑다 형 살갗이 날카로운 것으로 찌르는 듯한 다소 아픈 느낌이 있다. ¶갈볕이 **따겁구먼**./송충이(松蟲-)를 근디렸더니 **따거워** 죽겄네.

따구 표따귀 명 '뺨'을 낮게 이르는 말. ¶힘껏 **따구**럴 올려 부쳤다.

따러-나스다 표따라-나서다 동(타) 남의 뒤를 좇아 나서다. ¶술 산다년 친구를 **따러나스기는** 헸지먼 응 맴이 켕기네.

따러-댕기다 표따라-다니다 동(타) ①남의 뒤를 좇아다니다. ¶년 왜 싫다년 여잘 졸졸 **따러댕기냐**? ②어떤 현상이 뒤에 붙어 나오다. ¶그 여자한티는 도둑년이라는 별명이 **따러댕겼다**.

따루 표따로 부 '따(摘/別)+루(접사)'. 각자 떨어져서. 한데 섞이거나 함께 있지 아니하고 별도로. ¶**따루** 댕기지 말구 하냥 댕기거라.

따루-따루 표따로-따로 부 ☞ '따로'. 각기 떨어져. 각자(各自).

따사-럽다[-따] 표따사-롭다 형 '드스-(溫)+럽(접사)+-다→따사럽다'. 따스한 기운이 있다. ¶햇살은 **따사런**디 웬 바람이 이렇기 분다?/그 젊은이가 돈은 점 읎어두 맴 하나는 참 **따사런** 사람이여.

따습다[-따] 표따습다 형 알맞게 따스하다. ¶봄이 오니께 날씨가 **따습다**.

따시다 표따습다 형 ☞ '뜨시다'.

딸리다 표달리다 동(자) 재물이나 기술, 힘 따위가 뒤를 잇대지 못하게 모자라다. ¶팔심이 **딸려서** 져버렸네./일손이 **딸려서** 큰일이여. 일손이 많이 **딸리믄** 머심 하나 쓰지그려?

딸-자석 표딸-자식(-子息) 명 성(性)이 여자인 자식. ¶요짐은 아들버덤 **딸자석**이 효도헌댜.

딸-자슥 표딸-자식(-子息) 명 ☞ '딸자석'.

땀-꾸녁 표땀-구멍 명 ☞ '땀구먹'.

땀-꾸녕 표땀-구멍 명 ☞ '땀구먹'. ¶난 맨날 땀이 줄줄 흘러. 아무리두 **땀구녕**이 남덜버덤 널븐개 벼.

땀-꾸먹 표땀-구멍 명 '쏨(汗)+구먹(孔)'. 땀이 몸 밖으로 나갈 수 있도록 살갗에 나 있는 구멍. ¶한약방일 가니께 **땀구먹**이 맥혔다맨서니 황개닭을 대려먹으믄 좋다구 허던구먼.

땀-때기 표땀-띠 명 ☞ '땀띠기'.

땀-띠기 표땀-띠 명 '쏨(汗)+되약(疹)→쏨되야기/쏨되>땀띠기/땀띠'. 땀을 많이 흘림으로써 생기는 발진. ¶목간(沐間)을 자주 안 허니께 **땀띠기**가 생기능 겨./땀을 많이 흘린다구 꼭 **땀띠기**가 생기넌 건 아닌디.

땀띠기-약 표땀띠-약(-藥) 명땀띠가 났을 때 바르거나 먹는 약. ¶애가 땀띠기가 심허니 약국이 가서 **땀띠기약** 점 사다줘.

땃땃-허다[딷따터-] 표따뜻-하다 형덥지 않을 정도로 온도가 알맞게 높다. ¶구들짱이 **땃땃허니께** 시상 걱정이 다 읎어지네.

때민 표때문 의명일의 원인, 까닭. =땜. ¶뭣 **때민**이 그러구 있능 겨? 이, 머가 점 모지라넌 거 같기 **때민**이여.

땔-낭구 표땔-나무 명'땔낭구>땔나무'. =땔감. ¶쥼내 방구석이만 처백혀 있덜 말구 **땔낭구**래두 점 히와./집안이 **땔낭구**가 떨어졌넌지 쌀이 떨어졌넌지 저늠은 맨날 내남보살이라닝께.

땜 표때문 의명 ☞ '때민'의 준말. ¶너 **땜**이 섬 망쳤어./섬 망친 건 너 **땜**이여.

땡기다 표당기다 동(타) 힘을 주어 무엇을 가까이 오게 하거나, 일정을 앞으로 오게 하다. ¶밧줄 점 심껏 **땡겨봐**./엄니 생신을 **땡겨서** 치러야 헐 것 같어. (자) 입맛이 돋우어지다. ¶햇나물을 보닝께 밥맛이 **땡기넝구먼**.

떠-넝기다 표떠-넘기다 동(타) ☞ '떼넝기다'.

떠-댕기다 표떠-다니다 동(자) '뜨-(浮)

+-어+댕기-(行)+-다'. 공중이나 물 위를 떠서 다니거나, 갈 곳 없이 오고 가다. ¶태안 앞바다는 **떠댕기는** 시꺼먼 지름뗑이루 꽉차 버렸다.

떠-댕이다 표떠-다니다 동(자) ☞ '떠댕기다'의 이형태. ¶나그네가 구름차람 **떠댕인다넌** 게 오찌 자유롭기만 헌 거겄어.

떠-맥기다[-매끼-/-맥끼-] 표떠-맡기다 동(타) '뜨-(浮)+-어+맢-(任)+이(접사)+-다→써맛디다>써맛기다>떠맽기다>떠맥기다(역행동화/변자음화)'. 일이나 책임 따위를 남에게 맡게 하다. ¶애헌티 그런 일까장 **떠맥기믄** 안되지./일은 지가 저질러놓구 책음은 우덜한티 **떠맥기넌** 게 뭔 이친감?

떡갈-낭구[-깔-] 표떡갈-나무 명<식물> 참나뭇과의 낙엽 활엽 교목. =떡갈나무. ≑풍장낭구. 풍장나무. ¶**떡갈낭구** 밑이서 상수리 줏넌가? 근디, **떡갈낭구**가 크기만 허지 상수리는 배랑 읎구먼유.

떡:-허니[떠커-] 부태도가 아주 의젓하거나 여유가 있는 모양. ¶쥔이 올 때까장 안방이 **떡허니** 안저 버텼어./우리 아덜이 남덜 가기 어렵다는 대학일 **떡허니** 붙어번졌잖어.

떼:꼰-허다 표떼:꼰-하다 형눈이 쑥 들어가고 생기가 없다. ¶눈이 왜 그렇기 **떼꼰헌** 겨? 어제두 밤 샜남?

떼-넝기다 표떠-넘기다 동(타) 스스로

떼-맥기다 [-끼-] 표떠-맡기다 동
의 일이나 책임을 남에게 억지로 넘기
다. ¶지가 잘뭇헌 거를 왜 넘헌티 떼
넹기는 겨?/동생보기가 구찮어서 할
머니헌티 봐달라구 떼넹기구 왔어.

떼-맥기다 [-끼-] 표떠-맡기다 동
(타) ☞ '떠맥기다'.

뗘 : -댕기다 표뛰어-다니다 동(자) 이
곳저곳 옮겨 다니면서 빠르게 돌아다
니다. ¶애야, 뗘댕기지 말구 츤츤이
댕 겨./직장 잡을라믄 손수 뗘댕기넌
게 최고여.

똑-바루 [-빠-] 표똑-바로 부①어느
쪽으로도 기울지 않고 곧게. ¶걸음을
똑바루 걸으야지. ②틀리거나 거짓없
이, 바른대로. ¶똑바루 얘기허믄 봐줄
지두 몰러.

똘 표도랑 명'돌ㅎ(渠)→똘'. ☞ '똘강'.
¶똘을 치넌디 가재가 디글디글허잖
어. 그리서 잡어다가 한 잔 혔어.

똘-강 표도랑 명'돌ㅎ(渠)+강(접사)
→똘강'. 작은 개울. 작은 물길 =똘. ¶
가물이 심허닝께 똘강두 다 말어붙었
구먼./똘강 치구 가재잡던 시즐이 또
오겄는감?

똘강-물 표도랑-물 명개울에 흐르는
작은 물. ¶심심헌디 똘강물을 막구
미꾸리나 잡으까?

똥-꾸녁 표똥-구멍 명 ☞ '똥구먹'.

똥-꾸녕 표똥-구멍 명 ☞ '똥구먹'.

똥-꾸먹 표똥-구멍 명똥이 나오는 구
멍. '항문(肛門)'을 속되게 이르는 말.

¶메칠 동안 똥을 뭇 싸서 병원일 갔더
니 똥꾸먹이 맥혔다구 관장인가 먼갈
허넌디 죽넌 중 알었어.

똥-데미 [-떼-] 표똥-더미 명똥이 많
음을 빗대어 이르는 말. ¶욕허넌 저
늠 입이다가니 똥데미를 쩐졌으믄 좋
겄구먼. 신궁(神經)쓰덜 말자구. 똥데
밀 쩐질라믄 내 손버텀 똥이 묻잖여.

똥아리 표똬리 명①물건을 머리에 일
때 머리에 받치는 고리 모양의 물건.
¶물을 질어 오다가 똥아리가 벳겨저
서 물을 쏟았다. ②둥글게 빙빙 틀어
놓은 것. ¶조기 밭두덕이유. 독사새
끼가 똥아릴 틀구 있구먼유.

뙤똑-그리다 표되똑-거리다 형몸이
중심을 잃고 자꾸 이리저리 기울어지
거나, 몸을 자꾸 이리저리 기울이다.
=되똑그리다. ¶뙤똑그리매 걷지 말구
똑띠기 걸어봐.

뙤똑-뙤똑 표되똑-되똑 부어떤 물체
가 중심을 잃고 자꾸 기울어지는 모
양. ¶젊은 여자가 빼쪽구두를 신구
뙤똑뙤똑 앞이 걸어가닝께 고너니 맴
이 심란허더라구.

뙤똑-허다 [-또커-/-똑커-] 표되똑-
하다 형어떤 물체가 기울어지거나 비
스듬하게 돋아나 있다. ¶그 뙤똑헌
말뚝인 왜 올라간 겨?/논 가운디 뙤똑
헌 바위독이 하나 있구먼./저 지붕 위
예 뙤똑허게 서 있넌 게 누구여?

뚜덕-이다 표또닥-이다 동(타) 잘 어

울리지 않는 물건을 소리가 나도록 하다. ¶다딤이방맹이질 헐 때는 너머 심 주지 말구 살살 **뚜딕이야** 허는 겨

뚜딜기다 표두들기다 통☞ '두딜기다'의 센말. ¶도리깨질은 그렇기 씨게 허녕 게 아녀. 깻대가 부러지지 않게 살살 **뚜딜기야지**.

뚝-질[-찔] 표둑-길 명둑 위나 둘을 따라 난 길. ¶즈수지 옆 **뚝질루** 왔유. 그 **뚝질루** 오믄 굉치(景致)두 좋구 가찹더라구유.

뜨듯미적지근-허다[-든-찌-] 표뜨듯미지근-하다 형①따뜻하지는 않지만 약간 온기가 있다. ¶방이 왜 뜨겁질 않구 **뜨듯미적지근허다니**? ②행동이나 일처리가 분명하지 못하다. ¶사람이 **뜨듯미적지근허니** 일을 맥겨놓고두 불안히여.

뜨시다 표뜨습다 형알맞게 따뜻하다. 뜨겁지 않을 정도로 따뜻하다. ¶군불을 땠넌디두 방이 응 **뜨실** 중을 물르네.

뜽금-윲이[-음씨] 표뜬금-없이 뷔☞ '뜽금윲이'. ¶**뜽금윲이** 와서니 왠 술을 내라능 겨?

뜽금-윲이[-읍씨] 표뜬금-없이 뷔갑자기. 느닷없이. ¶**뜽금윲이** 먼 소릴 허녕 겨?

띡다[-/띠끼-] 표뜯기다 통☞ '띧기다'. ¶메칠 동안 시골 가서 모기한티 무지 **띡겼다**.

띧기다[-끼-] 표뜯기다 통'뜯-(歇)+기(접사)+-다→뜯기다>띧기다>띡기다(변자음화)'. '뜯다'의 피동. ¶못된 넘 만나 물건만 **띧겼다**.

띧어-내다 표뜯어-내다 통(타) ①따로 떨어져 나오게 하다. ¶문짝을 **띧어냈다**. ②남의 재물을 억지를 부리거나 졸라서 내놓게 하다. =뜯어내다. ¶노름판에서 고리를 잔뜩 **띧어냈지**.

띵겨-먹다[-따] 표떼어-먹다 통(타) 남의 재물을 빌려간 뒤 돌려주지 않고 떼먹다. ¶넘이 돈 **띵겨먹구** 잘 사나 보자.

띵이 표덩이 명☞ '딩이'의 센말.

ㅁ

마당-빗자락[-빋짜-] 표마당-비 명 마당을 쓰는데 쓰는 싸리비나 댑싸리비. ¶마당빗자락이 다 닳었으니 싸리낭구 점 해와야 쓰겄다.

말랭이 표마루 명 '므ᄅ(宗)+앵이(접사)'. 산의 봉우리. 우뚝 솟은 곳의 맨 꼭대기. ¶저 두 말랭이 사이루 질이 나 있넌디 그리루 넘어가믄 산막이 두 채 있어.

말썽-꾸리기 표말썽-꾸러기 명 자주 말썽을 일으키는 아이. ¶우리반인 맨 말썽꾸리기덜만 있어서니 교실이 한시두 조용헌 적이 읎어.

말:썽-시피다 표말:썽-부리다 동 (자) 자꾸 말썽을 일으키다. ¶다 큰 아들넘이 말썽시피넌디 속 터져 죽겄어./집이선 그리두 핵겨 가서넌 말썽시피믄 안 되넝 겨.

말:씸 표말:씀 명 '말'을 높이거나, 낮추어 이르는 말. ¶으른 말씸 잘 듣구 잘 지내여./지가 디릴 말씸은 다름이 아뉴.

말:씸-디리다 표말:씀-드리다 동 (자)(타) '말허다'의 높임말. ¶(자) 슨상님, 지가 말씸디릴 게 있넌디유. (타) 지 사정을 말씸디릴 게유.

맘:-고상[-꼬-] 표마음-고생(-苦生) 명 ☞ '맴고상'. ¶자네 집사람이 맘고상을 많이 힜겄지. 자네두 그렇구 애덜두 잘못 되니 오죽 맘고상이 심힜겄어.

맘:-껏 표맘:-껏 부 ☞ '맴껏'.

망근 표망건(網巾) 명 상투를 튼 머리카락이 흘러내리지 아니하도록 머리에 두르는 그물처럼 생긴 물건. ¶앵경(眼鏡) 쓰구 시수(洗手)허나, 망근 쓰구 시수허나. 도쩐이나 개쩐이나.

망큼 표만큼 의명 '만큼'이 자음의 동화를 입은 형태(변자음화). ☞ '맨큼'. ¶양보헐? 지는 양보헐 망큼 힜구먼유.

맞닥띠리다[맏딱-/마딱-] 표맞닥뜨리다 동(자)(타) 마주 부딪칠 정도로 맞닿다. ¶재수읎을라니께 웬수같은 넘허구 **맞닥띠리넌군**./아프다넌 핑게로 핵겨 안 가구 오락실이 갔다가 슨상님과 **맞닥띠렸다**.

맞-대미[맏때-] 표맞-대매 명단 두 사람이 승부를 결정짓는 일. ¶다른 사람은 다 빼구 우리 둘이 **맞대미루** 붙어보자.

맞대미-허다[맏때-] 표맞-대매-하다 동(자) 단 두 사람이 승부를 결정짓다. ¶쬥일 시끄런 일을 둘이 **맞대미헤서** 끝내번졌다.

맞-땡기다[맏-] 표맞-당기다 동(타) 양 쪽에서 잡아당기다. ¶지저기 좀 **맞땡겨서** 펴 보자.

맞-스다[맏쓰-] 표맞-서다 동(자) ①마주 서다. ¶서루 얼굴을 보구 **맞스거라**. ②서로 굽히지 않고 버티다. ¶엉아덜헌티는 **맞스구** 대들믄 안 되닝 겨.

맞-손[맏쏜] 표맞-선 명혼인할 남녀가 서로 직접 만나 보는 선. ¶쯧쯧, **맞손** 보구 온 눔이 술이 떡이 된 걸 보닝께 또 채였구먼.

맞어-딜이다 표맞아-들이다 동(타) ①오는 사람을 안으로 들어오게 하다. ¶문을 열구 손덜을 **맞어딜였다**. ②어떤 사람을 집안 사람으로 받아 들이다. ¶메누리 **맞어딜이기**가 이렇기 어려운 줄 물렀다닝께.

매낀-허다 표매끈-하다 형거친 데가 없이 반드럽다. ¶그렇기 채려입으닝께 **매낀허구먼**.

매-댕기다 표매-달리다 동(자) 어떤 것을 붙잡고 늘어지다. 딸리어 붙다. ¶이놈이 심들어 죽겄넌디 왜 들구 **매댕기능 겨**?

매댕기-뛰다 표매-달리다 동(자) '매-(繫)+댕기-(懸)+뛰-(躍)+-다'. 매달려 그네를 타듯 몸을 바둥거리다. ¶은앙낭구가징에서는 **매댕기뛰넌** 거 아니여./야가 내 팔이 **매댕기뗘서니** 올마나 구찮었넌지 물러.

매동-거리다 표대롱-거리다 동(자) 나뭇가지나 높은 곳에 매달려 흔들거리다. ¶높은 디 올러가서 **매동거리다** 떨어지믄 클나. 언능 네려와.

매동-매동 표대롱-대롱 부나뭇가지나 높은 곳에 매달려 대롱거리는 모양. ¶바다리집(등검은쌍살벌집)이 처마밑이 **매동매동** 매달려 있다.

매렵다[-따] 표마렵다 형대소변을 누고 싶은 느낌이 있다. ¶사뭇 긴장을 헸더니 똥 **매려운** 것두 물르겄어.

매음 표마음 명 ☞'맴'.

맥-읎다[매급따] 표맥-없다 (脈-) 형기운이 없다. ¶더위를 먹었넌지 어지럽구 **맥읎네**./그렇기 **맥읎넌** 일이 머더러 손대여?

맥-읎이[매급씨] 표맥-없이 (脈-) 부①기운이 없이. ¶덩치가 크다런 눔이 **맥읎이** 나가떨어지더먼. ②아무 까닭이 없이. ¶**맥읎이** 승질만 피지 말구 까닭 점 말히봐.

맥ː질-허다 표맥질-하다 동(자) '매흙질허다'의 줄임말. 벽에 매흙(회색빛의 고운 흙)을 바르다. ¶에구, 오디서 흙장낭했넌지 얼굴이다가 흙이루 **맥질헀구나**.

맥히다[매키-] 표막히다 동(자) 길이나 통로 따위가 통하지 못하게 되다. ¶미안혀. 오넌디 질이 **맥혀서** 늦어번졌어.

맨ː-날 표만ː-날(萬-) 부늘, 언제나. 날마다 ¶너두 대단허다. **맨날** 꾀째만 허다니./**맨날맨날** 똑같은 일만 헐라니께 짜징이 나 죽었어.

맨들다 표만들다 동(타) ☞ '맹글다'가 표준어화한 말. ¶딱지는 **맨들기만** 허구 왜 치진 않는 겨?

맨몸-떵이 표맨-몸 명 ☞ '맨몸떵이'.

맨몸-떵이 표맨-몸 명①아무 것도 걸치지 않은 알몸. ¶준비두 읎이 **맨몸떵이**루다가 대들믄 오티겄다는 거랴? ②아무것도 지니지 아니한 상태나 형편. ¶허던 일이 안 되서니 인전 **맨몸떵이**가 되어.

맨-바닥 표맨-바닥 명 아무것도 깔려 있지 않은 바닥. =맨바닥. 날바닥. ¶드루운 **맨바닥**이 둔눠 뭣허겄다는 겨?/**맨바닥**이 기냥 앉덜 말구 이거래두 깔구 앉어.

맨큼 표만큼 의명 '만큼→망큼/맨큼/맹큼'. 관형사형 어미 뒤에서, 정도나 근거를 나타내는 말. ¶오늘은 헐 **맨큼** 했이닝께 니얼덜 다시 보자구.

맴ː 표마음 명 'ᄆᆞᆷ(心腸/心)→ᄆᆞ음>마음/맴'. ①감정, 생각 따위를 느끼거나 일으키는 상태. ¶**맴**이 심란허다./비가 칙칙허게 내리니께 **맴**두 울적히지네. ②감정. 생각 따위가 자리잡은 공간. =가슴 속. ¶욕심대루 되넌 게 읎는 거닝께 **맴** 비워./**맴** 짚은 곳이 자꾸 씨라리네. ③어떤 사람이 가진 본디의 심성. ¶늙어가매 **맴**을 곱게 쓰야 주름두 곱게 가는 겨.

맴ː-가짐 표마음-가짐 명 '맴(心)+가지-(持)+ㅁ(어미)'. 어떤 것에 대한 마음의 자세. =마음가짐. ¶인저버텀은 혼저 지내야허닝께 **맴가짐**을 굳근허게 히야 허넝 겨.

맴-ː결[-껼] 표마음-결 명 마음의 바탕. =맘결. ¶**맴결**이 고우야 쓰넌디, 이응 그게 어려운개 벼.

맴ː-고상[-꼬-] 표마음-고생(-苦生) 명 마음 속으로 겪는 어려움. =맘고상. 맘고생. ¶어린 게 말두 뭇허구 속이루 다 색이야 헀이니 올마나 **맴고상**이 심혔을까?

맴ː-껏[-껀] 표마음-껏 부①온 정성을 다하여. ②실컷, 싫도록. ¶**맴껏** 떠놀구 싶은디 놀다가 읎다.

맴ː-놀다[-노타-] 동(자) 불안한 마

음을 털어내다. 믿고 의심하지 아니하다. ¶청소 끝냈이니께 인전 **맴놓구** 놀어두 되여.

맹글다 표만들다 동'맹귤-(工作)+-다→맹글다'. (타) ①노력이나 기술 따위를 들여 어떤 사물을 이루다. ¶수리취를 뜯어 떡을 **맹글었다**. ②책을 저술, 편찬하다. ¶마을 회칙을 **맹글다**./사전을 **맹글다**. 보통그렇게 되도록 하다. ¶그집말허덜 말구 넘덜이 널 믿게 **맹글어**.

맹큼 표만큼 의명☞'맨큼'. ¶놀 **맹큼** 놀었이니 인전 집이덜 가야잖겄남?

머 표뭐/무엇 대'무엇>뭣'이 줄어든 말. 모르는 사실이나 사물을 가리키는 지시 대명사. =뭣. ¶넘덜 다 집이 왔넌디 넌 **머하다**가 인저 오능 겨?

머다라 (구문) ☞'머더러'. ¶**머다라** 그런다?

머더라 (구문) ☞'머더러'. ¶**머더라** 그러능 겨?

머더러 (구문) '무엇을 헐려구→뭣허러'가 줄어든 말. ¶**머더러** 쓸디읎넌 짓을 헌다니?

머릿-지름[-릳찌-] 표머릿-기름 명머리털에 바르는 기름. 발유(髮油). ¶이보게, 안 발르던 **머릿지름**을 뻔지르허게 발르구 오딜 가시년감?

머물르다 표머무르다 동(규칙) '활용형태 : 머물르게, 머물르더락, 머물르지, 머물러'. ①도중에 멈추거나 임시로 어떤 곳에 묵다. ¶고모집이 가서 매칠 **머물다** 오께유. ②더 나아가지 못하고 어느 정도에 그치다. ¶죽더락 섬공부를 헌다구는 혔넌디 이번이두 중위권이 **머물렀네유**.

머스매 표사내-아이 명☞'머시매'.

머시매 표사내-아이 명'머심(雇工/男)+아이(兒)→머심애>머시매'. 나이가 어린 남자. =머스매. ¶**머시매**가 맨날 질질 짜구 댕기믄 오티기냐? **머시매**는 씩씩히야 허넝 거여.

머심 표머슴 명'머섬>머심'. 주로, 남의 집 농사일과 잡일을 해 주고 대가를 받는 남자. ¶야 임마, **머심**이 머가 좋다구 중핵결 안 가구 **머심**을 가졌다능 겨?

머심-살이 표머슴-살이 명머슴 사는 일. 남의 집에서 머슴 노릇을 하는 일. ¶**머심살이** 삼 년이 세경두 뭇 받구 몸만 축났어.

머:-허다 표무엇-하다 형'무엇을 허다→뭣을 허다'가 줄어든 말. ¶그 사람은 요즘 **머허구** 지내던가?

먹 표멍 명심하게 맞거나 부딪쳐서 살갗 속에 퍼렇게 맺힌 피. ¶쟤 눈팅이예 **먹** 점 봐유. 까불다가니 지 엉아헌티 되게 은어맞었다닝께유.

먹-구렝이[-꾸-] 표먹-구렁이 명☞'먹구링이'. ¶능구링이헌티 먹칠헌다구 **먹구렝이** 되남?

먹-구링이[-꾸-] 표먹-구렁이 명

<동물> 뱀과의 구렁이. 밤색 바탕에 어두운 갈색의 가로무늬가 있고 배의 각 비늘에는 검은 무늬가 있는 구렁이. 누룩뱀. =먹구렝이. ¶독담배락이루 늑 자던 돼 보이넌 크다런 **먹구렁이** 한 눔이 겨들어갔넌디, 그게 자꾸 업이란 생각이 들지 뭐여.

먹-지다[-찌-] 표명-들다 동(자) ① 살갗 속에 퍼렇게 피가 맺히다. ¶애가 오디서 은어맞구 왔넌지 얼굴이 시커멓게 **먹졌다닝께유**. ②마음속에 쓰라린 고통의 흔적이 남다. ¶말 말유, 요짐 지가 속을 하두 썩어서니 가심 속이 까맣게 **먹졌유**.

먼처 표먼처 튀 '몬져>먼저/먼처'. 시간상, 순서상으로 앞서. ¶그 일을 **먼처** 히야 헌다./**먼처** 난 머리버덤 야중 생긴 뿔이 더 미섭다구, 저 짝은 눔이 보통이 아니라닝께.

먼첨 표먼저 튀 ☞ '먼처'. ¶나 **먼첨** 집이 가께유. **먼첨** 일어나믄 내가 섭허지. 같이 일나자구.

먼첨-번[-뻔] 표먼젓-번(-番) 명 '먼처(先)+ㅅ+번(番)→먼첫번>먼첨번(변자음화)'. =지난 번. ¶**먼첨번**이 댕겨가구서니 뭘 또 왔대유?/**먼첨번**이 빌려간 소시랑 점 돌려줘.

멀때 표멀대/멍청이 명 ①키가 크면서 멍청한 사람을 놀림조로 이르는 말. ¶그 냥반은 **멀때**같이 키만 껑쩡허지 다른 건 볼 게 읎어. ②사리분별이 얼뜬

사람. 멍청이. ¶아니, 조런 일 하나 뭇 허넌 **멀때**였다니.

멍가 명<식물> 청미래나무의 열매. 동그랗고 붉다. ¶앞산이 뒷산이 빨갛게 **멍가**? 당연이 **멍가**지. 근디, **멍가** 애기 나오닝께 **멍가** 따먹구 싶어지네.

멍가-나무 표청미래-나무 명 ☞ '멍가낭구'. ¶앞집이 보닝께 **멍가나무** 잎새기를 잔뜩 따서 찌던디, 왜 그런댜? 이, **멍가나무** 잎새길 조합이서 사 간댜. **멍가나무** 잎새길 일본이루 수출헌대나 워쩐대나.

멍가-낭구 표청미래-나무 명<식물> 잎은 어긋나고 둥글며, 덩굴손이 있다. 가을에 애기손톱만한 열매가 빨갛게 익는다. ¶배고픈 시즐인 **멍가낭구** 뿌리기두 캐먹구 그랬넌디 말여. 인전 산이 가두 **멍가낭구**는 귀경허기두 심 들어졌어.

멍개-떡 표망개-떡 명청미래나무의 잎에 싸서 먹는 떡, 또는 그 잎에 싸서 쪄낸 떡. ¶왠 **멍개떡**이랴? 참 곱게두 졌네.

멍석-때꼴 표산-딸기 명=멍석딸구.

멍위 표머위 명<식물> '머휘(欵冬)>머회>머위/멍위'. 국화과의 여러해살이풀. 줄기는 식용, 엷은 잎은 식용과 약용함. ¶봄비가 많이 와서 **멍위**가 쑥 컸구먼.

멍위-쌈 표머윗잎-쌈 명머위의 잎을 삶아 아린 맛을 우려내고 장에 얹어

먹는 쌈. ¶은헌 **멍위쌈**이 장맛허구 입이 쩍쩍 들러붙넌구먼.

멍 : -허니 표멍-하니 부멍하게. 정신을 놓고 있는 모양. ¶왜 그렇기 **멍허니** 앉어 있능 겨? 먼 일 있남?

메 : -꼰지다 표메어-꽂다 동(타) '메-(擔)+-어+꽂/꼬지-(挿)+-다→메어꼬지다>메꼬지다'. 어깨 위로 들어올렸다가 바닥에 내리꽂다. =메꼰지다. ¶오덜 가두 해꼬지나 허넌 눔인디, 저런 늠은 개굴창이다가니 **메꼬져두** 누가 머랄 사람 읎다닝께.

메-꼰지다 표메어-꽂다 동☞ '메꼬지다'의 이형태. '메꼬지다'보다 쓰임 빈도가 낮다. ¶까부넌 놈은 모새밭이다가 **메꼰져** 버릴 겨./근디 애덜을 그렇기 **메꼰지문** 오티긴댜?

메꾸다 표메우다 동(타) '메-(埋)+구/꾸(접사)+-다→메꾸다'. 구멍난 곳을 막거나 부족한 것을 채우다. ¶부뚜막이 깨져서니 영기가 나니 맥질을 히서라두 **메꿔야겄다**./횟돈이 많이 부족허니 **메꿔야** 헌다.

메 : -때리다 표메어-꽂다 동☞ '메쌔리다'. ¶아니, 저늠이 일허기 싫으믄 가만히나 있지, 왜 죄읎넌 절구통은 **메때리구** 지랄허능 겨?

메띠기 표메뚜기 명<동물> '묏도기→뫼쏘기>뫼띠기>메띠기'. 메뚜깃과의 곤충을 통틀어 이르는 말. ¶**메띠기도** 한 츌이구, 우덜 나무장사두 한 츌이여./**메띠기**는 귀먹어두 땅개비는 귀먹지 않이여. 그참 이상허지, **메띠기** 귀먹넌 늠이 땅개빈 왜 마다헌댜?

메 : -쌔리다 표메어-꽂다 동(타) '메-(擔)+-어+때리-(擊)+-다→메어때리다>메쌔리다'. 어깨 위로 들어올렸다가 바닥에 내리때리다. =메쌔리다. ¶아니, 멀쩡헌 깔짐을 왜 눈두렁이다가니 **메쌔리능가**? 아니, 먼 말을 고따우루 헌대유? **메쌔린** 게 아니구 자뻐진 거잖유.

메 : -쎄리다 표메어-꽂다 동☞ '메쌔리다'를 더 강하게 이를 때 씀.

메-패다 표메-치다 동(타) 둘러메어 힘껏 내리치다. 둘러메어 넘어뜨리다. =르패다. ¶개가 상대를 단번이 **메패구** 장사가 되었다.

멕여-치다[메겨-] 표먹여-치다 동(타) 바둑에서, 상대편의 집을 없애기 위하여 옥집이 되는 곳에 사석(捨石)을 놓다. ¶얼라, 그렇기 **멕여치넌** 방법이 있었던감?

멕이다 표먹이다 동(타) ①먹도록 하다. ¶애한티 고뿔약을 **멕였다**./까부넌 눔덜은 한 방씩 **멕여**./목매기 한 마리 **멕이는** 게 소원인디./요짐은 장사가 안 되서니 식솔덜 **멕여** 살리기두 심든 판이여. ②화살을 활시위에 메우다.

멕이-사실 표먹이-사슬 명<생물> 생태계에서 먹이를 중심으로 이어진 생물 간의 관계. =먹이은쇄.

멕이-통 표먹이-통(-桶) 명먹이를 담아주는 통. ¶멕이통이 낡었이니 바꿔야겄다.

멕잇-감[메긷깜/메긱깜] 표먹잇-감 명어떤 동물의 먹이가 되는 동식물. ¶멕잇감이 떨어진 짐승덜은 멕이싸움으로 하나둘쏙 죽어갔다.

멕히다[메키-/멕키-] 표먹히다 동(자) '먹-(食)+히(접사)+-다'. 먹음을 당하다. ¶어이구, 오티기 놓넌 말마두 잡아멕힌댜? 그러닝께 윷판을 잘 쓰야지.

멩일 표명절-날(名節-) 명매해 일정하게 지키어 즐기거나 기념하는 때. 설날, 대보름, 한가위 따위. ¶멩일은 잘 쇴남? 덕분이 멩일을 잘 쇴유.

멩일-맞이 표명절-맞이(名節-) 명명절을 맞이하기 위한 준비. ¶옛날이나 멩일맞이가 부산혔지, 지금이야 누가 븐잡(煩雜)허게 허넘?

멩절 표명절(名節) 명해마다 일정하게 지키어 즐기거나 기념하는 때. ¶멩절이 가차워지니께 고향 생각이 막 나네.

멫[멛] 표몇 관그리 많지 않은 수를 막연하게 이르는 말이나, 잘 모르는 수를 물을 때 쓰는 말. ¶멫 날 메칠 일만 혔더니 때를 물르겄어./멫 넘이 떼루 다가서니 됨비넌디 무지 미섭더먼.

모가 표모과(木瓜) 명모과나무의 열매. ¶과실 망신 모가가 시킨다지먼, 모가만큼 좋은 과실두 읎구먼.

모가-낭구 표모과-나무(木瓜-) 명<식물> 장미과의 낙엽 활엽 교목. ¶4월이 지날찜 모가낭구 가징이 사이로 새 잎새가 나잖남? 그 잎새기 새루 보석반지마냥 가지색 모가꽃이 피어올르믄 그렇기 이쁘구 귀열 수가 읎다닝께.

모감-댕이 표모가지 명☞'모감딩이'. ¶죄 읎넌 달기 모감댕이는 머더러 잡구 있능 겨?

모감-딩이 표모가지 명'멱/목(頸)+암(접사)+딩이(塊)'. '목'을 속되게 이르는 말. =모감딩이. 모감지. 모가지. ¶그 느무 새껭이를 확 잡어다가 모감딩이를 비틀러뻔지야 속이 션허겄넌디 말여.

모감-지 표모가지 명☞'모감딩이'. ¶그러구두 늬 모감지가 성헐 것인지 두구보자이.

모냥 표모양(模樣) 명겉에 나타난 생김새. 외모에 부리는 멋. 일이 되어가는 형편. ¶일을 대충허믄 모냥이 안 나넌 겨.

모냥-빠지다 동(자) 모양이 보기에 안 좋아지다. ¶옷을 입을라믄 지대루 입으야지, 모냥빠지게 그게 머냐.

모대-놓다[-노타] 표모아 놓다 동(타) ①한데 합쳐 놓다. ¶남은 물건덜을 버리지 말구 한 쪽이다가 잘 모대놔./심을 모대서 한 번 히보자구. ②돈이나 재물을 쌓아 놓다.

모대다 표모으다 동(타) '몬/모대-(集)+-다'. ①한데 합치다. ¶그기 쓸어놓은 낙웁(落葉)덜은 일루 **모댔다**가 버려라. ②물건이나 재물을 쌓아 두다. ¶넌 돈을 **모댈** 중만 알지 쓸 중은 물르는 겨.

모대-루 뷔 '모대-(畜/集)+루(접사)'. 편을 가른 무리별로. 합쳐진 덩어리별로. ¶우덜이 **모대루** 뭉쳐서 따지러 가자구. **모대루** 가믄 더 불픈(不便)허덜 않으까?

모대-모대 표무더기-무더기/모아-모아 뷔 '모대+모대'. 군데군데 따로 모아서. 무리를 지어. 물건이나 무리별로 덩어리를 지어. ¶**모대모대** 편을 갈러서 윷을 놓어라.

모대미 명 '모대-(畜/集)+ㅁ+이(접사)'. 뭉쳐있는 무리. 어떤 물건을 쌓아두거나 모아놓은 덩어리. ¶캔 감자를 **모대미**루 잔뜩 쌓아 놓았다.

모리 표모레 명 '모뢰>모리>모릐/모리'. 내일의 다음날. 오늘의 이틀 뒤. ¶거기서 **모리** 만나자./**모리**가 섬인디 공부는 안 허구 오딜 빨빨대구 돌어댕기냐?

모새 표모래 명 좁쌀보다 잘게 부스러진 돌 부스러기. ※표준어 '모새'는 '가는 모래(微砂/細沙)'를 뜻하나, 예산지방에서는 일반적으로 '모래'를 지칭함. ¶가는 **모새**가 필요헌디 오서 구헐 디 읎을라나? 가는 **모새**는 구해서 워따 쓸라구남? 스해 바닥가이 가 보닝게 뵈넌 게 다 **모새**더먼.

모새-땅 표모래-땅 명모래로 이루어진 땅. ¶거긴 **모새땅**이라 농사를 뭇질 디라닝께. **모새땅**이라두 땅콩농사야 되죠.

모새-밭[-받] 표모래-밭 명 ①흙에 모래가 많이 섞인 밭. ¶갱변을 일궜넌디 **모새밭**이라 땅콩배끼는 심어 먹을 게 읎군. ②모래가 많이 덮여 있는 곳. ¶갱변 **모새밭**이 꼬맹이 몇이 모여 씨름을 허구 있더먼.

모새-벌판 표모래-벌판 명모래가 덮여 있는 벌판. ¶이번 장마루 갱변뚝이 터져서니 우리 논이 왼통 **모새벌판**이 되번졌다닝께.

모새-알 표모래-알 명모래의 낱개. ¶**모새알**이 너머 굵어서 회 발르넌 딘 뭇 쓰겄어.

모새-어덕 표모래-언덕 명모래가 퇴적되어 이루어진 언덕. ¶고덕쪽 큰물가이 가보닝께 **모새어덕**덜이 많이 있더라구.

모시 표모이 명닭이나 날짐승의 먹이. ¶꼬꼬 꼬꼬꼬꼬, **모시**를 주러 오는 주인 목소리를 알어듣구서 닭덜이 모여 들었다.

모시-그륵[-끄-] 표모이-그릇 명닭이나 새의 모이를 주는 그릇. =모시통. ¶**모시그륵**이 모시가 다 떨어졌네.

모시-통 표모이-통 (-桶) 명닭이나

오리 따위의 먹이를 주는 통.
모이 표무덤 명사람의 무덤. 묘(墓). ¶**모이**를 쓸라믄 양지짝이다 쓰야지./쥔 읎넌 **모이**덜이 많은디 이건 오티기야 헌다?

모이-막 표묘막(墓幕) 명무덤 가까이에 지은, 묘지기가 거처하기 위해 지은 집. ¶양반이 아녀두 **모이막**을 짓구 시묘살이를 허넌 사람이 더러 있었지.

모이-지기 표묘-지기(墓-) 명남의 집 무덤을 지키며 보살피는 사람. ¶예전이는 여수덜이 송장을 파먹는 일이 흔했어. 그래서 돈 있넌 집안이 초상이 나믄 **모이지기**를 써서 여수를 쫓었지.

모이-판 표무덤 명'**모이**(墓)+판(板)'. 봉분(封墳) 주변의 넓적한 곳. 무덤의 가장자리. =모이판대기. ¶봄이믄 애덜은 산 양지쪽 **모이판**이 모여서 뛰어놀기두 헸다.

모이-판대기 표무덤 명☞'**모이판**'.
모이-판때기 표무덤 명☞'**모이판**'.

모잇-자리[-읻짜-] 표묏:-자리 명뫼를 쓸 만한 자리. 묘(墓)자리. ¶조상의 **모잇자리**를 잘 쓰야 후손덜이 잘 되넌 건디 이 자린 점 그런 거 같에./내가 죽으믄 쓸라구 **모잇자릴** 맡아놓구 덕대를 썼어.

모잇-잔등[-읻짠-] 표묏:-등 명☞'**모잇잔딩이**'.

모잇-잔등어리[-읻짠-] 표묏:-등

명☞'**모잇잔딩이**'.

모잇-잔딩이[-읻짠-] 표묏:-등 명'**모이**(墓)+ㅅ+잔등(背面)+이(접사)'. 무덤에서 흙을 덮어 불룩한 부분. 봉분(封墳). =모잇잔등. 모잇잔등어리. ¶장냥꾸리기 애덜이 종종 **모잇잔딩이**서 미꾸럼을 타곤 헸다. 그러믄 동네 으른덜은 **모잇잔딩이**가 주저안진다구 애덜을 혼내곤 헸다.

모잘르다 표모자라다 형☞'**모지라다**'가 표준어화한 말.

모지리 명'모지르-(不長/不充分)+이(접사)'. 생각이나 행동이 모자란 사람. ¶어이구, 그렇기 모지른 짓만 골러 허닝께 남덜이 **모지리**라구 놀리잖어, 이눔아.

모지라다 표모자라다 형'몯(不)+지르-(成長)+-다'. ①마음이나 물건 따위가 기준에 미치지 못하다. ¶물건값이 **모지라서** 돈을 꾸었다. ②지능이 부족하다. =무지라다. ¶그의 **모지란** 행동 땜이 사람덜이 심들어 헸다.

모질르다 표모자라다 형☞'**모지라다**'.

모캥이 표모퉁이 명'모(楞)+캥이(접사)→모캥이'. 구부러지거나 꺾어져 돌아간 자리. ¶상 **목캥인** 한 순갈 어먹넌 사람이나 앉넌 디니께 바른 자리루 앉어라.

모탕 표모탕 명나무를 패거나 자를 때에 받쳐 놓는 나무토막. =모탕. ¶장적을 제겨야 허니께 안마당이다 **모탕**허구 도치를 갖다 놔라.

모텡이 표모퉁이 명 ☞ '모팅이'.

모팅이 표모퉁이 명 '모(隅/楞)+퉁이(접사)→모퉁이>모팅이>모팅이/모텡이'. ①구부러지거나 꺾어져 돌아간 자리. ¶산 **모팅이** 새루 갱굴물이 흘르구, 갱굴따러 찔레꽃이 허얗게 피어났다. ②구석진 곳이나 어느 부분. =모캥이. 모텡이. ¶왜 넌 **모팅이**만 찾어 앉능 겨?

목-구녁[-꾸-] 표목-구멍 명 ☞ '목구먹'. ¶엄니가 안 왔넌디 밥이 **목구녁** 이루 넘어가냐?

목-구녕[-꾸-] 표목-구멍 명 ☞ '목구먹'. ¶편도선이 붜서 **목구녕**이 무지 아프다.

목-구먹[-꾸-] 표목-구멍 명 식도와 기도로 통하는 입속의 깊숙한 곳. =목구녁. 목구녕. ¶**목구먹**이 컬컬헌 게 오디 가서 탁배기 한 잔 걸쳤으믄 딱일 텐디.

목-들미[-뜰-] 표목-덜미 명 목의 뒤쪽 부분과 그 아래 부근. ¶술 먹구 자꾸 행패를 부리걸래 독허게 **목들미**를 후여잡구 패대기를 쳐버렸더니 다신 안 그러더랴.

목작지근-허다[-짝찌-] 표무지근-하다 형 ①조금 무거운 듯하다. ¶**목작지근헌** 게 지법 무거운디. ②몸이 개운하지 아니하고 찌뿌듯하다. ¶고뿔이 들라나, 잠을 많이 잤넌디두 몸이 **목작지근허군**.

목화-쇵이[모콰-] 표목화-송이(木花-) 명 목화가 익어 하얗게 피어난 솜덩이. ¶버들개지가 **목화쇵이**차람 하얗게 피어 있다.

몬지 표먼지 명 ☞ '몸지'. ¶오디서 몬지를 흠빡 뒤집어쓴 겨?

몬지-바람 표먼지-바람 명 ☞ '몸지바람'. ¶**몬지바람**이 뿌옇게 피어올렀다.

몬지-버섯[-섣] 표먼지-버섯 명 ☞ '몸지버섯'.

몬지-지둥 표먼지-기둥 명 ☞ '몸지지둥'.

몬지-털이개 표먼지-떨이 명 ☞ '몸지털이개'

몬지-투셍이 표먼지-투성이 명 ☞ '몸지투셍이'. ¶방안이 **몬지투셍이**니 물걸레루 청소를 히라.

몰려-댕기다 표몰려-다니다 동(자) ①여럿이 떼를 지어 다니다. ¶뭇된 넘덜허구 **몰려댕기매** 사고치지 말구 집이 얌전히 있어. ②쫓겨 나오다. 쫓겨 다니다.

몰어-늫다[-느타] 표몰아-넣다 동 ①몰아서 들어가게 하다. ¶울간이다가 돼지를 다 **몰어늫구먼유**. ②어떤 상태에 빠지게 하다. ¶친구를 이상헌 디가니 **몰어늫구** 느덜이 무사헐 중 아니?

몰쳐-댕기다 표몰려-다니다 동(자) 여럿이 떼를 지어 다니다. ¶**몰쳐댕기**믄 남덜이 이상허게 볼 테닝께 다 흩어져서니 따루 댕기자.

몰치다 표몰리다 동(자) '몰-(驅)+치(접사) +-다'. ①해야 할 일이 한꺼번에 밀리거나 닥쳐오다. ¶일이 **몰쳐서** 오떤 것버텀 히야헐 지를 물르겄어. ②치우치게 많이 모이다. 쏠리다. ¶사람덜이 한짝이루만 **몰쳐서** 감당을 못 허겄다닝께.

몸데기 표먼지 명☞'몸지'. ¶**몸데기**가 오디서 날러온댜?

몸디기 표먼지 명☞'몸지'. ¶**몸디기**를 들구 집안이루 끌어딜이믄 오쩌자는 거여?

몸지 표먼지 명'몬지>몬지/몸지'. 공기 중에 떠다니는 티끌. 가루 상태의 더러운 가루. =몸데기. 몸디기. ¶자꾸 풀랑거리매 **몸지** 점 일쓰지 말어./옷이 묻은 **몸지** 점 털구 댕겨.

몸지-털이개 표먼지-떨이 명먼지를 떠는 기구. ¶광이 거미줄이 꽉 찼네. 얼릉 **몸지털이개** 점 가꽈라.

몸지-바람 표먼지-바람 명먼지, 모래 같은 것이 떠올라 공기가 흐려지고 사방이 뿌옇게 되는 강한 바람. ¶빼짝 마른 비포장질이 버스가 지나자 **몸지바람**이 뽀얗게 일어나 눈 앞일 가렸다.

몸지-버섯[-섣] 표먼지-버섯 명<식물> 담자균류 일종의 버섯. 공 모양으로 생겨 성숙하면 여러 갈래로 터지면서 갈색의 먼지 같은 포자를 날리는 버섯. ¶**몸지버섯**을 근대리믄 몸지가 영기차람 펴올른다.

몸지-지둥 표먼지-기둥 명기둥처럼 타래지어 오르는 먼지 뭉치. ¶회오리바람이 뽀얀 **몸지지둥**을 맹글매 가문들판일 빨르게 쓸구 갔다.

몸지-투셍이 표먼지-투성이 명먼지가 많이 묻어있거나 끼어있는 상태. ¶오디서 둥글다 왔간 왼몸이 **몸지투셍**인 겨?

몽달-구:신 표몽달-귀신(-鬼神) 명장가를 들지 못한 총각이 죽어 된다는 귀신. =삼태미구신, 도령구신. ¶**몽달구신**이라구 들어봤어? 글쎄 **몽달구신**은 으스름 밤이 풀섶이 삼태미를 들구 숨어있다가 여자가 지나가믄 삼태미를 뒤집어 써서 혼을 빼간댜. 그리서 **몽달구신**을 삼태미구신이라구두 헌댜.

몽뎅이 표몽둥이 명☞'몽딩이'.

몽뎅이-찜질 표몽둥이-찜질 명☞'몽딩이찜질'.

몽딩이 표몽둥이 명'몽동이>몽둥이>몽딩이/몽뎅이'. 사람이나 짐승을 때리는데 쓰는 굵은 막대기. ¶죄진 눔이 **몽딩이** 들구 포도청이 뛰어든다더니 지가 일 저질러놓구 발광허넌 게 딱 그짝이구먼.

몽딩이-찜질 표몽둥이-찜질 명몽둥이로 마구 두들기는 짓. =몽딩이찜. ¶미친 개허구 미친 눔은 **몽딩이찜질**이 약이랴.

목-매기[몽-] 명'목(牧)+마(馬)+애기(접사)'. 코뚜레나 목줄을 하지 않아,

자유로이 뛰어다니는 어린 소. ¶사흘 밤낮 어미소를 찾다 목이 쉬어 나오지두 않는 소리를 입만 벌려 외치던 **목매기**의 애탐./코를 뚫고 코뚜레를 처음 맬 때 큰 나무에 빠짝 매인 채 몸을 뒤틀며 울던 마지막 **목매기**의 외침.

몽우리 표멍울 명☞'몽울'. ¶목이 달걀만헌 **몽우리**가 생겼어.

몽울 표멍울 명림프선이나 몸 안의 조직에 병적으로 생기는 둥글둥글한 덩이. ¶팔뚝이 종기가 곪어가니께 저드랑이에 큰 **몽울**이 생겼어.

몽울-몽울 표멍울-멍울 부작고 둥근 멍울들이 여기저기 뭉쳐진 모양. ¶못한 티 찔렸더니 피가 **몽울몽울** 솟어나네.

몽조리 표모조리 부하나도 빠짐없이 모두. =모조리. ¶저런 나뿐 눔덜은 **몽조리** 잡아다가 가막이 처박으야 허년 건디.

몽창 표몽땅 부있는 대로 모두다. 죄다. ¶한 주 용돈을 하루에 **몽창** 다 써 비렸이니 앞이루 오티기 헐까?

뫼-스슥 표메-조 명'뫼(山)+스슥(粟)'. ☞'뫼조'.

뫼-조 표메-조 명'뫼(山)+조(粟)'. 알이 굵고 누르며 찰기가 적은 조. =메스슥. ↔차조. 찰스슥. ¶갈비가 왜 이렇기 맨날 오능 겨? **뫼조**가 잘 되서 좋구나 힜더니 갈되서 다 자빠져서 싹이 나구 있다닝께. 스슥 농사 베려서 큰났어.

뫼띠기 표메뚜기 명☞'메띠기'.

묏 : -잔등[묃짠-] 표묏 : -등 명☞'모잇잔딩이'가 표준어화한 말. ¶**묏잔등**인 올러가는 것 아녀.

무끈-허다 표묵직-하다 형제법 무거운 듯하다. ¶책가방이 쉴찮이 **무끈허구나**.

무데기 표무더기 명☞'무디기'.

무듬듬-허다 표무덤덤-하다 (無-) 형마음에 아무 느낌이 없이 예사스럽다. ¶남덜이 뭐라허건 기냥 **무듬듬허게** 지내구 있다구 허더라구.

무디기 표무더기 명'무들기(垈)>무더기/무디기'. (흙덩이로 만들어진 개미집이란 뜻에서) 수북이 쌓였거나 뭉쳐 있는 더미나 무리. ¶무서리가 내리고 서리태가 잎새를 떨굴찜 애덜은 **무디기루** 콩서리를 해댔다. 의명수량을 나타내는 말 뒤에서 그 단위를 나타내는 말. ¶엄니는 알타리무수를 두 **무디기**나 뽑어다가니 물짐치를 담었다.

무디기-지다 표무더기-지다 동(자)무엇이 수북이 쌓이거나, 뭉쳐진 상태로 되다. ¶앵두낭구에 앵두가 **무디기졌네**./개미덜이 **무디기져서** 버러지를 끌구 가네.

무리-떡 표무리떡/백설기 명①(표준어)쌀을 갈아 체에 밭쳐서 가라앉힌 앙금으로 시루에 쪄낸 떡. ②(방언) 백설기. ¶**무리떡**이 오서 난거랴? 옆집 애가 지 집이 갈떡을 힜다맨서 즈

녘 나절이 댕여갔유. 흐연 **무리떡**이 뜨끈뜨끈허구먼.

무쓸 표몹쓸 관'몹쓸>뫕슬>무쓸'. 몹시 악독한. ¶그리기 **무쓸** 짓허구는 발 못 뻗넌 벱이라닝께./그런 **무쓸** 짓을 허구두 헐 말이 있능 겨?

무-승의[-/-이] 표무-성의(無誠意) 명정성스런 뜻이 없음. 동(자) 무승의-허다. ¶**무승의허게** 일츠리를 허닝께 하자가 자꾸 나오능 겨./ 심각허게 묻넌디 그렇기 **무승의허게** 대답헐 겨?

무-자석 표무-자식(無子息) 명아들도 딸도 없음. ¶**무자석**이 상팔자라구덜 허지만 그건 자석이 있넌 사람덜이 허넌 애기지. 지가 자석 읎어봐. 그런 애기 헐 수 있나?

무-자슥 표무-자식(無子息) 명 ☞ '무자석'.

무잘르다 표모자라다 형 ☞ '무지라다'.

무지라다 표모자라다 형 '몬/문(不)+지르-(成長)+-다'. ①어떤 것이 기준에 미치지 못하다. ¶밥이 **무지란디** 점더 히야졌지? ②지능이 부족하다. = 모지라다. ¶우리 애가 많이 **무지라두** 잘 부탁히유.

무지렝이 표무지렁이 명'무지르-(斷切)+엉이(접사)'. ①무지러져 쓰지 못하는 물건. ¶창고 안이 맨 뭇 쓰넌 **무지렝이**덜 뿐이네. ②어둡고 어리석은 사람 ¶촌이 사넌 **무지렝이**가 멀 알겠어?

묵은-시배 표묵은-세배(-歲拜) 명

섣달 그믐날 저녁에 웃어른께 그 해를 보내는 인사로 드리는 절. ¶낼이 슬 인디 **묵은시밸** 머더러 헐라구 허능겨? 지가 낼 은 여기 읎구먼유. 그러닝께 **묵은시배**라두 디리구 가야쥬.

묶으다 표묶다 동(타) '묶-(束)+으(매개모음)+-다→묶으다'. '활용형태 : 묶으게. 묶으구. 묶으니. 묶으더락. 묶어'. ①끈, 줄 따위를 이어 매듭으로 만들다. ¶끊어진 끈내끼를 이서 **묶었다**. ②금지하거나 제한하다. ¶하냥 놀어주맨서 집이다가 두어 시간만 갸를 **묶어** 둬. ③사람이나 물건을 기둥, 나무 따위에 붙들어 매다. ¶널 꼭 **묶으구** 말 겨./지금 널 **묶은다**.

문구-즘 표문구-점(文具店) 명학용품과 사무용품 따위를 파는 가게. 문방구(文房具). ¶자네 오디 갔다 오능감? 잉. 아덜눔이 심부럼이루 **문구즘**일 들렀다가 오넌 질이여.

문장-승분 표문장-성분(文章成分) 명<언어> 한 문장을 구성하는 주어·서술어·목적어·보어·관형어·부사어·독립어 따위의 요소. ¶**문장승분**찌리 서루 긴밀허게 어울리넌 거를 승분간의 호응이라구 헌다.

물:-가생이[-까-] 표물-가 명물이 있는 곳의 가장자리. =물갓. ¶물 속이 너머 있었더니 춥네. 우리 인전 **물가생이**루 나가자.

물-괄키 표물-갈퀴 명<동물> 헤엄치

기에 알맞은, 일부 동물의 발가락 사이에 있는 얇은 막. ¶아부지, 맹꽁이는 물이서 우넌디 왜 **물괄키**가 읎대유? 그러구 두께비는 물이두 안 들어가넌디 왜 **물괄키**가 있능 규?

물-구신[-꾸-] 표물-귀신(-鬼神) 명①물속에 산다는 귀신. ¶버두낭구 아래 연못이서 나온다넌 **물구신** 얘기를 들은 뒤루 아이는 갱굴가 빨래터가 미서웠다. ②자신의 궁지에 다른 사람까지 끌고 들어가는 사람. ¶이건 완전 사람잡넌 **물구신** 작즌이네.

물-구뎅이[-꾸-] 표물-구덩이 명☞'물쿵딩이'.

물-구딩이[-꾸-] 표물-구덩이 명☞'물쿵딩이'.

물-꼬추 표물-고추 명마르지 않은 붉은 고추. ¶맨날 비가 와싸니 **물꼬추**가 다 곯어뻔지게 생겼구먼. 에이 참, 방이다 보일러 지름을 때서래두 **물꼬추**를 말리야겄어.

물-됭이[-띵-] 표물-동이 명물을 긷는데 쓰는 동이. ¶에코, **물됭이** 손잽이가 떨어져 번졌네!

물렁-뻬 표물렁-뼈 명'물렁(軟)+뼈(骨)'. 뼈와 함께 몸을 지탱하는 무른 뼈. ¶무르팍 **물렁뻬**가 다 닳어서 이렇기 다리가 아픈 거랴.

물르다¹ 표무르다 형(규칙) '물르-(軟)+-다'. ①단단하지 않다. ¶이 나무는 너머 **물러서** 쓰덜 뭇 허겄네. ②마음

이 여리다. ¶그는 맴이 **물러 터졌다**.

물르다² 표무르다 동(규칙) 지나치게 익다. ¶짐치가 너머 **물러서** 먹지 뭇 허겄네.

물르다³ 표무르다 동(타) ①샀던 것이나 바꾼 물건을 도로 돈으로 찾거나 전의 물건으로 되바꿔 오다. ¶전이 산 옷 도로 **물러** 주슈. ②이미 한 일을 전의 상태로 돌리다. ¶딱 한 수만 **물러** 주게. 머여? **물르는** 거 읎기라구 헤놓구 왜 자꾸 **물러** 달래능 겨?

물:르다⁴ 표모르다 동(규칙) 사람이나 사물, 사실 따위를 알지 못하다. ¶그 일은 **물르는** 게 약이여. 그러구 나는 자세헌 것두 **물러**. 통 **물르니께** 더는 **묻덜** 말어.

물-맥이 표물-막이 명물이 흘러들거나 넘쳐 나지 않도록 막는 일. ¶장마철이 되니께 갱굴갓이 **물맥이**를 헌다구 동네 으르덜이 다 모였다.

물-배얌[-빼-] 표물-뱀 명<동물>물속을 헤엄치며 물고기를 잡아 먹는 뱀의 총칭. ¶**물배얌**이 쑥 나와서 멱감다가 올마나 놀랬넌지 물러.

물-베락[-뻬-] 표물-벼락 명갑자기 머리 위로 세차게 쏟아지는 물. ¶아까침 쏘내기가 쏟어지넌디 말여. 올마나 퍼붓넌지 난 하늘에서 **물베락**이 쏟어지넌 중 알었어.

물-앵경 표물-안경(-眼鏡) 명헤엄칠 때 쓰는 안경. 수경(水鏡). ¶물앵

경을 쓰니께 물 속에서 눈두 떠지구 물 속이 다 보이데.

물어-늫다[-느타] 표물어-넣다 동(타) 축낸 돈이나 물건 따위를 갚거나 채워 넣다. ¶큰 돈두 아니구 그까진 돈 내가 **물어늫게**. **물어느믄** 될 것 아닌개 벼.

물-짐치 표물-김치 명국물을 많이 넣어 담근 김치. ¶더운 여름인 그저 션헌 **물짐치**가 최고여.

물-쿵뎅이 표물-구덩이 명☞'물쿵딩이'.

물-쿵딩이 표물-구덩이 명물이 고여 있는 진창이나 웅덩이. =물구뎅이. 물구딩이. 물쿵뎅이. ¶이구, 오디 **물쿵딩이** 빠져서 옷을 또 후질르구 왔구나.

뭇[묻] 표못 부불능, 부정 따위를 나타냄. ¶난 그런 일 **뭇** 혀. 넌 째끔만 어려워두 **뭇** 헌다구 허닝 게 문제여.

뭇-나다[문-] 표못-나다 형①얼굴이 잘 생기지 아니하다. ¶그는 참 생긴 게 **뭇났다**. ②능력이 모자라거나 어리석다. ¶내가 암만 **뭇났어두** 그만헌 일은 헐 중 알어.

미꾸락지[-찌] 표미꾸라지 명'밋글(滑)+악지(접사)→밋그락지>미꾸락지'. 잉어과의 민물고기. =미꾸리. ¶즈 **미꾸락지**같은 늠, **미꾸락지** 한 마리가 왼 웅딩이 다 흐려놓덧 동네 물 다 흐리구 댕기네.

미꾸리 표미꾸라지 명'밋글(滑)+이(접사)→밋구리>미꾸리'. ☞'미꾸락지'. ¶논고랑이 **미꾸리**를 누가 다 잡어갔네.

미련-시럽다[-따] 표미련-스럽다 형어리석고 모자란 데가 있다. ¶그 사람 **미련시럽기**가 하늘을 찔르더라구. 사람이 **미련시럽다 미련시럽다** 히두 그렇기 미련헌 사람은 츰 봤다닝께.

미섭다[-따] 표무섭다 형마음이 두렵고 불안하거나, 두려울 만큼 성질이나 기세가 몹시 사납다. ¶애덜이 또 사고칠깨비 **미서워서** 난 백이두 뭇 나가.

미쟁이 표미장이 명건축 공사에서 벽이나 천장에 흙이나 시멘트를 바르는 일을 업으로 하는 사람. ¶**미쟁이두** 칼이 맞이야 흙질이 좋지.

믹갈-맞다[믹깔마따/믹깔맏따] 표밉살-맞다 형☞'믹갈시럽다'. ¶미국의 안톤 오노 슨수는 행동허넌 거허구 말허넝 게 너머 **믹갈맞어**./개는 주는 것 읎이 **믹갈맞다닝께**.

믹-구녁[미꾸-/믹꾸-] 표밑-구멍 명☞'믹구먹'.

믹-구녕[미꾸-/믹꾸-] 표밑-구멍 명☞'믹구먹'. ¶치질루다가니 **밑구녕**이 빠졌다매 왜 병원일 뭇 가구 상을 허는 겨?

믹-구먹[미꾸-/믹꾸-] 표밑-구멍 명'밑(底)+구먹(孔)→밑구먹>믹구먹(변자음화)'. ①밑이나 밑바닥으로 뚫어진 구멍. ②항문(肛門)이나 여자의 음부(陰部). ¶**밑구먹**은 들칠수루기 구른내만 풍기능 겨. 고여니 **밑구먹** 딜여 다봐야 냄새나넌 치질배끼 더 뵈겠남?

믹갈-시럽다[미깔-럽따/-깔-럽따] 표 밉살-스럽다 형 '밉-(憎)+갈(접사)+ 스럽-(접사)+-다→밉갈싀럽다>믹갈 시럽다(전설모음화/변자음화)'. 언행 이 몹시 미움을 받을 만한 데가 있다. ¶넌 말여. 한 마디루다가니 참 **믹갈시 러**. 허넌 짓마두 **믹갈시럽지** 않언 것 이 한 개두 읎어.

밀-그: 래 표 밀-거: 래 (密去來) 명 규범을 어기면서 몰래 사고 파는 행 위. 동(타) 밀그래-허다. ¶마약을 밀

그래허다./밀그래허다가 즉발되다.

밍기적-거리다[-꺼-] 표뭉그적-거리 다 동(자) 제자리에서 몸을 그냥 비비 대거나 미적미적하다 ¶**밍기적거리지 덜** 말구 싸게싸게 일 점 히여.

밍기적-밍기적 표뭉기적-뭉기적 부일 을 시원하게 처리하지 못하고 제자리 에서 굼뜨게 뭉개는 모양 ¶**밍기적밍 기적** 꾀부리덜 말구 똑딱이 점 히라이.

므-패다 표메-치다 동(타) ☞ '메패다'. ¶감증 있으믄 말루 헐 것이지, 왜 넘 이 벳가마는 **므패넝** 겨?

ㅂ

바: 표발: 명☞ '발'에서 'ㄹ'이 탈락한 형태. 주로 합성명사를 이룰 때 'ㄹ'이 탈락한 형태를 보임. ¶끈뎅이 점 구해 오라닝께 뭔 고무**바**를 들구오능 겨? 그러구, 늬가 타잔이냐? 동아**바**를 타구 낭구 새를 날러댕기게.

바:게미 표바:구미 명<동물> 뒤주에서 쌀이나 보리 따위를 파먹고 사는 조그만 딱정벌레. =바그미. ¶쌀을 잘 일으야지, 밥이서 **바게미**가 나오게 허믄 오쩨는 겨?/묵은 쌀두지를 **바게미**덜이 즘령혔구먼.

바구리 표바구니 명대쪽이나 싸리 줄기를 속이 깊게 결어 만든 고리. ¶**바구리**를 들구 나싱게이 캐러 가녕 겨? 아뉴, 저 갱굴뚝셍이예 쑥이 이쁘게 돋어났대서니 거기 가능구먼유.

바:그미 표바:구미 명☞ '바게미'의 이형태. '바구미'의 옛말. ¶두지 안이 보리쌀버덤 **바그미** 새끼이덜이 더 많구먼./보리쌀을 물이 당거두 뜨질 않구 밑이 겡이넌 **바그미**덜이 있네유.

바누-질 표바느-질 명'바눌(針)+질(접사)→바누질'. 바늘로 옷을 짓거나 수선하는 일. ¶요즘 시상이두 더러 **바누질**이 돈이 되드라구. 아, 요 앞이 부부 시탁소가 있잖남? 그집이서넌 **바누질**루 옷수선두 헤주니께 손님이 끊이덜 않넌다닝께.

바눌 표바늘 명'발(刃)+눌(刃)→바눌>바눌'. 옷 따위를 짓거나 수선하는 도구. 또는 가늘고 뾰족한 물건. ¶아니 실을 빼띠리구 알**바눌**만 들구 오믄 바누질을 오치긴다냐?

바눌-귀[-꿔/-끼] 표바늘-귀 명바늘 끝에 뚫어 놓은 구멍. =바늘구멍. 바늘구녁. 바늘구녕. ¶젊은 사람이 **바눌귀**두 못 께믄 오티긴다? 그리기 요짐 들어 눈이 침침헌 게 **바눌귀**가 통 안 뵈넌구먼유.

바눌-구녕[-꾸-] 표바늘-구멍 명☞ '바눌구먹'.

바눌-구녁[-꾸-] 표바늘-구멍 명☞ '바눌구먹'.

바눌-구먹[-꾸-] 표바늘-구멍 명'바눌(鍼)+굼(孔)+억(접사)'. 바늘로 찔러 생긴 작은 구멍. 또는 바늘 끝에 뚫어 놓은 구멍. =바눌구녕. 바눌구녁. 바눌귀. ¶낙타를 **바눌구먹**이 펠 수 있겄냐? 그건 쉽쥬. 먼첨유, 낙타 대가리를 **바눌구먹**이다가니 밀어 느유. 그러구서니 낙타 대가리를 반대편짝이서 확 잡어땡기믄 되능 규.

바눌-땀 표바늘-땀 명바느질에서, 바늘로 한 번 뜬 자국. ¶이불 바누질이라구 그렇기 **바눌땀**을 늪게 주믄 금방 터져야.

바눌-밥[-빱] 표바늘-밥 명바늘 끝에 남은 실의 동강. ¶바누질은 잘헐수룩이 **바눌밥**이 짧버지는 거라닝께. **바눌밥**이 그렇기 질믄 살림 흐푸게 헌다구 욕 먹어야.

바눌-방석 표바늘-방석(-方席) 명바늘을 꽂어두는 도구에서, 불편하고 괴로운 자리를 빗대어 이르는 말. ≒까시방석. ¶내가 뭇 올 딜 왔나, 자리가 왜 이렇기 **바눌방석**이랴? 그리기 말유. 이건 초대받은 것이 아니구유, **바눌방석**이 벌 받으러 온 자린개 뷰.

바다리 표바더리 명'바드리>바다리'. 말벌과의 곤충. 몸은 검은색이고, 흔히 처마 밑에 종 모양의 집을 짓고 사는 벌. 등검은쌍말벌. ¶우리 지벙 밑이는 **바다리** 몇 마리가 늘 집을 짓구 사넌디 말여. 그 **바다리**는 근디리지만 않으믄 쏘덜 않으닝께 행랑채 마실꾼 같은 겨.

바루 표바로 부'바르-(正)+우(접사)'. ①비뚤어지거나 굽은 데가 없이 곧게. ¶줄 점 **바루** 서야. ②거짓이나 꾸밈없이 있는 그대로. ¶늬가 헌 짓을 **바루** 말히라이. ③사리나 원리, 원칙 등에 어긋나지 아니하게. ¶중핵겨나 댕이 맨서니 태극기두 **바루** 그실 중 물른단 말여?

바른-질 표바른-길 명①굽지 아니하고 곧은 길. ¶**바른질** 두구 왜 굽은질루 휘휘 돌어오는 겨? ②정당한 길. 또는 참된 도리. ¶애를 **바른질**루 인도는 뭇헐망중 나쁜 짓을 허라구 허다니./사람이 나쁜질루 빠지믄 **바른질** 두 굽어뵈는 벱이닝께 애초이 버릇을 잘 딜여야 히여.

바당 표바닥 명'바당>바당>바닥'. 평평하게 넓이를 이룬 부분이나, 물체의 밑 부분. ※대개 '바닥'으로 바뀌었지만, 일부 복합어에 옛말의 형태인 '바당'이 남아 있다. ¶옛 형태로 남아 쓰이는 말의 예 : 맨**바당**. 발**바당**. 방**바당**. 손**바당**. 신발**바당**. 흙**바당** 따위.

바ː-수거리 표발채 명'발(簾)+소쿠리(筲)→바소구리>바수거리'. 지게에 얹는 발채. =바지게. ¶깔짐이 올마나 큰지 **바수거리**가 짜부러질 것 같다.

바심-허다 표바심-하다 동(자)(타) '바심(打作)+허다'. 익은 곡식을 거둬들이다. 추수하다. ¶요즘 바쁜감? **바심허너라** 증신읎슈. 스슥**바심**을 발써 다 힌 겨?

바지게 표발채 명'발(簾)+지-(負)+게(접사)'. ☞ '바수거리'가 많이 쓰이고, '바지게'도 함께 쓰임. ¶암체두 바수거리가 **바지게**버덤은 예산말이라구 히야헐 겨. 아산(牙山)이서두 **바지게**버덤은 바수거리를 많이 쓴단 말여.

바지-저구리 표바지-저고리 명①바지와 저고리. ¶**바지저구릴** 한 번 입으믄 벗을 중을 물르너먼. 웡간허믄 **바지저구리** 좀 갈어입구 댕겨라. ②주견이나 능력이 모라란 사람을 놀려 이르는 말. ¶느덜이 시방 날 **바지저구리**루 아넝 겨? 그려. 넌 기냥 **바지저구리**두 아니구 핫바지저구리여.

바텡이 표항아리 명배가 나오고 아가리가 좁은 항아리. 보통 오지그릇을 뜻함. ¶으젓잖은 메누리가 꼬치장 시 **바텡이** 헤친다더니, 저 집 메누리가 딱 그짝이여./적 떨어진 **바텡일랑** 내다버려.

반즘 표반점 (飯店) 명중국 음식을 파는 가게. ¶중화**반즘**(中華飯店) 짜장믄이 맛있다구 그렇기 소문났던디.

반 : -짝 표반 : -쪽(半-) 명①하나를 반으로 나눈 한 쪽. ¶교통사고루 얼굴 **반짝**이 상했다. ②살이 빠져 몹시 마른 모양 ¶심허게 여러 날 앓더니 얼굴이 **반짝**이 됐구먼.

발 : 표바 명삼이나 칡, 짚 따위로 세 가닥을 지어 굵게 드린 줄. =바. ¶**발**까장은 필요읎구, 삿내끼믄 충분허구먼./**발**을 질게 늘여띠리야지./**발**이 이렇기 짧으믄 쓰덜 못 허넝 겨.

발-거리 표발-거리 명'발(足)+걸-(揭)+이(접사)'. ①(방언) 남의 발을 걸어 넘어지게 하는 짓. ¶가만 있넌 애는 왜 자꾸 **발거리**를 히서니 자빼띠리능 겨? ②(표준어) 남의 일이 잘 되지 못하도록 은근히 훼방하는 짓. ¶친구라넌 늠이믄 도와주지는 못헐망정 **발거리**는 허지 말야 헐 것 아닌가 배.

발거리-치다 동(자) 남의 발을 걸어 넘어지게 하거나, 남의 일을 잘 되지 못하도록 훼방을 놓다. ¶나허구 웬수진 일두 읎넌디 저늠이 내 허넌 일매두 **발거리치네**./넘 일 쫓어댕기매 **발거리치넌** 짓 허덜 말어.

발-꼬락 표발-가락 명발 앞쪽에 갈라져 나온 부분. ¶무점 땜이 **발꼬락**이 다 헤져번겼군./늬 놈은 **발꼬락** 새이 티눈버덤두 뭇헌 놈이여.

발꼬락-뼈 표발가락-뼈 명발가락을 이루고 있는 14개의 뼈. ¶째끄만 빼쪽구두만 신구댕겨서니 **발꼬락뼈**가 빼뚤어졌댜.

발매-허다 표발매-하다(發賣-) 동 산의 나무를 한꺼번에 몰아 베어내다. ¶**발매허다가** 쌓어둔 통나무가 굴러떨어져서니 사람덜이 여럿 다쳤다.

발목-쟁이[-쨍-] 표발-모가지 명 '발(足)+멱/목(頸)+장이(접사)'. 발목을 속되게 이르는 말. =발므가지. 발모가지. ¶**발목쟁이**가 삔 겨? 왜 넘의 밭일 그렇기 흐집구 댕기능 겨? 그느무 **발목쟁이**는 밭인지 질인지두 구분 뭇허넌 모냥일세.

발-므가지 표발-모가지 명 ☞ '발목쟁이'.

발-바당[-빠-] 표발-바닥 명 '발(足)+ㅅ+바당(底)→밠바당>발바당'. 발의 평평한 밑 부분. =발바닥. ¶쥥일 걸어댕겼더니 **발바당**이 물집이 다 생겨뻔졌어. 그럼 지가 **발바당** 점 주물러 디리까유?/그 드러운 **발바당**을 씻지두 않구 오딜 들어오능 겨? 당장 **발바당**버텀 씻구 시수허구 들어와.

발브다 표밟:다 동(타) '밟다'의 이형태. '활용형태 : 발브게. 발브구. 발브니. 발브더락. 밟어'. ①발을 어떤 대상 위에 대고 누르다. ¶눈을 **발브지** 마라. ②어떤 대상을 디디면서 걷다. ¶남덜 보리밭 한 고랑 다 **발브더락** 넌 반 고랑도 뭇 **발브믄** 오티기냐? ③다른 사람을 꼼짝 못하게 억누르다. ¶내가 넘을 **발브믄** 나두 넘헌티 밟히게 되넌 겨.

발-심[-씸] 표발-힘 명 발이 지닌 힘. 발로 무엇을 할 수 있는 힘. ¶발을 한 번 다친 뒤루는 응 **발심**이 읎어 공을 뭇 찬다닝께.

발-질[-찔] 표발-길 명 앞으로 움직여 나가는 발. 또는 사람들의 오고 감을 이르는 말. ¶승즉(成績)이 잘 나오닝께 집이 가넌 내 **발질**이 날러가넌 거 같다닝께./우는 애덜 두구 나올라닝께 **발질**이 안 떨어지더먼./가난헤지닝께 가까운 사람덜두 통 **발질**을 안 히여. 원래 가난헌 사람헌티는 **발질**을 끊넌 게 시상 인심이잖어.

밟 : 다[발 : 따] 표밟 : 다[밥 : 따] 동(타) '활용형태 : 밟다[발 : 따]. 밟구[발 : 꾸]. 밟게[발 : 께]. 밟지[발 : 찌]. 밟더락[발 : 떠락]'. 발로 누르거나 대다. ※표기는 표준어와 같으나, 발음은 자음충돌에 의해 어간의 받침 'ㅂ'이 뒤에 이어지는 자음과 만나 된소리화 됨. 예 '밟:+게→[발 : 께]>[발 : 께]'의 형태. ☞ '발브다'의 이형태. ¶왜 자꾸 드러운 발루다가 말래를 **밟구**[발 : 꾸] 댕기니?/인전 그만 **밟어두**[발 : 버두] 되여.

밤-송아리 표밤-송이 명 ☞ '밤숭이'. ¶올힌 **밤송아리**덜이 다 실허구먼.

밤-숭이 표밤-송이 명 밤알을 싸고 있는 껍데기. =밤송아리. ¶밤톨이 올마나 큰지 **밤숭이** 몇 개 발르닝께 한 봉다리여.

밤-질[-찔] 표밤-길 명밤에 다니는 길. ¶밤질 댕이지 말구 일찍일찍 점 들와라./밤질 조심히서 가.

밥-텡이 표밥-통 명☞ '밥팅이'.

밥-팅이 표밥-통 명밥만 축내고 제 구실도 못하는 사람을 비난조로 이르는 말. =밥통. ¶저 머심은 일은 잘 뭇 허넌디 밥은 무진 먹넌 밥팅이여. 거기다가 가끔 사고까지 치는 상밥팅이지.

방-바당[-빠-] 표방-바닥(房-) 명평평하게 이루어진, 방의 아래 부분. =방바닥. ¶군불 지핀 지가 온젠디 방바당이 통 뜨겁덜 않댜?/방바당이 차거니께 요 위루 앉어라.

밭-고랑텡이[받꼬-] 표밭-고랑 명☞ '밭고랑팅이'.

밭-고랑팅이[받꼬-] 표밭-고랑 명'밭(田)+고랑(谷)+팅이(접사)'. 밭의 두둑과 두둑 사이. 또는 두둑 사이의 깊게 패여 들어간 곳. ='밭고랑'을 속되게 이르는 말. ¶노상 비가 오닝께 밭고랑팅이가 풀루 산이 됐다닝께./죙일 집이서 둥굴지만 말구 밭고랑팅이라두 점 나가보거라.

밭다[받따] 표뱉다 동(타) 입속에 있는 것을 입 밖으로 내보내다. 차지하고 있던 것을 도로 내놓다. ¶그는 침을 탁 밭았다./야, 침을 암 디나 밭으믄 오티기여?

밭-질[받찔] 표밭-길 명밭 사이로 난 좁은 길. ¶비가 그치자 밭질마다 풀덜이 파랗게 자라 올렀다.

배꺝[-깓] 표바깥 명안쪽이 아닌, 어느 기준선을 넘어선 곳. 또는 건물 안이 아닌 한데. ¶추우니께 배꺝이는[배까티는] 나가덜 말어./날 어둔디 아적까장 배꺝이서[배까티서] 뭣덜 허능 겨?

배꺝-냥반[-깓-] 표바깥-양반(-兩班) 명자기 남편이나, 집안의 주인 남자를 이르는 말. ¶배꺝냥반은 오디 가셨유? 내가 아남? 배꺝냥반이라구 하나 있넌 게 노상 배꺝이루만 나돌어 댕기닝께 난 그 냥반 낯짝두 까먹게 생겼구먼.

배꺝-마당[-깓-] 표바깥-마당 명대문 바깥쪽에 있는 마당. ↔안마당. ¶안마당서 뛰덜 말구 배꺝마당이 가서 뛰거라. 배꺝마당인 벳멍석이루 꽉 차서니 놀 디가 읎유.

배꺝-문[-깓-] 표바깥-문(-門) 명겹으로 문이 난 집에서, 바깥쪽에 있는 문. ¶배꺝문은 잘 장근 겨? 배꺝문, 안문 헐 것 읎이 잘 장겄구먼유.

배꺝-바람[-깓빠-] 표바깥-바람 명바깥에서 부는 바람이나, 바깥세상의 흐름. ¶답답허게 방구석이 처백혀 지덜 말구 배꺝바람이래두 쐬봐./간서울일 갔유. 촌구석이서만 지내니 배꺝바람을 쐬구 싶었던개 뷰.

배꺝-방[-깓빵] 표바깥-방(-房) 명바깥채나, 바깥쪽에 있는 방. ¶손님이 식사는 다 했넌지 **배깥방** 점 나가 봐라. **배깥방** 손님은 발써 가셨넌 걸유.

배깥-사둔[-깥싸-] 표바깥-사돈(-査頓) 명양 사둔 집에서 남자 사돈을 서로 이르는 말. ↔안사둔. ¶은통(連通)두 읎이 **배깥사둔**께서 왠일루 오셨대유?

배깥-손님[-깥쏜-] 표바깥-손님 명남자 손님이나, 멀리서 온 손님. ↔안손님. ¶**배깥손님**이닝께 사내인 늬가 나가봐라./**배깥손님**이 오닝께 집안을 잘 증리혀라.

배깥-시:상[-깥씨-] 표바깥-세:상(-世上) 명①자기가 살고 있는 곳이 아닌 그 밖의 세상. ¶농사짓넌 일은 잘 알어두 **배깥시상**이 대해서넌 난 물러. ②한곳에 틀어박혀 살고 있는 사람이, 일반 사람들이 활동하는 사회를 이르는 말. ¶농삿일만 허닝께 **배깥시상** 일이는 신경 쓸 까닭이 읎지.

배깥-일[-깐닐] 표바깥-일 명남자들의 일, 또는 집밖에서 벌어지는 일. ¶**배깥일**은 배깥냥반이 알어서 허닝께 지는 통 물류./**배깥일**은 냅두구 안일 버텀 증리햐.

배깥-짝[-깓-] 표바깥-쪽 명어느 곳의 바깥 방향이나, 사물의 바깥 부분. ↔안짝. ¶안짝인 내가 살펴볼 테닝께 넌 **배깥짝**을 살펴봐. **배깥짝**인 아무 문제가 읎구먼유.

배깥-채[-깓-] 표바깥-채 명두 채로 이루어진 집에서, 바깥쪽에 있는 집. ↔안채. ¶식구덜이 다 나가서니 사람두 읎넌디, **배깥채**는 세라두 내믄 오떨까유? 세를 낼라믄 **배깥채**를 점 손봐야 허지 않겠남?

배깥-출입[-깓-] 표바깥-출입(-出入) 명집밖으로 나가 돌아다니는 것. ¶그깟 븅(病) 툭툭 털구 얼른 인나셔유. 인전 날두 풀렸이닝께 **배깥출입**두 허구 그리시야쥬.

배싹 표바싹 부①물기가 마르거나 타들어 가는 모양. ¶장작이 **배싹** 말렀군. ②가까이 달라붙거나 죄는 모양. ¶구찮으닝께 **배싹** 붙어다리딜 점 말어. ③어떤 것이 갑자기 늘거나 주는 모양. =빼싹. ¶즈수지 물이 **배싹** 줄었군.

백오동 표벽오동-나무(碧梧桐-) 명 ☞ '백오동낭구'. ¶저게 **백오동**이랴. 잎새기가 넓적헌 게 **백오동**두 오동나무랑 닮긴 혔네유.

백오동-나무 표벽오동-나무(碧梧桐-) 명 ☞ '백오동낭구'. ¶**백오동나무**를 뒤란에 몇 그루 심긴 혔넌디, 이번 즒이 걱정이네유. 얼어죽을깨비 **백오동나무** 밑둥을 짚데미루다가 덮어놓넌 중이유.

백오동-낭구 표벽오동-나무(碧梧桐-) 명<식물> 벽오동과의 낙엽 활엽 교목. ¶배가 고프믄 애덜은 딱딱헌 **백오동낭구** 열매기를 까 먹었다.

백[백] 표밖 명어떤 기준선을 넘어선

쪽. =밖. ¶문 뺵이 바람이 올마나 심헌지 물러. 뺵이서 들오는 질인감?

버두-나무 표버드-나무 명☞ '버두낭구'. ¶4월이믄 **버두나무**이 물이 올른다.

버두-낭구 표버드-나무 명<식물> '버둘(柳)+낭구(木)→버둘낭구>버두낭구>버두나무'. 버드나뭇과의 낙엽 활엽 교목. ¶저짝 갱굴둑이 묵은 **버두낭구**가 있잖유. 그 **버두낭구** 썩은 등걸 속이 올뻬미 집이 있구먼유.

버둘-가쟁이[-까-] 표버들-개지 명 '버둘(柳)+가지(枝)+앵이(접사)→버둘가쟁이>버둘가징이'. 버드나무의 가지. =버둘가징이. ¶**버둘가쟁이**를 꺾어다가니 호띠기를 맹글 참이구먼유.

버둘-가징이[-까-] 표버들-개지 명 ☞ '버둘가쟁이'.

버둘-낭구 표버드-나무 명☞ '버두낭구'의 원말. ¶**버둘낭구** 가쟁이를 꺾어다가니 호띠글 맹글어 부넌 솜씨가 장난이 아뉴. **버둘낭구** 가징이에 두시 개 구멍을 뚧구 맹근 호띠기긴디유. 그 소리가 딱 퉁소 부넌 소리라닝께유.

버둘-잎[-닙/-립] 표버들-잎 명☞ '버둘잎새'. ¶개우장이 **버둘잎**이 노랗게 펴나넌 걸 보닝께 추위는 다 간 거여.

버둘-잎새[-립쌔] 표버들-잎 명 버드나무에 달린 잎사귀. =버둘잎. ¶**버둘잎새**는 뭐더러 줏는 겨? 야, 노랗게 단풍든 **버둘잎새**가 하 이뻐서니유.

버르-쟁이 표버르-장이 명 오랫동안 자구 반복하여 몸에 익어 버린 행동이나, 윗사람에 대하여 지켜야 할 예의. =버리쟁이. ¶애덜 **버르쟁이**는 잘 가리쳐야 쓰능 겨.

버리-쟁이 표버르-장이 명☞ '버르쟁이'보다 쓰임 빈도가 낮다.

버썩 표버쩍 부일이나 무엇이 빨리 줄어들거나 늘어나는 모양. ='버쩍'의 이형태. ¶날 저무넌디 **버썩** 일 끝내구 저녁 먹자.

버썩-버썩 표버쩍-버쩍 부급히 줄어들거나 늘어나는 모양. =버쩍버쩍. 가물이 심허닝께 논물이 **버썩버썩** 말러가네./**버썩버썩** 일허넌 거 보닝께 보통 일꾼이 아니구먼.

버팀-독[-똑] 표버팀-돌 명물건이 쓰러지지 않도록 어떤 물건의 아래에 괴는 돌. 또는 어떤 힘에 견딜 수 있게 하는 사람. ¶**버팀독**이 빠져서니 장독이 찌울어겼구먼./늬가 우리집 **버팀독**이 되야지, 맏이인 늬가 그러믄 쓰겠냐?

버팅기다 표버티다 동(자)(타) ①외부의 힘에 쓰러지지 아니하고 견디다. ¶째끄만 녀석이 끝장 대들맨서 **버팅기더라니께**. ②외부의 강요나 유혹에 맞서다. ¶도회지 사람덜이 돈 더 준다구 허닝께 **버팅겨보지두** 않구 얼른 땅을 팔었다. ③어려운 상황이나 상태에 맞서 견디어 내다. ¶이 정도두 뭇 **버팅기믄** 큰일 뭇 헌다이?

벅겨-내다[벅껴-] 표벗겨-내다 동☞ '벳겨내다'. ¶싫은 늠이 사러지닝께, 십 늰(年) 묵은 때를 싹 **벅겨낸** 기분이여.

벅겨-지다[벅껴-] 표벗겨-지다 동☞ '벳겨지다'. ¶바람에 가발이 **벅겨졌다**.

벅기다[벅끼-] 표벗기다 동☞ '벳기다'. ¶까부는 친구 깍다기를 **벅겼다**.

번지다 표버리다 보동①지난 행동이나 버릇을 단호하게 끝냄. ¶술과 담배를 끊어 **번졌다**./까짓거 다 내뻐려 **번졌다**. ②원치 않는 방향이나 어쩔 수 없는 상태가 됨. ≒뻔지다. ¶그리서 일이 글러 **번졌쥬**./약속이구 뭐구 다 깨져 **번졌유**.

벌레-팅이 표벌레-퉁이 명벌레 먹은 과일이나 재목. ¶떨어진 밤이 다 **벌레팅이**네.

벌 : 벌-허다 표벌벌-떨다 동①무서워 떨다. ¶그먼헌 일루다가니 **벌벌허믄** 무슨 큰일을 허겄어. ②재물 따위를 몹시 아끼다. ≒벌벌떨다. ¶이구, 주븐(周邊)머리 읎넌 놈 같으니라구. 돈 몇만 원 개지구 **벌벌허다가** 좋은 기회를 놓쳤군.

베락-치기 표벼락-치기 명일이 다다라서야 급히 서두르는 방식이나, 그러한 일. ¶섬이 니얼인디 큰일이여. **베락치기**빼니 방법이 읎다니께.

베랑 표별루 무 '별/별(別)+앙(접사)→브랑>베랑'. 뒤에 오는 부정어와 호응하여, 이렇다 하게 따로. 그다지 다르

게. ≒브랑. 벨루. ¶난 으죽은 **베랑** 좋아허덜 않넌디.

베려-번지다 표버리다 동(자) 진행되던 일이 그릇되다. ¶일이구 나발이구 다 **베려번졌유**. 오티기 허넌 일마두 다 **베려번지넌지** 통 알 수가 읎네유.

베룻-독[-룯똑] 표벼룻-돌 명벼루. ¶여깄던 **베룻독** 늬가 쳐났니? 그 **베룻독** 저짝이 있잖유.

베리다¹ 표버리다 동(타) 불에 달구어 날카롭게 만들다. ¶낫을 **베리다**./칼을 **베리다**.

베리다² 표버리다/틀어지다 동'버리다>베리다'. 진행하던 일이 잘못되거나 쓰던 물건이 고장이 나다. ≒틀어지다. ¶냉장고가 을 **베렸군**./인저 그 일은 완전히 **베린** 겨.

베슬¹ 표볏 명닭이나 꿩 따위의 이마 위에 붉고 시울이 톱니처럼 세로로 붙은 살 조각. ≒베실. ¶닭두 늙으니께 **베슬**이 허옇게 세넌구먼.

베슬² 표벼슬 명☞ '베실²'.

베슬-질[-찔] 표벼슬-길 명☞ '베실질'.

베슬-살이[-사리] 표벼슬-살이 명 ☞ '베실살이'.

베슬-아치[-스라-] 표벼슬-아치 명 ☞ '베실아치'.

베슬-자리[-짜-] 표벼슬-자리 명☞ '베실자리'.

베슬-허다 표벼슬-하다 동(자) ☞ '베

실허다'.

베실¹ 표벗 명☞'베슬¹'.

베실² 표벼슬 명'벼슬(官爵)>벼슬>베슬>베실'. 관청에 나가서 보는 나랏일, 또는 나랏일을 보는 자리. =베슬. ¶구장 된 게 뭔 **베실**이라구 으시대구 댕긴다니?

베실-질[-찔] 표벼슬-길 명벼슬을 사는 길 =베슬질. ¶양반두 돈 읎으믄 **베실질**이 올르지 뭇 허넌 뱁이여.

베실-살이 표벼슬-살이 명벼슬아치 노릇을 하는 일. =베슬살이. ¶**베실살이**를 마치다.

베실-아치 표벼슬-아치 명벼슬을 하는 사람. 관원. =베슬아치. ¶**베실아치**나 따러댕기매 손바닥 비비넌 사람이질 꼴비기 싫은 겨.

베실-자리[-짜-] 표벼슬-자리 명관직의 자리. =베슬자리. ¶**베실자리**는 즉은디 베슬 헐라넌 사람은 많으니께 베슬 그륵이 맨날 깨지구 찌그러지는 거여.

베실-허다 표벼슬-하다 통(자) 벼슬자리에 오르거나 벼슬자리에 앉다. =베슬허다. ¶공무원 섬이 떡허니 붙었이니께 나두 인전 **베실헌** 거여.

베-토매[베-/벤-] 표벗-단 명벼를 베어 묶어놓은 단. ¶나와 동생은 죙일 **벳토매**를 날르구 아부지와 아저씨덜은 베바심을 혔다.

벡겨-내다[벡껴-] 표벗겨-내다 통(타) ☞'벳겨내다'. ¶퇴껭이의 가죽을 **벡겨냈다**.

벡겨-지다[-껴-] 표벗겨-지다 통(자) ☞'벳겨지다'. ¶옷이 작어서 잘 안 **벡겨진다**.

벡기다[-끼-] 표벗기다 통☞'벳기다'. ¶갸는 맨날 빨개벗구 댕이넌 애닝께, 옷을 **벡기구** 말구 헐 것두 읎어.

벡-돌[-똘] 표벽-돌(壁-) 명'벽(壁)+돌(石)→벽돌>벡돌'. 진흙이나 모래, 시멘트 따위를 반죽하여 네모진 틀 속에 박아 만든 건축용 돌. =븍ː돌. ¶**벡돌** 하나락두 흐투루 낭비허덜 말어. 땅 열 질을 파보라구 **벡돌** 한 장이 기냥 나오나.

벨루 표별로 부☞'베랑'이 표준어화한 말.

벨르다 표벼르다 통(자) 어떤 일을 이루고자 준비를 하고 기회를 엿보다. =블르다. ¶지가 그 일을 헐라구 **벨르넌** 중이유./**벨르구 벨러서** 제우 옷 한 벌 산 거여.

볍-쌀 표볍-쌀 명'벼(禾)+쌀(米)'. 보리쌀이나 좁쌀에 대하여 쌀을 달리 일컫는 말. ¶**볍쌀**을 팔어오너라 있넌 돈을 다 썼구먼유.

볍-씨 표볍-씨 명못자리에 뿌리는 벼의 씨앗. =씻나락. 븝씨. ¶병해충이 강헌 **볍씨**라구 히서 뿌려보긴 허넌디 오떨라넌지는 아즉 물르겄네.

볏-가리[볟까-] 표볏-가리 명볏단을 쌓아놓은 더미. =붓가리. ¶**볏가리**가 있년 걸 보니 갈걷이 끝냈구먼.

벳겨-내다[벧껴-] 표벗겨-내다 동(타) 강제로 벗게 하여 떼어 내다. =벡겨내다. 벅겨내다. ¶쇠붙이에 더덕더덕헌 녹을 **벳겨내었다**.

벳겨-지다[벧껴-] 표벗겨-지다 동(자) 벗김을 당하다. =벡겨지다. 벅겨지다 ¶억울험이 **벳겨졌다**.

벳기다[벧끼-] 표벗기다 동'밧-(脫)+기(접사)+-다→벗기다>벳기다'. (타) ①벗게 하다. ¶바지를 **벳기다**. ②껍질이나 가죽 따위를 떼어 내다. ¶소 가죽을 **벳기다**. ③겉에 묻은 것을 없애거나 닫힌 것을 열게 하다. ¶목간통이 들어가 묵은 때를 **벳겼다**. (자) '벗다'의 피동. 벗음을 당하다. =벡기다. 벅기다. ¶그 애는 우잇도리가 **벳긴** 채루 운동장일 뛰어야 혔다.

벳-단[벧딴] 표볏-단 명☞'베토매'.

벳-동[벧똥] 명☞'벳동가리'. ¶이야, 농사가 참 크구먼. 이거 **벳동**이 몇이나 되능 겨?

벳-동가리[벧똥-] 명'벼(禾)+ㅅ+동(塊/棟) +가리(접사)→볏동가리>벳동가리'. 볏단을 쌓아 놓은 무지. =벳가리. ¶**벳동가리**를 다 쌓으믄 밥덜 먹자구./산만침이나 헌 **벳동가리**가 논마두 가득허구나.

벳-섬[벧섬] 표볏-섬 명☞'벳슴'. ¶애덜 갈칠라믄 **벳섬**이나 매상혀야지.

벳-슴[벧씀] 표볏-섬 명①벼를 담은 섬. ¶**벳슴**을 욍겨야 허넌디 손이 부족허구먼. ②벼를 담은 얼마쯤의 섬. =벳섬. ¶**벳가리**를 보니 **벳슴**이나 했겄넌 걸./**벳슴**이나 매상헐까 힜더니 쌀갑이 똥갑이여.

벳-짚[벧찝] 표볏-짚 명'볏짚>벳집'. 벼의 이삭을 떨어내고 남은 줄기. ¶**벳짚**은 뭐덜라구 욍기는 겨. **벳짚** 점 뫄놨가니 소를 멕일라구 그러지.

벼개 표베개 명☞'버개'.

보리-꺼럭 표보리-까락 명보리의 이삭의 끝에 붙은 수염이나, 그 동강. ¶보리를 털었더니 왼 집안이 **보리꺼럭** 이루 덮였구먼.

보:물-슴[-씀] 표보:물-섬(寶物-) 명①보물이 감춰져 있는 섬. ¶그게 애기 속이서나 있넌 거지 시상이 **보물슴**이 오디 있겄넌가? ②<문학>영국의 스티븐슨(R.L.stevenson)이 지은 장편 모험소설.

보새기 표보시기 명'보슥(沙鉢)+기(접사)→보새기'. 반찬 그릇으로 많이 쓰이는 작은 사발. ¶**보새기**가 여러 개 있으야겄넌디. 의명보시기를 세는 단위. ¶그게 보매는 째끔인 거 같어두시 **보새기**나 되는 거여.

보십 표보습 명'보삽(步鋪)→보습>보십/보십'. 쟁기 끝에 붙은 삽 모양의 쇳조각. ¶독자갈밭이라 **보십**이 짚이 백히질 않여.

보태기 표더하기 명'보타-(加)+기(접

사)→보태기'. ①모자라는 것에 더해 채움. ②이미 있는 것에 더하여 많아지게 하다. ¶울 아는 **보태기**는 잘 허넌 디 빼기는 응 못 허네, 오쩐댜?

복사[-싸] 표복숭아 명<식물> '복쇼아>복사'. 복숭아나무의 열매. 식용의 담홍색 과실. ¶지사상이 못 올러가넌 게 **복사**여.

복사-나무[-싸-] 표복숭아-나무 명 ☞ '복사낭구'. ¶**복사나무** 가징이가 구신을 쫓넌다./**복사나무**골이 복사꽃이 흐드러졌다.

복사-낭구[-싸-] 표복숭아-나무 명 <식물> '복숑/복쇼아(桃)+낡(木)+우(접사)→복사남구>복사낭구>복사나무>복숭아나무'. 장미과의 낙엽 소교목. 씨는 약용으로, 열매는 식용으로 쓴다. ¶**복사낭구**는 가징이를 안 쳐주믄 개복사가 열려.

복사-꽃[-싸꼳] 표복숭아-꽃 명복숭아나무에 피는 꽃. ¶즈 산일 잘 보란 말여. 온 산이 꽂이잖어. 왼통 흐연 것은 뺏꽂이구, 벌건 것은 **복사꽃**이여.

복사-뻬[-싸-] 표복사-뼈 명<생물> '복쇼아(桃)+뻬(骨)→복사뻬'. 발목의 양 옆으로 둥글게 나온 뼈. ¶**복사뻬**가 뿌러졌다니 큰일이구먼. **복사뻬**는 잘 붙두 않넌다넌디.

복사-씨[-싸-] 표복숭아-씨 명복숭아 속에 있는 딱딱한 씨. 한약재로 쓴다. =도인(桃仁). ¶산이서 광주리 가득 따온 것이 개복사여. 엄니는 일일이 그 살을 벡겨내구 **복사씨**를 깨쳐 속씨를 ㅍ내 말렸지.

봄-뉘 : 표봄-누에 명5~6월, 봄철에 치는 누에. =봄누여. 춘잠(春蠶). ¶**봄뉘** 칠 즉의 몸뗑이가 싯이래두 무잘러.

봄-츨 표봄-철 명네 철 가운데, 겨울과 여름 사이의 계절. 춘즐기(春節期). ¶귀경 중인 **봄츨** 꽃귀경이 젤이라닝께. 벨 미친 눔덜 같으니, 바뻐 죽겄넌 **봄츨**이 놀러댕길 생각을 허다니.

봉어리 표봉우리 명 '봉(峯)+수리(頂)→봉수리?>봉우리/봉어리'. 산의 꼭대기. =산봉어리. ¶**봉어리**마두 눈이 쌓였는디 아츰나즐이믄 해가 비쳐 눈이 부실 지경이더라구.

부레끼 표브레이크(brake) 명①기계의 운전 속도를 제어하기 위한 장치. 멈춤 장치. ¶운즌은 조심히야지, **부레끼**를 그렇기 꽉꽉 잡지 말어. ②어떤 일을 멈추게 하거나 못하게 하는 일. ¶내가 머 점 헐라믄 이눔이 꼭 쩌들어서 **부레끼**를 거네.

부셔-지다 표부서-지다 동(자) ①단단한 물체가 깨어져 여러 조각이 나다. ¶유리창이 **부셔졌다**. ②어떤 물건이 쓸 수 없게 헐어지거나 깨어지다. ¶장낭감이 밟혀서 다 **부셔졌다**.

부수수-허다 표부스스-하다 형 ☞ '부시시허다'. ¶얼굴이 **부수수헌** 거 보닝께 밤새 잠 못 잤구먼.

부시다 표부수다 동(타) ①단단한 물체를 여러 조각이 나게 두드려 깨뜨리다. ②만들어진 물건을 두드리거나 깨뜨려 못 쓰게 만들다. ¶말루 히두 될 것을 왜 줍시는 **부시구** 지랄이여?/기갈든 넘이 담배락 **부신다구**, 시방 내 속이 열불나닝께 말릴 생각덜 말어.

부시래기 표부스러기 명잘게 부스러진 물건. 하찮은 물건. ¶**부시래기**는 썰디읎잖어. 다 내뻐리자구.

부시럭 표부스럭 부마른 잎이나 검불, 종이 따위를 밟거나 건드릴 때 나는 소리. ¶븍장(壁欌)이 새양쥐가 들었넌지 **부시럭** 소리가 난다.

부시럭-거리다[-꺼-] 표부스럭-거리다 동마른 잎이나 검불, 종이 따위를 밟거나 건드리는 소리를 자꾸 내다. ¶잠 자게 **부시럭거리지** 점 말어.

부시럭-대다[-때-] 표부스럭-대다 동☞'부시럭거리다'.

부시럭-부시럭 표부스럭-부스럭 부☞'부시럭'.

부시럭지[-찌] 표부스럭지 명☞'부시래기'.

부시럼 표부스럼 명'븟-(碎)+으+름(접사)→브스름>부스럼>부시럼>부시럼'. 살갗에 생기는 종기. ¶개려워 막 긁었더니 **부시럼** 딱쟁이가 떨어져 피가 났다.

부시시¹ 표부스스 부①머리카락, 털 따위가 어지럽게 일어나거나 흐트러져 있는 모양. ②누웠다가 슬그머니 일어나는 모양. =부수수. ¶잠들었던 어른내가 **부시시** 눈을 뜨더니 갑자기 날 부르는 겨.

부시시² 부크게 일어났던 불꽃이 기운을 잃고 꺼져가는 모양이나 소리. ¶비가 오닝께 장적불이 **부시시** 꺼져가넌디 큰일났더라구.

부시시-허다 표부스스-하다 형머리카락이나 털 따위가 어지럽게 일어나거나 흐트러져 있다. =부수수허다. ¶머리가 **부시시헌** 거 보닝께 시방 일난 거구먼.

부진-부진 표부득-부득 부시키지 아니한 일을 하겠다고 억지스럽게 우기거나 조르는 모양. ¶시키지두 않은 일을 **부진부진** 허겄다구 허더니 그새 나가 떨어진 거여?

부집다[-따] 표부딪다/부딪치다 동(자) 무엇에 강하게 맞닿다. ¶머리를 븍(壁)이다 **부집어서니** 이마이 혹이 생겼어.

불어-늫다[-느타] 표불어-넣다 동(타) 어떤 생각이나 의식을 가질 수 있도록 영향을 주다. ¶얌즌헌 츠녀헌티 왜 자꾸 콥바람을 **불어늫넌** 겨?

부라우쓰 표블라우스 (blouse) 명여자나 아이들이 입는 셔츠 모양의 낙낙한 웃옷. ¶날이 올마나 춘디 **부라우쓰**만 입구 오딜 갈라구 그러능가?

비누-깍 표비누-갑 명☞'비누꽉'.

비누-꽉 표비누-갑 명'비누(石鹼)+ㅅ+곽(匣)→비눗곽/비누꽉'. 비누를 넣은 작은 상자. ¶누가 **비누꽉**을 물통 속이다 빠쳐논 겨?/**비누꽉** 속이 비누가 다 녹어뻔졌군.

비니루 표비닐(vinyl) 명비닐 수지나 비닐 섬유를 이용하여 만든 제품을 통틀어 이르는 말. ¶비 오넌 디 기냥 가지 말구 **비니루** 유산이래두 쓰구 가.

비다¹ 표보다 보형앞말이 뜻하는 상태를 추측하거나 어렴풋이 인식하고 있음을 나타내는 말. 주로 '-개 비다'의 형태로 쓰인다. ¶우덜은 암만히두 안 되는개 **벼**./개는 밥두 지대루 뭇 먹넌 개 **빈디** 우덜이 점 도와줄 수 읎으까?/넌 참 을띠긴개 **비다**./너는 책을 되게 좋아허넝개 **비다**./열심히 일을 헐래나 **비다**.

비ː다² 표베ː다 동(타) ①칼이나 낫 따위로 무엇을 자르거나 가르다. ¶깔을 **비다가니** 손을 **볐다닝께**./낫이루 벼를 **빈다**. ②날이 있는 물건으로 상처가 나다. ¶칼한티 **벼서** 상채기가 났다.

비ː다³ 표베다 동누울 때, 베개 따위를 머리 아래에 받치다. ¶엄니 무르팍을 **비구** 자믄 되게 픈(便)히여.

비-서르지 표비-설거지 명비가 오려 할 때, 비에 맞으면 안 되는 물건을 덮거나 집안으로 들이는 일. ¶**비서르지**를 맥겼더니 맵방석이 떠내려가더락 이눔은 뭣허구 있었댜?

비얄 표비탈 명산이나 언덕 따위가 기울어진 상태나 정도. 또는 그렇게 기울어진 곳. ¶**비얄** 아래루 돌팍덜이 굴러네렸다./너머 어덕진 **비얄**인 올러 가덜 말어.

비얄-밭[-받] 표비탈-밭 명경사가 진 곳에 있는 밭. 경사진 언덕배기나 산을 일궈 가꾼 밭. ¶**비얄밭**이 심은 수수랑 들깨 모종이 지법 잘 자랐어.

비얄-지다 표비탈-지다 동(자) 지세가 몹시 가파르게 기울어져 있다. ¶산길이 **비얄져서** 댕기기가 아주 심들다.

비얄-질[-찔] 표비탈-길 명비탈진 산길이나 언덕길. ¶깔짐을 지구 오다가 **비얄질서** 자뻐져서 다리가 뿌러졌다.

비우 표비위(脾胃) 명☞'비우짱'. ¶난 꼴신 것을 보믄 **비우**가 꽉 상히버린다닝께.

비우-짱 표비위(脾胃) 명'비우(脾胃)+ㅅ+장(접사)→비웃장/비우짱'. 음식이나 일에 대한 적응 정도. ¶그런 것두 막 먹넌 것 보닝께 넌 **비우짱**이 참 좋구나./갠 **비우짱**이 너머 좋아서 탈이라닝께.

비젓-비젓[-젇-젇] 표비슷-비슷 부여럿이 다 거의 같은 모양. ¶둘이 노년 모냥이 **비젓비젓** 닮었네.

비젓비젓-허다[-젇-저터-/-젇-젇터-] 표비슷비슷-하다 형두 개의 대상이 서로 닮은 데가 많다. ¶생긴 모냥이 다 **비젓비젓허니께** 통 헷갈리는구먼.

비젓-허다[-저터-/-전터-] 표비슷-하다 형①두 개의 대상이 서로 일치하는 점이 많은 상태에 있다. ¶형제가 서루 비젓허서 헛갈릴 때가 많여. ②무엇이라고 짐작되는 상태에 있다. ¶네 할아버지 비젓헌 사람이 지나가던디.

빗자락[비짜-] 표비 명'비(彗)+ㅅ+자락(帳)'. 싸리, 수수 따위로 만든 먼지나 쓰레기를 쓸어 내는 기구. ¶빗자락이루다가 눈을 쓸었다./빗자락이루다가니 방을 쓸었는디.

빗자락-질[-짜-찔] 표비-질 명비로 방, 마루, 마당 따위를 쓰는 일. ¶마당이나 질을 쓸 땐 빗자락질을 바같이루 허넌 겨. 안이루 빗자락질허믄 몸디기가 집안이루 다 들어오잖어.

빗자락질-허다[-짜-찔-] 표비질-하다 명(타) 방이나 마루, 마당 따위를 쓸다. ¶안마당을 깨깟허게 빗자락질혜 두거라.

빚-데미[빋떼-] 표빚-더미 명많은 빚을 빗대어 이르는 말. =빚더미. ¶재벌덜은 돈데미를 깔구 살구, 스민덜은 빚데미에 처죽으래능 겨, 뭐여? 그려, 우덜은 빚데미에 처죽나 늬덜이 농약 먹구 디지나 두구 보자이.

브랑 표별로 부 ☞ '베랑'의 원말. ¶난 공부허넌 건 브랑 좋아허덜 않히여.

븍:-돌[-똘] 표벽-돌(壁-) 명'벽/븍(壁)+돌(石)→벽돌/븍돌>벽돌'. ☞ '벡돌'. ¶군 븍돌이 튼튼헌디 돈이 무

지라닝께 벨 수 읎이 회븍돌(灰壁-)을 쓰게 되더라구.

블:르다 표벼르다 동(자) ☞ '벨르다'. ¶블르구 블러서 산 건디 잃어비려서니 속상혜 죽유.

븝-씨 표볍-씨 명 ☞ '썻나락'.

붓-가리[-를까-] 표볏-가리 명 ☞ '벳가리'.

붓-짚[븓찝] 표볏-짚 명 ☞ '벳짚'. ¶요즘은 붓짚두 다 돈이여. 소덜 멕인다구 붓짚 한 뭇두 기냥 안 줘.

빠띠리다 표빠뜨리다 동(타) ☞ '빠치다'.

빠:치다 표빠뜨리다 동(타) ①물이나 허방, 또는 어떤 깊숙한 곳에 빠지게 하다. ¶장낭허다가 책을 물이다가 빠쳤구면유. ②어려운 지경에 놓이게 하다. ¶이우지를 함증(陷穽)이다가 빠치구두 잘 사나 보자구려. ③부주의로 물건을 흘리어 잃어버리다. ¶쯧쯔, 목수라넌 사람이 은장을 빠치구 댕기다니./중요헌 서류니께 빠치지 말구 잘 챙겨와라.

빨가다 표빨갛다 형 ☞ '빨갛다>빨가다'. 붉은빛을 가진 상태에 있다. ¶원생이 똥구녕은 빨가구유, 봉숭아 물딜인 내 송꼬락두 빨가유.

빨가-벗다[-벋따] 표발가-벗다 동 ☞ '빨개벗다'.

빨개-벅기다[-벅끼-] 표발가-벗기다 동(타) '빨개벗기다>빨개벅기다(변자

음화)'. ☞ '빨개벳기다'.

빨개-벗다[-벋따] 표발가-벗다 동(자) 알몸이 되도록 입은 옷을 모두 벗다. ¶다 큰 넘이 챙피허게 **빨개벗구** 댕기믄 오티기여?

빨개-벳기다[-벤끼-] 표발가-벗기다 동(타) 알몸이 드러나도록 남의 옷을 벗기다. ¶느들 자꾸 으른덜 말 안 들으믄 확 **빨개벳길** 겨./어른내를 씩길라구 **빨개벳겼다**.

빨랫-독[-랟-똑] 표빨랫-돌 명빨랫감을 올려놓고 문지르거나 두드리기 위해 바닥에 놓은 넓적한 돌. =빨랫돌. ¶이런, 개우장 **빨랫독** 위다가 시숫대야를 놓구 왔구먼./우물 옆이 **빨랫독**은 누가 치웠는감?

빨르다 표빠르다 형어떤 동작에 걸리는 시간이 짧다. 어떤 일의 과정이나 기간이 짧다. ¶잰 무쟈게 **빨르게** 달린다이. 나두 재차람 **빨르게** 달리구 싶어.

빼싹 표바싹 부 ☞ '배싹'의 센 말.

빼짝 표배짝/비쩍 부살가죽이 쪼그라질 정도로 마르거나 야윈 모양. '배짝'보다 센말. ¶메칠 몸살 않더니 얼굴이 **빼짝** 빠졌군.

빼쭉-허다[-커다] 표빼쭉-하다 형물체의 끝이 날카롭다. '빼족허다'의 센말. ¶턱이 **빼쭉헌** 게 살이 쏙 빠졌더라니께.

뺨-따구 표뺨-따귀 명 ☞ '쌈대기'.

뺨-때기 표뺨 명 ☞ '싸대기'. ¶우리애가 오믄 잘못을 핐년지는 물러두 여점 봐유, 애 **뺨때기**를 이렇기 팰 수 있능규?

뻐개다 표빠개다/뽀개다 동(타) ①작고 단단한 물건을 둘로 가르다. ¶장적을 **뻐개다**. ②어떤 일을 틀어지게 하다. ¶동지(洞契)를 **뻐개서** 돈을 노나 가졌다.

뻐팅기다 표버티다 동 ☞ '버팅기다'의 센말.

뻔지다 표버리다 보동 ☞ '번지다'의 센말. ¶쓸디두 읎넌 것이닝께 기냥 베려 **뻔져유**./배 고픈디 우덜이 먹어 **뻔지쥬**?

뻣[뻗] 표버찌 명벚나무의 열매. ¶**뻣** 따러 산이 가년 중이구먼유. 낫이래두 들구 가야지 **뻣**을 맨손이루 딸래능 겨?

뻣-꽃[뻗꼳] 표벚-꽃 명벚나무의 꽃. ¶예산서 신례원 가넌 짝이루 큰 질이 났넌디, 거가 **뻣꼿**질이랴. 뻣나무 수백 개가 늘어서 있는디 사월이믄 **뻣꼿**이 장관이라닝께.

뻣-나무[뻔-] 표벚-나무 명 ☞ '뻣낭구'. ¶**뻣나무**인 왜 자꾸 올러가능 겨? **뻣나무**이 올라갔다가 가징이가 뿌러지믄 뻔넌 수가 있단 말두 못 들었냐?

뻣-낭구[뻔-] 표벚-나무 명<식물> '표준화 과정→뻣낭구>뻣나무>벚나무'. 장미과의 낙엽 활엽 교목. ¶**뻣낭구**이 올라가믄 뻔넌다구? 말두 안 되넌 소리허네. 그럼 살구낭구이 올러가믄 사능 겨?/으낭낭구나 호두낭구가 뿌러지지, **뼛낭구**가 뿌러지는 것 봤남? **뼛낭구**서는 잔가징이만 잡구 있어두 즐대 뿔을 일이 읎능 겨.

뼈-다구 [표]뼈-다구 [명]'뼈(骨)+다구(접사)→뼈다구/뻬다구'. ☞'뼉대기'. ¶**뼈다구**까장 안 쑤시넌 디가 읎어.

뼈다구-국[-꾹] [표]뼈다귓-국 [명] ☞'뼉대기국'. ¶**뼈다구국**을 끓였다더니 하나두 안 냉기구 발써 다 먹은 거유?

뼉-다구[-따-] [표]뼈-다귀 ☞'뼉대기'.

뼉-대기[-때-] [표]뼈-다귀 '뼈(骨)+ㅅ+다구(접사)→뼉다구>뼉대기(전설모음화/변자음화)'. 뼈의 낱개. 또는 '뼈'를 속되게 이르는 말. ¶육간집 사람덜이라 **뼉대기**를 잘 추리너먼./기왕 왔이니 **뼉대기**라두 점 챙겨가유./몸보이는 **뼉대기**를 푹 과먹넌 게 최고라니께.

뼉대기-국[-때-꾹] [표]뼈다귓-국 [명] 동물의 뼈를 고아 만든 국. =뼈다구국. ¶기운읎을 땐 **뼉대기국**을 끓여서 먹어봐.

뻬 [표]뼈 [명]'쎠>뻬'. ①척추동물의 살 속에서 그 몸을 지탱하는 단단한 물질. ¶**뻬**가 있는 동물을 측추동물이라 혀. ②구조물의 얼거리나 사물의 핵심.

뻬-끝[-끝] [표]뼈-끝 [명]뼈마디의 끝부분. ¶**뻬끝**이 쿡쿡 쑤시매 아픈디 환장허겄네.

뻬-다구 [표]뼈-다귀 [명] ☞'뼉대기'. ¶

올마나 배가 고팠던지 **뻬다구**까장 다 먹었어.

뻬-도장 [표]뼈-도장(圖章) [명]동물의 뼈를 이용해 만든 도장. ¶그 냥반은 도장두 **뻬도장**을 쓴댜.

뻬-마디 [표]뼈-마디 [명]①뼈와 뼈가 이어진 부분. 관절. ¶**뻬마디**가 쑤시넝 걸 보닝께 비가 올래나 벼. ②뼈 낱낱의 토막.

뻬물다 [표]뼈물다 [동]단단히 벼르다. ¶이번인 그냥 안 두겄다구 속이루 **뻬물었다**.

뻬-빠지다 [표]뼈-빠지다 [동]감당하기 힘든 어려움을 견디며 온 힘을 다하다. ¶누군 **뻬빠지게** 일허구, 누군 판판히 놀구 이러믄 불공풍(不公平)허잖나?/**뻬빠지게** 농삿일 히봤자 뭐히여. 남넌 게 읎으니 다 허당이지.

뻬-아프다 [표]뼈-아프다 [형]어떤 감정이 뼈에 사무치도록 깊다. =뻬저리다. ¶다 이긴 판을 말두 안 되년 실수루 지다니 **뻬아프구먼**.

뻬-저리다 [표]뼈-저리다 [형] ☞'뻬아프다'. ¶그가 떠난 뒤서야 몸 아픈 거버덤 맘 아픈 게 더 **뻬저리다**는 걸 알었다.

뼉-가루[-까-] [표]뼛-가루 [명] ☞'뼛가루'가 변자음화한 형태. ¶생선 **뼉가루**를 곱게 빠셔서니 다친 데 발르거라.

뼉-골[-꼴] [표]뼛-골 [명] ☞'뼛골'이 변자음화한 형태. ¶**뼉골** 빠지게 고생허다./쓸디읎는 디다가 **뼉골**을 다 뺐다.

뼉-다구[-따-] [표]뼈-다귀 [명] ☞'뼉

대기'.

뻿-가루[뻗까-] 표뼛-가루 명뼈를 갈아 생긴 가루. 골분(骨粉). =뼉가루. ¶수목장(樹木葬)이래나 머래나, 나무 밑이다가 **뻿가루**를 뿌리구 말았구먼.

뻿-골[뻗꼴/뻗꼴] 표뼛-골 명<의학> 골수(骨髓). =뼉골. ¶정일 괭이질을 헸더니 **뻿골**까장 노근노근허구먼.

뻿-속[뻗쏙] 표뼛-속 명뼈의 속 부분. 골수(骨髓).

뻿-조각[뻗쪼-] 표뼛-조각 명나누어진 뼈의 부분. 골편(骨片). ¶올마나 배가 고팠으믄 통닭을 **뻿조각** 하나두 안 냉기구 다 먹었다니?

뽑히다[뻬피-/뻡피-] 표뽑히다 동(자) '뽑-(擢)+히(접사)+-다→뽑히다>뻡히다>뻽히다'. '뽑다'의 피동사. 뽑음을 당하다. ¶심을 주자 나무가 뿌리째 **뻽혀** 나왔다./그녀는 승거를 통해서 부녀회장이루 **뻽혔다**.

뻥끼 표페인트(paint) 명①'페인트'의 일본식 말. ¶문간이다가니 **뻥끼**라두 칠히야 쓰겠네. ②남을 속이는 것을 뜻하는 속어. ¶그 눔이 **뻥끼**에 또 넘어갔군.

뼈-물다 형낫날이나 톱날, 도끼날 따위의 한 부분이 떨어지거나 휘어져 상한 상태에 있다. ¶장적을 뻐개다가 잘못히서 모댕(모탕) 아래의 돌팍을 찍었더니 도끼날이 잔뜩 **뼈물어**버렸어.

뽀루수 표보리수(菩提樹) 명여름이나 가을철에 붉게 익는, 보리수나무의 열매. ¶우덜 클 적이 추석이 되믄 생물허러 가다가니 째끄만 **뽀루수**를 따 먹군 힜잖어. 근디 요새 **뽀루수**는 손톱만헌 게 여름이 익넌단 말여.

뽀루수-나무 표보리수-나무(菩提樹-) 명☞'뽀루수낭구'. ¶우리 마당 밑이두 **뽀루수나무**가 두 개 있넌디, 여서 뽀루수를 두어 말이나 딴다닝께.

뽀루수-낭구 표보리수-나무(菩提樹-) 명<식물> '표준어화 과정→뽀루수낭구>뽀루수나무'. 뽕나뭇과의 활엽수. ¶부처가 보리수 아래서 득도를 힜대서니 보리수가 먼가 힜더니 말여. 그게 알구 보닝께 **뽀루수낭구**더라구.

뽀리수 표보리수(菩提樹) 명☞'뽀루수'의 이형태. '뽀루수'에 비해 쓰임 빈도가 낮다. ¶뽀리수는 딴 충청도 동네서 쓰넌 말이구 예산이선 **뽀루수**라닝께.

뽄-때 표본-새/본-때(本-) 명본디의 생김새. 또는 어떠한 동작이나 버릇의 됨됨이. ¶이구, 허구댕기넌 **뽄때**가 그게 뭐여? 갠 오티기 히두 **뽄때**가 안나./내가 그눔헌티 **뽄때**를 한 번 뵈주구 말 겨.

뽄-뜨다 표본-뜨다(本-) 동①무엇을 본보기로 삼아 그대로 좇아 하다. ¶넘이 꺼만 **뽄떠서** 허믄 지짓이 뭇 되는 겨. ②옷 마름질이나 뜨개질, 자수 따위에서 바탕을 뜨는 일. 또는 그 바탕. ¶지대루 **뿐떠야** 지대루 된 옷이 된다혔잖어.

뽕-잎새[-닙쌔] 표뽕-잎 명☞ '뽕잎새기'.

뽕-잎새기[닙쌔-] 표뽕-잎 명누에의 먹이가 되는, 뽕나무의 잎. =뽕잎. 뽕잎새. ¶날 더운디 왠 군불을 때넝 겨? 비가 와서니 물뽕을 땄잖유. **뽕잎새기**를 방이다가 허쳐 말릴라구 그러너먼유.

삐뚤-빠뚤 표삐뚤-빼뚤 부물체가 이쪽저쪽으로 자꾸 구부러지거나 흐트러진 모양. =삐뚤빼뚤. ¶글씨를 **삐뚤빠뚤** 쓰지 말구 지대루 써봐.

삐뚤빠뚤-허다 표삐뚤빼뚤-하다 형물체가 이쪽저쪽으로 구부러져 있거나, 바르지 있다. =삐뚤빼뚤허다. ¶글씨 모냥이 **삐뚤빠뚤헌** 게 그게 뭐냐?

ㅅ

사내-자석 표사내-자식(-子息) 명 '표준어화 과정→사내자식>사내자슥>사내자식'. ①아들을 속되게 이르는 말. ¶아랫 동네 홀애비가 하나빼끼 읎넌 열 살배기 **사내자석**이 어디 점 아프다구 어제 난리를 쳤다너먼. ②남자를 속되게 이르는 말. =사내자슥. 사내자식. ¶**사내자석**이 고만헌 일루 질질 짜구 댕기문 안되지.

사내-자슥 표사내-자식(-子息) 명 ☞'사내자석'.

사둔 표사돈(查頓) 명 혼인으로 맺어진 두 집안의 사람들이 서로 상대를 이르는 말. ¶**사둔**이 너머 젊어서니 자주 찾어보기가 점 그려. 그려두 큰일 있으니 **사둔헌티** 은락(連絡)히야 쓰덜 않겠남?

사둔-댁[-땍] 표사돈-댁(查頓宅) 명 서로 혼인 관계로 맺어진 집. ¶**사둔댁**이 큰일이 생겼다넌디 댕겨와야 쓰지 않겠유?

사랑-시럽다[-따] 표사랑-스럽다 형 사랑하고 싶도록 예쁜 구석이 있다. ¶째끄만 게 허넌 짓마두 올마나 **사랑시런지** 물른다닝께.

사우 표사위 명 딸의 남편. ¶큰사우를 맞이허다.

사:춘 표사:촌(四寸) 명 부모의 형제자매의 아들이나 딸.

사:춘-엉아 표사:촌-형(四寸兄) 명 '사촌(四寸)+형(兄)+아(조사)'. 사촌 형제 중 손 위의 남자. ¶심심히서 **사춘엉아**한티 놀러가유.

사출 표사철(四-) 명 봄, 여름, 가을, 겨울의 네 철. =사계즐(四季節). 네슬. ¶뭐래두 점 히 봐. **사시사출** 집안이 처백혀만 있을 겨?

사출-나무 표사철-나무(四-) 명 <식물> 노박덩굴과의 상록 관목. ¶씰디읎넌 **사출나무**는 뭐딜래능 겨? 사츩나무가 보기에 좋잖유. 그래서 울타리 옆이다가 몇 개 꽂을라구유.

사치-시럽다[-따] 표사치-스럽다(奢侈-) 형지나치게 호사를 꾸밈. ¶암것두 없는 것이 **사치시럽게** 꾸미기만 허믄 뭐혀?

사:팔-띠기 표사:팔-뜨기 명눈동자가 비뚤어져 무엇을 모로 보는 사람을 낮잡아 이르는 말. =사시안(斜視眼人). 사시(斜視). ¶**사팔띠기**라구 한 번만 더 놀리믄 기냥 안 둔다이.

사회-믄 표사회-면(社會面) 명<언론> 신문에서 사회와 관계된 기사를 싣는 지면. ¶어른내 승추행 기사가 **사회믄**이 흔허다던디 말세여.

사흔-부 표사헌-부(司憲府) 명<역사> 고려·조선 시대의 행정기관의 하나. ¶**사흔부**(司憲府)는 증사를 논의허구 풍속을 바루잡으매 관리의 비행을 조사, 규탄허는 일을 맡어보던 관아였다.

사깟[-깓] 표삿갓 명'샅(簟)+갓(笠)→삿갓>삭갓/사갑(변자음화)'. 대오리나 갈대로 엮어서 비나 볕을 피하기 위해 쓰는 갓. ¶**사깟**두 안 쓰구 비 맞이매 모 심년라구 고생했구먼.

삭쟁-이[-쨍-] 표삭정-이 명☞ '삭징이'. ¶울아부지는 **삭쟁이** 따러 산이 갔유.

삭징-이[-찡-] 표삭정-이 명'삭정(腐蝕枝)+이(접사)→삭정이>삭젱이>삭징이'. 말라죽은 나뭇가지. ¶불을 펴야 허니께 **삭징이**를 뫄와야 허겄다.

산-고랑[-꼬-] 표산-골/산-골짜기 명①외지고 으슥한 깊은 산속. ¶설 사람이 머 땜이 이런 **산고랑**이 살겄다구 내려온대유? ②산등성이와 등성이 사이에 깊게 패어 들어간 곳. ¶**산고랑**이 들어가서니 뭣덜 허너라구 연태 안 온댜?

산-고랑텡이[-꼬-] 표산-골짜기 명☞ '산고랑'의 속된 말. ¶오면 여자가 이런 **산고랑텡이**루 시집올라구 허겄어?

산-고랑팅이[-꼬-] 표산-골짜기 명☞ '산고랑'의 속된 말. ¶이구, 요짐인 기냥 점 쉬구 싶어. **산고랑팅이** 속이루 들어가서니 한갓지게 혼저 살구 싶다닝께.

산-데미[-떼-] 표산-더미 명어떤 물건이 많이 쌓여 있거나, 할 일이 많이 있음을 빗대어 이르는 말. =산더미. 산디미. ¶논이 피가 **산데민디** 일 안 허구 오딜 간대능 겨?/숙제가 **산데미** 닝께 옆이서 방해허들 말란 말여.

산-등배기[-뜽-] 표산-등성이(山-) 명'산(山)+등(背)+박-(釘)+이(접사)→산등백이/산등배기'. 산의 등줄기. 또는 산줄기가 이어진 능선. ¶안락산 **산등배기**를 넘어가믄 수철리 즈수지가 있다.

산-디미[-띠-] 표산-더미(山-) 명☞ '산데미'의 이형태. ¶먼 심이 그리 장산지 낭굿짐이 **산디미**라닝께.

산-말랭이 표산-마루(山-) 명 '산(山)+ㅁㄹ(宗)+잉이(접사)'. 산의 등성이와 등성이를 잇는 봉우리. 산의 맨 꼭대기. ¶예전인 낭구가 구허서 높은 **산말랭이**까장 낭구허러 댕겼넌디 시방은 불을 때지 않으니껜 산이 낭구가 지천이지.

산-봉어리 표산-봉우리(山-) 명 산의 꼭대기. 산의 정상(頂上). ¶저 **산봉어리**엔 올러가 봤남?

산:-비얄[-뻬] 표산-비탈(山-) 명 산기슭의 비탈진 곳. ¶**산비얄**이 가팔르다.

산:-어덕 표산-언덕(山-) 명 산이 언덕처럼 낮아진 부분. ¶낭구짐이 무거워 **산어덕**이서 점 셨다 가야겄다.

산-즘성[-쯤성] 표산-짐승(山-) 명 '표준어화 과정→산즘성>산짐성>산짐승'. 산에서 사는 짐승. =멧즘성. 산짐성. ¶먹을 게 구헐 때는 **산즘성**을 잡넌다구 올무도 놓구 그랬지먼 시방이야 노루, 멧돼지가 지츤이어두 기냥 보구만 있잖어.

산-질[-찔] 표산-길(山-) 명 산에 나 있는 길. ¶백두산버텀 지리산까장 **산질**은 끈치지 않구 이서져 있댜.

산-짐성[-찜성] 표산-짐승(山-) 명 ☞ '산즘성'.

산화-츨[-/사뇨-] 표산화-철(酸化鐵) 명 철의 산화물. 산화 제일철, 산화 제이철, 사산화 삼철 따위를 일컬음.

살-가지 표살-쾡이 명 '삵(狸)+아지(접사)→살가지'. 산과 들에 사는, 고양이보다 조금 큰 고양잇과의 포유동물. ¶쪽제비덜이 조용허다 헸더니 인전 **살가지**가 나타나서 뱅아리를 채갈라 허네.

살갓[-깓] 표살갗 명 '술ㅎ(肉)+갗(皮)→살갗>살갓'. 살가죽의 겉면. 피부(皮膚). ¶**살갓**이[살까시] 꺼칠허다./**살갓**을[살까슬] 비었다./**살갓**에[살까세] 부시럼이 생겼다.

살므다 표삶:다 동(타) '활용형태: 살므게. 살므구. 살므니. 살므더락. 살머서'. 물에 넣고 끓이다. 달래거나 꾀어서 말을 잘 듣게 만들다. =쌀므다. 삶다. ¶괴기를 다 **살므더락** 넌 청소두 안헤논 겨?/시근치 점 **살므게** 물 점 끓여라.

살-케기 표살-코기 명 ☞ '살쾨기'의 이형태.

살-쾨기 표살-코기 명 '삶(肉)+고기(肉)→살코기>살쾨기>살케기(저모음화)'. 기름기나 힘줄, 뼈 따위를 발라낸 살로 된 고기. ¶지사(祭祀)이 쓸 산적을 맹글어야 허니께 **살쾨기** 두 근만 사와라.

살:-질[-찔] 표살:-길 명 살아가기 위한 수단, 방책. ¶애덜 생각히서래두 **살질**을 찾어봐야지./**살질**이 읎넌 말을 왜 들구 움직이는감? 대마는 불사라 허지 않는가? 대마는 **살질**이 따

루 있다닝께.

삼춘 표삼촌(三寸) 명①아버지의 남자 형제를 일컫는 말. ¶막내**삼춘**은 인저서 중핵겨 댕겨유. ②증조부모, 부모의 형제, 조카 따위에 해당하는 촌수. ¶그러니께 이모는 너랑 **삼촌**간이 되는 거여.

삽-바[-빠] 표살-바 명 '살(股間)+바(繩)→살바>삽바'. '살바'의 변이 형태(변자음화). 씨름에서, 다리와 허리 사이에 묶는 끈. ¶우덜 씨름허넌 디는 **삽바**는 필요읎구먼유. 기냥 괴타리 잡구 허믄 되닝께유.

상-그:래 표상-거:래(商去來) 명 상업상의 거래. ¶**상그래**(商去來)에 상도가 사러진지 오래여. 그러니께 **상그래**를 바루잡으야 헌다넌 것 아닌감?

상:-빨 표상:-길(上-) 명①여러 물건 가운데 좋은 품질을 가진 것. =상찔(上峌). ¶이건 **상빨**루만 골러온 좋은 거여. ②여러 등급 가운데 맨 위. ↔하빨.

상-지[-찌] 표상-계(喪契) 명 ☞ '상포지'가 줄어든 말.

상:-질[-찔] 표상:-길(上-) 명 여럿 가운데 좋은 품질. 또는 그런 물건. =상빨. ¶이 마늘이 워치기 **상질**이여? 중질두 되까마까구먼. **상질**을 중질이라 우길 꺼믄 기냥 가뻐려. 장사꾼 아니랄깨비 자꾸 말시피맨서 마늘 값을 후리는 겨?

상:-짜 표상:-길(上-) 명여럿 가운데 질이 가장 좋은 물건. =상찔(上峌). ¶**상짜**는 비싸서 못 샀구유. 몇 번 쓰구 버릴 거 같어서 중짜루 사왔네유.

상포-지[-찌] 표상포-계(喪布契) 명초상 때 드는 비용을 계원끼리 서로 도와 마련하기 위하여 모은 계. =상지(喪契). 초상지(初喪契). ¶우리 부모 님덜은 다 돌어갔으니께 인저 아들눔덜이 새루 **상포지**를 맹글겄지.

새:-가심 표새:-가슴 명①새의 가슴처럼 불룩하게 나온 가슴. ¶**새가심**을 가진 사람은 심장은 튼튼허다구덜 허더라구. ②겁이 많거나 도량이 좁은 사람의 마음. ¶그런 **새가심**으루 뭘 허겄다구 나슨 겨?

새깽이¹ 표새끼 명 ☞ '새낑이¹'. ※'새깽이'는 예산 서부지방에서 일부 쓰이고, '새낑이'는 예산지방 전체에서 두루 쓰인다. ¶뭇된 눔의 **새깽이**덜이 잔뜩 몰려와서니 말썽만 시피다 갔유.

새깽이² 표새끼 명 ☞ '새낑이²'. ¶즈내 **새깽이**만 꽜더니 손바닥이 맨질맨질 닳어번졌어.

새끼-발꼬락 표새끼-발가락 명 ☞ '새낑이발꼬락'. ¶**새끼발꼬락**은 왜 다친 겨?

새끼-손꼬락[-/-송-] 표새끼-손가락 명손가락 가운데 끝의 작은 손가락. =새끼송꼬락. ¶**새끼손꼬락** 걸었으닝께 약속 꼭 지키야 혀. 알었지?
새끼-송꼬락 표새끼-손가락 명☞ '새끼손꼬락'.

새낑이¹ 표새끼 명 '샋기(子息)+이(접사)'. ①낳은 지 얼마 안 되는 어린 짐승. ¶내가 고이**새낑이** 하날 줄 테니께 잘 질러봐. ②'자식(子息)'을 낮잡아 이르는 말. ¶끝나구 한 잔 헐 텨? 아뉴, 지는 **새낑이**덜이 보구 싶어서니 얼릉 들어갈 규. ③어떤 사람을 욕하여 이르는 말. ¶저 **새낑이**가 나한티 먼첨 욕햐유.

새낑이² 표새끼 명 '숯(紉)+갱이(접사)→숯갱이?>새깽이/새낑이'. 볏짚을 꼬아 만든 줄. =샀내끼. 새깽이. ¶옆집이서 **새낑이** 두 사리만 빌려달라구 허넌디유?/**새낑이** 두어 발만 가져와라.

새낑이-발꼬락 표새끼-발가락 명 발가락 가운데 맨 가에 있는 가장 작은 발가락. =새깽이발꼬락. 새끼발꼬락. ¶넌 **새낑이발꼬락**이 참 이상허게 생겼구나./뺴쪽 구두만 신구 댕겼서니 **새낑이발꼬락**이 혔유(휘었유).

새낑이-발톱 표새끼-발톱 명 새끼발가락에 붙어있는 발톱. =새깽이발톱. ¶**새낑이발톱**이 자꾸 갈려져서 양말이 걸려.

새낑이-송꼬락 표새끼-손가락 명☞ '새끼손꼬락'.

색증[-쯩] 표색정(色情) 명☞ '승욕'. ¶**색증**이 눈이 멀믄 짐성이 된다닝께.

샛: -질[샏: 찔] 표샛: -길 명 'ᄉᆡ(間)+ᄉ+질(路)→ᄉᆞ잇질?>사잇질>샛질'. 큰길 사이로 난 작은 길. ¶큰질 두구 왜 **샛질**루 댕기는 겨? 지는 큰질 버덤 **샛질**이 호젓서 좋아유.

생-고상 표생-고생(生苦生) 명 하지 않아도 좋을 공연한 고생. ¶젊어서야 고상을 사서 허기두 헌다지믄 그 냥반은 늙어서까장 **생고상**을 사서 헌다녀먼.

생-다갈 표날-달걀(生-) 명☞ '날다갈'.

생-달갈 표날-달걀(生-) 명☞ '날다갈'.

생-매기 표생마(生馬) 명 '생마(生馬)+애기(접사)'. 길들여지지 않은 젊은 말이나 소. 일소로 부리기 전의 젊은 소. ¶큰 바윗독을 매달고 동네질을 오가매 **생매기**를 질딜이던 이우지 아저씨의 모습이 눈 앞이 슨허다.

생여-발 표생인-발 명 '생(生?/傷?)+앓?-(癌?)+ㄴ(어미)+발(足)→생안발?>생인발/생여발'. 발가락 끝에 난 종기. ¶**생여발**이 생겨서니 걸어댕일 적마두 아퍼 죽겄어.

생여-손 표생인-손 명 '생(生?/傷?)+앓?-(癌?)+ㄴ(어미)+손(手)→생안손?>생인손/생여손'. 손가락 끝에 난 종기. ¶**생여손**을 호되게 앓었더니 손톱이 빠져 달어났어.

서르지 표설거지 명 '섥-(撒)+엇/읓(접사)+이(접사)→설그지>서르지'.

또는 '서릇(撤)+이(접사)→서르지'. 먹고 난 뒤의 그릇을 씻어 정리하는 일. ¶같이 살으매 밥두 안허맨서니 **서르지**까장 날 시키구, 지는 엎어져서 테레비만 보구 자뻐졌다닝께.

서르집-물[-짐-] 표설거지-물 명☞'서르짓물'의 이형태. ¶**서르집물**을 좀 애껴쓰거라.

서르짓-물[-짐-] 표설거지-물 명'서르지(撤)+ㅅ+물(水)→서르짓물>서르집물(변자음화)'. 설거지할 때 쓰는 물. =개숩물. 개숫물. ¶가물어 물이 구허닝께 **서르짓물**두 막 쓰지 뭇허겄네.

서르지-통 표설거지-통(-桶) 명설거지할 때 음식 그릇을 씻을 물을 담는 통. =개수통. ¶시방이야 씽크대에 개수통이 붙어있지만, 옛날이야 함지박을 **서르지통**이루 썼잖어.

서르지-허다 표설거지-하다 동(자) 먹고 난 뒤의 그릇을 씻어 정리하다. ¶남자덜은 **서르지허넌** 게 올마나 구찮구 심든지를 알기나 허넌지 물러.

선발-즌 표선발-전(選拔戰) 명☞'슨발즌'.

설즌[-쯘] 표설전(舌戰) 명☞'슬즌'.

선상 표선생(先生) 명☞'슨상'.

선상-님 표선생-님(先生-) 명☞'슨상님'.

선상-질 표선생-질(先生-) 명☞'슨상질'.

섬찍 표섬뜩 부☞'슴찟'.

섬찍-허다[-찌커-] 표섬뜩-하다 형☞'슴찟허다'.

섬찟[-찓] 표섬뜩 부☞'슴찟'. ¶밤 똥독간이 들어서는디 **섬찟** 미서워졌다.

섬찟-섬찟[-찓-찓] 표섬뜩-섬뜩 부☞'슴찟슴찟'.

섬찟-허다[-찌터다] 표섬뜩-하다 형갑자기 소름이 끼치도록 무섭고 끔찍한 느낌이 있다. =슴찟허다. ¶미서운 영화를 보고 난 뒤라 그런지 달빛이 **섬찟허게** 느껴졌다.

섭-바눌[-빠-] 표혓-바늘 명'섯바눌'이 변자음화한 형태. ¶쟈가 밤새 앓더니 저 **섭바눌** 슨 것 점 봐.

섭-바닥[-빠-] 표혓-바닥 명☞'셉바닥'. ¶먹다 말으니 **섭바닥**만 베렸군./메칠 고뿔을 앓더니먼 **섭바닥**이 다 헐었구나.

섯-바눌[-빠-/섭빠-] 표혓-바늘 명'서(舌)+ㅅ+바눌(鍼)→섯바눌>섭바눌/셉바눌(변자음화)'. 열이 심할 때, 혓바닥에 좁쌀같이 돋아 오르는 붉은 살. =셉바눌. ¶**섭바눌**이 심헌디 약이락두 발르야 쓰겄구먼.

성 표형(兄) 명①부모나 일가친척 가운데 항렬이 같은 남자들 사이에서 나이가 앞선 사람. =엉아. ¶**성** 말 잘 듣구 말여. **성**이 머라 히두 동상인 네가 참으야 허넝 겨. 그리야 **성**두 너한티 잘 히줄 것 아닝감? ②나이가 적은 남자가 나이 많은 남자를 이르는 말.

성낭 표성냥 명 '석류황(石硫黃)→셔뉴황>성냥>성낭'. 작은 나뭇개비 끝에 황 따위를 입혀 불이 일어나도록 만들어진 물건. ¶성낭을 점 써봐./성낭이 누져서 써지질 않네.

성낭-각[-깍] 표성냥-갑(-匣) 명 성냥개비를 넣은 갑. =성냥곽.

성낭-개비[-깨-] 표성냥-개비 명 성낭의 낱낱. ¶성낭개비 가지구 장냥허다가 불내믄 클나.

성낭-곽[-꽉] 명 ☞ '성낭갑'. ¶성낭곽이 누져서 성낭불이 써지질 않던군.

성낭-불[-뿔] 표성냥-불 명 성낭으로 켜는 불. ¶성낭불 점 써 봐.

성-님 표형-님(兄-) 명 ① ☞ '엉아/성아'의 높임말. ¶성님, 오넌 슬이 네려가서 인사디릴 게유. ② 손위 시누이를 이르는 말. ¶성님, 고향 으른덜은 다 편안허신 규? ③ 며느리들 사이에서 손위 동서를 이르는 말. ¶시부모님이야 당은히 막내인 저버덤이야 성님이 모시야 허넝 거 아닌 규?

성아 표형(兄) 명 ☞ '엉아'.

세:다 표세우다 동(타) '서-(立)+이(접사)+-다→세다'. 처져 있던 것을 똑바로 위를 향하여 곧게 서게 하다. ¶말뚝을 빤뜻히 세야지./그게 뭐여. 집은 튼튼허게 세야 쓰능 겨.

세짤-배기[-/센-] 표혀짤-배기/말더듬이 명 '세(舌)+짤브-(短)+애기(접사)→세짤배기'. 혀가 짧아서 'ㄹ' 소리를 똑똑히 내지 못하는 사람. ¶저 친군 술만 먹으믄 세가 꼬부러져서 세짤배기가 된다닝께.

세-빠지다 표혀가 빠지다 형 '세(舌)+빠-(選)+지-(落)+-다'. (혀가 빠질 정도로, 또는 숨이 턱턱 차도록) 몹시 힘이 든 상태에 있다. =쎄빠지다. ¶죙일 일만 세빠지게 헤주구 저녁두 못 읃어 먹었네.

섹류[셍뉴] 표석류(石榴) 명 '석류(石榴)>섹류'. 석류나무의 열매. ¶저셔 터진 섹류를 맨이루 먹능 겨? 야, 쟈가 신 것을 무지 좋아허잖유. 그리서 섹류두 기냥 막 먹유.

섹류-나무[셍뉴-] 표석류-나무(石榴-) 명 ☞ '섹류낭구'. ¶섹류나무 하나만 있으믄 참 좋겄넌디.

섹류-낭구[셍뉴-] 표석류-나무(石榴-) 명 <식물> 석류나뭇과의 낙엽활엽 교목. =섹류나무. ¶그럼, 우리집 섹류낭구서니 뿌리기 하나 따갖다 심게나.

섹류-꽃[셍뉴꼳] 표석류-꽃(石榴-) 명 석류나무의 꽃. ¶즈 봐, 섹류꽃이 올마나 이쁜가? 난 저 주황빛으로 벌어진 섹류꽃만 보믄 새큼헌 석류 향기가 막 피여나는 것만 같다닝께.

셉-바눌[-빠-] 표혓-바늘 명 ☞ '셋바눌'이 변자음화한 형태. ¶열이 나서 셉바눌이 심헐 땐 죽을 끓여멕이야지.

셉-바닥[-빠-] 표혓-바닥 명 '서/세

(舌)+ㅅ+바당(底)→셋바당>셋바닥>셉바닥(변자음화)'. 혀의 바닥. =셉바당. 섭바닥. ¶조청맛 점 볼라다 **셉바닥**만 데구 말었다.

셉-빠지다 혱☞'세빠지다'. ¶슥 달 동안 **셉빠지게** 일만 허구 세경두 뭇[못]받구 쫒겨났다닝께.

셋-바닥[세빠닥/셉빠닥] 표혓-바닥 명☞'셉바닥'의 본말.

셋-바눌[센빠-/셉빠-] 표혓-바늘 명 ☞'섯바눌'.

솅묘 표성묘(省墓) 명☞'승묘'. '솅묘'보다 '승묘'의 쓰임 빈도가 높다. ¶차례 모셨으믄 얼릉 **솅묘**허러 가자구.

셤 : -셤 : 표쉬엄-쉬엄 부'쉬-(休)+엄(접사)+쉬-(休)+엄(접사)→쉬엄쉬엄>시염시염>셤 : 셤'. 쉬어가면서 천천히 하는 모양. ¶서둘지 말구 **셤셤**덜 히여.

셤 : 셤 : -허다 표쉬엄쉬엄-하다 혱 무엇을 천천히 쉬어가며 하다. 또는 일을 쉬었다 하다를 거듭하다. ¶급헌 거 읎으니께 **셤셤히두** 되어./놀맨서 **셤셤허거라**.

셩 : [1] 표싱아 명☞'시엉'.

셩 : [2] 표수양(收養) 명①남의 자식을 데려다가 제 자식처럼 기르는 일. ¶아이가 읎어 보육원에서 **셩딸**을 데려다 질르다. ②<민속> 아이의 명(命)이 길어지도록 남남 사이를 명목상 부모자식으로 정하는 일. ¶우리 동네에

선 사람덜찌리 **셩자석**을 삼넌 풍십(風習)이 유행이다.

셩 : -가다 표수양-가다(收養-) 동(자) 남의 집에 수양자식으로 들어가다. ¶울아부지가 지보구 큰아부지댁이루 **셩가래유**.

셩 : -딸 표수양-딸(收養-) 명①남의 자식을 내 자식으로 삼아 데려다 기른 딸. ②<민속> 명목상 정한 딸. ¶너 참 이쁘구나. 인저버텀 넌 내 **셩딸**허구 난 늬 셩아부지 허자.

셩 : -부모 표수양-부모(收養父母) 명①낳지는 않았으나 길러준 부모. 의부모(義父母). ②<민속> 아이의 명(命)이 길어지도록 명목상 정한 부모. ¶**셩부모**두 부모는 부모니께 맹절인 꼭 찾어 가서 인사디리야 허는 거다. 알겄냐?

셩 : -삼다[-따] 표수양-하다(收養-) 동(자) 남의 자식을 데려다 내 자식으로 삼다. ¶쟤가 원래는 서울 동상 딸인디 내가 **셩삼어서** 지르는 겨.

셩 : -아들 표수양-아들(收養-) 명①남의 자식을 내 자식으로 삼아 데려다가 기른 아들. ②<민속> 아이의 명(命)이 길어지도록 명목상 정한 아들. ¶우덜 아들을 서루 바꿔서 **셩아들** 삼으믄 오떻겄남? 그럼 아들이 하나씩 더 늘어나서 좋겄지?

셩 : -아부지 표수양-아버지(收養-) 명①낳지는 않았으나 길러준 아버지. ②<민속>아이의 명(命)이 길어

지도록 명목상 정한 아버지. ¶아부지, **성아부지**헌티 시배(歲拜) 댕겨오께유.

성 : -엄마 표수양-어머니(收養-) 명☞ '성엄니'.

성 : -엄니 표수양-어머니(收養-) 명①낳지는 않았으나 길러준 어머니. ②<민속> 아이의 명(命)이 길어지도록 명목상 정한 어머니. ¶**성엄니**, 지 왔유. 그간 잘 기셨쥬?

성 : -오다 표수양-오다(收養-) 동(자) 남의 자식이 수양자식으로 들어오다. ¶조카자석두 자석이구, 인전 우리집이루 **성왔이니께** 진짜 우리 자석이 된 겨.

성 : -자석 표수양-자식(收養子息) 명수양딸과 수양아들. 낳지는 않았으나 데려다 기른 자식. 또는 명목상 정한 자식. ¶저 친군 아무나 **성자석**이루 삼어서니 가넌 곳마두 자석덜이 수두룩혀.

성 : -할머니 표수양-할머니(收養-) 명<민속> 아이의 명(命)이 길어지도록 명목상 정한 부모의 어머니를 이르는 말. ¶**성할머니**가 편찮으시다는디 약이래두 겨가지구 댕길러 가야쥬.

성 : -할아부지 표수양-할아버지(收養-) 명<민속> 아이의 명(命)이 길어지도록 명목상 정한 부모의 아버지를 이르는 말. ¶아이구, **성할아부지** 벌써 진잡쉈유?

소란-시럽다[-따] 표소란-스럽다(騷亂-) 형시끄럽고 어수선한 데가 있다. ¶뭔일 있능 겨? 집안이 왜 이리 **소란시러워**?

소리-질르다 표소리-지르다 동목소리를 높여 크게 내다. ≒소리치다. ¶술만 취허믄 고래고래 **소리질르넌** 버릇 점 고치야지.

소 : 매-즘 표소 : 매-점(小賣店) 명소매하는 상점. ↔도매즘. ¶우리 조카가 예산중핵겨 앞이다가 **소매즘**을 냈넌디 애덜 장사두 헐만 허다더라구.

소-배기 표소-박이 명소를 넣어 만든 음식. 흔히 오이소박이를 이름. ¶**소배기**가 션허게 맛이 들었군.

속-잎새[송닙쌔] 표속-잎 명☞ '속잎새기'.

속-잎새기[송닙쌔-] 표속-잎 명배추나 양배추 따위의 안쪽에 있는 잎. 또는 풀이나 나무에서 새로 돋아나는 잎. ≒속잎새. ¶짐치 당굴라구 허넌디 **속잎새기**를 자꾸 뜯어 먹으믄 오티기여?/다 죽은 중 알었더니 비가 오닝께 **속잎새기**가 뽀옇게 솟아나더먼.

손-꼬락[-/송-] 표손-가락 명손끝에 달려 있는 다섯 개의 가락. ≒송꼬락. ¶**손꼬락**을 꼽으매 슬날이 오기를 지둘르넌 중이여.

손꼬락-무니[송-] 표손가락-무늬 명손가락 끝 안쪽에 있는 살갗의 무늬. ¶몇 년째 노내끼만 꼬닝께 손바당무니두 읎어지구 **손꼬락무니**두 읎어져서니 기냥 맨질맨질허구먼.

손꼬락-도장[송-또-] 표손가락-도장(-圖章) 명도장을 대신하여 손가락에 인주를 묻혀 그 지문(指紋)을 찍은 것. =지장(指章). ¶도장이 읎으면 아선 대루 **손꼬락도장**이래두 찍어.

손꼬락-뻬[송-] 표손가락-뼈 명손가락을 이루는 뼈. =손꼬락뼈. ¶오랫동안 먹지를 뭇헌 붱자(病者)의 **손꼬락뻬**가 달기발차람 뻔쳐져 있더라구.

손꼬락-뼈[송-] 표손가락-뼈 명☞'손꼬락뻬'.

손꼬락-장갑[송-] 표손가락-장갑(-掌匣) 명손가락 모두를 끼울 수 있도록 만든 장갑. ¶**손꼬락장갑**의 끝이 다 떨어져서니 송꼬락이 밖이루 나왔다.

손꼬락-질[-찔/송-찔] 표손가락-질 명손가락으로 무엇을 가리키거나, 남을 흉보는 짓. ¶지는 팬팬 놀맨서니 **손꼬락질**만 허구 있으니 얄미워 죽겠구먼./남헌티 **손꼬락질** 받을 일은 허덜 말어.

손꼬락질-허다[-찔-/송-찔-] 표손가락질-하다 동(타) 다른 이의 좋지 않은 언행을 비난하거나 흉보다. ¶넘 **손꼬락질허기** 전이 늬나 잘허여.

손-며가지[-므-/-며-] 표손-모가지 명'손(手)+멱(頸)+아지(접사)'. ☞'손목쟁이'. ¶늬가 오마 **손며가질** 내미는 겨? 늬 헌 일을 생각허믄 늬 **손며가질** 확 뿐질르구 싶다닝께.

손목-쟁이[-쨍-] 표손-모가지 명'손(手)+목(頸)+장이(접사)'. 손목을 속되게 이르는 말. =손며가지. 손모가지. ¶그느무 **손목쟁이**는 뒀다가 오디 쓸라능 겨? 싸게싸게 일 거들지 않구 뭣허냐 말여.

손-바당[-빠-] 표손-바닥 명'손(手)+ㅅ+바당(底)→숪바당>손바당>손바닥'. 손금이 있는, 손의 안쪽. =손바닥. ¶삿내끼를 하두 꽈댔더니 **손바당**이 다 닳어번졌어.

손-심[-씸] 표손-힘 명무엇을 할 수 있는, 손의 힘. ¶**손심**이루 워치기 병따깡을 다 쭈그린다냐?/이런 것두 치덜 않구 **손심**은 뒀다 워디 쓸라구 그려?

손-장냥[-짱-] 표손-장난 명손을 놀리거나, 손으로 재주를 부리는 일. 또는, 노름을 일컫는 말. ¶애가 **손장냥**을 치다가 슨상님헌티 들켜서 혼났어./나쁜 **손장냥**은 응락(零落)읎이 집안 망치는 겨. 다른 건 다히두 **손장냥**은 허믄 안 된다닝께.

손-잽이 표손-잡이 명'손잡이>손잽이'. 손으로 잡을 수 있도록 만들어놓은 부분. ¶두지 **손잽이**가 떨어져 나갔구먼. 새루 **손잽이**를 달으야 쓰겄어.

솔-가쟁이[-까-] 표솔-가지 명☞'솔가징이'. ¶나무꾼덜은 갈검이가 끝나믄 산이루 올러가 **솔가쟁이**를 쳐두었다가 말르믄 지게에 져 네려온다.

솔-가징이[-까-] 표솔-가지 명'솔

(松)+가지(枝)+앙이/잉이(접사)→솔가쟁이>솔가징이>솔가지'. 소나무의 가지. ¶즑이 땔감이룬 **솔가징이**를 쳐 두는 것만 헌 게 읎어. 그러닝께 즑이 오기 전이 **솔가징이**를 많이 쳐 둬.

솔-깽이 표솔-가리 명소나무의 마른 가지. 또는 떨어진 마른 솔잎 따위를 이르는 말. ¶가만 있덜 말구 **솔깽이**라두 꺾어와./불 피우야닝께 **솔깽이** 점 긁어와.

솔-꺼럭 표솔-가리 명마른 솔잎이나, 그 동강. ¶불쑤시개가 읎으니 **솔꺼럭** 이래두 긁어와야쓰겄네.

솔-껄 표솔-가리 명☞ '솔꺼럭'이 줄어든 말. ¶**솔껄**을 긁다가니 상감(山監)헌티 걸렸대너먼. 누가 **솔껄**을 긁넌다구 신고헌 게구먼. **솔껄** 두어 짐 긁었다가 그 냥반 큰 벌금 물게 생겼어.

솔-나무[-라-] 표소-나무 명☞ '솔낭구'. ¶서까래룬 **솔나무**만헌 것이 읎넌디 오디 쓸만헌 솔나무 읎으까? 이 사람아, **솔나무** 막 비문 클나.

솔-낭구[-랑-] 표소-나무 명<식물> '표준어화 과정→솔낭구>솔나무>소나무'. 소나뭇과에 속한 나무의 총칭. ¶산지당(山祭堂)이 그 신성헌 **솔낭구** 말여. 그 **솔낭구**가 지난 여름이 베락을 맞었어.

솔-때비 표솔-따비 명①약초나 솔뿌리를 캐는데 쓰는 기구. ②산속에서 약초나 솔뿌리 따위를 캐는 일을 하는 사람. ¶여보게, **솔때비**. 빗자루 점 멫 개 맹글어 주게./이전인 이 산고랑이 **솔때비**가 움막을 짓구 살었어. 그리서 사람덜이 시방두 이 고랑텡일 살막(山幕)이라구 불러.

솔-잎새[-닙쌔/-립쌔] 표솔-잎 명☞ '솔잎새기'. ¶쉥편을 쪄야허닝께 **솔잎새** 점 따 오니라.

솔-잎새기[-닙쌔-/-립쌔-] 표솔-잎 명'표준어화 과정→솔잎새기/솔잎새>솔잎'. 소나무의 잎. ¶저 눕이 **솔잎새기**가 퍼렇다구 즑이 온 중두 물르나 배.

송-꼬락 표손-가락 명☞ '손꼬락'. '손꼬락'이 변자음화한 형태.

송구-시럽다[-따] 표송구-스럽다(悚懼-) 형두렵고 미안한 마음이 있다. ¶이거 번번히 신세만 지구, **송구시러**서 오티긴대유?

송장-후염 표송장-헤엄 명반듯이 누워 양팔과 다리를 써서 치는 헤엄. =배영(背泳). ¶드러누우문 몸이 뜨니께 **송장후염**은 심이 안 들어서 좋아.

쇠-고삥이 표쇠-고삐 명소의 코뚜레에 잡아매는 줄. ¶**쇠고삥이**가 헐거웁구먼. **쇠고삥이**를 단단허게 새루 매 봐.

쇠-괄키 표쇠-갈퀴 명쇠로 만든 갈퀴. ¶멍석 검불을 걷어내넌 디는 **쇠괄키** 가 대괄키만 뭇헌 겨.

쇠-구신 표쇠-귀신(鬼神) 명①소가 죽어서 된다는 귀신. ②성질이 몹시 검질긴 사람. ¶으이구, 끈질기기가 쇠구신같은 늠이네.
쇠:다 표세:다 동(자) 머리카락이나 수염 따위의 털이 희어지다. ¶젊은 늠이 머리가 허옇게 쇴군.
쇠-새깽이 표쇠-새끼 명☞ '쇠새낑이'.
쇠-새낑이 표쇠-새끼 명①소와 같이 게으르거나 미련한 사람을 속되게 이르는 말. ¶오양간이 소는 밭이라두 갈지. 저눔으 쇠새낑이는 암것두 안허구 맨날 빈둥거린다닝께. ②=송아치.
쇠:-지름 표세:-거리/삼-거리(三距離) 명 '시(三)+지르-(蹉徑)+ㅁ(접사)→시지름>쇠지름'. 세 갈래로 나뉜 길. =시질목. 시거리. ¶쇠지름이 먼 말이래유? 이, 가다가니 질이 둘루 갈러지넌 디가 쇠지름이여.
쉥이 표송이 명꽃이나 열매 따위가 꼭지에 매달린 덩이. ¶쉥이가 왜 이렇기 작은 겨? 의명꽃이나 열매 따위의 수량을 나타내는 말. =송아리. ¶부도(葡萄) 몇 쉥이만 따오라닝께 한 자루를 따왔군.
쉥이 표송이(松栮) 명송이과의 버섯 이름. ¶야는 또 쉥일 따러 간 겨? 야, 아침나즐버텀 서둘러 쉥일 보러 간다구 나갔유.
쉥이-눈 표함박-눈 명탐스럽게 내리는 굵은 눈. ¶쉥이눈이 평평 내리넌 이런 밤이믄 고녀니 맴이 들뜨구 그런다녀먼. 그 사람은 총각이닝께 그렇지, 우덜같이 장개들구 나믄 쉥이눈이 아니

라 꽃송아리가 내려두 암시럽지두 않응 겨.
쉥이-버섯 표송이-버섯(松栮-) 명☞ '쉥이'. ¶갈날이 좋아서 쉥이버섯이 좋덜 않여. 솔꺼럭이 바삭바삭헌디 뭔 쉥이버섯이 지대루 자러졌어?
쉥이-쉥이 표송이-송이 명여러 송이마다 모두. ¶포도가 쉥이쉥이마두 워찌 요롱기 똑그르다?
수억-허다[-어커-] 표수월-하다 형 '쉽-(易)+억(접사)+허-(접사)+-다'. 급한 일이 뜸해지거나 편해지다. ¶손님덜이 다 가니 바빴던 일이 행결 수억해졌네./일이 끝나니께 인저 맴이 수억허네그려.
수-크미 표수-거미 명 '수ㅎ(雄)+그미(蛛)'. 거미의 수컷.
숙-껌댕이 표숯-검정 명 '숯검댕이>숙껌댕이(변자음화)'. 숯, 또는 숯에서 나오는 그을음. =숯검댕이. ¶굴뚝 청소를 힜나 웬 숙껌댕이를 얼굴이 묻히고 댕겨?
술-됭이[-뙹-] 표술-동이 명술을 담는데 쓰는 동이. ¶술됭이를 지고 오너라구 애썼다./한 자리서 술됭이를 통채루 비워번졌다.
숨-구녁[숭꾸-] 표숨-구멍 명☞ '숨구먹'. ¶저 냥반 미쳤유. 아마두 숨구녁이 붙어있넌 한은 일 놓지 뭇헐 규.
숨-구녕[숭꾸-] 표숨-구멍 명☞ '숨구먹'. ¶점 잘못이 있더래두 숨구녕은

냉겨놓구 몰어부치야지 디립다 그러믄 안 되유.

숨-구멍[숨꾸-] 표숨-구멍 명①갓난아이의 정수리가 굳지 않아서 숨 쉴 때마다 발딱발딱 뛰는 곳. ¶애기 **숨구멍**인 손대믄 안되여. ②숨 쉬는 구멍. ¶집안이만 들어오믄 아부지 땜이 **숨구멍**이 콱콱 맥힌다닝께유. ③답답한 상황에서 벗어날 수 있는 조그마한 통로.

숨기-장냥[-끼] 표숨바꼭질 명☞'감추기장냥'. ¶**숨기장냥**은 집뻒이 나가서 허거라.

숨 : -질[-찔] 표숨 : -길 명호흡할 때 공기가 지나가는 길. 기도(氣道). ¶그만 쪄눌러. 애 **숨질** 맥히겄다.

숭 표흉 명①살갗의 상처가 아문 뒤에 남은 자국. ¶낫질허다가 손을 비었는디 **숭**이 질깨비 얼릉 병원가서 꼬맸어. ②남의 비웃음을 살만한 허물. ¶**숭** 읎는 사람은 오딨남?

숭금 표흉금(胸襟) 명가슴 속에 품고 있는 생각. ¶**숭금**을 터놓구 우리 얘기 점 허자.

숭기 표흉기(凶器) 명사람을 살상할 때 쓰는 쇠붙이나 연장. ¶떼강도가 들어 **숭기**를 휘둘러서 집사람덜이 많이 상혔댜.

숭년 표흉년(凶年) 명①농작물이 잘 되지 않은 해. ↔풍년(豊年). ¶클났네. 보리 숭년에 윤달이 웬일이랴? 그리기 작년이두 **숭년**이었넌디 올히두 그러믄 오티긴대유? ②어떤 산물이나 사물의 소득이 매우 보잘것없는 상태.

숭년-그지 표흉년-거지(凶年-) 명①얻어먹기 어려울 때의 거지. ②주위 환경이 불리하여 애를 쓰나 효과가 적음을 이르는 말. ¶**숭년그지**가 배주리구, **숭년그지** 더 슮다넌디, 애만 쓰구 남은 게 읎으니 내 꼴이 딱 **숭년그지** 짝이여.

숭몽 표흉몽(凶夢) 명불길한 꿈. ↔길몽(吉夢). ¶잠자다가니 왠 식은땀을 그리 흘려? **숭몽**이래두 꿨니?

숭사 표흉사(凶事) 명①흉흉하고 언짢은 일. ②사람이 죽는 일. ¶동네에 **숭사**가 잦으닝께 굿이라두 헐 모냥이여.

숭악-허다[-아커-] 표흉악-하다(凶惡-) 형①마음이 몹시 악하고 음흉하다. ¶그 눔이 나이는 애덜이라두 지 에미 애비 석이는 **숭악헌** 눔이여. ②인상이 험하고 무섭다. ¶**숭악허게** 생긴 눔이 떡 버티구 있넌디 겁나서 옆이두 뭇 갔다니께.

숭어 표흉어(凶漁) 명물고기가 아주 적게 잡힘. ↔풍어(豊漁).

숭작 표흉작(凶作) 명농작물의 수확이 평년작을 훨씬 밑도는 일. 또는 그런 농사. ↔풍작. ¶여름날의 일기불순 땜이 올 베농사두 **숭작**이구먼.

숭적 표흉적(凶賊) 명매우 흉악한 도적. ¶옛날이 한 사람이 차동고갤 넘어가다가니 숭적을 만났댜.

숭-지다 명 상처가 아문 자국이 남다. 흉터가 남다. ¶이거 낫어두 숭지게 생겼구먼. 얼굴이 숭지믄 큰일인디유.

숭칙 표흉측(凶測) 명 몹시 흉악함.

숭칙-허다[-치커-] 표흉측-하다(凶測-) 형 '숭악망칙(凶惡罔測)하다'의 준말. 몹시 흉악하다. ¶대낮으 숭칙허게 빨개벅구 댕기다니.

숭-터 표흉-터 명 상처가 아문 뒤에 남은 자국. ¶숭터가 뵈기 싫게 남었구먼. 어렸을 적이 데서 생긴 숭터구먼유.

숯-검딩이[숟껌-] 표숯-검정 명 ☞ '숙껌댕이'.

숱-허다[수터-] 표숱-하다 형 '숫흐다>숱허다'. 아주 많다. ¶쌔고쌘 게 독맹인디 그 숱헌 걸 다 뫄서 머덜라 능 겨?

쉴 : -찮다[-찬타] 표수월-찮다 형 '쉽얼/쉬월-(易)+하-(접사)+-지+않-(不)+-다→쉬월찮다>쉴찮다'. 수월하지 않다. ¶이번 일은 쉴찮은 듯시 프구먼.

쉴 : -찮이[-차니] 표수월-찮이 부 수월치 않게. =수월스레.

스 표서/세 관 (단위 명사 앞에서) 그 수량이 셋임을 나타내는 말. ¶구술이 스 말이래두 꿰야 쓸 것이여. 머리만 믿구서니 공불 안 허든 말짱 헛이라닝께./늬까짓 스 눔이 뭘 허겄다구 나슨 겨?

스 표서(西) 명 서쪽. 해가 지는 쪽.

¶동스남북(東西南北)을 백날 쏘댕겨봐라, 십 원 한 장 떨어져 있나./오디가 동푠짝이구 오디가 스푼짝인 겨? 어둬서 질두 잘 안 뵈넌디 동이든 스이든 그게 먼 상관이래유?

스 표서 : (署) 명 '관서(官署)'가 줄어든 형태로, 주로 '경찰서'를 일컫는 말. ¶너 나랑 스이 점 가야쓰겄다. 왜유? 맨날 그짐말만 허니 스이 가야지.

스- 표서-(庶) 접 (일부 명사 앞에 붙어) 본처가 아닌 몸에서 난 사람을 이르는 말. ¶스모(庶母). 스자(庶子). 스출(庶出). 스삼춘(庶三寸).

스가 표서가(書架) 명 문서나 책 따위를 얹어 두거나 꽂아 두도록 만든 선반. =책실겅.

스간 표서간(書簡) 명 안부, 소식, 용무 따위를 적어 보내는 글. =픤지(便紙).

스고 표서고(書庫) 명 책을 보관하는 집이나 방. ¶출판사이 댕기는 울아부지는 맨날 스고이 백혀 일허신다.

스 : 곡 표서 : 곡(序曲) 명 <음악> ①가극, 성극(聖劇), 조곡(組曲) 따위의 막을 열기 전이나 주요한 부분을 시작하기 전에 연주하는 기악곡. ②대체로 소나타 형식을 써서 단악장으로 맺게 된 악곡 형식. ③일이 처음 시작되는 부분. =즌주곡(前奏曲).

스 : 광 표서 : 광(瑞光) 명 ①상서로운 빛. ②좋은 일이 일어날 조짐.

스:광 표서:광(曙光) 명①동이 틀 무렵의 새벽빛. ¶뻘건 **스광**이 하늘 가득헌 걸 보닝께 오늘 날이 참 쾌청허겄구먼. ②기대하는 일에 대하여 나타난 희망의 징조를 빗대어 이르는 말. ¶울아부지가 취직을 힜으닝께 인전 우리집두 **스광**이 비치능 겨.

스글프다 표서글프다 형'서긇/스긇-(哀愁)+브(접사)+-다→스글프다'. ①쓸쓸하고 외로워 슬프다. ¶애를 제금 내구 나닝께 맘이 자꾸 **스글프네**. ②섭섭하고 언짢다.

스글픔 표서글픔 명쓸쓸하고 외로운 감정.

스글피 표서글피 부①쓸쓸하고 외로워 슬프게. ¶요짐 새벽잠을 자주 설치넌디 말여. 새벽마두 **스글피** 우넌 그 느무 뻐꾸기 소리 땜이 내가 심란혀 죽겄다닝께. ②섭섭하고 언짢게.

스기 표서기(西紀) 명'서력기원(西曆紀元)'의 준말. 주로 예수가 태어난 해를 원년으로 하는 서양의 기원. ¶해방 후 단기를 연호루 사용허던 우리나라가 1962년 1월 1일버텀 시방의 **스기**를 사용허였다.

스기 표서기(書記) 명①어느 단체에서 문서나 기록 따위를 맡아보는 사람. ②일반직 8급 공무원의 직급.

스:기 명어둠 속에 있는 동물의 눈에서 인광(燐光)처럼 뿜어져 나오는 푸른 빛깔의 기운. ¶저 가이눔이 아무헌 티나 **스기**를 허매 뎀비넌구먼./깜깜헌 디 보닝께 꽹이는 안 뵈구 **스기**헌 눈깔만 퍼렇게 허공이 동동 떠 있더먼.

스:기 표서:기(瑞氣) 명'셔긔>서기/스기'. 상서로운 기운.

스:기-허다 동(자) 어둠 속에 있는 동물이 인광(燐光)같은 푸른 빛깔의 기운을 눈에서 뿜어내다. ¶미친 늠이 낫을 들구 시퍼렇게 **스기허매** 설치넌디 무진장 겁나더라닝께./깜깜헌 밤이 호랭이가 **스기허믄** 백 발짝 밲이서두 퍼런 불딩이가 보인댜.

스넛 표서넛 명셋이나 넷쯤 ¶접시가 **스넛** 부족허구먼.

스다 표서다 동(자) '셔다>서다/스다'. ①다리를 쭉 뻗으며 몸을 곧게 하다. ¶그렇기 삐뚜루 **스지** 말구 똑바루 **스**란 말이여. ②어떤 물체가 수직의 상태로 있다. ¶온제버텀 저짝이 즌부상대가 **서** 있었냐? ③멈추다. ¶마냥 **서서** 지둘르구만 있을 겨? ④사람이 어떤 위치나 처지에 있게 되거나 놓이다. ¶그편짝이 **스믄** 나랑 적이 된다닝께 그러네. ⑤계획, 결심 따위가 마음 속에 이루어지다. ¶인전 결심이 **슨** 겨? ⑥아이를 배다. ¶애가 **스질** 않넌 다구 슨거릴 불렀다더먼. 애 **스길** 올마나 바렀으믄 정까장 읽겠는가?

스댕 표스테인리스(stainless) 명크롬과 탄소 따위의 원소를 함유하여 녹이 슬지 않는 강철. ¶**스댕**그륵. **스댕**

냄비. 스뎅칼.

스:두 표서:두(序頭) 명①일이나 말의 첫머리. ②어떤 차례나 순서의 맨 앞. ¶스두버텀 그렇기 질믄 지루히서 뭇 쓰능 겨./스두가 좋으야 끝두 좋은 뱁이라닝께.

스둘르다 표서두르다 동(자)(타) 급하게 바뻐 움직이다. ¶스둘르믄 될 일두 안 되넌 수가 있으닝께 섬섬 둘러보매 허자구./우덜보구는 채비를 스둘르라구 히 놓구서니 너는 놀구 있능 겨?

스:러워-허다 표서:러워-하다 동(자) 무엇에 대하여 섧게 여기다. ¶그 일루 너머 심들어허거나 스러워허덜 말어.

스:럽다[-따] 표서:럽다 형 '섧/슱-(哀慟)+-업(접사)+-다→슬업다>스럽다'. 원통하거나 억울한 처지에 있어 울고 싶은 느낌이 있다. =슱다. ¶땅 마지기 점 있다구 으시대넌 꼬라지라니, 땅읎넌 사람 스러워 살겄나./스러워두 벨수읎잖어, 뭇 배운 게 웬수지.

스:룸 표설:움 명 ☞ '슬움'. ¶배고픈 스룸, 집읎넌 스룸이 질 크다군 허지먼, 그리두 애덜헌틴 부모읎넌 스룸이 질 큰 겨.

스:리 표서:리(胥吏) 명<역사> 관아에 속하여 말단 행정 실무를 맡아보던 구실아치.

스림 표서림(書林) 명 ☞ '스점(書店)'.

스:막 표서:막(序幕) 명<예술> ①연극, 오페라 따위에서, 처음 여는 막. ②일의 시작이나 발단. ¶스막이 오르다.

스먹스먹-허다[-머커-] 표서먹서먹-하다 형 ☞ '스먹허다'. ¶분위기가 스먹스먹허니 불픤(不便)허구먼.

스먹-허다[-머커-] 표스먹-허다 형 낯이 설거나 익숙하지 아니하여 자꾸 어색하다. ¶난 그 냥반허군 스먹헌 사이라 그 일이 챙견헐 입장이 못 되여.

스:모 표서:모(庶母) 명 아버지의 첩. ¶젊은 사람이 스모 지사까장 모시다니 대단허구먼. 스모두 스모 나름이쥬. 지 어려서 엄니 돌어가구 스모께서 키워주구 장개갈 때까정 살펴쥤으닝께 지헌틴 낳아준 엄니만큼 소중헌 스모지유.

스:문 표서:문(序文) 명 책이나 논문 따위의 첫머리에 내용이나 목적 따위를 간략하게 적은 글. ¶스문은 그럴 듯헌디 뒤루다가넌 내용이 븰(別) 것 읎네.

스:민 표서:민(庶民) 명 ①벼슬이나 신분적 특권을 갖지 못한 일반 사람. ②경제적으로 넉넉지 못한 생활을 하는 사람. ¶우덜같은 스민덜이야 먹구 사넌 일만 해결되믄 벨 걱정 읎넌 거지. 근디 오티기 된 느무 것이 우리 스민덜은 갈수루기 자꾸 심들어지기만 허능 겨?

스:민-칭 표서:민-층(庶民層) 명

서민에 속하는 계층. ¶**스민칭**을 위헌 다구 증치인덜은 노상 나불대더먼 우덜은 왜 맨날 요 모냥 요 꼴이냔 말여.

스ː산 표서산(西山) 명서쪽에 있는 산. ¶빨랑빨랑 일덜 않구 뭣덜 허능겨? **스산**이 해 떨어지능구먼.

스ː산 표서산(瑞山) 명<지명> 충청남도 서북단에 있는 지명. ¶덕산이서 해미루 넘어가믄 **스산**이 나와유.

스ː상 표서생(書生) 명'표준화 과정→스상>스생>서생'. ①유학을 공부하는 사람. ¶갠 암것두 물르넌 백튼 **스상**(白面書生)이유. ②남의 집에서 일을 해 주면서 공부하는 사람.

스ː속 표서속(西俗) 명서양의 풍속.

스ː손 표서ː손(庶孫) 명서자의 아들. 또는 적자의 소실이 낳은 아들. ↔적손(嫡孫).

스ː수 표서ː수(序數) 명<수학> 사물의 순서를 나타내는 수. ↔기수(基數).

스ː-수사 표서ː-수사(序數詞) 명<언어> 순서를 나타내는 수사. ¶**스수사**는 첫째, 둘째, 싯째 허넌 우리말 기통(系統)과 지일, 지이, 지삼 허넌 한자말(漢字-) 기통이 있다.

스ː술 표서ː술(敍述) 명사건이나 생각 따위를 차례대로 말하거나 글로 씀. 통(타) 스술-허다.

스ː슥 표조 명<식물> '서속(黍粟)→스속?>스슥'. 볏과의 한해살이풀로 오곡(五穀) 가운데 하나. ※기장과 조를 가리키는 '서속'이 '조'만을 뜻하는 스슥으로 변화한 것으로 파악. ¶**스슥**섬이나 헐라나 헸더니 이번 비바람이 다 절단나 버렸군.

스슥-밥[-빱] 표조-밥 명좁쌀로 지은 밥. 또는 좁쌀을 얹어지은 밥. ¶**스슥밥**을 잘 허넌 집이 있더넌디 가볼 텨? 이? 요짐두 **스슥밥**을 먹유? 아니, 요짐 웰빙음석인가 먼가루 **스슥밥**허구 보리밥을 파넌 집이 있대서니 허넌 말이여.

스슥-쌀 표좁-쌀 명조의 열매를 찧은 쌀. ¶아니 요짐 같은 시상이 오디서 **스슥쌀**이 났대유? 이, 장이서 차조라구 허맨서 누가 팔걸레 사 봤어. 이전 생각두 나구 말여. 이따가 자네두 우리집이 와서니 오랜만이 **스슥밥** 점 먹어보지그려?

스슥-토매 명조의 이삭을 거두고 남은 줄기를 묶은 단. =스슥단. ¶**스슥토매**를 안이루 딜이거라./군불 땔 때 좋으니께 **스슥토매**를 잘 말려 두거라.

스ː슬 표서ː설(瑞雪) 명'표준화 과정→스슬>스설>서설'. 상서로운 눈. ¶2월 눈은 가물을 해소혀 주넌 **스슬**인 겨.

스ː시 표서ː시(序詩) 명①책의 첫머리에 서문 대신 쓴 시. ②장시에서 머리말 구실을 하는 부분.

스ː신 표스신(書信) 명편지로 전하

는 소식. =픈지(便紙). ¶서루 만나지는 뭇히두 드러 스신 왕래는 허매 살자구.

스양 표서양(西洋) 명유럽과 남북아메리카 지역. ¶**스양**이 인전 멀기만 헌 것두 아녀./시상이 다 스구화된넌디 요짐 누가 동양사람 **스양**사람 구분을 허남?

스양-화 표서양-화(西洋化) 명서양의 문화나 생활 방식에 영향을 받아 닮아 감. ¶시상이 다 **스양화**가 되어가닝께 우리 옛것은 찾어보기가 심들어졌어. 시계화시대다 글로벌시대다 허넌디 새삼스럽게 먼 **스양화** 타령을 허는가?

스양-화 표서양-화(西洋畵) 명서양에서 발생하여 발달한 그림. ¶핵겨 미술 시간이 우리나라 그림 배우는 거 봤남? 다 **스양화**뿐이여. 음악두 스양 음악이구 말여.

스:얼 표서:얼(庶孼) 명서자와 그 자손. ¶증조대왕(正祖大王) 시즐이 **스얼**덜이 으럿 등용됐다 허드래두 그건 다 특블(特別)헌 일이여. 조슨왕조 500는간 베실질에 올른 **스얼**덜이 몇이나 되겄넝가?

스예 표서예(書藝) 명붓으로 글씨를 쓰는 예술. ¶붓씨 쓰넌 걸 **스예**라 허넌 것은 증신적인 측믄(側面)을 강조허넌 겨.

스예-가 표서예-가(書藝家) 명붓글씨로 일가를 이룬 사람. 또는 붓글씨를 직업적으로 쓰는 예술가. ¶예산 신암은 **스예가**의 고장이여. 조슨 즌기 4대 **스예가** 중 한 분이루 인수체의 대가이신 자암 김구 슨상은 신암 종경리[종긍리] 분이지. 그러구 조슨 후기 최대의 **스예가**이신 추사 김증희 슨상은 신암 용궁리서 태나구 자러신 분이잖어.

스이 표세/셋 주둘보다 하나가 많은 수. ¶아하, 교실서 떠든 녀석이 느덜 **스이**로구나. 관☞'스'. ¶느이 **스이** 눔덜이 교실아 떠나가라 허구 떠들어 댔단 말이지?

스:자 표서:자(庶子) 명본부인이 아닌 첩에게서 태어난 자식. ¶저 집안인 본자석덜버덤 **스자**덜이 더 뻔듯허니 잘 됐다닝께.

스:장 표서:장(署長) 명경찰서나 세무서 따위처럼 '서' 자로 끝나는 관서의 우두머리. ¶**스장**을 보러 왔던디, 안이 기슈? **스장**님은 안 기신디 먼 일루다가니 찾어오셨대유?

스:장-관 표서:장-관(書狀官) 명<역사> 외국에 보내는 사신 가운데 기록을 맡아보던 임시 벼슬. ¶**스장관**이야 은행사신(燕行使臣)을 따러댕기넌 보잘긋읎넌 6품 베실 아닌감? 그리두 **스장관**은 픙색(名色)이 행도사(行途御使)를 금(兼)힜잖여.

스점 표서점(書店) 명책을 갖추어 놓

고 팔거나 사는 가게. =스즘. ¶핵겨 가넌 질이 **스점**이 들러서 책 점 사와라.

스:정 표서:정(抒情/敍情) 명 ☞ '스증'.

스:정-성[-썽] 표서:정-성(抒情性) 명 ☞ '스증승'.

스:정-시 표서:정-시(抒情詩) 명 ☞ '스증시'.

스:정-적 표서:정-적(抒情的) 명 ☞ '스증즉'.

스즘 표서점(書店) 명 ☞ '스점'.

스:증 표서:정(抒情/敍情) 명 '표준화 과정→스증>스정>서정'. 자기의 감정이나 정서를 그려 냄. =스정. ¶김유증은 토속즉이구 향토즉인 **스증**을 해학적이루 그려낸 소설가이다.

스:증-승[-씅] 표서:정-성(抒情性) 명 서정적인 특성. =스정성. ¶1980년대이 민중문학이란 긋이 유행허맨서니 문학의 **스증승**에 대헌 논란이 일었던 즉이 있었다.

스:증-시 표서:정-시(抒情詩) 명 개인의 감정이나 정서를 주관적으로 표현한 시. =스정시. ¶시가 돈이 되던 말던 사람이 살아있넌 동안이는 **스증시**두 같이 있닝 겨.

스:증-즉 표서:정-적(抒情的) 명 정서를 듬뿍 담고 있는, 또는 그런 것. =스정적. ¶지 감증을 즐제허덜 뭇헌 표흔(表現)은 **스증즉**인 게 아니구 감증즉인 겨.

스:찰 표서찰(書札) 명 편지. =픈지. 펜지. 스신(書信). ¶**스찰** 한 통 써 줄 테닝께 늬가 점 수고히라.

스창 표서창(西窓) 명 서쪽으로 난 창.

스:촌 표서:천(舒川) 명 <지명> 충청남도 남쪽에 위치한 고을 이름. =스천. ¶**스촌**서 기차타고 온 겨? **스촌**서 장항슨 타믄 여까정 올마나 걸리남?

스:첩 표서첩(書帖) 명 '표준화 과정→스읍>스첩>서첩'. 이름난 사람의 글씨나 잘 쓴 글씨를 모아 만든 책. ¶**스첩**만 마냥 딜여다보덜 말구 붓글씨 점 써달라닝께.

스출 표서출(庶出) 명 첩이 낳은 자식.

스:투르다 표서:투르다 형 ①일, 솜씨 따위에 익숙하지 못하여 다루기에 설다. ¶**스투른** 기술 개지구 애썼구먼. ②전에 만난 적이 없어 익숙하지 않다. ¶질이 **스툴러** 찾어오너라구 혼났어.

스:툴다 표서:툴다 형 '스투르다'가 줄어든 말. 일이나 솜씨가 손에 익지 아니하다. ¶그런 **스툰** 솜씨루 나스믄 큰나.

스폭 표서폭(書幅) 명 글씨를 써서 걸 수 있도록 꾸민 천이나 종이의 조각. ¶그 냥반, 크다련 **스폭**이다가 붓글씨를 좍 써 내려가넌디 대단헌 멩필이더먼.

스:-푼 표서:-푼 명 한 푼짜리 엽전 세 개라는 뜻으로, 아주 보잘것없는 값을 이르는 말. ¶한 푼 두 푼 모데서 **스푼** 되구, 스푼 느푼 모데서 을 냥 되능 겨. 땅 열 질을 파봐, 땡즌 한 푼이

나오능가.

스:푼-으치 표서:푼-어치 명보잘것 없는 값어치. ¶쟈는 몸이룬 **스푼으치**도 뭇허맨서니 입이룬 백 냥으치 허유.

스:푼-짜리 표서:푼-짜리 명서푼 값어치밖에 안 되는 보잘것없는 물건. ¶**스푼짜리** 집이다가니 츤 냥짜리 문호헌다는 야그가 딱 네짝이여. 가게는 빈대 콕구먹만헌디 간판만 크믄 뭐허냔 말여.

스해 표서해(西海) 명①서쪽에 있는 바다. ②한반도와 중국에 둘러싸인 바다. 황해(黃海). ¶샙겨츤(揷橋川)둑이 생기년 통이 시방이야 **스해**루 이서진 물질이 맥혔지만 말이여. 조슨 시대인 구만들허구 황금들이서 난 쌀을 구만포서 **스해**를 타구 서울루 올렸대잖어.

스해-안 표서해-안(西海岸) 명①서쪽에 있는 바닷가. ②<지명> 우리나라의 황해와 이어져 있는 해안. ¶**스해안**을 개발헌다구 당진허구 스산인 사람덜이 모여든다넌디, 우리 예산은 젊은 사람덜이 자꾸 빠져나가기만 허니 큰일은 큰일이여.

스:행 표서:행(徐行) 명사람이나 차가 천천히 감. ¶핵겨 앞이나 아파트같은 디선 **스행**을 히야넌디 머가 그리 급허다구 차를 쌩쌩 몬댜? 동(자)스:행-허다.

슥 표석 관단위를 나타내는 말 앞에 쓰여, 그 수량이 셋임을 나타내는 말.

¶막대기루다가니 슥 대만 때려주마./인전 수능셤이 슥 달배끼 안 남었구나./슥 달 열흘. 슥 자 네 치.

슥 표석(石) 의명곡식, 액체 따위의 부피를 재는 단위. 한 말의 열 배. =슴. ¶자네 논이선 쌀이 몇 **슥**이나 난 겨?

슥가[-까-] 표석가-모니(Śākyamuni) 명<불교> ☞'슥가모니'.

슥가-모니[-까-] 표 석가-모니(Śākya-muni) 명<불교> 불교의 창시자. =슥가(釋迦). 시존(世尊). 부첫님. ¶**슥가모니** 부첫님은 수물아홉 살이 출가히서 서른다숫 살이 득도허였다.

슥:-동[-똥] 표석:-동 명<민속> 윷놀이에서, 세 번째 가는 말의 묶음. ¶저짝은 **슥동**을 냈넌디 우린 한 동두 뭇 냈어./단동 내기가 싱거우믄 **슥동** 내기 한판 오뗘?

슥:동-무니[-똥-] 표석:동-무니 명<민속> 윷놀이에서, 석동을 한데 업고 가는 말. ¶다른 말은 신경쓸 것두 읎구 **슥동무니**만 잘 내믄 이기는 겨. 그렇긴 헌디, 몸땡이 무거운 그 **슥동무니**가 온즌히 나라구 내가 기냥 놔두겄남?

슥방[-빵] 표석방(釋放) 명법에 의하여 구속하였던 사람을 풀어 자유롭게 하는 일. ¶죄인을 **슥방**허다./**슥방**을 청원허다.

슥:새-삼베[-쌔-] 표석:새-삼베

⑲올이 굵고 성글게 짠 베. ¶㊛ '슥새 삼베서 한 새 빠진 소리→새 빠진 소리'. 가운데가 빈 소리란 뜻으로, 실없는 소리를 비꼬아 이르는 말.

슥수-쟁이[-쑤-] ㊜석수/석수-장이(石手-) ⑲돌을 다루어 물건을 만드는 사람인 석수를 낮잡아 이르는 말. =석수쟁이 ¶혼헤 빠진 게 **슥수쟁인**디, 머 아쉬워 그 사람헌티 또 가겠어?

슥장[-짱] ㊜석장(錫杖) ⑲스님이 짚고 다니는 지팡이. ¶그러니께 삭갓 쓰고 **슥장** 짚고 무작중 집을 떠난 겨.

슥재[-째] ㊜석재(石材) ⑲토목이나 건축 따위에 쓰이는 돌. =석재. ¶시르미 독산이서 뜨던 건 **슥재**여, 골재(骨材)여? **슥재**던 골재던 나랑 뭔 상관이여?

슥즌[-쯘] ㊜석전(石戰) ⑲'표준화 과정→슥즌>석즌>석전'. 돌팔매질로 승부를 겨루는 놀이. ¶즐이 되믄 대술의 고새울 애덜과 즌불 애덜은 장고개와 가막고개 사이서 **슥즌**을 벌리군 했다.

슥존[-쫀] ㊜석존(釋尊) ⑲'슥가시존(釋迦世尊)'의 준말. ¶**슥존**의 탄신일이 다가오믄 즐마두 불자의 발질이 끊이질 않았다.

슥탑 ㊜석탑(石塔) ⑲석재를 이용하여 쌓은 탑. =석탑. ¶수덕사이두 볼 만헌 **슥탑**이 있는감? 이, 대웅즌 앞이 3칭 **슥탑**이 있구, 금강문 위편짝 어덕이루 가믄 9칭 **슥탑**이 있어.

슥학[스칵] ㊜석학(碩學) ⑲학식이 넓고 깊은 사람.

슥호[스코] ㊜석호(石虎) ⑲왕릉이나 큰 무덤 주위에 돌로 만들어 세운 호랑이상. =호석(虎石).

슥화[스콰] ㊜석화(石化) ⑲<지리>생물이 땅속에 묻혀 화석이 되는 일.

슥회[스쾨/스쾌] ㊜석회(石灰) ⑲석회석을 태워 이산화탄소를 제거하여 얻는 생석회와 생석회에 물을 부어 얻는 소석회를 통틀어 이르는 말. ¶그 밭은 산승화(酸性化)가 심히서 비료버덤은 **슥회**를 몇 푸대 사다 쩐지넌 게 나을 겨.

슥회-동굴[스쾨-/스쾌-] ㊜석회-동굴(石灰洞窟) ⑲지하수가 석회암 지대를 용해하여 생긴 동굴. ¶충북 단양일 갔다가 고수동굴이라나 **슥회동굴**이라나 허넌 걸 귀경허구 왔구먼.

슥회-수[스쾨-/스쾌-] ㊜석회-수(石灰水) ⑲수산화칼슘을 물에 녹인 무색투명한 액체.

슥회-암[스쾨-/스쾌-] ㊜석회-암(石灰巖) ⑲탄산칼슘을 주성분으로 하는 퇴적암. =석회석(石灰石).

슥회-질[스쾨-/스쾌-] ㊜석회-질(石灰質) ⑲석회 성분을 많이 포함하고 있는 물질.

슨: ㊜선: ⑲①사람의 됨됨이와, 마땅하고 마땅하지 않음을 가리는 일. ¶

슨 볼 적마두 지가 퇴짜를 놨다구는 허던구먼 그 속을 믿을 수가 있남. ②물건의 좋고 나쁨을 가려보는 일. ¶기똥찬 물근(物件)이라구 슨을 뵈긴 허던구먼 우리네가 그런 걸 살 돈이 있남?

슨:- 표선:- 졉'설-(未熟)+ㄴ(어미)'. 익지 않은. 격에 맞지 않아 서투른. 덜 된. 충분치 못한. ¶슨거리. 슨무당. 슨잠. 슨머슴. 슨밥. 슨떡

슨: 표선:(善) 몡착하고 올발라서 도덕 기준에 맞는 것. 도덕적 생활의 이상점. ¶슨을 행허기는 어렵구, 악을 행허기는 쉬운 벱이니께 늘 돌아보기를 게을러허든 안 되넌 거여.

슨각 표선각(先覺) 몡①사물이나 세상일에 대하여 남보다 먼저 깨달음. ②'슨각자'의 준말.

슨각-자[-짜] 표선각-자(先覺者) 몡남보다 앞서 깨달은 사람. ¶겨레의 슨각자덜의 삶이란 당시인 대개 수난과 오해루다가 온즌칠 뭇헌 게 다반사였댜.

슨거리 표선거리 몡<민속> 충청도 서쪽 지방에서 무꾸리나 푸닥거리를 업으로 하는 여자 무당을 일컫는 말. =선거리. ¶밤마두 왠 꽹맥이 소리래유? 이, 조 위집이 슨거리가 정읽능겨. 집안이 살이 졌다구 방이다 신당을 채리구 삼일정(三日經)을 읽넌댜.

슨계 표선계(仙界) 몡=슨경. ↔속계(俗界).

슨공-후:사 표슨공-후:사(先公後私) 몡공적인 일을 앞세우고, 사사로운 일을 뒤로 돌림. ¶일이란 게 자고로 슨공후사인 겨. 큰일이 먼첨이구 즉은 일은 뒤루가넌 벱이잖어.

슨과 표선과(仙果) 몡신선이 먹는다는 과실. 흔히 '복숭아'를 일컬음. ¶뻘겋게 익은 슨과가 가득헌 복사밭이 오니께 신선이 된 기분이구먼.

슨:과 표선:과(善果) 몡<불교> 선행에 대한 훌륭한 보답을 이룬다는, 좋은 과보(果報). ¶선행과 공덕을 쌓으야 슨과를 은넌 벱인 겨.

슨:과 표선:과(選果) 몡과실을 가려냄. 또는 가려낸 그 과실. ¶저 눔이 슨과 점 시켰더니 처먹구만 있구먼.

슨관 표선관(仙官) 몡①선계(仙界)의 관원. ②'여자무당'의 다른 이름. ¶정 읽넌다구 신당은 채려놓구 슨관은 오딜 간 거랴?

슨:관 표선:관(選管) 몡<법률> '슨거 관리 위원회'의 준말. 선거와 투표 관리, 정당에 관한 사무를 처리하기 위하여 두는 기관. ¶돈봉투던 밥이던 후보자가 주는 건 다 피히야 혀. 슨관이 걸리믄 수십 배루 게워내야 헌다닝께.

슨:광 표선:광(選鑛) 몡①캐낸 광석의 품질을 높이기 위하여 가치가 낮거나 쓸모없는 것을 골라내는 일. ②광석의 등분을 가리는 일. ¶슨광공

장. **슨광기**. **슨광법**. **슨광장**. 동(자) 슨광-허다.

슨구 표선구(先驅) 명①말을 탄 행렬에서 맨 앞에 서는 일. ②=슨구자(先驅者).

슨구-자 표선구-자(先驅者) 명①말을 탄 행렬에서 맨 앞에 선 사람. ②어떤 일이나 사상에서 다른 사람보다 앞선 사람. ¶횡길동즌의 즈자(著者) 허균(許筠)은 국문소설의 **슨구자**여.

슨군 표선군(先君) 명①돌아가신 임금. =슨왕(先王). ②돌아가신 아버지. =슨친(先親).

슨-굿[-굳] 표선-굿 명<민속> 무당이 서서 뛰놀면서 하는 굿. ¶저짝말이서 굿을 헌다넌디 귀경 안 갈 텨? 굿허넌게 먼 귀경거린감? 앉인뱅이가 아니구 **슨굿**이닝께 귀경헐만 헐 거.

슨금 표선금(先金) 명무엇을 사거나 세낼 때에 먼저 치르는 돈. =슨돈. ¶물건이 귀허다구 해서 **슨금**을 주구 왔넌디 잘헌 건지 물르겄군.

슨급 표선급(先給) 명품삯이나 물건값을 미리 치르는 것. ¶일손이 급허니 오쪄. **슨급**(先給)이래두 주구 사람을 구히봐야지.

슨급-금[-끔] 표선급-금(先給金) 명미리 치러주는 돈. ↔슨수금(先受金). ¶뭐가 아쉬워서니 **슨급금**까장 주맨서 부탁헌 거여?

슨글 표선결(先決) 명다른 문제보다 앞서 해결하는 것. ¶**슨글** 문제두 많은디, 왜 작은 걸루 입씨름덜 허구 있는겨? 동(타) 슨글-허다.

슨궁 표선경(仙境) 명①신선이 산다는 세상. =슨계(仙界). ②신비롭고 그윽한 경치.

슨ː남-슨ː느 표선ː남-선ː녀(善男善女) 명①성품이 착하고 어진 사람들. ②<불교> 불법에 귀의한 남자와 여자를 이르는 말.

슨납 표슨-납(先納) 명약속한 기한이 되기 전에 돈을 미리 냄. ¶**슨납**금을 주고 예약을 허다. 동(타) 슨납-허다. ¶세금을 **슨납허다**.

슨느 표선녀(仙女) 명선경(仙境)에 산다는 여자. ¶신랑은 벨루인디, 새약시가 올마나 고운지 꼭 **슨느**같더랴. 그럼 낭구꾼과 **슨느**짝이였구먼.

슨단 표선단(仙丹) 명신선이 만든다고 하는 장생불사의 영약. =슨약(仙藥). ¶뜨쟁이 약장사 말은 맨날 지 약이 **슨단**이여. 먹기만 허믄 다 낫넌다구 허넌디 그런 말을 누가 믿남?

슨단 표선단(先端) 명앞쪽의 끝.

슨달 표선달(先達) 명'先達→한국식 한자'. 보통 무과에 급제하고 벼슬을 받지 못한 사람. ¶갸가 도시가서니 물장사를 히서 먹구 산댜. 잉? 갸는 대동강물 팔어먹은 봉이 김**슨달**이라두 되는가 배.

슨ː덕 표선ː덕(善德) 명착한 마음

씨나 바르고 착한 행동. ¶**슨덕**만 쌓구 살어두 무잘른 게 인생인디 그리 악덕을 일삼으믄 오티기냔 말이지.

슨도 표선도(仙道) 명신선이 되기 위하여 닦는 도.

슨도 표선도(先導) 명앞장서서 이끌거나 안내함. 동(타) 슨도-허다. ¶자넨 애덜을 **선도히야** 헐 으른이 아닌감? 어려운 일은 자네가 **슨도히야지**, 애덜을 앞세믄 안 되능 겨.

슨:도 표선:도(善道) 명바르고 착한 도리. ¶시상이 **슨도**란 게 증해져 있는 게 아니잖어. 나만 생각지 않구 주븐(周邊)을 돌어보먼서 애쓰구 조심허넌 게 **슨도**일 겨.

슨-돌 표선-돌 명<고고학> 선사 시대에, 자연석이나 약간 다듬은 돌기둥을 땅 위에 세운 거석(巨石). 족장의 위력을 나타내거나, 묘비, 지역 경계의 표지로서 세워진 돌. ¶신양의 성부제 슨생이 **슨돌**을 많이 찾어냈다너먼.

슨두 표선두(先頭) 명대열이나 행렬, 활동 따위에서 맨 앞. ¶준비된 게 하나두 읎으니 **슨두**는크녕 꼬래비나 안 힜으믄 좋겠어.

슨:-떡 표선:-떡 명'슬-(未熟)+ㄴ(어미)+떡(餠)'. 잘 익지 않은 떡. ¶손이 집안이 들었으믄 **슨떡**이래두 내놔봐얄 것 아닌감? 예끼, 늬눔헌틴 **슨떡** 두 뭇 내겄다 이눔아.

슨례[슬레] 표선례(先例) 명①이전부터 있었던 사례나 예로부터 전해 내려오는 일 처리의 관습. ¶나쁜 **슨례**를 냉기믄 안 되닝께 조심덜 허자구. ②일정한 판결에 나타난 취지나 원칙을 그 후의 판결에서 따를 때, 앞의 판결을 이르는 말. ¶의견이 하 분분허니 **슨례**대루 따르넌 게 좋겄유.

슨매 표선매(先買) 명남보다 먼저 삼. 동(타) 슨매-허다. ¶신양이나 대술이서 나온 꼬추를 장사꾼덜이 다 **슨매허**는 통이 보통 사람덜은 장이 가두 꼬추 사기 심들어.

슨매 표선매(先賣) 명미리 팜. =예매(豫賣). 동(타) 슨매-허다. 동(피)슨매-되다. ¶우린 농사 진죽이 끝났어. 여름이 논밭뙈기루다가니 **슨매**를 헸거든.

슨박 표선박(船舶) 명사람이나 짐 따위를 싣고 물 위로 떠다니도록 나무나 쇠로 만든 것. =배.

슨:방 표선:방(善防) 명잘 막아냄. ¶꼴키파가 **슨방**을 많이 허넌구먼.

슨:방-허다 표선:방-허다(善防-) 동(타) 잘 막아내다. ¶지긴 힜지먼 그만허믄 **슨방헌** 거여.

슨배 표선배(先輩) 명①같은 분야에서 지위나 나이·학예 따위가 자기보다 많거나 앞선 사람. ¶**슨배** 시인덜께 인사디려유. ②자신의 출신 학교를 먼저 거쳐간 사람. ¶동문회를 헌다구 히서 갔더니 후배덜은 읎구 **슨배**덜만 나왔더라구.

슨 : 벌 표선 : 벌(選伐) 명나무를 가려서 벰. ¶좋은 나무만 **슨벌**을 허라군 헸넌디, 따루 쓸만헌 것두 읎구먼.

슨 : 벌-허다 표선 : 벌-하다(選伐-) 동(타) 나무를 가려서 베다. ¶목재루 쓸 것만 **슨벌허라구** 헸넌디 어린 낭구까장 마구 볐군.

슨 : -보다 표선 : -보다 동(자) 인물의 좋고 나쁨, 마땅함과 마땅하지 않음을 알아보기 위하여 서로 만나 살펴보다. ¶**슨보구** 올 적마두 지 숭 못 보구 상대 뭇난 것만 탓허넌디, 내가 볼 적이는 늬가 눈이 높어서 시집을 못 가능 겨.

슨 : -보이다 표선 : -보이다 동(타) 어떤 사물이나 인물을 가려보도록 하다. ¶좋은 물건을 **슨뵈겄다구** 허더니 오티기된 겨? 그짓부렁이루 헌 것은 아닌감?/남자 친구 생겼다매 잘 봐줄 테닝께 우덜헌티 먼첨 **슨뵈여**.

슨부 표선부(先父) 명돌아간 아버지. =슨친(先親).

슨불 표선불(先佛) 명일이 끝나기 전이나 물건을 받기 전에 미리 돈을 치름. ¶당신은 신용이 안 좋아. 그러닝께 **슨불** 아니면 물건 못 주겄구먼. 그럼 **슨불** 줄 테닝께 물건이나 잘 대주슈.

슨:볼 표선:별(選別) 명가려 따로 나눔. ¶과실덜이 다 그눔이 그눔인디 거기서 먼 또 **슨볼**을 헌다구 그런대유? 그렇긴 헌디 그리두 우리 애덜헌

티 보낼 거라 한 번 더 딜여다 보능 거여. 동(타) 슨블-허다. (자) 슨블-되다.

슨사 표선사(先史) 명역사(歷史)가 시작되기 전. ¶글씨, 공주 석장리서 **슨사**의 유물덜이 잔뜩 나왔댜.

슨사-시대 표선사-시대(先史時代) 명문헌 사료가 전혀 존재하지 않는 시대. 일반적으로 석기 시대와 청동기 시대를 이르는 말. ↔역사시대. ¶신양이 성부제 슨상이 슨돌을 찾어댕긴다넌디 그게 뭐허는 겨? 아, 그건 **슨사시대** 부족장의 모이다가 괴났던 독이랴.

슨 : 사-허다 표선 : 사-하다(膳賜-) 동(타) 존경, 친근, 애정의 뜻을 나타내기 위하여 남에게 선물을 주다. ¶아이덜헌티 동화책을 **슨사헸다**./사과 한 상자루 뭔 뇌물이겄유? 이건 기냥 **슨사허넌** 거닝께 맛있게 잡수시믄 되유.

슨산 표선산(先山) 명①조상의 무덤. =슨영(先塋). 슨묘(先墓). ②조상의 무덤이 있는 산. ¶오디 가남? 이, **슨산**이 셍묘허러 가넌 중이여.

슨상 표선생(先生) 명'표준어화 과정→슨상>선상>선생'. ①학생을 가르치는 사람. =선상. ¶㉃ **슨상** 똥은 가이두 안 먹넌다. ②학예가 뛰어난 사람을 높여 이르는 말. ¶백븜 김구 **슨상**께서닌 그 유명헌 백븜일지를 냉기셨다. ③성(姓)이나 직함 따위에 붙여 남을 높여 이르는 말. ¶이 **슨상**은 오

디 사슈?

슨상-님 표선생-님(先生-) 명'선생(슨상)'의 높임말. =선상님. ¶단임 **슨상님**은 교무실 안이 기시는감?

슨상-질 표선생-질(先生-) 명학생을 가르치는 일을 낮잡아 일컫는 말. =선상질. ¶**슨상질**두 아무나 허넌 게 아니여. 요즘 임용섬이 장냥이 아니라.

슨서 표선서(仙書) 명선도(仙道)에 관한 책. ¶한말(漢末) 장각은 태픙층룽스(太平淸領書)라는 **슨스**(仙書)를 이용혀서 태픙도(太平道)를 플치구 난을 일이켰다. 이게 그 유명헌 삼국지예 나오넌 황근즉(黃巾賊)의 난이여.

슨서 표선서(宣誓) 명①여럿 앞에서 맹세하는 일. ¶**슨수덜**을 대표히서 늬가 **슨서**를 히거라. ②법정에서, 증인이나 감정인이 진실을 말할 것을 맹세하는 일. ¶법정이 가믄 참말만 헌다구 **슨서**를 히야 되여. ③공무원이 법령을 준수하고 공정하게 공무에 임할 것을 맹세하는 일. ¶대통령 취임 **슨서**.

슨서-허다 표선서-하다(宣誓-) 동(타) ☞ '슨서(宣誓)'.

슨선-허다 표선선-하다 형'표준어화 과정→슨슨허다>슨선허다>선선하다'. ①시원한 느낌이 들 만큼 서늘하다. ¶갈 장마가 끝나닝께 날이 **슨선허구먼**./츠서(處暑)가 지났으니 인전 날두 **슨선혀지겄지**. ②성품이 시원스럽고 쾌활하다. =슨슨허다. ¶일을 히두

된다구 **슨선허게** 승낙허더라구.

슨성 표선성(先聲) 명예전부터 알려진 명성. ¶선상님 **슨성**은 진즉버터 듣구 있었구먼유.

슨:-소리 표선-소리 명이치에 맞지 않는 덜된 말. =신소리. ¶익은 밥 먹구 **슨소리**허지 말어.

슨-술 표선-술 명술청 앞에서 서서 마시는 술.

슨-술 표선-술(仙術) 명신선이 행하는 술법. ¶**슨술**이란 게 오딨어. 횡길 똥이니 손오공이니 허넌 옛날 얘기서나 나오는 거지.

슨술-집[-찝] 표선술-집 명'서/스-(立)+ㄴ(어미)+술(酒)+집(家)→슨술집>선술집'. 술청 앞에 선 채로 술을 마실 수 있는 간단한 술집. ¶오랜만이 만났넌디 **슨술집**이래두 가서 한 잔 허자구.

슨슨-허다[-스너-] 표선선-하다 형 ☞ '슨선허다'.

슨식 표선식(仙食) 명신선이 먹는 음식. ¶근강(健康)이 좋다넌 **슨식**덜이 쏟아져나오긴 허넌디 하두 많으닝께 뭐가 뭔지 통 물르겄어.

슨실 표선실(船室) 명배 안에서 승객들이 쓰도록 만든 방. ¶추운디 왜 **슨실**서 나온 겨? 이, 배멀미 때민이 바람 점 쐴라구.

슨:악 표선:악(善惡) 명착한 것과 악한 것. ¶그 나이 먹구서두 **슨악**을

분별허지 뭇허믄 쓰나?

슨:악-과[스:나꽈] 표선:악-과(善惡果) 명①<가톨릭><기독교> 먹으면 선악을 알게 된다는 선악과나무의 열매. ¶인간의 원죄는 아담과 하와의 슨악과이서 비롯되었다. ②<불교> 선과와 악과. ¶슨악과는 자신의 슨행이나 악행의 글과물(結果物)이다.

슨약 표선약(仙藥) 명①=슨단(仙丹). ②효험이 아주 뛰어난 약. ¶애가 저리 오래 고상허넌디 오티기서라두 슨약을 찾어봐얄 거 아니여..

슨약 표선약(先約) 명먼저 한 약속. 또는 먼저 약속하는 일. ¶슨약이 있어서니 나 먼첨 일나게. 슨약은 개뿔, 술값 안 낼라고 내빼는 거지?

슨어말-어미 표선어말-어미(先語末語尾) 명 ☞ '슨으말으미'.

슨언 표선언(宣言) 명 ☞ '슨은'.

슨언-문 표선언-문(宣言文) 명 ☞ '슨은문'.

슨언-서 표선언-서(宣言書) 명 ☞ '슨은스'.

슨왕 표선왕(先王) 명①선대의 임금. ¶슨왕의 유지를 받들다. ②옛날의 어진 임금. ¶슨왕의 치즉(治績)을 흐트리다.

슨:외[스눠/스눼] 표선:외(選外) 명뽑히 못함. 입선(入選)하지 못함. ¶슨외루 밀어두긴 헜지먼 저 작품은 두구두구 아깝구먼.

슨으말-으미 표선어말-어미(先語末語尾) 명<언어> 어말어미(語末語尾) 앞에 오는 어미. =슨어말어미. ¶용은(用言)이서 시제와 높임을 나타내넌 으미가 슨으말으미다.

슨은 표선언(宣言) 명'표준어화 과정→슨은>슨언>선언'. ①널리 펴서 말함. 국가나 집단이 자기의 방침, 의견, 주장 따위를 외부에 정식으로 표명함. ¶1919년 3월 1일, 민족대표 33인은 태화관이 모여 조슨의 독립을 슨은허였다. ②어떤 회의의 진행에 한계를 두기 위하여 말함. 또는 그런 말. =슨언. ¶본회의 개회를 슨은헙니다./본 안근이 만장일치루다가니 가글(可決)되였음을 슨은헙니다.

슨은-문 표선언-문(宣言文) 명선언하는 취지를 적은 글. =슨언문. ¶기미독립슨은문은 최남선 슨상이 초고를 쓰구, 이광수 슨상이 교증(矯正)을 헜단다.

슨은-스 표선언-서(宣言書) 명'표준화 과정→슨은스>슨언서>선언서'. 어떤 일을 선언하여 공표하는 문서. =슨언서. ¶무오독입슨은스. 2·8독립슨은스. 비핵화지지슨은스(非核化支持宣言書).

슨읍 표선업(先業) 명①조상이 남겨 놓은 사업. 또는 선대의 사업. =슨업. ¶농사가 슨읍인디 늬 형제덜 중 하나는 땅을 지키야지 안 쓰겄남? ②전생에 지은 선악의 업인.

슨:읍 표선:업(善業) 명좋은 과보(果報)를 얻을 만한 좋은 일. 착한 일. =슨업. ↔악읍(惡業). ¶**슨읍**만을 행히두 무자를 판국이 나쁜 짓만 골러서 허구 댕기다니.

슨:의[-/스니] 표선:의(善意) 명①착하고 아름다운 마음씨. ②남을 돕고자 하는 좋은 뜻. ¶**슨의**의 그짐말이라 허더락두 그짐말이닁께 늘 돌어봐야 허넝 겨. ③<법률> 자신의 행위가 법률관계의 발생, 소멸 및 그 효력에 영향을 미친다는 사실을 모르는 일.

슨-이자 표선-이자(先利子) 명빚을 쓸 때에 본전에서 먼저 떼어 내는 이자. **슨븐**(先邊). ¶돈 점 빌려달랬더만 **슨이자** 떼구 수수료 떼가네그려. 완즌 도둑눔덜이더라닁께.

슨인 표선인(仙人) 명①도를 닦아서 현실의 인간 세계를 떠나 자연과 벗하며 산다는 선계의 사람. =신슨(神仙). ②도를 닦은 사람. 도사(道士). ¶복사낭구 아래서 장기를 두니께 꼭 **슨인**이 된 기분이구먼.

슨인장 표선인장(仙人掌) 명선인장과의 식물을 통틀어 이르는 말. ¶물을 많이 줬더니 **슨인장** 뿌리기가 썩어 삐렸네.

슨:자 표선:자(選者) 명여러 작품 가운데 좋은 것을 골라 뽑는 사람. ¶공모헐 즉인 **슨자**의 승향(性向)두 고려헐 중 알어야 히여.

슨자-옥질[-찔] 표선자-옥질(仙姿玉質) 명신선의 자태와 옥의 바탕. 아름다운 용모를 지닌 사람을 비유. ¶**슨자옥질**이래두 맴이 그르믄 아닌 겨.

슨:-잠 표선:-잠 명깊이 들지 못허거나 흡족하게 이루지 못한 잠. ¶요짐 불면증이루 잠을 통 뭇 자. **슨잠**이래두 점 잤으믄 싶어./**슨잠**을 깼더니 머리가 띵허구먼.

슨지 표선지 명'선디/슨디>슨지'. 짐승의 피. 특히 소를 잡어서 받은 핏덩이. ¶괴기 반찬은 뭇 되두 **슨지** 몇 뎅이는 사 각구 들어갈게.

슨지 표선지(先知) 명앞일을 남보다 일찍 깨달어 앎.

슨지-자 표선지-자(先知者) 명①남보다 먼저 깨달어 아는 사람. ¶그는 20세기 예술의 **슨지자**다. ②<가톨릭><기독교> 예수 이전에 나타나 예수의 강림과 하나님의 뜻을 예언하던 사람. ¶**슨지자** 이사야(Isaiah)는 기원전 8세기 무렵 동정녀한티서 메시아가 탄생허리라는 걸 예은헌다.

슨집 표선집(選集) 명한 사람 또는 여러 사람의 작품 가운데서 어떤 기준에 따라 몇 작품을 모아 엮은 책. ¶난 선상님헌티서 김수영 시**슨집**을 슨물 받었넌디 넌 뭘 받은 겨? 이, 난 신춘문예 시**슨집**을 받었어.

슨창 표선창(先唱) 명①맨 먼저 주

창함. ②노래나 구령 따위를 맨 먼저 부름. ¶늬가 **슨창혀**. 그럼 우덜이 따러불르께.

슨창 표선창(船艙) 명물가에 다리처럼 만들어 배가 닿을 수 있게 한 곳. =부두. 배다리. ¶**슨창**이 배를 대다./슨창에서 일을 허다.

슨창-가[-까] 표선창-가(船艙-) 명부두 가까이에 있는 물가. =부둑가. ¶**슨창가**이는 으레 으시장(魚市場)이 늘어서 있다.

슨채 표선채(先綵) 명전통 혼례에서, 혼례를 치르기 전에 신랑 집에서 신부 집으로 보내는 채단. ¶요즘은 함진애비두 거진 읎어진 판국이 **슨채**는 먼 슨채여? 그리두 사주단자허구 **슨채**는 보내야 되잖유.

슨채 표선채(鮮菜) 명싱싱한 야채. ¶육식버더야 **슨채**를 많이 먹으야 근강이 좋지.

슨:책 표선:책(善策) 명뛰어난 계획이나 좋은 방책. ¶**슨책**이 따로 있었건가? 그저 열심히 허맨서 되가는 걸 지켜 보자구.

슨:처 표선:처(善處) 명어떤 일이나 문제에 대하여 좋은 방법으로 일을 처리하는 것. ¶일이 실수가 점 있넌디 **슨처**를 부탁히유. 동(타) 슨처-허다. ¶이번 일만 **슨처**혀 주시믄 담버텀은 절대 실수 읎을 것이구먼유.

슨천 표선천(先天) 명☞ '슨츤'.

슨츤 표선천(先天) 명①태어나면서부터 몸에 지니고 있는 것. ②<천도교> 교가 창건되기 이전의 세상. ↔후츤(後天). ¶**슨츤**적인 건 어쩔 수 읎겄지만, 노력히서 될 만헌 건 히봐야지.

슨츤-성[-썽] 표선천-성(先天性) 명태어나면서부터 이미 지니고 있는 성질. =슨천성. ¶**슨츤성** 난치븽(難治病)이라니 그게 먼 소리랴?

슨츤-적 표선천-적(先天的) 명태어날 때부터 지니고 있는. 또는 그런 것. =슨천적. ¶이 사람아, **슨츤적**이루 부족허게 태난 걸 자꾸 머라구 헌다구 고처지나.

슨체 표선체(船體) 명①배의 몸체. ②실은 짐이나 딸린 것들을 제외한 배 자체. ¶2010년 3월, 백룡도 인근 해안이서 북한의 으뢰 공극(攻擊)이루 츤안함의 **슨체**가 두 동강이 났다.

슨축 표선축(先蹴) 명축구 따위에서, 경기를 시작할 때 공격권을 얻은 팀이 공을 먼저 차는 일. ¶한일즌 축구 긩기(競技)가 한국의 **슨축**이루 시작되였다. 동(자)(타) 슨축-허다.

슨:치 표선:치(善治) 명백성을 잘 다스리는 것. ¶예즌이든 요즘이든 다 지 배불리기만 바쁘지 시상 **슨치**라넌 게 있남?

슨친 표선친(先親) 명☞ '슨부'.

슨-키 표선-키 명'서/스-(立)+ㄴ+키(身長)→슨키'. 섰을 때의 키. ↔안진키.

¶슨키버덤 안진키가 크다구 좋어라 힜더니 그게 숫다리라넌 게 되드라구.

슨통 표선통(先通) 명미리 알리는 것. ¶슨통을 놨으믄 준빌 다 히 놨을 텐디, 이렇기 급작시리 찾어와 졸르믄 오젼대유? 동(타) 슨통-허다.

슨포 표선포(宣布) 명세상에 널리 알림. 동(타) 슨포-허다. ¶으안(議案)이 가글(可決)되였음을 **슨포허다**. 동(자) 슨포-되다 ¶계음륭(戒嚴令)이 **슨포되다**.

슨포-문 표선포-문(宣布文) 명세상에 널리 알리는 글.

슨폭 표선폭(船幅) 명배의 너비. 배에서 가장 넓은 부분을 잰 폭. ¶임진왜란 때의 판옥슨(板屋船)은 **슨폭**이 넓구 이칭 구조루 되어 있어서 왜슨과의 즌투에 유리허였다.

슨편 표선편(船便) 명배가 사람이나 물건을 싣고 오고 가는 수단. =배편. ¶**슨편**이 다 끊어졌으니 이를 오쩐댜? 오쩌긴 멀 오쩌유? 기냥 여서 하루 자구 가야쥬.

슨:-하다 표선:-하다 형잊히지 아니하고, 눈앞에 보이는 듯하다. ¶돌어가신 부모님 얼굴이 눈이 **슨허다**./어릴 즉이 떠난 고향 산츤이 **슨허게** 떠올른다.

슨:-허다 표선:-하다(善-) 형올바르고 착하다. ¶**슨허게** 사넌 냥반을 왜 자꾸 들쑤시는 겨? 벱 읎이두 살 **슨헌**

냥반을 왜 그렇기 뭇 살게 군댜?

슨:-하품 표선:-하품 명몸에 이상이 있거나 흥미 없는 일을 할 때에 나오는 하품. ¶**슨하품**만 빡빡 해대넌 걸 보니 웽간히 지루헌 모양이구먼.

슨화-지 표선화-지(仙花紙) 명닥나무로 만들어 두껍고 질기며, 누르스름하거나 희게 만든 종이. ¶붓글씨 연십은 신문지다가 허구 귀헌 **슨화지**는 애껴 써라.

슨회 표선회(旋回) 명①둘레를 빙글빙글 돎. ②항공기가 곡선을 그리듯 진로를 바꾸는 것. 동(자)(타) 슨회-허다. ¶아부지헌티 혼날까바 집이두 뭇 들어오구 동네를 **슨회허구** 있드라구.

슨회 표선회(禪會) 명참선하는 모임.

슨:-달[-딸] 표선:-달 명'설/슬(元旦)+ㅅ+들(月)→섯둘/슷둘?>섣달/슫달'. 음력으로 한 해의 마지막 달. 음력 12월. ¶이구, **슨달** 그믐날 시루 으르러 댕기넌 짓을 머더러 허는 겨?

슨:달-그믐[-딸-] 표선:달-그믐 명음력으로 한 해의 마지막 날. ¶잘 지내셨쥬? 증초(止初)이 뭇 뵙구, 오늘 **슨달그믐날**이라 묵은시배를 디리러 왔구먼유.

슨:-부르다[-뿌-] 표선-부르다 명'설/슬-(未熟)+부르-(?)+-다→선(슬)부르다/선(슬)우르다>슨부르다'. 솜씨가 설고 어설프다. ¶일은 **슨부른** 눔덜이 입만 살었네. **슨부른** 소리덜 그만

허구 일이나 잘 혀여.

슫 : -불리[-뿔-/습뿔-] 표섣 : -불리 튀 '슫부르-(未熟)+이(접사)'. 솜씨가 설고 어설프게. =습불리. ¶넘덜 쌈이 슫불리 껴들다가 정(黥)을 치구 있구먼./우험(危險)허니께 슫불리 뎀비덜 말어라.

슫 : 표섣 : 명①새해의 첫날. 1월 1일. =신증(新正). 구증(舊正) ②새해의 첫머리. 1월 초. =증초(正初). 는초(年初). 은두(年頭). 은시(年始). 시수(歲首). 시시(歲時). 시초(歲初). ¶슫쇠믄 인전 나두 오십 줄이 들어스는구나./인전 시골두 슫이라 히야 이즌같잖구 한즉히여.

슫- 표섣 접일부 동사의 앞에 붙어 '충분하지 않게'의 뜻을 더해주는 말. ¶슫익다./슫깨다./슫치다./슫마르다.

슫 표섣 (說) 명견해, 주의, 학설, 통설 따위를 이르는 말. ¶항간(巷間)이 떠도넌 슫(說)을 다 믿을 수야 있겄넌가?

슫계[-게-] 표섣 (設計) 명①계획을 세움. 또는 그 계획. ¶직장두 읎이 놀구 있넌디 먼 퇴직 후 재무 슫계를 허라능 겨? ②건축·토목·기계 제작 따위에서, 그 목적에 따라 계획을 세워 도면에 명시하는 일. ¶째끄맣게 집 하나 짓넌디 뭔 근축 슫계랴? 동(타) 슫계-허다.

슫계-도[-게-] 표섣 (設計圖) 명①설계한 구조, 형상, 치수 따위를 일정한 규약에 따라서 그린 도면. ¶슫계도두 읎이 오티기 공사를 허라능 겨? ②앞으로 이룩할 일에 대한 계획. ¶슫계도만 그창허게 늘어놓덜 말구 실즌을 히봐, 이눔아.

슫계-사[-게-] 표섣계-사 (設計士) 명설계를 전문으로 하는 기사(技士). ¶진 슫계사 사무실서 일허구 있구머유.

슫계-사[-게-] 표섣계-사 (設計師) 명보험을 계약하거나 권유를 하는 사람을 일컫는 말. ¶생활슫계사. 재무슫계사.

슫계-서[-게-] 표섣계-서 (設計書) 명설계의 내용을 써놓은 문서. ¶슫계서 즘 일루 가져와 봐.

슫계-안[-게-] 표섣계-안 (設計案) 명설계를 꾸민 계획. ¶슫계를 뭇헌다매 슫계안은 볼 중 아는 겨?/슫계안이 너머 부실헌디 손 봐줄 사람 읎을라나?

슫-깨다 표섣-깨다 동(자) 잠이 완전히 깨지 못하다. 잠에서 덜 깨어나다. =설깨다. ¶애가 잠이 슫깨서 칭얼대능 규./나는 새벽참이 출근헐라믄 잠이 슫깨서 졸맨서니 출근헌다닝께.

슫 : -날 표섣 : -날 명우리나라 명절의 하나. 정월 초하룻날. =원일(元日). 신원(新元). 원증(元正). 증일(正日). ¶슫날 아츰버텀 웬 잔소리여? 슫날 아츰이 잔소릴 들으믄 일 년 내내 재수가 읎넌 것인디 말이여./슫날 아침버텀 먼 일을 허넝 겨? 이, 마당이다 누

가 쓰레길 던져놓구 가서니 말여. 슬날이 일허믄 머심된다잖여, 대충 허구 우리 집이루 놀러 와.

슬-늙은이 표설-늙은이 명나이는 그다지 많지 않지만 기질이나 기력이 노쇠한 사람. =설늙은이. ¶그 친군 심쓰넌 일 뭇허유. **슬늙은이**라니께유.

슬:다 표설 : 다 동(자) ①열매, 밥, 술 따위가 제대로 익지 아니하다. ¶떡이 점 **슬었구먼**./슨 열매는 뭐덜라구 따능 겨? ②잠이 모자라거나 깊이 들지 아니하다. 형이전에 보거나 듣지 못한 상태라서 익숙하지 아니하다. =설다. ¶어제 잠이 **슬어선지** 이응 몸이 찌뿌둥허구먼./귀에 슨 소리라 먼 소린지 물르겄어./이응 낯이 **슬어서** 쑥시럽다닝께./손이 슨 은장을 쓸라닝께 아주 불푠(不便)허구먼.

슬마 표설마 부'설(幾)+마(程度)'. 부정의 면을 강조할 때, 아무리 그러하기로. ¶그렇다구 **슬마** 일을 저질르기야 허겄남?/**슬마** 비가 오넌 일은 읎겄지?

슬마-헌들 표설마-한들 부아무리 그러하다고 하더라도 =설마. ¶**슬마헌들** 애헌티 먼 일이야 있겄유? 너머 극정허덜 말유.

슬:-맞이 표설 : -맞이 명새해를 맞이하는 일. ¶슫달그믐은 밤새넌 날인디 마을 회관이 가서 **슬맞이** 고수덥이래두 한 판 허까?

슬:-밑 표설 : -밑 명한 해가 끝날 무렵. 설을 앞둔 섣달그믐께. =시밑(歲-). ¶**슬밑**이 다가왔넌디 방앗간이 흔떡허러 오넌 사람이 벨루 읎구먼. 어이구, 시방이 오떤 시댄디유. 요짐은 이즌의 **슬밑**차람 흔떡덜 많이 안히유.

슬법[-뻡] 표설법(說法) 명①<불교> 불교의 교의를 풀어 밝힘. ¶오디 갔다 오슈? 이, 맴이 심란히서 절이 가서니 큰스님 **슬법** 점 듣구 오넌 중이여. ②말하는 방법.

슬:-보다 표설 : -보다 명자세히 살펴보지 아니하고 대강 보다. ¶그 일은 기냥 **슬봐** 넹길 일이 아녔넌디, 큰일 났네.

슬비 표설비(設備) 명필요한 것을 베풀어서 갖춤. 또는 그렇게 갖추어진 시설. ¶무대 **슬비**두 읎이 은극(演劇)을 헐라능 겨? **슬비**팀이 이적까지 도착을 안혔구먼유. 동(타) 슬비-허다. (자) 슬비-되다.

슬:-빔 표설 : -빔 명'설/슬(元旦)+빗-(美/飾)+음(접사)'. 설을 맞이하여 새로 장만하여 입거나 신는 옷, 신발 따위. ¶다 큰 눔이 먼 **슬빔** 타롱이여? 양말 한 커리믄 된 거지.

슬:-상[-쌍] 표설 차례상 명설을 맞아 차례 음식을 올리는데 쓰는 상. 또는 설음식이 차려진 상. ¶**슬상**을 채리넌디 대충대충 올리믄 쓰남. **슬상**인 증성(精誠)이 들어가야능 겨.

슬:-쇠다 표설 : -쇠다 동(자) 설을 맞

이하여 지내다. ¶고향이 **슬쇠러** 가는디 기냥 갈 수 있남?/**슬쇠구** 나서 한 번 모이자.

슬: -삶다[-따] 표설-삶다 동(타) 충분히 삶지 아니하여 덜 익은 상태가 되게 하다. ¶콩나물이 **슬삶어져서** 날내가 나년구먼./**슬삶**은 말대가리마냥 거기서 머더넌 겨?

슬: -음석 표설: -음식(-飮食) 명 떡국, 수정과, 식혜, 약식, 유밀과 따위처럼 설에 주로 먹는 색다른 음식. ¶**슬음석**은 오따 두구 안 내넌 겨? 반갑덜 않언 사람이 왔다구 괄세(恝視)허넌 겨?

슬의 표설의(設疑) 명 의문을 내세움.

슬: -익다[-따] 표설-익다 동(자) ①충분히 아니하게 익다. ②충분히 완성되지 못하다. ¶**슬익**은 열매기는 머다라 잔뜩 따다논 겨?/**슬익**은 배가 고갤 빳빳이 들지 익은 배가 그리허넌 거 봤남?

슬-자리[-짜-] 표설-자리 명 ①국궁(國弓)에서, 활을 쏠 때에 서는 자리. ②서 있을 자리. ¶지 **슬자리**두 못 잡구 뭣허는지 물르겄네./**슬자리** 안질 자리는 분별(分別)헐 중 알으야지.

슬: -잡다[-따] 표설-잡다 동(타) 제대로 잡은 것이 아닌, 어설프게 잡다. ¶그렇게 **슬잡으닝께** 자꾸 끈내끼가 딸려오잖어.

슬즌[-쫀] 표설전(舌戰) 명 말다툼.

=설즌. 동(자) 슬즌-허다. ¶저눔덜 즌생이 웬수가 졌넌가 만나기만 허믄 **슬즌**이여.

슬: -뿌리다 동(타) 액체나 고체 알갱이 따위를 충분하지 못하게 뿌리다. ¶모기약을 **슬뿌렸더니** 모기덜이 하나두 안 죽었군.

슬증[-쯩] 표설-증(泄症) 명 설사가 나는 기운. 또는 설사가 나는 증세. ¶어제 참이 문제인가, 그거 먹은 뒤루 다가니 **슬증**이 가시덜 않네.

슬치 표설치(設置) 명 베풀어서 두는 것. ¶즌기 스위치 하나두 **슬치** 못허맨서니 먼 즌기기술자라구 뻥치는 겨?

슬치다¹ 표설치다 동(자) ①마구 날뛰다. ¶다신 동네서 **슬치지** 못허더락 혼꾸녕을 내뻐려. ②찬찬하지 못하고 조급하게 행동하다. ¶그렇기 미친 눔마냥 **슬치지만** 말구 찬찬히 대책을 강구해 보랑께그려.

슬-치다² 표설-치다 동(타) 필요한 정도에 미치지 못한 채로 그만두다. ¶암것두 아닌 걸루 괜이 잠만 **슬쳤네**.

슬치-대 표설치-대(設置臺) 명 기계, 설비 따위를 설치하는 데 받침으로 쓰는 대.

슬치-되다 표설치-되다(設置-) 동(자) 무엇이 베풀어져 두어지다. ¶보일러가 다 **슬치됐걸랑** 들와서 음료수라두 한 잔 히여.

슬치-허다(設置-) 표설치-하다(設置

−) 동(타) 무엇을 베풀어서 두다. ¶화장장(火葬場) 슬치가 필요헌 중은 알겄지먼 우리 동네다가니 **슬치허넌** 건 반대란 말여.

슬파 표설파(說破) 명①어떤 내용을 분명하게 밝혀 말함. ¶자네가 그럴 기 침 튀기매 **슬파**허지 않어두 다 아닝께 인전 그만혀. ②상대편의 이론을 완전히 깨뜨려 뒤엎음. ¶그 사람 지론을 **슬파**헐 생각은 그만둬.

슬파-허다 표설파-하다(說破−) 동(타) ☞'슬파'. ¶제갈량은 오나라의 중신덜을 **슬파**허구 즉븍(赤壁)이서 위오대즌(魏吳大戰)을 이끌어 냈다.

슳:다[슬:따] 표섧:다 형'활용형태: 슳게[슬:께]. 슳구[슬:꾸]. 슳더라[슬:떠라]. 슳더라구[슬:떠라구]. 슬워[스:뤄]. 슬우니[스:루니]'. 원통하거나 억울하여 울고 싶다. =스럽다. ¶내 츠지(處地)나 늬 츠지나 **슳기**는 마찬가지여./애가 지 에미 송장이 매달려서 참 **슳게** 울더라구.

슴¹ 표섬 명'섬>섬/슴'. 곡식 따위를 담기 위하여 짚으로 엮어 만든 그릇. 븍서리. ¶**슴** 진 눔이 말 진 눔 홀껏거리는 짓 허덜 말어. 의명어떤 것의 부피를 잴 때 한 말의 열 배가 되는 단위. ¶저게 닷 **슴** 나오넌 논인디, 오티기여 자석눔 대학 보낼라먼 팔으야겄지./베 늘 **슴**이믄 겨울이야 나겄지?

슴:² 표섬 명주위가 바다나 호수로 완전히 둘러싸인 땅. ¶예산이 **슴**이 하나 있넌디, 그게 도중도(島中島)여. 윤봉길 생가 주변이루 시 갈래 갱굴물이 흘르넌디, 그걸 보구 윤의사가 한반도 안의 **슴**이라넌 뜻이루 도중도라 이름 붙인 겨.

슴:-사람[-싸-] 표섬:-사람 명섬에 사는 사람. ¶**슴사람**이라구 다 뱃사람인 중 아남. 농사짓구 사넌 **슴사람**이 더 많은 겨.

슴-지기 표섬-지기 의명한 섬의 씨앗을 심을 만한 넓이를 뜻하는 말. 논밭의 넓이를 나타내는 단위. ¶사웁(事業)헌다구 허다가 잘 안되서니 두 **슴지기**나 되넌 즌답(田畓)을 죄다 날렸댜.

슴진-강 표섬진-강(蟾津江) 명<지리> 전라북도 진안에서 시작하여 전라남도를 거쳐 경상남도 하동을 지나 남해로 흘러 들어가는, 총길이 212km의 강. ¶**슴진강**이 참 깨깟허다는디 온제 나랑 한 번 가보지 않을 텐감?

슴찟[-찓] 표섬뜩 부갑자기 소름이 끼치도록 무섭고 끔찍한 느낌이 드는 모양. =섬쩟. ¶그집 가일(개)를 보더니 애가 **슴찟** 놀래더라구.

슴찟-슴찟[-찓-찓] 표섬뜩-섬뜩 부갑자기 소름이 끼치도록 무서운 느낌이 드는 모양. =섬쩟섬쩟. ¶즐기 밤바람이 목들미를 **슴찟슴찟** 파구 들었다.

슴찟-허다[-찓터-] 표섬뜩-하다 동(자) 소름이 끼칠 만큼 무섭고 끔찍하다. 섬찟하다. ¶그 생각을 허먼 시방 두 가슴이 슴찟허다닝께.

습리[슴니] 표섭리(攝理) 명①음양의 기운을 다스리거나, 병든 몸을 잘 조리함. ¶병이 났을 적이는 뭐니뭐니 히두 습생(攝生)허구 **습리**(攝理)가 최고인 겨. ②우주나 자연계를 지배하고 있는 원리. ¶기후 븐화(變化)라는 게 알고 보먼 다 자연의 **습리**를 어긴 벌인 겨. ③<가톨릭><기독교>우주 만물을 다스리는 하나님의 뜻. ¶신의 **습리**를 그옥(拒逆)허먼 벌 받는 겨.

습릅[슴늡] 표섭렵(涉獵) 명물을 건너고 찾아다니다의 뜻에서, 여러 책을 읽거나 두루 경험하는 것을 이르는 말. 통**습릅**-허다. ¶우인즌(偉人傳) 몇 권 읽더니 고전을 다 **섭릅헜다구** 떠들매 댕긴다닝께.

습:-불리[-뿔-] 표섣:-불리 부 ☞ '슫불리'.

승¹ 표성 의명관형사형 어미 뒤에서, 어떤 일이나 상황에 대하여 추측이나 가능성을 나타내는 말. ¶암만 그런다구 그 냥반이 네 청을 들어줄 **승** 싶으냐? 잘만 허먼 될 **승**두 싶은디 그게 잘 안 되네유.

승:² 표성 명'셩>성/승'. 노엽거나 언짢게 여겨 왈칵 일어나는 불쾌한 감정. ¶불차람 **승**을 내다./**승**이 머리까장 치밀어 오르다.

승: 표성:(姓)명혈족(血族)을 나타내기 위하여 붙인 이름 앞에 붙이는 칭호. ¶늬 **승**(姓)이 뭐여?/김가 **승**(金哥姓)이라구 다 냥반인가?/내가 네 눔헌티 또 당허먼 **승**을 갈 겨.

승: 표성:(性)명①사물의 본바탕. ¶식탐 점 그만허라이. 그렇기 처먹구두 **승**이 안 찬 겨? ②남성과 여성, 수컷과 암컷의 구별하는 육체적 특징. ¶사춘기에 이르먼 남녀 **승**의 특징이 잘 드러난다. ③남녀의 육체적 관계와 관련된 일. =성(性). ¶**승**을 상품화혀서는 뭇 쓴다.

승:¹ 표성:(聖)명종교의 본질을 규정하는 독자적인 성질이나 가치. 또는 초월적 존재로서의 신, 신성(神性)의 숭고함이나 그 능력. =성(聖).

승:² 표성:(聖)관<가톨릭><기독교> 죽은 뒤에 성인품(聖人品)에 오른 이의 이름 앞에 붙이는 말. =성(聖). ¶**승** 베드로. **승** 요한.

-승 표-성(性) 접일부 명사 밑에 붙어, 그러한 성질이나 경향의 뜻을 더해주는 말. ¶사람이 말여. 인간**승**이 그러먼 뭇쓴단 말여./맨날 그짐말만 해쌌던 사람이라 이번 일두 그 순수**승**이 의심된단 말여./가능**승**두 읎넌 디다가니 빡치기허덜 말어.

승:감-대 표성:감-대(性感帶) 명외부의 자극에 의하여 성적 쾌감을 느끼는 신체의 부위.

승과[-꽈] 표성과(成果) 명일을 이루

어낸 결실. =성과. ¶그런 **승과**를 읃은 것이 기즉(奇蹟)이라닝께./**승과**두 없는 일을 놓지 뭇허넌 까닭이 뭐여?

승 : 과 표성 : 과 (聖果) 명<불교> 성자(聖者)가 수행을 쌓아 얻은 진정한 과보(果報). =열반.

승과-급[-꾸-] 표성과-급 (成果給) 명작업의 성과를 기준으로 지급하는 임금. ¶늑게까장 일을 허라니께 허긴 허넌디 **승과급**이래두 점 나올라나? **승과급**은 준다구 회구, 암체두 은말(年末)이닝께 기냥 넘어가던 않을 겨.

승곽 표성곽 (城廓/-郭) 명①내성(內城)과 외성(外城)을 통틀어 이르는 말. ②성(城). ¶임존승(任存城) 복원 사읍을 시작헌지 몇 십 년이 지났넌디, 저 **승곽** 보수는 온제나 끝날라나?

승 : 군 표성 : 군 (聖君) 명어질고 덕이 뛰어난 임금. =승왕(聖王). ¶**승군**이냐 폭군이냐 따러 나라 운멩(運命)이 달러지잖어. 그러닝께 **승군**이 될 재목을 대통령이루 뽑으야 헌다, 이거여.

승균-관 표성균-관 (成均館) 명<역사> ①고려시대, 유학을 전수하던 최고 학부. ②조선시대, 유학 교육을 맡아보던 관아. ¶쟈가 **승균관** 깨구락지랴. 맨날 책배끼 물르다넌구먼./**승균관** 대책겨. **승균관** 대제학. **승균관** 유생.

승급-허다[-그퍼-] 표성급-하다 (性急-) 형성미가 매우 급하다. ¶너머 **승급허닝께** 들구 실수가 나잖어. **승급헐** 거 읎으닝께 찬찬히덜 히자구.

승 : 기 표성 : 기 (性器) 명성교나 교미를 하기 위한 신체의 기관. 생식기관(生殖器官). ¶암디서나 **승기**를 벌떡벌떡 내세믄 그게 바람딩이지 강헌 남잔감?

승 : 궁 표성 : 경 (聖經) 명① 종교상 최고의 법전. ②<가톨릭><기독교> ☞ '승스'.

승 : -깔 표성 : -깔 (性-) 명거친 성질을 부리는 버릇이나 태도. 또는 그 성질. ¶그 소릴 듣자마자 그는 벌컥 **승깔**을 부렸다./**승깔**만 부린다구 일이 될 거 같은감?

승 : 대-허다 표성 : 대-하다 (盛大-) 형행사의 규모 따위가 풍성하고 크다. =성대허다. ¶그 집 잔치를 **승대허게** 헌다더먼 가 봤남? 거기서 오넌 질일다, **승대허나마나** 사람들이 올마나 많은지 안질 자리두 읎더라구.

승 : 덕 표성 : 덕 (聖德) 명①성인(聖人)의 덕. ②임금의 덕(德)을 높여 이르는 말. =성덕. ¶**승덕**이 가득헌 시상이 있었넌감? **승덕** 어쩌구는 배불른 베실아치덜이나 허넌 소리구 백성덜 얘기가 아닝 겨.

승 : 모 표성 : 모 (聖母) 명①성인(聖人)의 어머니. ②<가톨릭> 성모마리아.

승 : 모-마리아 표성 : 모-마리아 (聖

승 : 모-송[-쏭] ㉾성 : 모-송(聖母誦) 圀<가톨릭> 주요 기도문의 하나. 성모 마리아에게 바치는 기도.

승 : -모자 ㉾성 : -모자(聖母子) 圀<가톨릭> 성모 마리아와 어린 예수를 함께 이르는 말.

승묘 ㉾성묘(省墓) 圀주로 설이나 추석 따위의 명절에, 조상의 산소를 찾아 돌보는 일. =셍묘. ¶**승묘**는 댕겨왔남? 야, 납골당이 뫼셔서 거기를 일쯕 댕겨왔구먼유.

승 : 묘 ㉾성 : 묘(聖廟) 圀☞ '승당(聖堂)'.

승 : 물 ㉾성 : 물(聖物) 圀①신성한 물건이나 제물(祭物). ②<가톨릭><기독교> 종교 의식에 쓰는 십자가, 십자고상, 묵주, 성모상 따위의 신성하고 거룩한 물건. =성물.

승 : 미 ㉾성 : 미(性味) 圀성질, 마음씨, 비위, 버릇 따위를 통틀어 이르는 말. ¶저눔 **승미**가 오티기나 급헌지 떡 치년 소리 듣구 짐칙국 들고 떠오넌 눔이라닝께./그 급헌 **승미** 점 직여. 워치기 나이가 들어두 괴팍헌 **승미**가 식을 중을 물르나?

승 : 민 ㉾성 : 민(聖民) 圀<가톨릭><기독교> 하나님이 택하신 스스러운 백성.

승 : 배 ㉾성 : 배(聖杯) 圀①신성한 술잔. ②<가톨릭><기독교> 예수가 최후의 만찬에 쓴 술잔.

승 : -븜죄 ㉾성-범죄(性犯罪) 圀 '표준어화 과정→승븜죄>승범죄>성범죄'. 성폭력. 성추행 따위의 성에 관한 범죄. ¶**승븜죄**자 관리의 일환이루 즌자팔찌 착용이 실시되구 있다.

승 : 부 ㉾성 : 부(聖父) 圀<가톨릭><기독교> 기독교인이 성삼위 중의 으뜸인 하나님을 이르는 말.

승분 ㉾성분(成分) 圀①물체를 이루고 있는 한 부분. ¶칼슘 **승분**은 메루치에 많이 들어있다매?/농약 **승분** 땜이 요줌은 푸성귀도 기냥 먹덜 못히여. ②사상적인 성행(性行). 또는 사회적인 계층. ¶저 사람 출신 **승분**이 빨갱이랴. ③<언어> 하나의 문장을 구성하는 요소. ¶문장이서 주체가 되는 **승분**을 주으(主語)라 허지.

승분-부 : 사 ㉾성분-부 : 사(成分副詞) 圀<언어> 문장의 한 성분만을 꾸며 주는 부사. ↔문장부사. ¶**승분부사**는 뒤에 오는 어떤 단어(單語) 하나만 수식허녕 거구, 문장부사는 문장이나 구즐 즌체를 수식허녕 거여.

승분-비 ㉾성분-비(成分比) 圀<화학> 한 물체를 구성하고 있는 여러 성분의 양(量)의 비율. ¶화합물이 이루어질 적이, 각 물질 새예 증헤져 있넌 일증불변(一定不變)의 **승분비**를 상수비례(常數比例)라 헌다.

승불 표성불(成佛) 명<불교> ①부처가 되는 일. 곧, 불법의 궁극적인 경지(解脫)를 실현하는 것. ②사람의 죽음을 빗대어 이르는 말. 동(자) 승불-허다. ¶얼마 즌이 **승불**(成佛)**허신** 스님이 자꾸만 눈앞이 어룽거린다.

승:-불구 표성:-불구(性不具) 명생식기의 장애로 생식기능을 제대로 갖추지 못한 상태. ¶**승불구**자라구 사람 구실 뭇헌다넌 생각은 틀린 겨. 사마츤(司馬遷)인 **승불구**인디두 위대헌 사기(史記)를 픈찮잖어.

승:비 표성:비(性比) 명같은 종(種) 안에서 암컷과 수컷의 개체 수의 비. ¶남아슨호사상 때민이 **승비**가 불균흥을 이룬다매? 그거 다 이즌 얘기여. 요짐은 아들딸 구분이 읎어져서니 사내눔이나 지집이나 **승비**가 비젓허다.

승사 표성사(成事) 명어떤 일이 이루어지거나, 일을 이루어 내는 것. ¶인사(人事)는 진력(盡力)이구 **승사**(成事)는 재츤(在天)이랴./**승사**가 될지 말지는 야중이 따지구 열심히 애써보자구. 우덜이 허구자 헌디 일이 **승사**되지 않구 배기겄남. 동(자) 승사-허다. (피) 승사-되다. (타) 승사-시키다.

승:사 표성:사(聖事) 명①거룩한 일. ②<가톨릭> 형상 있는 표적으로 형상 없는 성총(聖寵)을 나타내는 일곱 가지 행사. ¶견진**승사**(堅振聖事). 고백**승사**(告白聖事). 승시**승사**(聖洗聖事). 병자**승사**(病者聖事). 승체**승사**(聖體聖事). 신품**승사**(神品聖事). 혼배**승사**(婚配聖事).

승:산 표성:산(聖山) 명성스러운 산. ¶백두산이야말루 우리 그레의 **승산**이여.

승:산 표성:산(聖算) 명①임금의 나이. ②임금이 나라를 다스리는 방책.

승:상 표성:상(聖上) 명살아 있는 자기 나라의 임금을 높여 이르는 말.

승:-생활 표성-생활(性生活) 명남녀 사이에 성적인 관계를 가지는 생활 상태. ¶그 집 부부는 **승생활**이 서루 안 맞어서니 헤어진 거랴.

승:세 표성:세(盛世) 명어진 임금이 다스리는 세상 또는 그런 시대. =승대(聖代).

승:쇠[-쇠/-쉐] 표성:세(盛衰) 명성하고 쇠퇴함. =흥망승쇠(興亡盛衰). ¶인전 집안의 **승쇠**가 다 늬 손이 달린 겨.

승:스 표성:서(聖書) 명 '표준어화 과정→승스>승서>성서'. ①성인이 저술한 책이나 성인의 행적을 기록한 책. ②<가톨릭><기독교> 신약과 구약으로 엮어진 기독교의 경전. =승긍. ¶교회만 들랑거리지 말구 **승스**를 읽으맨서니 하나님의 말씸을 되새기구 그려봐./**승스**의 교리만 치우쳐서니 말씸을 실츤헐덜 뭇 허믄 참 교인이

아닝 겨.

승 : -스럽다[-따] 표성 : -스럽다(聖-) 형 ☞ '승시럽다'. ¶우리 예배당이는 늘 **승스런** 기도 소리가 넘처난다네.

승 : 슨-슬 표성 : 선-설(性善說) 명 '표준어화 과정→승슨슬>승선설>성선설'. <철학> 사람의 본성은 선천적으로 착하나 환경에 기인하여 악하게 된다는, 맹자가 주창한 학설. ↔승악슬(性惡說). ¶맹자는 그의 즈술에서 사람의 근본은 슨허나 인의예지(仁義禮智)를 심끗 배양허덜 않으믄 그 본승(本性)이 사러진다는 **승슨슬**을 주창혔다.

승 : 슬 표성 : 설(性說) 명 <철학> 동양에서, 사람의 본성에 관한 이론. 성선설(性善說), 성악설(性惡說), 선악혼효설(善惡混淆說) 따위를 이름.

승시 표성시(成市) 명 ①장이 서거나 시장(市場)을 이루는 것. ②사람이 붐빔을 빗대어 이르는 말. ¶날이 구지닝께 **승시두** 안 되구 장사도 안 되구.

승 : -시럽다[-따] 표성 : -스럽다(聖-) 형 '표준어화 과정→승시럽다>승스럽다>성스럽다'. 거룩하고 고결하다. =승스럽다. ¶츤년 도량이라 그런지 엄숙허구 **승시런** 분위기가 확 풍기넌구먼.

승-시프다 표성-싶다 보형 '승(推測)+시프-(如)+-다'. 관형사형 어미 뒤에서, 어떤 동작이나 상태에 대하여 추측, 짐작을 나타내는 말. =승싶다. ¶구름이 잔뜩 찌구 바람이 쎄지는 걸 보니 비가 많이 올 **승시프구먼**./늬가 졸른다구 내가 들어줄 **승시프냐**?

승-싶다[-십따] 표성-싶다 보형 ☞ '승시프다'와 같이 쓰임. 대체로 '승시프다'가 쓰임 빈도가 높고, 오래 전부터 쓰여 내려온 것으로 보임. ¶내가 그걸 먹을 **승싶냐**?/내가 쉽게 잡힐 **승싶냐**? 근디 내가 볼 적인 곧 잡힐 **승싶구먼**.

승 : -씨 표성 : 씨(姓氏) 명 '성(姓)'을 높여 이르는 말. ¶어머님 **승씨가** 오티기 되는가? 본관은 오디시구?/이 동네인 뭔 **승씨가** 많은가? 떠돌이덜이 모여서니 맹글어진 동네라 사람덜 **승씨두** 다 각승(各姓)이구먼유.

승 : 악-슬[-쓸] 표성 : 악-설(性惡說) 명 <철학> 인간의 본성은 악하므로 선(善) 행위는 후천적 습득에 의한다고 보는, 순자가 주창한 학설. =승악설. ↔승슨슬. ¶순자(荀子)는 예(禮)루써 이기즉인 인간의 승질을 교화히야 헌다넌 **승악슬**을 주창허였다.

승어 표성어(成語) 명 '표준어화 과정→승으>승어>성어'. ①말을 이룸. ②옛사람들에 의해 만들어진 것으로 관용구를 이루는 말. ¶사자**승어나** 한자**승어나** 그것이 그것이여.

승 : 욕 표성 : 욕(性慾) 명 성적 행위에 대한 욕망. =욕증(欲情). 색증(色

情). ¶장성헌 눔이닝께 **승욕**이 뻗치기두 허겼지먼 아무나 근대리구 아무나 지분그리믄 그게 사람인감?

승:인 표성인(成人) 명다 자란 사람. 20세 이상이 된 남녀. =으른. ¶인저 너무 **승인**이 됐으닝께 늬 일은 늬가 알어서 혀.

승인 표성인(成仁) 명인(仁)을 이룸. 또는 덕을 갖춤.

승:자[-짜] 표성:자(姓字) 명성(姓)을 나타내는 글자. ¶지 **승자**두 뭇 쓰넌 눔이 잘난 책은 혼저 다허네.

승장 표성장(成長) 명①사람이나 동식물 따위가 자라남. ¶둼을 많이 늫더니 밭곡석덜 **승장**이 무지 빨르네./애덜은 **승장**이 빨르니께 잘 멕이야 허넝 겨. ②사물의 규모, 세력 따위가 점점 커짐. ¶중국의 긍제**승장**이 미섭더니 인전 일본두 제낄 거라너먼.

승장 표성장(盛裝) 명잘 차려입음. 또는 화려한 옷차림. ¶**승장**을 허시구선 오딜 가시능 규?/장이 가시맨서니 웬 **승장**이래유?

승장-기 표성장-기(成長期) 명자라나는 시기. 성장하는 동안. ¶이즌이는 **승장기**에 먹을 게 읎어서 지대루 크두 뭇 헸넌디, 시방 애덜은 잘 먹어 너머 살찌는 게 문제랴.

승장-허다 표성장-하다(成長-) 동(자) ①사람이나 동식물 따위가 자라다. ¶곡석덜이 잘 **승장허구** 있구먼./아이가 훌륭허게 **승장헸구먼**. ②사물의 규모, 세력 따위가 점점 커지다. ¶나라 긍제는 **승장헌다**넌디 우리네 살림살이는 왜 맨날 이 모냥인 겨?

승적 표성적(成績) 명①하여 온 일의 결과로 얻은 실적. ¶베이징 올림픽서는 기똥찬 **승적**이루 우리가 시계 7위를 헸잖어. ②학생들이 배운 지식, 기능, 태도 따위를 평가한 결과. ¶일제고사를 봤넌디 반 **승적**이 안 좋다구 애덜을 죄다 나머질 시켰다너먼.

승:적[-쩍] 표성:적(性的) 관남녀 간의 육체적 특징과 관련된. 또는 그런 것. ¶서구의 개방적 승문화가 꼭 **승적** 문란이루 이어지는 건 아니잖어./**승적** 충동이나 욕구를 즉즐허게 풀어낼 지혜가 필요혀.

승:직 표성:직(聖職) 명①거룩한 직분. ¶**승직**이 있넌 냥반덜이 증치에 간여허넌 긍우(境遇)가 가당헌 겨? 예나 시방이나 시즐이 수상허지믄 **승직**이 있넌 냥반덜두 나스구 그러내 벼. ②<가톨릭><기독교> 교회에서 규정된 규범에 따라 하나님께 봉사하는 직무나 직분.

승:직-자[-짜] 표성:직-자(聖職者) 명종교적 직분을 맡은 교역자. 신부, 목사, 선교사, 승려 따위를 일컬음. ¶**승직자**덜이 치부허넌 일루 말덜이 많던디? 아따, 그게 뭐 대수인감? 종교가 커지믄 타락헌 **승직자**덜이 숱

허게 나오넌 벱이잖어.

승 : 찬 표성 : 찬(盛饌) 명푸짐하게 잘 차린 음식. ¶고뿔을 심허게 메칠 앓었더니 승찬두 맛이 읎어. 그려, 승찬이 별거간? 다 입맛이 승찬인 겨.

승 : 체 표성 : 체(聖體) 명①임금의 몸. =승궁(聖躬). ②<가톨릭> 예수의 몸. ③<가톨릭> 성스런 빵과 포도주를 예수의 몸과 피에 비유하여 이르는 말. ¶승체강복(聖體降福). 승체그동(聖體擧動). 승체승사(聖體聖事).

승 : -추행 표성 : -추행(性醜行) 명강간을 하거나 성적으로 희롱하는 짓. ¶시상에서 질 치사헌 짓거리가 애덜 **승추행**허넌 겨. 그려, 그런 **승추행**눔덜은 애럇두릴 확 짤러뻔지야 허넝 건디.

승 : 칙 표성 : 칙(聖勅) 명임금의 명령. '칙명(勅命)'을 높여 이르는 말.

승토 표성토(聲討) 명여러 사람이 모여서 어떤 잘못에 대하여 규탄하는 것. ¶백날 **승토**만 헌다구 잘못된 일이 돌어오진 않잖여. 그러닝께 인전 **승토**덜 그만허구 담버텀은 이런 일이 안 생기더락 근본 대책을 맹글어보자구.

승토-허다 표성토-하다(聲討-) 동(자) 여러 사람이 모여서 어떤 잘못에 대하여 규탄하다. ¶넘이 잘못 **승토허**긴 쉬워두 내 잘못 고친긴 어렵대잖어.

승 : -폭행[-포캥] 표승 : -폭행(性暴行) 명폭행이나 협박 따위의 불법적인 수단으로 부녀를 간음하는 것.

¶상습적이루다가니 **승폭행**을 즈질르넌 눔덜헌티는 인저버텀 즌자발찌를 채우기루 혔댜.

승 : -풀이 표성 : -풀이 명성났던 마음을 푸는 일. ¶은어맞기는 핵겨 슨상님헌티 은어맞구서니 왜 지 동상헌티 **승풀이**를 허넌지 물르겄구먼.

승화 표성화(成火) 명①일 따위가 뜻대로 되지 아니하여 답답하고 애가 탐. 또는 그런 증세. ¶취직이 안 되서니 집안이 처백혀만 있으닝께 **승화**두 나겄지. ②몹시 귀찮게 구는 일. ¶아침 댓바람버텀 웬 **승화**여?

승 : 화 표성 : 화(聖火) 명①신에게 제사를 지낼 때 밝히는 성스러운 불. ②<기독교> 하나님이 재림함으로써 나타나는 신성한 불. ③올림픽 따위의 규모가 큰 체육 경기에서, 경기장에 켜 놓는 횃불. ¶마니산 참성단이서 채화된 **승화**가 올림픽 주경기장이 도착혔다.

승 : 화-대 표성 : 화-대(聖火臺) 명올림픽 따위와 같이 규모가 큰 체육 경기에서, 성화를 켜기 위하여 경기장 한쪽에 설치한 대. ¶**승화대**의 승화가 꺼지구 서울 올림픽이 막을 네렸다.

시 표세 관단위성 의존 명사 앞에서, 셋을 나타내는 말. ¶밥 **시** 그륵만 퍼./**시** 시간이 넘더락 혼저 뭣허구 있었니?

시 : 간 표세 : 간(世間) 명사람들이 사는 일반 세상. ¶**시간**이 블어지넌 일

이 일일이 신경쓰구 살라믄 골치가 아픈 겨.

시:-거리 표세:-거리(-距離) 명세 갈래로 나뉜 길. =시질목. 쇠지름. ¶즈기 **시거리** 왼편짝이서 지둘르구 있어. 잠깐 일보구 금방 **시거리**루 떠가께.

시게 표시계(時計) 명시간을 나타내는 기계. ¶야가 먼 일이 있었냐? 왜 이렇기 **시게불알**차람 왔다갔다 헌댜?

시겝-바눌[-빠-] 표시곗-바늘(時計-) 명☞ '시곗바늘'이 변자음화한 형태. ¶**시겝바눌**이 슨 걸 보닝께, 얼릉 밥을 줘야쓰것어./저 친구 이 시간만 되믄 **시겝바눌**만 쳐다본다닝께.

시곗-바눌[-겓빠-] 표시곗-바늘(時計-) 명시간을 가리키는 시계의 침. =시겝바눌.

시:겹-살[-쌀] 표세:겹-살 명'시급살>시겹살'. 비계와 살이 세 겹으로 되어 있는 것처럼 보이는 돼지고기. =삼겹살[삼급쌀]. ¶손님이 왔으믄 불판이다가니 **시겹살**이래두 점 궈내보구 그려봐.

시:계[-계/-게] 표세:계(世系) 명조상으로부터 대대로 내려오는 계통. ¶지네덜 **시계**(世系)두 물르맨서니 뭔 냥반이라구 떠드는 겨, 떠들길.

시:계[-계/-게] 표세:계(世界) 명①사람이 사는 지구상의 모든 나라. 또는 인류 사회 전체. ¶누가 그러더라구. **시계**는 널브구 헐 일은 많다구./

시계 속이 우리나라 위상이 참 높어졌지. ②집단적 범위를 지닌 영역이나 사회. ¶동물의 **시계**이는 신기헌 것두 많어. ③대상이나 현상의 모든 범위. ¶예술의 **시계**가 품나 뵈긴 허넌디 내 자석덜한티는 권허지 못허겄더라구.

시:계-관[-계/-게] 표세:계-관(世界觀) 명자연의 세계 및 인간 세계를 이루는 인생의 의의나 가치에 관한 통일적인 견해. ¶먹구 살기두 심들어 죽겄넌디 **시계관**이니 인생관이 먼 을어죽을 소리여?

시:계-사[-계/-게] 표세:계-사(世界史) 명하나의 전체로서 통일적인 연관성을 지닌 세계의 역사. ¶**시계사**는 관두구 우리 역사나 똑디기 알라구려.

시:계-화 표세:계-화(世界化) 명세계 여러 나라를 이해하고 받아들임. 또는 그렇게 되게 함. ¶글로발 글로발 해쌌넌디, 그런다구 **시계화**가 되는 건감?

시국-지[-찌] 표시궁-쥐 명시궁쥐처럼 약삭빠르고 말을 잘 듣지 않는 사람을 빗대어 이르는 말. ¶**시국지**차람 말두 안 듣넌 눔이 또을 일을 쳤구먼./저 **시국지**가 또 심이 뻗쳐 쏘댕기구 있구먼.

시-근방지다 표시-건방지다 동(자) '시(不滿/접사)+근방(倣)+지-(狀態)+-다'. 못마땅하고 싫게 건방지다. ¶으른이 말씀허시넌디 꼬박꼬박 말대꾸를 허다니, 저런 **시근방진** 새껭이를 봤나.

시끗[-끋] 표힐끗 부슬쩍 곁눈으로 한 번 흘겨보는 모양. ¶그리봤자 갠 **시끗두** 안헐 걸? **시끗**이라두 허믄 다행인 겨.

시끗-허다[-끄터-/끋터-] 표힐끗-하다 동(자) 어떤 대상을 슬쩍 넘겨보다. ¶갸가 공부헐 때는 왱간헤서넌 **시끗허넌** 벱이 읎어.

시끼¹ 표새끼 명어떤 사람을 속되게 이르는 욕설. =새껭이. 새끼. ¶이 **시끼**가 자꾸 날 근대리네./그 **시끼**는 떼놓구 가자구.

시:-끼² 표세:-끼 명아침, 점심, 저녁으로 하루에 세 번 먹는 밥. 하루에 먹는 끼니. ¶우리나라 사람덜이 하루 **시끼** 밥 굶덜 않구 산 지가 올마나 됬다구 맨날 배불른 소리덜인 겨?/끄니 걸르지 말구 하루 **시끼** 잘 챙겨먹어.

시닛 표서넛 수 ☞ '스넛'의 이형태. ¶여자덜 **시닛**이 모여서 머라구 떠들구 있더먼, 먼일 있었나?

시:뇌 표세:뇌(洗腦) 명사람의 의식을 다른 방향으로 바꾸는 일. 또는 특정한 사상을 뇌리에 주입하여 따르도록 하는 일. 동(자) **시뇌-**허다. **시뇌-**되다. ¶일은 안허구 밤낮 쏘댕기더니 뭇된 눔덜헌티 **시뇌됬구먼**.

시:다¹ 표쉬:다 동(자) 음식 따위가 상하여 맛이 시큼하게 변하다. =쉬다. ¶짐치가 **셨다**.

시:다² 표쉬:다 동(타) 입이나 코로 공기를 들이마셨다 내보냈다 하다. ¶숨 **시기**가 고르지 않다.

시:다³ 표쉬:다 동(자) 피로를 풀려고 몸을 편안히 두다. =쉬다. ¶푹 셔야 븅(病)이 낫을 거구먼.

시:다⁴ 표쉬:다 동(자) 목청에 탈이 나서 목소리가 거칠고 맑지 않게 되다. ¶노래방서 노래를 그렇기 불러쌌더니 목이 **셨구먼**.

-시럽다[-따] 표-스럽다 접'시럽-+-다'. 일부 명사 뒤에서 형용사를 만들어 주는 말. ¶걱정**시럽다**. 급작**시럽다**. 쑥**시럽다**. 앙징**시럽다**. 자은**시럽다**. 촌**시럽다**.

시럽다[-따] 표시리다 형'슬히-(寒)+업(접사)+-다→시럽다>시럽다'. ①추위를 느낄 정도로 차거나 찬 것에 닿아 통증이 있다. ¶날이 올마나 춘지 발 **시럽구** 손 곱구 견디기가 심들어./입술이 읎으믄 이빨이 **시러운** 겨. ②빛이 강하여 바로 보기 어렵다. =시럽다. ¶눈이 **시러서** 앞을 못 보겄네.

시렁 표시렁 명 ☞ '실경'.

시렵다[-따] 표시리다 형 ☞ '시럽다'. ¶눈질을 걸라니게 눈이 **시려워서** 혼났구먼.

시마리 표힘 명'심(力)+알(粒)+이(접사)'. '힘'을 다르게 이르는 말. =시맹이. ¶봄이 되서 그런가 나른허구 몸이 **시마리**가 하나두 읎다닝께.

시맹이 표힘 명 '심(力)+잉이/앙이(접사)'. ☞ '시마리'. ¶먼 일 있었넌감? 오늘 따러 왜 이렇기 **시맹이**가 읎는 겨?

시부정-찮다[-찬타] 표흐지부지-하다 형 '시부적(自然스레)+-지+않-(不爲)+-다'. ①확실하게 끝맺지 못하고 흐리멍덩하다. ¶오째 일허넌 게 **시부정찮구먼**. ②어떤 행동의 품새가 시원하지 못하다. ¶**시부정찮게** 헐라믄 아예 허질 말어.

시:사 표세:사(世事) 명세상에서 일어나는 온갖 일. ¶갸는 **시사**인 관심이 읎구 기냥 집안이만 틀어백혀 있유.

시:상 표세:상(世上) 명①사람이 살고 있는 모든 사회를 통틀어 이르는 말. ¶참 어지러운 **시상**이여./애가 올마나 활동적인지 **시상** 좁은 중 물르구 쏘댕기다가니 좀전이 잠들었유. ② 사람이 태어나서 죽을 때까지의 기간. ¶한 **시상** 살다보믄 지나넌 풍파가 오디 한두 번이겄넌감?

시:상-사 표세:상-사(世上事) 명 ☞ '시상일'. ¶**시상사** 내뜻대루 되기만 바릴 수는 읎넌 거지. 픈안허기만 허다믄 그게 **시상산**감?

시:상-살이 표세:상-살이(世上-) 명사람이 세상에서 살아가는 일. ¶**시상살이** 퍽퍽히두 좋게 생각헐라구 애쓰넌 중이여./사람이나 짐성이나 태나넌 순간버터 **시상살이**는 고달픔의 시작인 겨.

시:상-읎다[-음따] 표세:상-없다(世上-) 형 ☞ '시상읎다'.

시:상-읎어두[-음써-] 표세:상-없어두(世上-) 부 ☞ '시상읎어두'.

시:상-읎이[-음씨] 표세:상-없이(世上-) 부 ☞ '시상읎이'.

시:상-읎다[-읍따] 표세:상-없다(世上-) 형세상에 다시없다. 또는 비할 데 없다. =시상읎다. ¶어리지먼 쟈가 그리두 집안일 꾸리구 아픈 부모 챙기넌 **시상읎넌** 효녀라닝께.

시:상-읎어두[-읍써-] 표세:상-없어두(世上-) 부무슨 일이 있더라두 꼭. =시상읎어두. ¶낼까장은 **시상읎어두** 일 끝내야 디여.

시:상-읎이[-읍씨] 표세:상-없이(世上-) 부비할 것이 없이. =시상읎이. ¶**시상읎이** 존 거라는디 믿을 수가 있남./저 친구는 **시상읎이** 착헌디 허넌 일마두 실패허니 참 안 됐어.

시:상-이 표세:상-에(世上-) 감 뜻밖의 일에 깜짝 놀랐을 때 쓰는 말. ¶**시상이**, 인두껍을 쓰구 사람이 오치기 그럴 수가 있다녀?

시:상-일[-닐] 표세:상-일(世上-) 명세상에서 일어나는 일. =시상사. ¶**시상일** 뜻대루 되넌 것이 오디 있나유?/바쁘구 심드시더락두 **시상일** 장꽌 놓구 단풍 귀경 점 댕겨오셔유.

시:속 표세:속(世俗) 명① 일반 세상. 속세(俗世). ¶어려서버텀 즐간 출

입이 잦더니 결국인 **시속**을 등지구 머릴 깎었구먼. ②세상의 일반적인 풍속. ¶시상이 다 븐허넌디 **시속**이라구 벨 수 있겠는감.

시 : 수 표세 : 수 (洗手) 명 '세슈(洗手)>세수/시수'. 얼굴이나 손을 씻는 일. ¶괭이 **시수**허덜 말구 목두 점 딲구 지대루 **시술** 허란 말여./일 끝났으믄 **시수**허구 밥 먹어라.

시 : 수-깐 표세 : 수-간 (洗手間) 명 '세수/시수(洗手)+ㅅ+간(間)→시숫간>시숙간/시수깐(변자음화)'. 세수할 수 있도록 시설을 갖추어 놓은 곳. =시면실(洗面室). 시면장(洗面場). 시숫대. ¶촌구석이 와서너 먼 **시수깐**을 찾넌 겨? 여긴 츤지가 다 **시수깐**이여. 기냥 비누 개지구 대충 앞 갱굴이 가서 니 머리 처박구 감으믄 뎌.

시 : 숫-대[-순때] 표세 : 수-간 (洗手間) 명 '세수/시수(洗手)+ㅅ+대(臺)→시숫대'. ①세수할 수 있도록 시설을 갖추어 놓은 곳. =시수깐. ¶**시숫대**가 오디래유? ②세숫대야. ☞ '시숫대야'. ¶저 늑석이 **시숫대**를 들구 오딜 가능 겨?

시 : 숫-대야[-순때-] 표세 : 수-대야 (洗手-) 명 세숫물을 담는 둥글넓적한 그릇. ¶**시숫대야**다가 비눗물 점 풀어놔라.

시 : 습 표세 : 습 (世襲) 명 한 집안의 재산이나 신분, 직업 따위를 그 자손들이 대대로 물려받는 일. ¶내야 증치는 잘 물르지먼, 북한의 3대 **시습**이 가당헌 겨?/권륵(權力)의 시습두 문제지먼 시방인 부의 **시습**이 더 큰 사회 문제랴. 동(타) 시습-허다. (피)시습-되다.

시 : 습-무[-슴-] 표세 : 습-무 (世襲巫) 명<민속> 보통 시어머니에게서 며느리로 물려가는, 대대로 무당의 신분을 이어받아 된 무당. ¶새파란 슨거리가 정을 참 잘 읽는구먼. 암체두 **시습무**졌지? 그려, 늙은 정쟁이가 어려서부터 딜여 킨 성딸이랴.

시 : 안 표세 : 안 (洗眼) 명 눈을 씻음. 또는 그러한 일. ¶눈이 자꾸 침침해서 안과이 갔더니 안구근조증이래나 뭐래나, 자주 **시안**을 허라더라구.

시 : 안 표세 : 안 (洗顔) 명 얼굴을 씻는 일. =시수(洗手). 시른(洗面).

시엉 표싱아 명<식물> 여꿋과의 여러해살이 풀. 시금털털한 맛이 나고 식용으로 쓰기도 함. =성. ¶봄츨이믄 아이덜헌티 **시엉**은 참 반가운 주전부리거리였넌디. 산비얄마두 **시엉**을 꺾는 애덜이 옹성그렸잖어.

시 : -질목 표세 : -거리 (-距離) 명 세 갈래로 나넌 길. =쇠지름. 시거리. ¶가다보믄 **시질목**이 나올 겨. 그 **시질목**서 바른편이루 쭉 가믄 되여.

시 : 차 표세 : 차 (洗車) 명 차에 묻은 먼지나 흙 따위를 씻음. ¶차만 비싼

거 끌구 댕기지, 통 **시차**를 안허니 말짱 헛거[헉꺼]여.
시:-차다 표세:-차다 동(자) '세츠다/시츠다>세추다/시차다>시차다'. ①기세나 형세 따위가 힘 있고 억세다. ¶큰물져서 물살이 올마나 **시찬지** 냇갈 건느다가 떠네려가넌 중 알았다닝께. ②성미가 사납고 날카롭다. ¶사람이 승미가 너머 **시차믄** 못쓰넌디.
시:차-장 표세:차-장(洗車場) 명 차를 닦는 시설을 갖추어 놓은 곳. ¶비싸게 돈 주고 **시차장**인 머더러 가녕겨? **시차장**이 갈 것 읎이 대야이 물 받어서 기냥 딲으믄 쓰겄구먼.
시:탁 표세:탁(洗濯) 명 더러운 옷이나 피륙 따위를 물에 빠는 일. 빨래. ¶그 드러운 걸 **시탁**까장 헐 필요가 있남?
시:탁-기[-끼] 표세:탁-기(洗濯機) 명 빨래하는 기계. ¶즌기**시탁기**. 드럼**시탁기**. 자동**시탁기**.
시:탁-물[-탕-] 표세:탁-물(洗濯物) 명 세탁할 옷이나 피륙 따위. =빨랫감. ¶빨래는 허지 않구 **시탁물**만 잔뜩 싸놓으믄 오티기능 겨?
시:탁-소[-쏘] 표세:탁-소(洗濯所) 명 돈을 받고 남의 빨래나 다림질 따위를 해 주는 곳. ¶**시탁소**이다가 양복을 맥겼넌디 대림질이 잘못된 거 같어.
시:태 표세:태(世態) 명 사람들의 일상생활, 풍습 따위에서 보이는 세상의 상태나 형편. ¶염량**시태**(炎凉世態). **시태**소슬(世態小說). **시태**문학(世態文學).
시:파 표세:파(世波) 명 모질고 거센 세상의 어려움. ¶심내여. 그 모진 **시파** 다 전뎠으니 인전 좋은 일만 생길 겨.
식품-즘 표식품-점(食品店) 명 여러 종류의 식품을 파는 가게. ¶새루 **식품즘**이 생겼다넌디 귀경 가보지 않을텐가?
신갱이 표도토리 명 신갈나무의 열매. 졸참나무의 열매(도토리)보다는 크고 떡갈나무, 갈참나무 따위의 열매(상수리)보다는 작다. ¶상수릴 줏으러 갔다가 **신갱이**만 한 자루 따왔네./올힌 도토리는 읎구 **신갱이**만 지슨이드라구.
신갱이-나무 표신갈-나무 명 ☞ '신갱이낭구'. ¶어릴 적에는 **신갱이나무**가 조그만 나문 줄 알았는데, 지금 숲에서 보니 수십 길이나 자라는 나무더군요. 나무 허넌 사람이 싹 읎어졌으니 **신갱이나무두** 을씨구나 허구 한읎이 크지.
신갱이-낭구 표신갈-나무 명 <식물> 참나뭇과의 낙엽 활엽 교목. ¶**신갱이낭구**는 잔뜩헌디 신갱이는 귀경두 뭇 헜구먼.
신-소리 표흰-소리 명 터무니없이 거들먹거리거나 허풍으로 늘어놓는 말. ¶**신소릴랑** 집어치구 일덜이나 혀.

실갱이 표실랑이 명옥신각신하며 서루 다투는 일. ¶중요헌 일 두구 **실갱이**만 허구 있는가? 인저 괜헌 **실갱이**는 그만 혀.

실겅 표시렁 명'실/싫-(載)+겅(접사)→실겅>시렁'. 물건을 얹을 수 있도룩 벽에 두 개의 나무를 가로질러 놓은 것. =슨반(懸盤). 실헝. ¶**실겅**이서 약 상자 점 내려와 봐라./애덜 손 안 닿넌 **실겅**이다 올려 놔야겄네.

실다 표슬다 명'슬다>설다/실다'. 녹이 생기거나, 곰팡이가 피어나다. =슬다. ¶이 못은 녹이 **실어서** 쓰덜 뭇 허겄네./곰팡이 **실은** 빵을 뭣헐라구 가져가능 겨?

실지-루[-찌-] 표실지-로 (實地-) 부거짓이나 상상이 아니고 현실적으로. 실제로. ¶**실지루** 넘을 돕넌 일은 쉽지가 않다.

실 : -지렁이 표실-지렁이 명몸이 실 모양으로 마디가 많으며, 하수도나 더러운 개천에서 무리지어 사는 지렁이. ¶**실지렁이**덜이 수채구녕을 따라서 붉은 산호차람 몸을 흔들구 있었지.

실컨 표실컷 부하고 싶은 만큼 한껏. 아주 심하게 ¶쵱일 쏘댕기더니 놀기는 **실컨** 논 겨?

실헝[-헝/-헝] 표시렁 명'싫-(載)+엉(접사)→실헝'. ☞ '실겅'. ¶**실헝**이 먼 것들을 이렇기 많이 읂어놨댜?/**실헝**이서 문종이 점 내려와라.

싫 : 다[실타] 표싫다 형'활용형태 : 싫게[실케]. 싫구[실쿠]. 싫더락[실터락]. 싫어[실허]. 싫으니[실흐니]'. 탈 것에 물건 따위를 옮겨놓거나, 글이나 그림 따위를 쇄물에 올리다. ¶차에 물건을 **싫다**./신문에 글을 **싫었다**./떠나는 기차에 몸을 **싫는다**.

심 표힘 명①몸을 움직이는 근육의 작용이나, 물체를 움직이게 하는 능력. ¶쵱일 일했더니 **심**이 하나두 읎구나./저 친구는 **심**이 장사여./풍차는 바람의 **심**을 이용허넌 기계란 말여. ②도움이나 의지, 능력이나 노력 따위를 이르는 말. ¶어려울 땔수록 이우지덜이 **심**이 돼 주야지./이번 일인 자네가 **심**을 점 써줘야겄네.

심-그루기 표힘-겨루기 명'심(力)+그루-(競)+기(접사)'. 힘이 많고 적음을 겨루는 일. ¶**심그루기** 한 번 헤볼 텨?/쟈덜이 헐 일 읎으니께 **심그루기**나 허구 자뻐진 겨.

심-급다[-따] 표힘-겹다 형힘이 달려 당해 내기 어렵다. ¶**심그워** 뵈넌디 점 도와주까? 그리구 많이 **심그우믄** 그만 셔.

심-껏[-껃] 표힘-껏 부'심(力)+ㅅ+ㄱ장→심ㅅ장?>심꼿>심꿋>심껏'. 힘이 닿는 데까지. 있는 힘을 다하여. =심꿋. ¶내가 도와줄 테니께 **심껏** 햐./**심껏** 헤볼 거닝께 믿어보슈.

심-꿋[-끋] 표힘-껏 부 ☞ '심껏'.

심-닿다[-다타] 표힘-닿다 동(자) 육체적 힘이나 권력, 위세 따위가 어느 곳에 미치다. ¶기냥 **심닿는디**까장만 애써볼 규.

심-들다 표힘-들다 동(자) 힘을 많이 들여 어렵거나, 어떤 일을 이루기가 어렵다. ¶거긴 너머 멀어서 걸어댕기기가 **심들유**./시방은 차가 흔혀터진디 **심들게** 머더라 걸어댕 겨?

심-딜이다 표힘-들이다 동(자) 힘을 쓰거나 마음을 들이다. ¶몸살나더락 **심딜이덜** 말구 츤츤히 허란 말여.

심술-꾸리기 표심술-꾸러기 명 심술이 매우 많은 사람. ¶저애는 다른 애덜이 재밌게 노넌 거만 보믄 훼방 놓넌 **심술꾸리기여**.

심-쓰다 표힘-쓰다 동(자) '심(力)+쓰-(用)+-다→심쓰다'. 힘들여 일하거나, 애를 쓰다. ¶넘의 일 건느다 보덜 말구 늬 일이나 **심써**./너머 **심쓰더니** 다리에 알이 배겨번졌군./이게 다 늬가 **심써줘서니** 된 일이여./3는간 공부이다가만 **심쓰더니** 그여 좋은 대학일 가넌구먼.

심-씨다 표힘-세다 동(자) 힘이 강하고 억세다. ¶**심씬** 애덜한티는 뎀비지 말어.

심으다 표심 : 다 동(타) '슘-(植)+으(매개모음)+-다→심그다>심으다>심다'. ①초목의 뿌리나 씨앗 따위를 흙 속에 묻다. ¶식목일이 산일 가서 낭구를 **심** 은다./슨상님은 아이덜한티 꽃을 **심으게** 했다. ② 마음속에 확고하게 자리 잡게 하다. ¶그 분은 내게 열정을 **심어** 주셨다. ③ 어떤 사람을 어느 곳에 어떤 의도로 자리잡게 하다. ¶그는 지 사람을 요직에 **심으더락** 했다.

심-입다[-따/-닙따] 표힘-입다 동(자) '심(力)+입-(被)+-다'. 어떤 일이나 형세에 도움을 받다. ¶국민덜의 성원이 **심입어** 우리 축구가 월드컵 4강이 들었다.

심-주다 표힘-주다 동(자) 어떤 말이 두두러지도록 강조하다. ¶단임 슨상님께선 우리덜의 학업승취에 대해 **심줘** 강조허셨다.

싯 표셋 수 둘 다음의 수. ¶하낫 둘 **싯** 닛, 군인덜이 구령을 외치매 제식훈련을 허구 있었다.

싶으다 표싶다 보형 '싶으다>싶다'. 어떤 행동을 하고자 하는 마음이나 욕구를 갖고 있음을 나타내는 말. =싶다. ¶나두 멀 먹구 **싶으다**./나 먹구 **싶으게** 일부러 냄새 피는 겨?

싸갈-배기[-빼-] 표싹-수 명 '싹(苗)+알(粒)+배기(접사)'. ☞ '싹바가지'. ¶으른헌티 막 대들다니? 즈런 **싸갈배기** 읎넌 눔을 봤나?

싸 : 납다[-따] 표사 : 납다 형 '사오납다>사납다>싸납다'. '사납다'의 강한 말.

싸-대기 표뺨 명 '쌈(腮)+대기(접사)→쌈대기>싸대기>싸대기'. 뺨의 어름.

또는 '뺨'을 속되게 이르는 말. ¶머스매가 되갖구[되각꾸] 지지배헌티 **싸대기**나 맞구[막꾸] 댕기냐?

싸-댕기다 표싸-다니다 동(자)(타) 있어야 할 자리에 있지 않고 여기저기 마구 돌아다니다. ¶다큰 지지배가 밤 늦더락 오딜 **싸댕기능** 겨?/어빠는 **싸댕기너라** 끄니때두 잊었나봐.

싸-돌어댕기다 표싸-돌아다니다 동(자)(타) 제 자리에 있지 아니하고 여기저기를 마구 다니다. ¶공부 시간이 자꾸 **싸돌어댕기지** 말고 자리에 얌즌히 점 앉어 있어.

싸래기 표싸라기/싸락눈 명'쑬(米)+아기(접사)→스래기>싸래기'. ①쌀의 부스러기. ¶**싸래기** 한 톨이래두 애껴야 부자 되능 겨. ②싸락눈. ¶그게 **싸래기**가 내리던 동짓달 밤의 일이여.

싸래기-밥 표싸라기-밥 명'싸라기(折米/碎米)+밥'. 싸라기가 많이 섞인 쌀로 지은 밥. ¶저 친군 **싸래기밥**만 먹었나 왜 아무나한티나 반말 찍찍해 대능 겨?

싸리-꽃[-꼳] 표싸리꽃/조팝꽃 명〈식물〉 ①(표준어) 싸리나무에 피는, 자주빛깔과 흰빛깔이 섞인 꽃. ②(방언) 조팝나무에 피는, 흰 빛깔의 무더기 꽃. ¶근디 왜 **싸리꽃**더러 조팝꽃이래능 겨? 이 사람아, 저건 개싸리가 아니구 조팝나무랴. 그러닝께 저 꽃은 **싸리꽃**이 아니구 조팝꽃인 겨. 개뿔, 조팝꽃인지 개팝꽃인지 그건 서울 냥반덜 말이구 우덜말은 **싸리꽃**이잖여.

싸리-빗자락[-빋짜-] 표싸리-비 명 주로 마당을 쓸기 위해 싸리의 가지를 묶어 만든 비. ¶**싸리빗자락**을 몇 개 구히야겄군. 근디, 시방 **싸리빗자락**을 오디서 구헌대유?

싹-바가지[싹빠-] 표싹-수 명'싹수'를 비속하게 이르는 말. =싸가지. 싸갈배기. ¶저늠이 새낑이넌 **싹바가지**가 읎넌 새낑이여.

쌀-꽴목[-꽴-] 명 ☞ '쌀꽷목'.

쌀-꽷목[-꽴-/-꽫-] 명쌀겨에서 기름을 짜고 남은 찌끼. ¶젓지름 찾넌 사람은 봤지만, **쌀꽷목**은 오따 쓸라구 찾넌대유?

쌀므다 표삶:다 동(타) ☞ '쌀므다'의 센말. ¶이늠아, 믿을 것을 믿으라구 혀. 내가 **쌀믄** 그이(螃蟹)가 벌겋게 웃넌다는 소린 믿어두 늬 말은 못 믿겄다.

쌀-뜸물 표쌀-뜨물 명쌀을 씻고 난 뒤에 남은 뿌연 물. ¶엄니는 **쌀뜸물**다 된장이나 꼬치장을 풀어 된장국이나 감자장을 맹글어 주셨다.

쌀-저[-쩌] 표쌀-겨 명쌀을 찧을 때 나오는 고운 속 겨. ¶가마솥의 쇠죽이 끓어 넘치믄, 나는 **쌀저**를 한 바가지 퍼다가 쇠죽 위에 붓고서니 휘휘 갈쿠리루 저섰다.

쌀-지[-찌] 표쌀-계(-契) 명주로 농

촌에서 추수철에 돈 대신 쌀이나 벼를 모아 태워주는 계모임. ¶할아부지는 10년만이 **쌀지**를 타서 째끄만 다랭이 논을 마련했다구 헸다.

쌈ː-귀ː경[-/-긍] 표쌈-구ː경 명 싸움하는 것을 구경하는 것. ¶**쌈귀경** 허구 불귀경은 돈 주구도 헌다넌디, 느덜 싸운다니께 내 한 번 **쌈귀경** 점 해보자.

쌈-매다 표싸-매다 동(타) '싸-(抱)+ㅁ(첨가음)+미-(繩)+-다→쌈매다'. 무엇이 풀어지거나 흐트러지지 않도록 꼭 싸서 매다. =싸매다. ¶좀 이따 올 테니께 그 동안 물건덜 잘 **쌈매놔**./꼭 **쌈매라니께** 흐투루 매서 다 쏟어졌구먼. 찬찬히 다시 **쌈매더락** 혀.

쌈ː-박질[-찔] 표싸움-질 명 싸우는 짓. '싸움박질'의 준말. =쌈질. ¶늬가 깡패여? 맨날 **쌈박질**만 허구 댕기게.

쌍-까풀 표쌍-꺼풀(雙-) 명 겹으로 된 눈꺼풀. ¶얼굴이 허영구 **쌍까풀**이 굵은 게 꼭 스양 으자같구먼.

쌍-딩이 표쌍-둥이(雙-) 명 '쌍둥이>쌍뒹이>쌍딩이'. 한 배에서 태어난 두 아이. ¶사내랑 지집 **쌍딩이**가 자라믄 홀레 붙넌다던디. 에끼 이 사람아. 그럼 **쌍딩이**를 워치기 키우는가?

쌍판-때기 표상판-대기(相-) 명 '얼굴'을 속되게 이르는 말. ¶그 놈의 **쌍판때기**는 시두 때두 읎이 들이대넌군. 꼭 똥 주서먹은 곰 **쌍판때기**를 허구서 니 말여.

쌔리다 표때리다 동(타) '빠리다>때리다/쌔리다'. 세게 치다. =쌔리다. ¶왜 애덜을 그렇기 **쌔려**?/베락이 **쌔려서** 니 낭구가 뿌러진 겨./저런 늠은 되게 **쌔리야넌디** 저게 슬 맞어서 자꾸 까부능 겨.

쌰-대기 표뺨 명 =싸대기. ¶**쌰대기**는 쇠전에서 맞구 코는 왜 여와서 푸는가?

쌤-대기 표뺨 명 '쌤(腮)+대기(접사)'. 뺨을 속되게 이르는 말.

쌩-고상 표생-고생(生苦生) 명 ☞ '생고상'의 강한 말. ¶삼판이 갔다가니 돈두 뭇 벌구 **쌩고상**만 죽더락 헀네.

쌔리다 표때리다 동 ☞ '쌔리다'. '쌔리다'를 강하게 나타낼 때 씀. ¶열 받넌디, 저 자식 **쌰대기**를 확 **쌔려뻔지까**?

써-지다 표 켜-지다 동(자) 켠 상태가 되다. ¶성냥이 잘 안 **써지는디**./호롱불이 잘 **써지다**.

-썩 표-씩 접 수량이나 정도를 나타내는 말 뒤에서, 여럿이 같은 수량으로 나눔의 뜻을 더하는 말. =쏙. ¶가끔**썩**은 좋은 일두 히가맨서 살으야허지 않겄남./다만 올마**썩**이라두 내서 일을 맹글어 보자구.

썰멍-허다 표썰렁-하다 혱 ①서늘한 기운이 있어 추운 듯하다. ¶비가 오더니 날씨가 **썰멍허네**. ②있어야 할 것이 없어 빈 듯하다. ¶사람이 다 가닝께 속이 **썰멍허구먼**. ③놀라 가슴속에 찬바람이 도는 듯하다. ¶**썰멍헌** 얘기는 그만허구 본론이루 들어가자구.

쎄-빠지다 표혀가 빠지다 형☞ '세빠지다'의 센말. ¶**쎄빠지더락** 일만 히주구 풍값두 못 받었어. 억울혀 죽겄다닝께.

써 : -주다 표끼워-주다 동(타) '쓰-(用)+이(접사)+-어+주(與)+-다'. 어떤 놀이나 일에 관여하게 허용하다. 같은 편으로 받아들이다. ¶너도 **써주께** 일루와./우리가 허는 일이 저 사람을 **써주먼** 안 되여.

쏘내기 표소나기 명갑자기 쏟아지다 얼마 뒤에 그치는 비. ¶아니, 여름두 안 왔넌디 웬 **쏘내기랴**?

쑤세미 표수세미 명①그릇을 씻는 데 쓰는 도구. ¶**쑤세미**를 새것이루 가꽈라. ②<식물> 박과에 속한 덩굴식물. ¶요즘이 **쑤세민** 심어 뭣헌대유? 주렁주렁 열리믄 **쑤세미두** 귀경헐 만히여.

쑥-시럽다[-씨-따] 표쑥-스럽다 형 자연스럽지 아니하여 멋쩍고 부끄럽다. ¶별루 헌 것두 읎이 칭찬을 받으닝께 **쑥시럽구먼**./**쑥시러운디** 왜 들구 노랠 허란대유?

쓰다¹ 표켜다 동(타) '혀다>쓰다'. 불이 일어나게 하거나, 전등의 스위치를 누르다. ¶등잔불을 얼릉 **써라**./촛불을 **쓰니께** 환허구먼./즌깃불이나 얼릉 **써**.

쓰다² 표하다 보동어미 '-어야'의 뒤에 붙어서 '본용언의 성질과 같아야 한다'는 뜻을 나타내는 보조용언. ¶밥을 먹으야 **쓰겄넌디** 상 점 채려줘./오디 가서 잠을 자야 **쓰겄넌디**./해다가니 얼릉 일을 끝내야 **쓰겄유**.

쓱둑[-뚝] 표썩둑 부어떤 물건을 거침없이 자르거나 베는 소리나, 그런 모양. ¶저 지저분헌 머릴 **쓱둑** 짤렀으믄 싶은디.

쓱둑-쓱둑[-뚝-뚝] 표썩둑-썩둑 부무나 채소 따위를 칼로 써는 소리. ¶낫이 **쓱둑쓱둑** 잘 드넌구먼./그렇기 잘게 쓸덜 말구 **쓱둑쓱둑** 쓸어봐.

쓰 : 레 표써 : 레 명<농업> '서흐레(耡耙)/스흐레?>쓰레'. 흙덩이를 잘게 부수고 바닥을 고르는 농기구. ¶모내기두 끝났넌디 **쓰레**를 지구 오딜 가는가? 이거 빌려온 **쓰레라** 쥔 갖다주러 가유.

쓰 : 레-질 표써 : 래-질 명<농업> 써레로 흙덩이를 잘게 부수고 바닥을 고르는 일. ¶밭 같잖구 논은 **쓰레질허기**가 만만치 않은 겨./**쓰레질** 잘 허믄 지대루 된 농사꾼이지.

쓰래미 표쓰르라미 명<동물> '쓰르람쓰르람'. 하며 우는, 몸집이 작은 매미. ¶**쓰래미**가 우넌 걸 보닝께 여름 다 됐구먼.

쓰비스 표서비스(service) 명손님을 접대하고 편의를 제공하는 일 따위. ¶**쓰비스**가 좋으야 손님이 많이 오능 겨./

쓰비스가 이러믄 내가 또 오겄능가?

쓸:다 표썰 : 다 동(타) 날을 앞뒤로 움직여서 잘라 내거나 토막이 나게 하다. ¶채를 쓸 적이는 똑 고르게 히야지 그렇기 막되게 쓸믄 못써./솔낭구를 비다가니 그도로 쓸었다.

씀벅 표섬벅 부☞ '슴벅'의 센말. ¶믄도(面刀)를 허넌디 씀벅허잖어. 깜짝 놀래서니 색경을 보니께 씀벅헌 디서 뻘겋게 피가 솟더라구.

씌:다 표씌우다 동(타) '쓰-(蓋)+이(접사)+-다'. 누명을 입게 하거나, 무엇을 쓰도록 하다. ¶모자를 씌다./허물을 덮어 씌다./누명을 씌다./우산을 씌다./입마개를 씌다.

씨끗[-끋] 부 '시끗'의 센말. ¶머라 허믄 씨끗이라두 히봐, 이늠아.

씨다듬다[-따] 표쓰다듬다 동 '쓸-(掃)+다둠-(練)+-다→쓰다듬다>씨다듬다'. 가볍게 쓸어 어루만지다. ¶있두 않은 섬을 머더라 씨다듬는가?/맘이 아프다는디 쓰다듬어 주진 못헐 망정 못을 박지는 말이야지.

씨라구 표시래기 명 무잎이나 배추 잎을 말린 것. ¶엄니는 짐장이 끝난 담날이는 씨라구를 엮어 거너라구 늘 바빴다.

씨라구-국[-꾹] 표시래기-국 명 시래기로 만든 국. ¶된장 푼 씨라구국이 증말 맛있구먼.

씨래기 표시래기 명 ☞ '씨라구'. ¶씨래기를 음달이다 널어 말렸다.

씨래기-국[-꾹] 표시래기국 명 ☞ '씨라구국'. ¶아니, 왜 겅건이가 씨래기국 한 가지 뿐이여?

씬득-거리다[-꺼] 표신들-거리다 동(자) 자꾸 빈정거리거나 시건방지게 행동하다. ¶그 애는 자꾸 대꾸하매 씬득거리다가 엉아덜한티 한 대 맞았다.

씰개 표쓸개 명 '쓰-(苦)+ㄹ(어미)+개(접사)→쓸기>씰개'. 간 아래쪽에 붙어있는 주머니 모양의 기관. =담낭(膽囊). ¶저런 씰개 빠진 놈, 넌 씰개두 빼놓구 배알두 빼놓구 안 빼놓구 댕기넌 게 도대체 뭐여?

씰갯-물[-갠-] 표담즙(膽汁) 명 간에서 만들어져 쓸개에서 저장되었다가 십이지장으로 가는 소화액. ¶씰갯물이 번져서 간맛이 쓰네.

씰디-읎다[-띠음따] 표쓸데-없다 형 ☞ '씰디옶다'.

씰디-옶다[-띠읍따] 표쓸데-없다 형 아무런 가치나 의미가 없다. ¶씰디옶넌 짓 헐 거 같으믄 집이 가서 낮잠이나 자.

씹-구녁[-꾸-/씩꾸-] 표씹-구멍 명 ☞ '씹구녕'.

씹-구녕[-꾸-/씩꾸-] 표씹-구멍 명 여자의 음부(陰部)나 질구(膣口)를 비속하게 이르는 말. ¶씹구녕은 즘잖은 자리서는 쓰이지 않넌 금기어다.

씹-구먹[-꾸-/씩꾸-] 표씹-구멍 명

씻-나락

☞ '씹구녕'.

씻-나락[씬-] 표법-씨 명<농업> '씨(種)+ㅅ+나락(稻)'. 못자리에 뿌리는 벼의 씨앗. =볍씨. 씁씨. ¶참새 **씻나락** 까넌 소리덜 집어치구 집이덜 가./**씻나락**을 당구긴 했넌디 아적꺼정 눈이 안 텼구먼유.

씻치다[씯-] 표씻다 동(타) '싯-(洗)+치(접사)+-다→씻치다'. ①어떤 물체나 몸 따위를 물로 깨끗하게 하다. ¶집이 들어오믄 손발을 비누루 **씻쳐라**./푸성가리 점 물루 **씻쳐라**. ②휴지나 수건 따위로 더러워진 것을 훔쳐내다. =씻다. ¶드러운 그륵을 깨깟이 **씻쳐** 놨구나.

ㅇ

아 : 표아이 명'아이'의 준말. ¶이 **아**를 잘 부탁허네./그 **아**가 그리두 우리 집안선 귀헌 자슥이여./이 **아**가 그렇다믄 그런 규.

아가-배 표아그-배 명'아그(兒)+비(梨)→아그배>아가배'. 아그배나무의 열매. ¶**아가배**가 까맣게 잘 익었네유. 서리 맞으믄 **아가배**두 먹을 만혀./근디 **아가배**가 맞유, 아그배가 맞유? 이, 아그덜이 먹으믄 아그배구, 아가덜이 먹으믄 **아가배**겄지.

아가배-나무 표아그배-나무 명☞'아가배낭구'.

아가배-낭무 표아그배-나무 명<식물> 장미과의 낙엽 활엽 교목. =아가배나무. ¶열매기를 잔뜩 매단 **아가배낭구**가 있어서니 애덜 줄라구 몇 가지 꺾어 왔어.

아금 표아람 명밤이나 상수리, 호두 따위가 익어 저절로 떨어질 정도가 된 상태. ¶호두가 **아금**이 벌어서 알맹이가 쏟어졌다.

아금-벌다 통(자) 밤이나 상수리, 호두 따위가 익어 열매가 저절로 떨어질 정도로 겉껍질이 벌어지다. ¶호두가 **아금벌었넌디** 주스러가지 않을 텨?

아까-아까 표한참-전에 부'아까(方今前)+아까'. 시간이 한참 지난. ¶숙제는 온제 헐라구 **아까아까**버텀 놀구만 있는 겨?/숙제는 **아까아까** 끝냈유.

아-까심 표앞-가슴 명'앞(前)+가슴(胸)→앞가심>악가심/아까심(변자음화)'. ☞'앞가심'.

아까 : -침 표아까 부'아까(方今前)+침/쯤(접사)'. 조금 전에. ¶그 냥반 **아까침** 오디 가던디./일은 **아까침**이 끝냈어.

아랫-두리[-랟뚜-] 표아랫-도리 명허리 아래의 부분이나, 아래에 입는 옷. ¶**아랫두리**가 불났나 왜 그렇기

서두넌지 물르겄네./애가 답답헌가 **애랫두리**를 자꾸 벗어던지네.

아랩-목[-램-] 표아랫-목 명'아랫목→아랫목(변자음화)'. 아궁이 쪽의 방바닥. ↔웁목. 우잇목. ¶**아랩목**이다 머리를 대구 자믄 뭇쓰넌 겨./불두 안 땐 방이 뭔 **아랩목** 웁목이 있대유?

아롭-목[-롬-] 표아랫-목 명☞'아랩목'의 이형태. ¶날이 춰나닝께 따땃헌 **아롭목**이 그립구먼.

아름-디리 표아름드리 명'아름(圍)+들-(入)+이(접사)→아름드리>아름디리'. 한 아름이 넘는 둘레를 지닌 나무나 물건. ¶이렇기 큰 **아름디리** 통나무를 오디서 구헸댜? 야, 누가 **아름디리** 낭구를 벼왔걸래, 절구통을 맹글라구 탁배기 한 잔허구 바꿔온 규.

아배 표아비 명내 아버지가 아닌 남의 아버지를 낮추어 이르는 말. ¶늬 **아밴** 머허너라구 여태까정 안 오구 있다냐?/느이 **아배**를 왜 우리집 와서 찾능 겨?

아부지 표아버지 명피를 나눠준 남자. 부친. ¶**아부진** 오디 가셨유? 늬 **아부진** 진즉이 밭이 나갔지.

아사리-논 명'아사리(어수선하고 헝클어진 상태)+논(畓). 정돈되지 않은 논, ¶**아사리논**은 갈어서 뭣혀?

아사리-덤부달 명풀과 나무가 심하게 엉겨 붙은 덤불. ¶**아사리덤부달**인 피해서 댕겨야 허능 겨.

아사리-덤부살 명☞'아사리덤부달'. ¶거긴 **아사리덤부살**인디 머더러 갈라 허능 겨?

아사리-밭[-받] 명정돈되지 않은 밭이나, 잡초나 수풀 따위가 우거진 곳. ¶이거 **아사리밭**에서 딴 꼬춘디 맛 점 볼 텨? **아사리밭**에서 땄으믄 농약은 안 쳤겄구먼.

아사리-숲[-숩] 명수풀이 마구 엉켜 우거진 숲. ¶싸리버섯을 딴다구 **아사리숲**이 들어갔유./그 **아사리숲**이 오디랴?

아사리-판 명어수선한 상태나 그러한 곳. ¶쌈질이나 허구 투전질이나 허넌 **아사리판**인 아예 낄 생각을 허딜 말어./아니, 야가 그 **아사리판**인 머더러 찾어갔댜?

아이고게 표애개개 감'아이(感歎)+고(指示)+것(者)→아이고것>애고게'. 보잘 것 없는 양을 비웃어 말할 때 쓰는 말. ¶**아이고게**, 지우 고거빼끼 읎으맨서 그렁 겨?

아이 : 씨 표에이 감마음에 내키지 아니하거나 불만을 나타낼 때 내는 소리. =이씨. ¶**아이씨**, 자꾸 근딜지 말란 말이여.

아적 표아직 부때가 되지 않았거나, 미처 이르지 못한. =아직. ¶**아적** 오지 않았넌가? **아적** 즘신 때두 안 됐넌디 그새 오겄남유?

아주까루 표아주까리 명<식물> 버들옷과에 속한 한해살이풀. ¶지름 짤 일두 읎을 틴디 **아주까루** 씨는 뭐허러 잔뜩 땄댜?/누가 밭이 심어서니 잎새기를 딴다구 **아주까루** 씨를 많이 부탁허너먼.

아주매 표아주머니 명부모와 같은 항렬의 여자, 또는 결혼한 여자를 예사롭게 이르는 말. =아줌마. 아주무니. 아줌니. ¶그 **아주매**가 머더라 왔다니?

아주무니 표아주머니 명☞'아주매'. ¶우리 **아주무닌** 아적 안 일어나셨구먼유.

아줌니 표아주머니 명☞'아주매'. ¶왠떡이랴? 이웃 **아줌니**가 댕겨갔유. **아줌니**가 갈떡을 힜다구 점 가져왔대유.

아쭈 표어쭈 감예상보다 뛰어난 것을 보고 조금 놀람을 나타내는 말. =어쭈. ¶**아쭈**, 네가 공을 점 찰 중 안다는 거지?

악기-즘[아끼-/악끼-] 표악기-점(樂器店) 명여러 가지 악기를 파는 가게. ¶**악기즘**이 가서 기타를 한 개 샀다.

안-사둔[-싸-] 표안-사돈(-査頓) 명혼인한 양가에서, 여자의 시어머니와 친정어머니가 서로 이르는 말. =사부인. ↔배깥사둔. ¶**안사둔**이 많이 아픈 모냥인디, 지가 장깐 댕겨오겠유.

안지다 표앉다 동(자) '활용형태 : 안지다. 안지게. 안지구. 안지더락. 안저. 안져라'. 몸을 바닥에 붙이거나 바닥 쪽으로 낮추다. ¶느그덜 입짝이루 와서니 **안져** 봐라./야덜두 **안지게** 자리 점 터봐./**안지구** 자시구 헐 것 읎이 후딱 야그나 해보슈.

안진-뱅이 표앉은-뱅이 명'안지-(坐)+ㄴ(어미)+뱅이(접사)→안진뱅이'. 일어나 앉기는 하여도 서거나 걷지 못하는 사람. ¶이우지 일용이 할매는 **안진뱅이**였다.

안-짝 표안-쪽 명①안으로 향한 부분이나 안에 있는 부분. ¶발고락 **안짝**이 티눈이 백혀서 무지 아프다구 허네유. ②어떤 기준에 미치지 못함을 이르는 말. ¶스무 개 **안짝**이믄 대충 아구를 맞출 것 같은디.

알-그지 표알-거지 명아무 것도 가진 것이 없는 거지. ¶인전 김사장두 **알그지**가 돼서 불알 두 짝만 달그락그린다. 부자가 **알그지** 되넌 것두 시간 문제더라닝께.

알몸-땡이 표알몸-뚱이 명☞'알몸띵이'. ¶불알 두 짝만 달구 댕기넌 **알몸땡이**헌티 멀 바리겠능감?

알몸-띵이 표알-몸뚱이 명①'알몸'을 속되게 이르는 말로, 아무 것도 걸치지 않은 몸. ¶다른 눔이 **알몸띵이**루 오딜 싸돌어댕기능 겨? ②아무것도 지니지 아니한 상태나 형편. =맨몸띵이. 맨몸땡이. ¶그 냥반 사기노름이 걸려서 땅문서 집문서 다 날리구 **알몸띵이**만 남았댜.

알어-채리다 표알아-차리다 동(타) 알고 정신을 차려 깨닫다. ¶그는 내

얼굴을 보구서니 일이 오티기 돌어가넌 지를 **알어채렸다**.

암 : 표아무 대'아무'의 준말. 어떤 사람이나 사물을 특별히 정하지 않고 이르는 대명사. ¶여긴 **암두** 읎유. **암**디나 안지믄 못써.

암-그 : 래 표암-거 : 래(暗去來) 명법을 어기면서 몰래 물품을 사고파는 행위. 또는 물품을 공정 가격 이외의 값으로 사고파는 일. ¶금갑이 크게 올러서 밀수읍자허구의 **암그래**가 아주 많댜.

암만-허다 표암만-하다 형'아모(某)+만(조사)+ㅎ-(爲)+-다'. ①이러저러하게 애를 쓰거나 노력을 들이다. ¶**암만혀두** 안 되넌 건 안 되녕 겨. ②이리저리 생각하여 보다.

암만-히두 표아무리-해도 부아무리 생각하고 힘써 보아도. ¶**암만히두** 개헌티 뭔 곡절이 있능개 벼.

암행-으사 표암행-어사(暗行御史) 명<역사> 조선시대, 임금의 특명을 받아 비밀리에 세정을 살피던 임시 관리. ¶**암행으사** 허든 박문수잖어./이리 짜웃, 저리 짜웃, 늬가 **암행으사여?**/그 냥반이 감사원 감사루 여기저기 살피러 댕기닝께 이전이루 치믄 **암행으사**지.

앙-가심 표앙-가슴 명두 젖 사이의 가운데. ¶어른내가 자꾸 **앙가심**을 파구 드넌디, 젓이 나오야 말이지.

앞-가심[압까-/아까-] 표앞-가슴 명가슴이나, 가슴 앞쪽의 옷자락. =아까심. ¶**앞가심**이나 추실르구 나와./숭허게 **앞가심**은 벌리구 뭣헌댜?

앞-개림[압깨-] 표앞-가림 명닥친 자신의 일을 처리하는 정도. ¶지 **앞개림**두 뭇허넌 주제예 넘일인 왜 쩌드능겨?

앞-댕기다[압땡-] 표앞-당기다 동(타) 미리 정해진 시간을 앞으로 당기다. ¶환갑을 메칠 **앞댕겨서니** 공일날 치루믄 워떠까유?

앞-등배기[압뜽-] 표앞-등성이 명앞쪽에 있는 산등성이. ↔뒷등배기. 뒷등셍이. ¶봉수산의 **앞등배기**에 올러가믄 차령산날(차령산능선)이 끝읎이 이서져 흘렀다.

앞-모냥[암-] 표앞-모양(-模樣) 명앞에서 본 모습. ¶**앞모냥**이 점 잘못된 거 같은디.

앞-믄 : [암-] 표앞-면(-面) 명앞쪽 부분. ¶**앞믄**이나 뒷믄이나 똑 같구먼.

앞-세다[압쎄-] 표앞-세우다 동(타) ①어떤 사물을 앞에 내어 세우다. ¶동네 구장을 **앞세구** 의기양양허게 미은(面)이루 들어갔다. ②손아래 식구를 먼저 죽게 하다. ¶애를 둘이나 **앞셌이**니 올마나 가심이 아플꾸.

앞-잽이[압째-] 표앞-잡이 명앞에서 이끌어주는 사람이나, 남의 시킴을 받고 끄나풀 노릇을 하는 사람. ¶늬가 질을 잘 아니께 **앞잽이** 혀./그 냥반이 융니오 적이 빨갱이 **앞잽이**를 허맸서니 예산층년(靑年)동맹 부위원장이란 걸 헸는디 말여.

앞-정갱이[압쩡-] 표앞-정강이 명☞ '정갱이'. ¶오디서 쌈질을 헜냐? **앞정갱인** 왜 다 깨지구 댕기는 겨?

앞-질[압 : 찔] 표앞-길 명①앞에 난 길이나 앞으로 가는 길. ¶흙탕물이 **앞질**을 막었다. ②장차 살어가야 할 길. ¶**앞질**이 구만리같은 늠이 그만헌 일루 주잖으믄 안되지.

애-고게 표애개 갑☞ '아이고게'의 준말. ¶**애고게**, 고까짓 걸루다가니 뭘 허겄다능 겨?

애-꼬추[애-/액-] 표풋-고추 명열린 지 얼마 되지 않고, 약이 오르지 않아 맵지 않은 고추. =풋꼬추. ¶서리 오기 즌이 **애꼬추**를 많이덜 따 가슈. 아니, **애꼬추**를 따다가 팔으믄 될 텐디, 왜 넘 존 일 시킨대유? **애꼬추** 딴다구 저 큰 밭이다가 일품을 쓰겄냐?

애꾸지다 표애꿎다 동'어떤 일과 상관이 없다'에서 '잘못도 없이 억울하다'의 뜻. ¶잘못헌 늠을 족치야지, 왜 **애꾸진** 사람헌티 화풀인 겨? **애꾸진** 지 아닌지는 뒤집어 봐야 알겄지?

애끼다 표아끼다 동(타) ①물건을 아끼거나 귀중하게 다루다. ¶물을 **애껴** 쓰다. ②사람을 위하고 보살피는 마음을 지니다. ¶그 사람은 지 자식만 너

무 **애껴**. ③몸을 사리고 소극적이다. ¶젊은 사람이 그렇기 몸을 **애껴서** 오따 쓸라구 그러남?

애낌-읎이[-읍씨] 표아낌-없이 부①아끼거나 귀하게 다룸이 없이. ②소극적인 태도가 없이. ¶너한티 **애낌읎이** 다 주었다.

애-덜 표아이들 명 '아이+덜'의 준말. 나이가 어린 사람들. ¶**애덜** 쌈은 말리야지 같이 싸우고 자뻐졌으믄 오티기여?

애-새갱이 표애-새끼 명☞ '애새낑이'.

애-새낑이 표애-새끼 명①아들과 딸을 비속하게 이르는 말. ¶집안이만 들어가믄 **애새낑이덜** 속을 썩이네./**애새낑이덜**이 불쌍허두 않히여? 오티기히서라두 **애새낑이** 멕여살릴 궁리를 히봐야지. ②상대 남자를 욕할 때에 낮잡아 이르는 말. ¶어떤 **애새낑이**가 자꾸 나한티 시비를 붙는 겨. ③어린아이를 속되게 이르는 말. ¶**애새낑이덜**이 엥간히두 부산떠넌구먼./그집 **애새낑이덜**이 올마나 극성맞은지 돌팍이루 우리집 장독을 다 다 깨쳐났더니께.

액-맥이[앵-] 표액-막이 (厄 -) 명집안이나 개인에게 닥칠 재앙을 미리 막는 일. ¶고시레는 정성디려 허녕 겨. 그렇기 대충 허믄 **액맥이**가 되겄남?

앵 : 경 표안 : 경 (眼鏡) 명 '안경→앤경>앵경'. 시력 보정이나 눈의 보호를 위해 눈에 착용하는 도구. ¶여름이

믄 **앵경**버덤 구찮은 것이 읎어. 논밭 일 헐라믄 땀은 비오덧 허지, **앵경**이 윙간히 거치적대남?

앵:경-즘 표안:경-점(眼鏡店) 명안경을 전문으로 파는 가게. ¶**앵경즘**이서 돋배기를 사다가니 할아부지헌티 디렸다.

야:[1] 표예 감윗사람의 부름에 대답하거나 묻는 말에 긍정하여 대답할 때 쓰는 말. ¶일 끝낸 겨? **야**, 벌써 끝났유./밥두 먹었구? **야**, 진즉이 먹었쥬.

야:[2] 표얘 대'이 아이'의 준말. ¶**야**가 뭘 잘못했다구 그렇기 때리는 규? **야**가 크믄 꼭 우리 집안을 일쓸 것이구먼유.

야:-네 표얘-네 대'이 아이네'의 준말. =얘네. ¶**야네** 집은 오디여? **야네** 집은 삽다린디유, 장꽌 놀러온 규./**야네**는 오딜 또 간 겨?

야:-덜 표얘-들 대'이 아이덜'의 준말. ¶**야덜**아, 인전 그만 놀구 밥 먹으야지. **야덜**이 밥때가 됐는디 오딜 간 겨?

야리끼리-허다 표아리송-하다 형'아리(迷)+끼리(접사)+허-(如態)+-다'. 이것인지 저것인지 분명하지 않아 헷갈리다. ¶오티기 되 가넌 건지 일이 을 **야기끼리허네**./저 냥반이 먼 짓을 허넌 건지 **야리끼리허구먼**.

야중 표나중 명'내종(乃終)→냐중>야중'. 얼마의 때가 지난 뒤. ¶그런 사람은 **야중**이 혼꾸녕 점 내 주자구이.

야중-이 표나중-에 (구문) '야중(乃終)+이(조사)'. ¶**야중이** 보자넌 늠 하나두 안 무섭더라.

얀마 (구문) '야 이놈아→야 임마'의 줄임말. ¶**얀마**, 얼릉 내려와. 위험헌디 서 있으믄 안 되여.

얄브다 표얇다 형'활용형태: 얄브게. 얄브구. 얄브니. 얄버'. 두께가 작다. =을브다. ¶문종이가 **얄버서니** 자꾸 뚫어지너먼./츤이 너머 **얄브닝께** 재봉질이 사뭇 밀리잖어.

얌즌 표얌전 명성품이나 태도가 공손하고 조심스러움. ¶쟤가 안 허던 **얌즌**을 다 피우구 먼 일이랴?

얌즌-허다 표얌전-하다 형①공손하고 삼가는 태도가 있다. ¶단임 슨상님은 보통 땐 **얌즌헌디** 화나믄 무지 미섭다. ②모양새가 차분하고 점잖다. ¶**얌즌허게** 채려입은 새약시.

양-꼬추 표서양-고추(西洋-) 명<식물> 서양에서 들어와 향신료로 많이 쓰이는 고추. =피망(piment). ¶맵두 않언 **양꼬추**를 뭔 맛이루 먹넌댜?

양-됭이 표양-동이(洋-) 명손잡이를 두고 함석 따위로 만든 동이. ¶**양됭이**루 물을 떠다가 말래를 훔쳤다.

양복-즘[-쯤] 표양복-점(洋服店) 명양복을 만들거나 파는 가게. ¶**양복즘**이라넌 게 이전인 돈두 잘 벌었지. 근디 요짐은 기성복덜이 쏟어져 나오닝께 **양복즘덜**이 다 망히뻔겼어.

양-쇵이 표양-송이(洋松栮) 명<식물> 주름버섯과의 버섯 이름. ¶아니, 쇵이허구 **양쇵이**가 워치기 같다넌 거여? 시쳇말루다니 **양쇵이**는 쇵이두 아닌 거 물르능 겨?

양장-즘 표양장-점(洋裝店) 명여자의 양장 옷을 짓고 파는 가게. ¶**양장즘**이 들러서니 부라우쓰를 사긴 힜는디 나헌티 잘 어울리나 점 봐 줘.

양품-즘 표양품-점(洋品店) 명서양식으로 만든 의류나 장신구 따위의 잡화(雜貨)를 파는 가게. ¶시상이 다 스양식이루 배꼈이니께 인전 **양품즘**이란 게 따루 있간?

얘:-네 표얘들 대 ☞ '야네'. ¶**얘네가** 시방 증신이 있는 겨, 읎는 겨? 얼릉 가서니 **얘네**를 데려와라.

어거지 표억지 명 ☞ '으거지'. ¶**어거지** 피덜 말구 술 처먹었으믄 집이 가서 잠이나 자.

어두침침-허다 표어두컴컴-하다 형 날이 어두워가거나 어두워서 사물이 잘 안 보이다. ¶날 구지니께 초저녁인디두 **어두침침허구먼**.

어루레기 표어루러기 명<의학> '어러지→어르러기>어르레기'. 사상균(絲狀菌)의 기생으로 생기는 피부병. ¶그리기 자주 씻덜 않으닝께 자꾸 **어루레기**가 생기넌 거라닝께.

어른내 표어린-애 명초등학교 입학 전의 아이, 또는 나이가 아주 적은 아이 ¶**어른내**가 점 버릇읎다구 그렇기 혼내키믄 못 쓰지.

어립-배기[-빼-] 표어리-보기 명 ☞ '으립배기'.

어매 표어미/엄마 명엄니, 어머니를 낮추어 부르는 말. ¶늬 **어매**는 오디 갔간 코빼기두 안 뵌 다냐?/그 집 **어매**는 뭣허간 애를 그렇기 울리넌지 물르겄어.

어무니 표어머니 명 ☞ '엄니'. ¶늬 **어무닌** 안 기시냐?

어여 표어서 부'어셔>어서>어여'. 지체 없이 빨리. 곧. =으서. 으여. 어이. ¶핵겨 늦겄이니 **어여** 가거라./바쁘닝께 **어여** 가자.

어이 표어서 부 ☞ '어여'. ¶늦었이니 **어이** 가./중간이 놀지덜 말구 싸게싸게 스둘러서 **어이** 가.

어이-읎다[-음따] 표어이-없다 형 ☞ '어이읎다'. ¶참내, **어이읎어서니** 말두 안 나오네.

어이-읎다[-읍따] 표어이-없다 형너무 뜻밖이어서 기가 막히다. =어이읎다. 으이읎다 ¶늬가 그런 실수를 허다니, 참 **어이읎구나**.

어집잖다[-짢타] 표어쭙잖다 형①비웃음을 살 만큼 언행이 분수에 넘치는 데가 있다. ¶**어집잖은** 짓 그만허구 집이루 돌어가. ②특별히 대단하거나 신통한 구석이 없다. ¶**어집잖은** 녀석이 잘난 첵허기는.

어이-씨 표에이 갑☞'아이씨'. ¶**어이씨**, 자꾸 울아부지 욕허지 말란 말유.

어질르다 표어지르다 동(타) 정돈되어 있는 물건을 마구 흐트러지게 하다. ¶늬가 **어질른** 거니께 방은 늬가 쳐./집 안일 **어질르지** 말거라.

어츠구니 표어처구니 명☞'으츠구니'.

언서리 표언저리 명 '에우-(韋)+ㄴ(어미)+자리(席)→언저리/언서리>엉서리'. 어떤 장소에서 둘레 쪽에 해당하는 부분. =엉서리. ¶우리애 못 봤유? 아까 핵겨 운동장 **언서리서** 혼저 어슬렁거리던디, 여적까장 집이 안 들어갔 대유?

언설 표언저리 명☞'언서리'의 잘못. ※소리만으로는 '언서리'인지 '언설'인지 구분이 안 되므로, '언설+이'로 잘못 분석한 것. =엉설. ¶저 모이(墓) **언설**인 가딜 말구 가차운 디서 놀거라.

언지다 표얹다 동(타) 위에 올려놓거나, 얼마를 덧붙이다. ¶실겅이 물건을 **언져** 놨다./짐을 다 **언지더락** 넌 뭐헌 겨?/째째허게 그러지 말구 몇 개 더 **언지란** 말이여.

언체이 표언청이 명 '언체이>언쳉이'.☞'째보'. ¶**언체이라** 장개두 뭇갈 중 알었더니, 설 가서 수술했다던디 감쪽같더먼.

언쳉이 표언청이 명☞'째보'. ¶**언쳉이**더러 **언쳉이라** 허지 뭐라 허년가?

얼:르다 표어:르다 동(타) 어린 아이를 귀엽게 다루거나 달래어 기쁘게 해 주다. ¶잘 **얼러서** 집이루 데리꾸 가./우넌 앨 **얼르야지** 야단을 치믄 워칙헌다?/괭이가 앞발루 쥐를 **얼르구** 있었다.

얼릉 표얼른 부시간을 끌지 아니하고 바로. ¶**얼릉** 책가방 챙겨서 핵겨 가.

얼릉-얼릉 표얼른 부☞'얼릉'.

얼게미 표어레미 명 '얽-(胃)+어미(접사)→얼거미?>얼게미'. 바닥의 구멍이 큰 체. =얼맹이. ¶들꽤를 쳐야 허넌디, 이느무 **얼게미**는 오디다 처박어 뒀댜?

얼라 표어 갑놀라거나, 당황하거나, 초조하거나, 다급할 때 나오는 소리. ¶**얼라**, 내가 왜 일을 그렇기 힜지?/**얼라**, 쟤가 저런 일두 헐 중 아네.

얼라려 표올레리 갑☞'얼라'. ¶**얼라려**? 벨꼴이 반 짝이네. 쟤가 저럴 때두 다 있구먼.

얼라려-껄라려 표알나리-깔나리 갑 아이들이 남을 놀릴 때 하는 말. ¶**얼라려껄라려**, 누구누구는 오줌쌌대여.

얼맹이 표어레미 명 '얽-(胃)+망(網)+이(접사)'. 큰 돌이나 검불을 거르는 체. 구멍이 성긴 체. ↔고운체. ≒얼게미. ¶**얼맹이루**다가 타작헌 들꽤를 쳤다.

얽음-뱅이 표앍둑-빼기 명 '얽-(胃)+음(어미)+뱅이(접사)'. 곰보. 얼굴이 얽은 사람.

엄니 표어머니 명 자신을 낳고 길러주

신 여자분. =어매, 어무니. ¶아줌니, 울 **엄니** 뭇 봤유?/늬 **엄니** 아까침 집이 있었넌디?

엄살-꾸리기 표엄살-꾸러기 명엄살을 부리는 정도가 심한 사람. ¶쟤는 째끔만 아퍼두 엄살을 부리넌 **엄살꾸리기여**.

엄지-발꼬락 표엄지-발가락 명발가락 가운데 가장 굵은 첫째 발가락. ¶발꼬락두 **엄지발꼬락**허구 새껭이발꼬락이 있녕 것차람 엉아가 있으믄 아우두 있넝 거여.

엄지-손꼬락[-송-] 표엄지-손가락 명손가락 가운데 가장 짧고 굵은 첫번째 손가락. ¶걔는 우리반서 이거여. 그 애는 **엄지손꼬락**을 세보였다(세워 보였다).

엄지-송꼬락 표엄지-손가락 명☞'엄지손꼬락'이 변자음화한 형태.

엇-비젓허다[얻뻐저터-/얻뻐전터-] 표엇-비슷하다 혱'엇(접사)+비슷(類似)+허-(접사)+-다'. 거의 비슷하다. ¶둘이 **엇비젓허니** 분간허기가 심들구먼./모두 **엇비젓허니** 대충 슨택혀서 두 되유.

엉서리 표언저리 명☞'언서리'. ¶그 냥반이 밭 **엉서리**다가니 뭔 낭구를 죽심더먼./내가 볼 적인 밭 **엉서리**다 낭굴 심으믄 그늘 쪄서 곡석덜이 잘 안 자랄 건디 그 냥반이 괜헌 짓거릴 허넌 것 같어.

엉설 표언저리 명☞'엉서리'의 잘못. ¶거긴 우험허니께, 그 **엉설**인 을씬두 허덜 말어.

엉-아 표형(兄) 명'형(兄)+아(조사)→형아>성아/엉아'. 형제들 사이에서 나이가 많은 사람이나, 나이가 적은 남자가 나이가 많은 남자를 이르는 말. ¶중핵교이 댕기는 작은**엉아**는 늘 밤 늦게 집이 왔다./이우지 **엉아**네 집이루 마실을 간다.

엎디리다[업띠-] 표엎드리다 동(자) '엎더리다→엎데리다>엎디리다'. 몸을 아래로 깊이 굽히거나, 배를 바닥에 대다. ¶배 아플 적인 따땃헌 아랙목이 **엎디려** 있는 게 좋은 겨./야는 불픈허게 왜 **엎디려** 자능 겨?

에기다 표어기다 동(타) '어긔다>어기다/에기다'. 규칙, 명령, 약속, 시간 따위를 지키지 아니하고 거스르다. ¶자꾸 **에기기** 말고 말 점 들어./부모의 뜻을 에**기구** 나간 자석이 잘 됐단 애긴 읎어.

에지간-허다 표어지간-하다 혱'어지간(於之間)+허-(접사)+-다→에지간허다/으지간허다'. ①수준이 보통에 가깝다. ¶그리두 **에지간허게는** 일을 해 냈구먼. 인물두 그만허믄 **에지간허니** 생긴 거지. ②보통 수준에서 벗어나지 아니한 상태에 있다. ¶**에지간헌** 일이믄 지가 나스겄지먼유, 이건 아니유. ③생각보다 무던하거나 심하다. ¶그

걸 참다니, 늬 승질두 **에지간허다**.
에지간-히 표어지간-히 부①보통 수준이나 정도에 가깝게. ¶기냥저냥 **에지간히** 살매 지내유. ②보통 정도보다 훨씬 더. ¶그러다 사람 잡겄네유. **에지간히** 헸으니 인전 그만허유.

에:헤라-달:고: 표어허라-달구야 감☞ '에헤라달공'의 이형태. ¶다져 보자 다져 보자 **에헤라달고**. 충청도라 예산땅에 **에헤라달고**.

에:헤라-달:공: 표어허라-달구야 감<민속> 집터나 무덤을 다질 때, 여럿이 힘을 모아 동작을 맞추려고 노래하듯이 내는 소리. =에헤라달고. ¶저 승질 건너건너 **에헤라달공**. 시왕 전이 엎디어서 **에헤라달공**.

엡히다[에피-] 표업히다 동(자) '업다'의 피동. (타) '업다'의 타동. ¶(자) 등이 **엡힌** 아이는 금세 잠이 들었다. (타) 인전 아이를 나한티 **엡히거라**.

엥간-허다 표엔간-하다 형 '어지간하다>엔간하다>엥간허다(변자음화)'. 정도가 기준에 제법 가깝다. ¶**엥간허믄** 자네가 날 점 도와주게./**엥간히선** 그 냥반 고집 뭇 꺾을 걸.

엥간-히 표엔간히 부 '엔간히→엥간히(변자음화)'. 정도가 기준에 퍽 가깝게. ¶일두 **엥간히** 히야지. 밤낮 쉬덜 않고 일허넌디 몸이 전디겄어?

엥기다 표엉기다 동(자) 한데 뒤섞여 얽히거나 뭉쳐다. =엉기다. ¶지름

뎅이가 **엥기지** 않더락 조심혀./피가 **엥겨서** 딱지가 지구 있구먼.

여께 표여기-쯤 대정확하지 않은 가까운 곳. ¶**여께다** 흘렸는디 오디갔지?

여께-찜 표여기-쯤 대말하는 이에서 가까운 곳. 근처. ¶아까 **여께찜서** 크다란 배암이 입을 딱 벌리구 있었어.

여름-츨 표여름-철 명봄과 가을 사이의 계절. =하즐기(夏節期). ¶오티기된 것이 요짐은 봄은 읎구 **여름츨**만 질어졌어.

여수 표여우 명<동물> 갯과에 속한 포유동물. ¶이전인 **여수**박골이 **여수**덜이 참 많었잖어. 그 **여수**덜이 박통 때 쥐약 먹구 다 죽어 읎어진 거랴

여:-오다 동(타) '이(戴)-+-어+오-(來)+-다→여:오다'. 어떤 물건을 머리에 얹고서 옮겨오다. ¶그걸 여기까장 **여온** 겨? 그럼 **여왔지** 타구 왔겄유?/물뎅이를 **여오넌** 디 뭇된 늠이 독뎅이를 던지넌 바람에 클날 뻔 헸잖은감유?

여우-살이 표시집-살이 명☞ '여위살이'.

여위-살이 표시집-살이 명 '여위-(出嫁)+살-(生)+-이(접사)→여위살이>여우살이'. ①여자가 시집에 들어가 사는 일. ↔제금살이. ¶시댁 으른덜 모시맨서 **여위살이**허넌 것이 월매나 심든지 긂어본 사람은 알지. 내 나이가 환갑이 지났넌디 연태까장두 시부

모 뫼시구 **여위살이**허구 있다닝께. ② 다른 이의 간섭을 받거나 눈치를 보며 사는 일. ¶행랑채 빌려쓰넌 **여위살이**가 오죽헐까?

여위살이-시키다 동(타) 나이든 딸을 시집보내다. ¶기모(繼母)라구 다 똑 같은가? 그 아줌니는 즌츠(前妻) 딸자석들 다 **여위살이시키구** 재산까장 떼 줬댜. 내 딸 **여위살이시키넌** 것두 쉬운 게 아닌 디 말여.

여이다 표여위다 동(자) 몸에 살집이 없이 비쩍 마르다. ¶아이구, 그 냥반 얼굴이 반쪽이 되게 **여여서니** 누군지두 물러볼 뻔 헸다닝께. 바짝 **여인** 거 보닝께 객지 생활이 참 고됐던 모냥이여.

여적 표아직 부지금까지. 지금이 되도록. =여직. 입때. ¶**여적**까장 뭐더너라구 집일 안 간 겨?/**여적**까장 공불허구 있었다구?/**여적**두 일을 뭇 끝냈다구?

여적-껏[-껃] 표아직-껏 부지금껏. 이때가 되도록. =여직껏. 입때껏. ¶**여적껏** 농땡이만 치다가니 일 다 끝나가닝께 슬그머니 낯짝 디미넌 건 먼 심뽀여?

여직 표아직 부☞ '여적'.

여직-껏[-껃] 표여태-껏 부☞ '여적껏'.

여-짝 표이-쪽 대아주 가까운 곳이나 방향. =엽짝. ¶오티긴대유? **여짝**이두 자리가 읎다너면유.

역-구리[-꾸-] 표옆-구리 명'옆구리 →역구리(변자음화)'. 가슴과 등 사이의 부분. ¶난 가만 있넌디 늬가 들구 **역구리** 찔렀잖어. 그닝께 **역구리** 찔른 늬가 책음져.

역부러[-뿌-] 표일부러 부마음을 내어 굳이. 또는 알면서 짐짓. ¶여까장 **역부러** 오시다니, 미안히서 오쩐대유?/**역부러** 그럴 것까장은 읎유.

열매기 표열매 명'열-(實)+매기(접사)'. 씨방이 자라서 식물에 열린 것. ¶올히는 날이 좋아서니 **열매기**덜이 풍는(豐年)이여./상수리 **열매기**나 줏으러 갈 참이여.

염생이 표염소 명'염(山羊)+생이(접사)'. 소과에 속한 포유류 동물. ¶**염생이**가 풀러저서 남새밭일 다 망쳐놨네.

염생이-젓[-젇] 표염소-젖 명염소에서 짜낸 젖. 산양유(山羊乳). ¶음달 김씨는 하루이 한 주전자썩 **염생이젓**을 짠댜. 그리서니 그집 식구덜은 날마두 **염생이젓**을 먹넌다는구먼.

염필 표연필(鉛筆) 명'연필>염필(변자음화)'. 흑연과 점토를 이용하여 만든 필기도구. ¶공부허기 싫으닝께 **염필**만 죙일 깎으먼./어렸을 적이는 **염필**루 쓰야 글씨가 느능 겨.

염필-깎이[-깍끼] 표연필-깎이(鉛筆-) 명연필을 깎는 도구. ¶공부두 뭇 허넌 녀석이 뭔 **염필깎이** 타롱이여? 갸가 **염필깎이**가 있어설래미 공불 잘 헌다냐?

엿-장사[엳짱-] 표엿-장수 명엿을 파는 사람. ¶엿장사가 가새질을 오티기 허넌 중 아남? 그건 엿장사 맴대루여.

옆-댕이[엽땡-] 표옆 명'옆(附近)+댕이(접사)'. 가까운 곳이나, 옆 부분. ¶저 집 옆댕이를 돌어스믄 우리집이여./갱굴 옆댕이루 난 질일랑 댕이덜 말어라./구락징이 불 옆댕이 가차이 가면 뭇 쓰넝 겨.

옆-질[엽찔] 표옆-길 명큰길 옆으로 난 작은 길. 또는 본디 할 일이 아닌 다른 일을 하는 것. ¶옆질은 무시허구 앞이루만 쭉 가믄 되어./오여편짝이루 옆질이 하나 있넌디, 그짝 질루 쭉 올러가./애기가 점 옆질루 샜구먼./일 허다가 오디 갔나 혔더니 옆질루 빠져 설래미 찜질방일 갔더라구.

예사-시럽다[-따] 표예사-스럽다(例事-) 형대수롭지 아니하고 평범한 데가 있다. ¶그 사람 눈빛이 예사시럽지 않던디 뭣허넌 사람이랴?

오-당숙 표외-당숙(外堂叔) 명'오이(外)+당숙(堂叔)→오당숙'. 어머니의 사촌 남자 형제. ¶오당숙이 픈찮구 허니 하냥 댕겨와야 쓰겄다.

오도개 표오디 명<식물> '오돌개>오도개'. 뽕나무의 열매. =오두개. 오도개. ¶저 지집애는 뽕 따라구 허닝께 오도개만 따먹구 있구먼.

오돌 표오디 명☞ '오도개'.

오돌개-낭구 표뽕-나무 명<식물> 열매를 기준으로 '뽕나무'를 달리 이르던 말. ¶접짝이 크다련 오돌개낭구가 있넌디, 우덜 거기 올러가 놀자.

오돌 표옻 명'표준어화 과정→오돌>옻'. 옻나무의 진. 또는 옻의 기운으로 살갗이 헤어지는 증상. =옻. ¶내가 오돌을 많이 타서니 오돌나무는 쳐다보두 않잖어.

오돌-나무 표옻-나무 명☞ '오돌낭구'. ¶그리기, 그런 오돌나무를 왜 벼내뻐리딜 않넌지 까닭을 몰르겄다니께유.

오돌-낭구 표옻-나무 명<식물> '표준어화 과정→오돌낭구>오돌나무>옻나무'. 옻나뭇과의 낙엽 교목. =오돌나무. ¶뒤란이 오돌낭구 때미 애덜 다 잡게 생겼유. 애덜이 오돌낭구 밑이서 놀다가니 옻올려서 약 사 먹구 난리두 아니라닝께유.

오두개 표오디 명☞ '오도개'의 이형태. ¶오두개는 가새뽕나무에 많이 열리는 겨. 그러닝께 오두갤 따 먹을라믄 저짝 밭이루 가넌 게 낫다닝께.

오디 표어디 대잘 모르는 어느 곳이나, 꼭 집어 댈 수 없는 어느 곳. =워디. ¶여그가 오디여?/이눔이 오디다가 삿대질인 겨?/오디루 가구 있넌 건지두 난 몰러.

오디-께 표어디-쯤 대'오디(何處)+께(접사)'. 잘 모르는 곳을 어림잡아 가리킬 때 쓰는 말. =워디께. ¶사고난

디가 **오디께랴**?/불난 디가 **오디께여**?
오따 표어디-에다 부'오디+이다→오디다'가 줄어든 말. ¶건 **오따** 쓸라구 빌려가는 겨?/**오따** 대구 샀대질인 겨?
오따-가 표어디-에다가 (구문) '오디(何處)+이다가(조사)→오디다가'가 줄어든 말. ¶이 째끄만 게 **오따가** 대들구 있는 겨?/이 씨래기덜을 **오따가** 버리까유?
오떠-허다 표어떠-하다 형①의견이나 일의 성질, 상태가 어찌되어 있다. ¶그 친구 병세가 **오떠허던감**? ②무엇을 자세히 밝혀 말하지 않을 때 쓰는 말. =워떠하다. ¶그리기, **오떠허다구** 말허기가 점 그렇네.
오떠오떠-허다 표어떠어떠-하다 형어떠하다고 자세히 밝힐 필요가 없거나 밝히기가 어렵다. ¶하여튼지간이 일이 **오떠오떠허게** 되여갔댜.
오떤 표어떤 관대상의 구체적인 면을 물을 때, 또는 대상으로 삼는 것이 무엇인지 물을 때 쓰는 말. =워떤. ¶그 물건은 **오떤** 것이여?/드럽게시리 여따가 오줌을 싸 논 게 **오떤** 놈인 겨? 그리기, **오떤** 늠인지 물러두 망헐 넘 일세그려.
오떻다[-떠타/-떤타] 표어떻다 형☞'오떠허다'가 줄어든 말. =워떻다. ¶**오떻다구** 선허게 속이나 털어놔 봐.
오떻-든[-떠튼/-떤튼] 표어떻-든 부'어떠하든'이 줄어든 말. =워떻든. 아

무튼. ¶일이야 **오떻든** 사람이나 안 다쳤으믄 싶구먼./우덜이 **오떻든** 더 이상 상관허덜 마러.
오뗘 표어때 (구문) '오떠허-+-어'가 줄어든 말. ☞'워뗘'. 예산의 동부지역(대술·신양·예산 등)에서는 '오뗘'만 씀. ¶이따가 고수덥 한 판 **오뗘**?/**오뗘**. 이따가니 대포 한 잔 허닝거 말여?
오ː래기 표오ː라기 명'올(絲條)+아기(접사)→오라기'. 실, 헝겊, 새끼 따위의 가느다란 조각. ¶**오래기** 하나 안 냉기구 개가 다 집어갔어.
오리봉-나무 표오리-나무 명☞'오리봉낭구'. ¶**오리봉나무**는 오따 쓸라구 비는 겨? 야, 건조장 지둥감이문 **오리봉나무**가 질이잖유.
오리봉-낭구 표오리-나무 명<식물>자작나뭇과의 낙엽 활엽 교목. ¶단단히서 잘 썪지두 않구 한 번 세두문 수십 년 끄떡읎넌 게 **오리봉낭구**쥬.
오-사ː춘 표외-사ː촌 (外四寸) 명'오이(外)+사촌(四寸)→오이사춘>오사춘'. 외삼촌의 자녀. =오이사춘. ¶오얄머니가 살어기실 적이는 **오사춘**덜두 자주 만났넌디 말여. 시방은 오사춘덜허군 왕래가 뜸허여.
오-삼춘 표외-삼촌 (外三寸) 명'오이(外)+삼촌(三寸)→오이삼춘>오삼춘'. 어머니의 남자 형제. ¶자주 왕래허다 보닝께 **오삼춘**덜이 아버지 형제덜버

덤 가차워유.

오:서 표어디-서 (구문) '오디+이서→오디서'가 줄어든 말. ¶**오서** 놀다가 인저 오능 겨?/**오서** 온 눔인지 물르겄네./심두 읈넌 게 **오서** 까불구 자빠진 겨?

오-숙모[-숭-] 표외-숙모(外叔母) 명 '오이숙모>오숙모'. 외삼촌의 아내. ¶오삼춘, **오숙모**는 오딜 가셨대유? 늬 **오숙모**는 이우지 마실 간 모냥이구나.

오야 표자두 명 <식물> 자두나무의 열매. 살구보다 조금 작은 크기로 시큼하며 단맛이 난다. ※ '자두'의 옛말인 '오얏/오얒'의 충청말. ¶**오야**를 따 먹드래두 익걸랑 따먹어라. 들 익은 **오야**를 많이 먹으믄 배탈나능 겨.

오야-나무 표자두-나무 명 ☞ '오야낭구'. ¶**오야나무** 있다구 너머 재덜 말어. 우리집인 **오야나무**는 읎어두 앵두나무, 살구나무 다 있다닝께.

오야-낭구 표자두-나무 명 <식물> '표준어화 과정→오야낭구>오야나무>자두나무'. 장미과의 낙엽 활엽 교목. =오야나무. ¶우리집두 **오야낭구** 하나만 심지유. 이우지 **오야낭구**가 있잖어. 오야 먹구 싶으믄 좀 따 먹겄다구 히 봐.

오-얄머니 표외-할머니(外-) 명 ☞ '오할머니'. ¶이번 갈인 느그 **오얄머니** 점 뵙구 와야겄다.

오-얄아버지 표외-할아버지(外-) 명 ☞ '오할아버지'. ¶**오얄아버지**는 그동(擧動)이 불편허셔서 못 오셨다.

오양-깐 표외양-간(-間) 명 소를 기르는 집. 우사(牛舍). ¶**오양깐**을 치렀더니 금세 오딜 간 겨?/송아치가 떠나갔으닝께 얼릉 **오양깐**이루 몰어딜여.

오여 표왼:명 '외(歪)>오여'. 왼쪽. ¶넌 저짝이루 가서 **오여** 자리에 안저라.

오여-낫[-낟] 표왼:-낫 명 왼손잡이가 쓰기 편하도록 날을 반대로 세운 낫. ¶**오여낫**을 구헐라는디 파넌 디가 있을라나 물르겄다.

오여-발 표왼:-발 명 '오여(歪)+발(足)'. =왼발. ¶넌 바른손잽이닝께 공을 **오여발**루 차믄 잘 안 되능 겨.

오여-발목 표왼:-발목 명 왼쪽 발목. ¶산비얄일 네려오다가 오여져서 **오여발목**을 뺐다너먼.

오여-발짝 표왼:-발짝 명 왼발, 또는 왼발을 내딛는 걸음. ¶**오여발짝** 점 내놔 봐./제식훈련을 헐 때는 **오여발짝** 부텀 내놓능 겨.

오여-배지기 표왼:-배지기 명 씨름에서 왼쪽 옆구리를 상대편의 배 밑에 넣고 오른 다리를 걸어 넘어뜨리는 기술. ¶저 슨수는 **오여배지기**를 참 잘 허닝구먼.

오여-사내끼 표왼:-새끼 명 왼로 꼰 새끼. 부정을 막는데 효과가 있다 하여 금줄로 쓰임. =오여삿내끼. 왼내끼.

¶저 사람은 왜 **오여사내끼**를 꼬고 있능 겨? 놔둬, 오여손잽이라 바른사내끼를 뭇 꼰댜.

오여-삿내끼[-산-] 표왼 : -새끼 명 ☞ '오여사내끼'.

오여-손 표왼 : -손 명왼쪽 손. 좌수(左手). ¶바른손을 다쳐서 **오여손**이루 일을 볼라니께 이응 심들구먼.

오여손-잽이 표왼 : 손-잡이 명주로 왼손을 쓰는 사람. 왼손을 오른손보다 익숙하게 쓰는 사람. ↔바른손잽이. ¶이전이야 **오여손잽이**허구는 놀지두 말라구 헸지먼 요짐이야 그런감.

오여-씨름 표왼 : -씨름 명샅바를 오른 다리에 맨 뒤 왼쪽 어깨를 대고 하는 씨름. ¶갱븐(江邊) 모새판이서 **오여씨름**이 열린다넌디 귀경덜 안갈텐감?

오여-지다 동(자) 나무 등걸이나 돌부리 따위에 다리가 걸려 넘어지다. ¶소가 **오여져서** 일나지를 뭇허서 그저 일 쓰너라구 혼났어./이우지 총각이 논둑이서 벳지게를 지구 일나다가 **오여져서** 크게 다쳤댜.

오여-짝 표왼 : -쪽 명왼쪽 방향. 좌측(左側). 좌방(左方). ¶바른짝이라니께 답답허게 왜 자꾸 **오여짝**만 쳐다보능 겨?

오여짝-질[-찔] 표왼 : 쪽-길 명왼쪽으로 난 길. ¶**오여짝질**루 쭉 가믄 질 가생이 안쪽이루 생여집이 있어.

오여짝-귀[-끼] 표왼 : 쪽-귀 명왼쪽 귀. 좌이(左耳). ¶어려서 굅병을 하두 앓었더니 **오여짝귀**가 잘 안 들려.

오여-팔 표왼 : -팔 명왼쪽 팔. 좌완(左腕). ¶바른팔은 심이 씨더면 **오여팔**은 이응 심이 읎구나.

오여-팔목 표왼 : -팔목 명왼쪽의 팔목. ¶팔씨름을 여러 번 헸더니 **오여팔목**이 시큰거리네.

오여-팔뚝 표왼 : -팔뚝 명왼쪽의 아래팔.

오여-편 표왼 : -편 명①왼쪽. ②편을 둘로 갈랐을 때 왼편에 위치한 쪽. ¶안산 **오여편**이루 올러가먼 재덜버텀 앞질를 수 있을 겨.

오여-편짝 표왼 : -쪽/왼 : -편 명①왼쪽. ¶우리집 **오여편짝** 담배락이 무너졌어. ②편을 둘로 갈랐을 때 왼쪽에 위치한 쪽. ¶난 바른편이루 갈테니께 넌 **오여편짝**이루 들어가.

오이-사:춘 표외-사 : 촌 (外四寸) 명'오이(外)+사촌(四寸)→오이사춘>오사춘'. ☞ '오사춘'의 원말. ¶오알머니가 살어기실 적이는 **오이사춘**덜두 자주 만났넌디 말여. 시방은 **오이사춘**덜허군 왕래가 뜸허여.

오-할머니 표외-할머니 (外-) 명'오이(外)+할머니→오할머니>오알머니'. 어머니의 친어머니. =오알머니. ¶**오할머닌** 왜 그렇기 일찍 돌어가신 규?/엄니, **오할머니** 승함은 뭐였대유?

오-할아버지 표외-할아버지(外-) 명'오이(外)+할아버지→오할아버지>오얄아버지/오야라버지'. 어머니의 친아버지. =오얄아버지. ¶오할아버지두 오신 규?

옥수깽이[-쑤-] 표옥수수 명<식물>'옥(玉)+슈슈(蜀黍)+깽이(접사)→옥슈깽이?>옥수깽이'. 볏과에 속한 한해살이풀. 또는 그 열매. ¶밭 갓이다가 **옥수깽이**ㄹ 점 심어봤어./**옥수깽이**는 따서 금방 쪄먹으야 맛있능 겨. **옥수깽이**는 냉장고이다 늦다 끄내믄 맛 읎다닝께.

옥수깽잇-대[-쑤-읻때] 표옥수숫-대 명옥수수의 줄기. ¶**옥수깽잇대**를 벼서 그늘이 말리년 참이여./쇠죽인 **옥수깽잇대**가 점 들어가야 소가 좋아헌다닝께.

옥수깽이-떡[-쑤-] 표옥수수-떡 명옥수수 가루를 이용하여 만든 떡. ¶구찮게 먼 **옥수깽이떡** 타룽이여. **옥수깽이떡** 맹글라믄 맷돌이다 갈으야지 체루 치야지, 아이구 안 먹구 말어라.

옥수깽이-밥[-쑤-] 표옥수수-밥 명옥수수를 갈아 만든 밥. ¶보리밥두 읎어 **옥수깽이밥**이루 끄니를 때운다닝께유.

옥수깽이-밭[-쑤-받] 표옥수수-밭 명옥수수를 심은 밭. ¶**옥수깽이밭**인 다른 것 심어봤자여./슬익은 **옥수깽이밭**인 뭐더러 으실렁그리는 겨?

옥수깽이-셤:[-쑤-] 표옥수수-수염(-鬚髥) 명옥수수의 암술. 열매 끝에 수염처럼 달려있는 가는 실. ¶**옥수깽이셤**은 머더라 말리는가? **옥수깽이셤**이 몸이 그렇기 좋대유.

옥수깽이-엿[-쑤-엳] 표옥수수-엿 명옥수수 알로 고아 만든 엿. ¶그리두 쑤수엿허구 **옥쑤깽이엿**이 그 중 맛이 낫은 중만 알어.

옥수깽이-지름[-쑤-] 표옥수수-기름 명옥수수로 짠 기름. ¶찌개인 들지름을 쓰야지, **옥수깽이지름**을 부믄 오티기여.

온 : 제 표언제 튀'어늬/어느(何)+제(時)→어느제>언제/은제/온제/원제'. 잘 모르거나, 분명하지 않은 때. 또는 과거의 어느 때. =원제. 은제. ¶늬 엄만 **온제** 온다니?/**온제**는 지가 다 책음질 것차람 얘기허더만, 지 불리허니께 오리발이군.

온 : 제-나 표언제-나 튀모든 시간에 걸쳐서. 또는 변함없이 늘. =원제나. 은제나. ¶갠 **온제나** 소식을 전해올라나./갠 **온제나** 일찍 일어나.

온 : 젠-가[-젱-] 표언 : 젠-가 튀'언제(何時)+이(조사)+-ㄴ가(어미)'. 미래의 어느 때에. 또는 이전의 어느 때에. =원젠가. 은젠가. ¶산 사람은 **온젠가**는 다시 만난다잖어./**온젠가** 본 적이 있넌 사람인디 생각이 가물가물허네.

올-갈[-깔] 표올-가을 명올해 가을.

¶곤파슨가 먼가 허넌 태풍 땜이 **올갈과실** 농사는 끝났다닝께./**올갈**은 맨 비만 오다 끝낼래나 벼.

올개미 표올가미 명 '옭-(縛)+이/아미(접사)→올기/올가미>올개미'. 줄, 철사 따위로 고리를 맺어 짐승을 잡는 물건. =올무. ¶**올개미**는 워따 쓸라구 맹그는 겨? 고랑팅이밭을 다 파허쳐 놓넌 산집성덜을 혼내줄라구 **올개밀** 맹그능 겨.

올 : 마 표얼 : 마 부 '어느(何)+마(定度)→언마>을마/올마/월마/월매'. 모르거나, 정해지지 않은 정도. 또는 비교적 적은 수량이나 값. =월마. 월매. ¶봉세가 심히서 **올마** 못 살 거 같어./**올마** 되두 않넌 걸 개지구 그리 쩔쩔매믄 안되지.

올 : 마-나 표얼마나 부얼마 가량. 또는 강한 긍정의 표시. =월마나. 월매나. ¶돈이 **올마나** 필요한 겨?/공무원섬이 붙었이니 **올마나** 좋으까?

올 : 마-쓱 표얼 : 마-씩 부 '올마쓱>올마씩'. 각각 얼마. 또는 되풀이하여 얼마. =월마쓱. 월매쓱. 올마씩. 월마씩. 월매씩. ¶밥값이루 **올마쓱**덜 내여./느덜 한 달 용돈을 **올마쓱**이나 받능 겨?

올 : 마-씩 표얼 : 마-씩 부 ☞'올마쓱'. ¶밥값이루 **올마씩**덜 내여./느덜 한 달 용돈을 **올마씩**이나 받능 겨?

올 : 마-찜 표얼 : 마-쯤 부 '표준어화 과정→올마쯤>올마쯤>얼마쯤'. 얼마 정도. =월마찜. 월매찜. ¶**올마쯤**이믄 만족덜 헐라나?

올 : 마-침 표얼 : 마-만치 (구문) 얼마만하게. =월마큼. 월매침. 올마침. 올망큼. ¶한 달 땔 낭구믄 **얼마침**이나 되능 겨?

올 : -마큼 표얼 : 마-만큼 (구문) 얼마만하게. =올망큼. 월마침. 월망큼. ¶밥은 **올마큼**이나 퍼 주까?

올 : -망큼 표얼 : 마-만큼 (구문) ☞'올마큼'의 이형태. ¶**올망큼**이믄 만족헐 겨?

올-뻿[-뻗] 표올-벚나무 명 다른 버찌보다 일찍, 7월 이전에 익는 버찌. ¶7월이 다가오닝께 **올뻿**덜은 발써 익었을 겨.

올-뻿낭구[-뻗-] 표올-벚나무 명<식물> 장미과의 낙엽 교목으로, 일찍 익는 열매를 맺는 벚나무. ¶**올뻿낭구** 몇 맡어뒀넌디 뻿 따러 하냥 갈 텐가? 그 **올뻿낭구**를 다른 사람덜은 안 맡어놨겄남?

올-히[-/오리] 표올-해 명 '올ㅎ(今年)+이(접사)→올히>올히'. 이때의 해. 금년(今年). ¶**올히**두 작년(昨年)맹크미나 가물이 심헐 것 같어. 클났네. **올히**두 작는 같으믄 오티긴대유?

옷-가심[온까-] 표옷-가슴 명윗옷의 가슴 부분. ¶**옷가심**이다 왠 꽃을 달구 댕긴댜?/이, 오늘이 내 생일이라구

싫다구싫다구 허넌 디두 애덜이 부진부진 **옹가심**이다 달어준 겨.

옹기-즘 표옹기-점(甕器店) 명옹기그릇을 만드는 곳. ¶이우지에 오가이 즌통 **옹기즘**에서 일허넌 냥반이 이사 오맨서 옹기를 한 개 슨물허더먼.

옹쳐-매다 표훌쳐-매다 동(타) '옭-(縛)+-치-(접사)+-어+매-(繫)+-다→옭쳐매다>옹쳐매다'. 어떠한 것을, 끈이나 실 따위로 풀리지 않도록 단단히 매어 묶다. ¶단단히 **옹쳐매라닝께** 뭣헌 겨? 꼭 **옹쳐매덜** 않으닝께 자꾸 풀리잖어.

옹-치다¹ 표동이다/맺히다. 동(타) '옭-(縛)+치(접사)+-다(어미)→옭치다>옹치다'. ①끈이나 실 따위로 풀리지 않게 동이다. ¶실이 자꾸 끊어지네. 눈 좋은 늬가 잘 **옹쳐서** 이서봐. ②끈이나 실 따위가 엉켜 뭉치다. ¶끈이 오째 이렇기 **옹친 겨**? 실이 자꾸 **옹쳐서니** 바누질허기가 심들구먼.

옻-올르다[오돌-] 표옻-오르다 동옻의 독기로 살갗이 상하는 상태가 되다. ¶호두를 맨손이루 깠다 **옻올른다구** 허잖어. **옻올르믄** 큰일나닝께 얼른 그만둬.

옻-올름[오돌-] 표옻 명옻의 독기로 살갗이 상하기에 이름. ¶이구, 이거 **옻올름**이 심허구먼. 이렇기 **옻올름**이 심헌디 왜 붱원(病院)일 안 데리꾸 가능 겨?

옻-올리다[오돌-] 동 ☞ '옻오르다'의 피동. ¶고여니 옻닭집이 갔다가 **옻올려서니** 죽을 정을 쳤다닝께. 그리기 **옻올리는** 사람이 머더라 옻닭은 잡씈대유?

왁 : 새[-쌔] 표억새 명<식물> 볏과의 여러해살이풀. ¶장마쯤 **왁새**가 쇠깔루는 최곤디 말여. 깔루야 바랭이허구 **왁새**만헌 것이 읎지만서두 흔칠 않잖어.

왁 : 새-밭[-쌔받] 표억새-밭 명억새가 넓게 펼쳐져 자라난 곳. ¶그 흠헌 **왁새밭**이 왜 돌어댕기능 겨? 가을 **왁새밭**이 흠허긴 뭐가 흠히유. 바람 불 적마두 흔들리는 왁새꼿이 올마나 보기 좋은디유.

왁새-꼿[-쌔꼳] 표억새-꽃 명억새의 꽃. ¶이즌인 같이믄 산고랑마두 **왁새꼿**이 흐얗게 물결쳤넌디 말여. 시방은 나무가 우거져서니 **왁새꼿**은 귀경두 못히여.

완구-즘 표완구-점(玩具店) 명장난감을 파는 가게. ¶요짐이야 **완구즘**두다 중국것덜이 차지헸넌 걸, 뭐.

왕-그미 표왕-거미(王-) 명왕거밋과에 속하는 거미. 또는 몸집이 매우 큰 거미. ¶내 친구는 **왕그미**를 애완동물루 질른댜. 큰 상자이다 **왕그미** 멫 마릴 늫구 질르넌디 파리같은 걸 잡어다주믄 그미줄루 칭칭 감어놓구 빨어먹넌댜.

왕-모새 표왕-모래(王-) 명알이 굵

은 모래. ¶장마가 지먼 갱굴갓이는 산이서 밀려온 **왕모새**가 곳곳마두 수북이 쌓여 애덜의 놀이터가 되었다.

왕-탱이 표말-벌 명☞'왕팅이'. ¶**왕탱이**가 미서워서니 참초두 뭇허겄구먼./**왕탱이**헌티 마빡을 쐤닝께 증신이 왔다갔다 허구 눈앞이 깡깜허더라닝께.

왕-팅이 표말-벌 명<동물> '왕탱이>왕팅이'. 말벌과에 속한, 황갈색을 띤 가장 큰 말벌. ¶갱굴갓이 지나다가 **왕팅이**헌티 허벅다릴 쐤다닝께./**왕팅이**가 우리집 처마밑이다가니 호박만헌 집을 졌어.

왜냐-믄 표왜냐-하면 튀'왜 그러냐 허문'의 줄임말. 원인, 까닭을 나타내며 뒷말로 이어주는 말. ¶**왜냐믄** 말여. 거기 다 까닭이 있었던 겨.

외-질 표외-길 명①단 한 군데로만 난 길. ¶우리 동네까장은 **외질**이라 물을 것두 읎이 가다보믄 나온다닝께. ②한 방향에만 전념하는 태도. =외길. ¶교육자로서 35년간 **외질** 인생을 살아오신 분이 울아부지여.

왼-내끼 표왼-새끼 명<민속> 일반 새끼줄과 반대로 꼬는 일. 또는 그렇게 꼰 새끼줄. =금줄. 오여사내끼.

왼:-젱일 표온:-종일(-終日) 명아침부터 저녁까지. 하루 내내. ¶일은 안 허구 **왼젱일** 잠만 퍼잔 겨?

왼:-통 표온:-통 튀통째로 전부. 있는 대로 모두. ¶방안이 **왼통** 잡것덜만 쌓여있네.

욍겨-가다 표옮겨-가다 동'욍기-(遷)+-어+가-(去)+-다'. 장소를 바꾸어 가다. ¶수 많은 젊은이덜이 일자리를 찾어서 도시루 도시루 **욍겨갔다**.

요: 표요기 대'여기'보다 범위가 작고 더 가까운 곳. ¶**요**가 워디랴?/**요**는 츰 와 보넌 딘 디유?

요께 표요기-쯤 대잘 모르는 가까운 곳을 가리키는 말. ¶오디 갔지? 분명이 **요께**다가 흘렸넌디.

요께-쯤 표요기-쯤 대☞'요께'.

요렇기[-러키] 표요렇게 (구문) '요러허+기'가 줄으든 말. =요롷기. ¶**요렇기** 허넌 거라넌디 왜 말을 안 듣넌다니?

요려 표요래 (구문) '요러허여'의 준말. ¶생긴 건 **요려**두 속은 실허다니께. 생긴 게 뭐가 **요려**?

요려서 표요래서 (구문) ☞'요리서'. ¶내가 **요려서**는 안 되겄구나 허구 맴을 다져먹었지. 니가 **요려서**니 내가 널 뭇 믿넌 겨.

요령-잽이[-재비] 표요령-잡이(鐃鈴-) 명<민속> 상여 앞에서 요령을 들고 상두꾼을 이끌어가는 사람. ¶**요령잽이**가 을르는 만가소리가 사뭇 구실프게 산등백이를 넘어가구 있었다.

요롷기[-로키] 표요렇게 (구문) '요롷+기'가 줄으든 말. =요렇기. ¶**요롷기** 허믄 된다넌디두 그걸 자꾸 틀리게 허냐?

요-루 표요리-로 (구문) ☞ '욜루'. ¶요루덜 와 봐./노상 요루 댕기더니 오늘은 왜 접짝이루 돌어갔댜?

요류 표요래요 (구문) '요리혀유/요리히유'의 준말. '요리혀유/요리히유>요리유>요류'. ¶애가 츨이 읎어서 점 요류. 부족허닝께 잘 살펴주슈./그 냥반 일헌 꼬락스니가 요류.

요리두 표요래두 (구문) '요리허여두', 또는 '요러허여두'가 줄어든 말. =요려두. ☞ '이리두'의 작은말. ¶참 답답허시네. 요리두 안 되넌디 나보구 오쩌라능 규?/이 친구가 등치는 요리두 일 하나는 끝내줘유. 맥겨만 보시라닝께유.

요리서 표요래서 (구문) '요리허여서/요러허여서→요려서>요리서'. ¶우덜이 요리선 안 될 거 같지 않남?/늬가 허넌 일마두 요리서 내가 새 일을 맥길 수가 읎어.

요렸다 조렸다 표요랬다 조랬다 (구문) '요리허였다가 조리허였다가'가 줄어든 말. ¶요렸다 조렸다 허맨서니 시방 누굴 놀리넌 거여 뭐여?

요맇다[-리타/-릳타] 표요렇다 형 '요러허다'의 준말. '활용 형태 : 요맇구먼. 요맇다구. 요리서. 요려. 요맇어'. 생김새나 성질 따위가 요와 같다. ¶요리서 지가 자꾸 머라 허넌 거구먼유. 요맇기 힜다구구 먼 탈이 생기넌 것두 아닌디 참 별일이구먼.

요-만침 표요-만큼 부①요만한 정도로. ¶일을 요만침 혜 놨으니 다행이쥬. ②요쯤 떨어진 곳으로. ¶넌 요만침 물러나 있어라. 명①요만한 정도. ¶그리두 물건을 요만침이나 마련혜 놨으니 다행이구먼. ②요쯤 떨어진 곳. ¶자동차가 여길 지나넌디 애가 요만침이서 갑자기 튀어나왔구먼유.

요-망큼 표요-만큼 부명 ☞ '요만침'.

요짐 표요즈음 명바로 얼마 전부터 이제까지의 무렵. ¶요짐 농사철이라 을 짬이 읎네유.

요-짝 표요-쪽 대아주 가까운 곳이나 방향. 또는 아주 가까운 사람. =욥짝. ¶그짝인 추니께 따땃헌 요짝이루 와. 아랫목이 요짝이라닝께 그러네./요짝 은 지 안사람이구먼유.

욕증[-쯩] 표욕정(欲情) 명 ☞ '증욕'. ¶욕증을 못 참구 암다나 씨뿌리구 댕기믄 그게 짐성이지 사람이여?

욜:-루 표요리-로 부'욜:리(近此方)+루(조사)→욜리루>욜루>요루'. 조쪽으로. 조 방향으로. ¶욜루 가자구. 욜루 가믄 금방 간다닝께.

욜루-졸루 표요리-조리 부'욜리(近此方)+루(조사)+졸리(近彼方)+루(조사)'. ①정해진 방향없이 요쪽과 조쪽으로. ¶연태까장 욜루졸루 미꾸락지차람 잘두 빠져댕겼지먼 이번인 그러지 뭇헐 것이구먼. ②말이나 행동이 되는 대로 흐트러진 모양. =욜리졸리.

요리조리. ¶**욜루졸루** 생각을 히봐두 빼족헌 수가 읎네그려.

욜리 표요리 무'표준어화 과정→욜리>요리'. 요쪽으로. 요쪽 방향으로. ¶**욜리** 오라닝께 왜 절리 가서 고상허녕겨./진즉 **욜리** 왔으믄 편했을 거 아닝개 벼.

욜리-졸리 표요리-조리 무행동이나 방향을 바로 잡지 못하고 왔다갔다 하는 모양. ¶그늠 친구덜 등쳐먹으맨서 **욜리졸리** 잘두 빠져댕기더니 요번이 된통 걸렸다너먼.

우-덜 표우리-들 대나를 포함한 여럿. 1인칭 복수를 뜻하는 말. ¶**우덜**은 일루 갈테니께 느덜은 절루 가.

우사리 표우수리 명물건 값을 제하고 거슬러 받는 잔돈. 또는 일정한 수량에 차고 남은 것. 나머지. =듬. ¶**우사리** 점 읎어줘야 우덜이 이 가겔 자꾸 이용허지./**우사리**가 남어 있긴 헌디 그거라두 주까?

우섭다[-따] 표우습다 형①재미가 있어 웃을 만하다. ¶은속극을 보다가니 **우서워서** 혼났어. ②못마땅하여 보기에 거북하다. ¶암디서나 옷을 홀렁홀렁 벗으니 거 **우서운** 짓 아닌감? ③대단치 아니하거나 보잘것없다. ¶내가 점 등치가 즉다구 **우섭게** 보다간 큰 코 다칠 중덜만 알어.

우잇:-도리[-잍:또-] 표윗-도리 명허리의 윗부분이나, 몸 윗부분에 입는 옷. ¶**우잇도리**는 왜 벗어젲히구 난리여?

우잇-목[-인-/-임-] 표윗-목 명'우이(上)+ㅅ+목(所)'. 방고래의 위쪽. =웁목. ↔아랫목. 아룹목. ¶**우잇목**은 차닝께 아룹목이루 와./아파트예 **우잇목** 아랩목이 오딨어?

울-간[-깐] 표우리 명'울(籬)+간(間)'. 길짐승을 가두어 기르는 곳. ¶저렇기 **울간**이 갇혀 사넌 짐성덜은 오죽이나 답답헐까?

웁-목[움-] 표윗-목 명'우이(上)+ㅅ+목→웃목>웁목(변자음화)'. ☞'우잇목'의 이형태. ¶잘 적이는 꼭 **웁목**이다 머릴 두구 다리를 아룹묵이다 두는 겨.

웁-방[-빵] 표윗-방 명'우(上)+ㅅ+방(房)→웃방>웁방(변자음화)'. 이어진 두 방 가운데 아궁이에서 떨어져있는 방. ¶**웁방**까장 뜨겁게 헌다구 구락징이에 장적을 많이 늦구먼유./불을 많이 때닝께 **웁방**은 뜨뜻해서 좋은디, 안방은 데 죽게 생겼네.

웅딩이 표웅덩이 명'웅덩이>웅뎅이>웅딩이'. 땅이 패여 물이 고여 있는 곳. ¶작읍을 헜으믄 마무릴 히야지, **웅딩이**가 여기저기 패였잖어./비가 오믄 **웅딩이**마두 물이 고일 텐디.

워디 표어디 대☞'오디'의 이형태. '오디'보다 쓰임 빈도가 낮다. ¶**워디** 갈라구 요롷기 곱게 채려입은 규?/시상이 맘대루 되넌 게 **워디** 있겄냐?

워디-께 표어디-쯤 대'워디(何處)+께(접사)'. ☞'오디께'에 비하여 사용 빈도가 낮다. ¶야가 **워디**께서 헤매구 있는 겨?

워떠-허다 표어떠-하다 형 ☞'오떠허다'의 이형태. '오떠허다'보다 쓰임 빈도가 낮다. ¶**워떠헌** 일인 중은 물르겄지먼 말여. **워떠헌** 일이 있어두 집안 식구덜찌리 쌈질허넌 일은 읎더락 혀.

워떤 표어떤 관 ☞'오떤'의 이형태. '오떤'보다 쓰임 빈도가 낮다. ¶**워떤** 인사가 나를 찾어온 겨?/아따, **워떤** 싹바가지 읎넌 늠이 넘이 집 담배락 옆이다가니 똥을 바지게루 싸놨댜?

워떻다[-떠타/-떤타] 표어떠하다 형 ☞'워떠허다'가 줄어든 말. =오떻다. ¶개 행동이 **워떻다**는 겨?/남덜이 **워떻다** 저떻다 허건 말건 늬나 똑띠기 혀.

워뗘 표어때 (구문) '워떠허+어'가 줄어든 말. ☞'오뗘'. '워뗘'의 사용 빈도는 '오뗘'에 비해 낮음. ¶이따가 고수덥 한 판 **워뗘**?/**워뗘**. 이따가니 대포 한 잔 허닝 거 말여?

원 : 제 표언제 부 ☞'온제'의 이형태. ¶**원제** 다시 그 냥반을 만날라나?/**원제**는 지가 넘덜헌티 잘헌 적이 있었남?

원 : 제-나 표언제-나 부 ☞'온제나'의 이형태. ¶새삼시럽게 굴지 말구 **원제나** 차람 기냥 허든 되여.

원 : 젠-가[-젱-] 표언 : 젠-가 부 ☞'온젠가'의 이형태. ¶**원젠가** 본 즉이 있긴 헌디, 잘 생각이 안 나네./**원젠가**는 내가 그 늠을 기냥 안 둘 겨.

원체 표워낙 부'원(原)+체(접사)'. 본디부터. 원래. ¶**원체** 일이 되서 개가 몸살이 날만두 히여.

월 : 마 표얼 : 마 부 ☞'올마'의 이형태. ¶그게 **월마**간디 사 주덜 뭇헌 겨?

월 : 마-나 표얼마-나 부 ☞'올마나'의 이형태. ¶**월마나** 잘낫걸래 그 유센 겨?

월 : 마-쓱 표얼 : 마-씩 부 ☞'올마쓱'의 이형태. ¶**월마쓱**덜 낼 수 있넌 맨치덜 내봐.

월 : 마-씩 표얼 : 마-씩 부 ☞'올마쓱'의 이형태. ¶**월마씩**덜 낼 수 있넌 맨치덜 내봐.

월 : 마-찜 표얼 : 마-쯤 부 ☞'올마찜'의 이형태. ¶**월마찜** 힜으니께 인전 돌어가자구.

월 : -마큼 표얼 : 마-만큼 (구문) ☞'올마큼'의 이형태. ¶**월마큼** 힜으믄 인전 그만허지.

월 : -망큼 표얼 : 마-만큼 (구문) ☞'올마큼'의 이형태. ¶부산만 떨구 있넌 중 알었더니 **월망큼**은 힜구먼.

웬만-허다 표웬만-하다 형'우연만+ㅎ-+-다→우연만허다>웬만허다'. ①정도나 형편이 표준에 가깝거나 그보다 약간 낫다. ¶먹고 사넌 게 **웬만허**믄 지가 고향을 떠났겄남유? ②허용되는 범위에서 크게 벗어나지 아니한 상태에 있다. ¶인전 심든 일두 이골이

나서니유, **웬만혀선** 심든 중두 물러유.
윷:[윤:] 표윷: 명'숫>윷'. ①<민속> 곧고 둥근 나무 막대기 두 개를 반으로 쪼개어 네 쪽으로 만든 놀잇감. ¶**윷**을[유슬] 논다./**윷**이[유시] 나쁘다구 군시렁거렸다. ②윷놀이에서, 윷짝이 모두 젖혀진 경우. ¶윷가락을 던지니께 **윷**이 나왔다.

-**으** 표어(語) 접명사 뒤에 붙어 '말'을 나태내는 말. ¶국**으**(國語). 외국**으**(外國語). 주**으**(主語). 목적**으**(目的語). 관형**으**(冠形語). 긍**으**(敬語). 숙**으**(熟語).

으:가 표어:가(御街) 명①대궐로 이어진 길. ②대궐 안의 길. ¶후궁이루 가넌 **으가** 옆이루 봄꽃덜이 밝게 웃고 있었다.

으:가 표어:가(御駕) 명임금이 타는 수레. 보가(寶駕). ¶조정백관덜이 **으가**를 옹위헌 채 등어리를 굽히구 늘어섰다.

으:간-대청 표어:간-대청(-大廳) 명방과 방 사이에 놓은 대청마루. ¶**으간대청**이 널찍허구 바람두 선허구먼.

으:간-말래 표어간-마루 명방과 방 사이에 있는 마루. =으간대청. ¶**으간말래**야 여름이 선허서 지끌(제격)이지먼 죽인 춥기만 히여.

으:감 표어:감(語感) 명말소리나 말투의 차이에 따른 느낌과 맛. ¶즌화를 헐 적인 특히나 **으감**이 신긍(神

經)쓰야 혀. 직접 보능 게 아니구 귀루만 듣는 거닝께 내용버덤 **으감**이 더 중요혀다닝께.

으굴-허다[-굴-/-구러-] 표억울-하다(抑鬱-) 형☞ '윽울허다'.

으그러-지다 표어그러-지다 동(자) ①물체의 거죽이 찌그러지다. ¶주즌자(酒煎子)가 다 **으그러졌군**./철판이 **으그러져서** 모냥이 안 좋구면. ②맞물려 있던 물체가 틀어지다. ③계획이나 일이 뜻대로 이루어지지 아니하다. ¶일이 다 **으그러져** 버렸으닝께 더 볼 일두 읎겄네.

으그러-트리다 표어그려-뜨리다 동(타) 어떤 일이나 물건을 어그러지게 하다. ¶일을 다 **으그르트렸군**./삼태미를 다 **으그러트려서** 못 쓰게 됐어.

으그리다 표응그리다 동(타) ①얼굴을 험상궂게 찌푸리다. ¶뵈기 싫게 **으그리지** 말구 얼굴 점 피구 댕겨라. ②물체의 겉을 찌그러지게 하다. ¶성헌 그륵을 다 **으그려** 놨네.

으:근 표어:근(語根) 명<언어> 단어 분석에서, 파생접사와 굴절접사를 제외한 실질적 뜻을 가진 중심 부분. ¶**으근**은 접사의 상대말루 중심 뜻을 나타내넌, 낱말의 한 부분이다. '듵개'이서넌 '듵-', '지빙'이서넌 '집'이 **으근**이다.

으긋-나다[-근-] 표어긋-나다 동(자) ①서로 엇갈리거나 서로 맞지 아니하다. ¶문짝이 **으긋나서** 맞춰달기가 어려워. ②말이나 행동이 어떤 기준에서 벗어나다. ¶말허구, 허넌 짓이 그렇기 **으긋나믄** 누가 널 믿겄냐?

으기다 표어기다 동(타) '어기다>어기다/으기다/에기다'. 어떤 규칙이나 명령 따위를 지키거나 따르지 아니하고 거스르다. =에기다. ¶으른이 말씸을 허믄 잘 듣구 따르야지. 반대루 **으기기만** 허믄 오쩌자는 겨?/슨상님 말씸 **으기지** 말구 핵겨 가서니 공부 잘히여.

으껴-지다 표으깨-지다 동(자) 덩이로 된 굳은 물건이 부스러지다. ¶살구를 큰 자루이다 까득 읃어서니 갱운기에 싫구 왔더니먼 아래편짝인 다 **으껴져** 비렸네.

으낭 표은행(銀杏) 명은행나무의 열매. =으냉. ¶안깐 **으낭**을 호랑이다 늫구 댕기다가니 옴 올렀네.

으낭-나무 표은행-나무(銀杏-) 명 ☞ '으낭낭구'. ¶**으낭나무**인 함부로 올라가는 게 아녀. **으낭나무**는 가징이가 약히서 쉬 부러진단 말여.

으낭-낭구 표은행-나무(銀杏-) 명 <식물> '표준어화 과정→으낭낭구>으낭나무>은행나무'. 은행나뭇과의 낙엽 교목. =으냉낭구. 으냉나무. ¶예산군 대술믄 이 능징이(銀杏亭-)는 500년이 넘은 **으낭낭구** 둘이 있어서 생긴 동네 이름이다./밭 옆이다가 왠 **으낭낭구**를 심는 겨? **으낭낭구**는 심었봤

자 그늘 때미 금방 비야헐 건디.

으낭-잎새[-입쌔] 표은행-잎(銀杏-) 명 '표준어화 과정→으낭잎새>으냉잎>은행잎'. 은행나무의 잎. =으냉잎. ¶하룻밤 서리에 **으낭잎새**가 노랗게 물들었군./책 속이다가니 노란 **으낭잎새**를 빼곡허게 끼워두었다.

으냉 표은행(銀杏) 명 ☞ '으낭'. ¶그 흔히 터진 **으냉**은 머더러 또 줏능 겨?

으:눌-허다 표어:눌-하다(語訥-) 형 말을 유창하게 하지 못하고 떠듬떠듬하는 면이 있다. ¶말이 **으눌헌** 게 흠이긴 허지만, 사람이야 참 진국이지./말이 왜 그렇기 **으눌헌** 겨? 시살 배기두 너버덤은 낫겄구먼.

으:두 표어:두(語頭) 명 ①말의 첫머리. ②<언어> 어절의 첫 음절, 또는 첫 음절의 초성. ¶리을이나 이응마냥 소리내기가 어려운 **으두** 자음을 피허는 걸 두음볍칙이라 헌다.

으:르신 표어:르신 명 '어르/으르-(交合)+-우(접사)+-시-+ㄴ(접사)→을우신>으르신'. 남의 아버지나 어른을 높여 이르는 말. ¶자네 **으르신** 잘 기신 감?/그 **으르신** 뵙걸랑 내 안부나 점 즌해 줘.

으:르신-네 표어:르신-네 명 ☞ '어르신'. ¶참내, 애덜 노넌 딜 왜 **으르신네**덜이 낄라구 그러신댜.

으:른 표어:른 명 '어르/으르-(交合)+-우(접사)+ㄴ(접사)→으룬>으

른'. ① 다 자란 사람이나 자신의 언행에 책임질 수 있는 사람. ¶나두 빨리 **으른**이 되야지./애덜 싸가지를 보닝께 집안이 **으른**덜이 웂내 벼. ②일정 이상의 나이가 들어 결혼한 사람. ¶나이만 많으믄 머머. 장개를 가야 **으른**이지.

으리-광 표어리-광 명'어리/으리-(幼/愚)+광(狂?)→어리광/으리광'. 아이가 어른에게 귀여움을 받으려고 아주 어린아이의 말씨나 태도를 흉내 내는 일. ¶다 큰 느슥이 징그럽게 뭔 **으리광**이여.

으리광-부리다 표어리광-하다 동(자) ☞ '어리광피다'. ¶이 느슥아, **으리광부리덜** 말구 절루 가.

으리광-피다 표어리광-하다 동(자) 조금 큰 아이가 귀여움을 받으려고 어린 아이의 언행을 흉내내다. ¶온석은 지 할먼네만 가믄 **어리광펴유**. 지 이뻐허넌 것을 용케 안다닝께유.

으리굴-젓[-절] 표어리굴-젓 명고춧가루 따위를 풀고 소금을 약간 뿌려서 담근 굴젓. ¶울 엄니는 **으리굴젓**을 사온다구 광천장일 댕길러 갔유.

으림-치다 표어림-치다 동(타) =어림잡다. ¶대충 **으림쳐서** 기산해 본 거유.

으립-배기[-빼-] 표어리-보기 명'어리/으리-(愚)+ㅅ+보-(見)+기(접사)→으릿뵈기>으립배기(변자음화)'. 말이나 행동이 다부지지 못하고 어리석은 사람을 낮잡아 이르는 말. =어립배기. 으릿배기. ¶너가 **으립배기**여? 왜 맨날 갸덜한티 은어터지구 우넝 겨, 울길.

으릿-거리다[-릳꺼-] 표어릿-거리다 동(자) '표준어화 과정→으릿그리다>으릿거리다>어릿거리다'. 어떤 물체가 흐릿하게 움직이다. ¶저짝이서 뭐가 자꾸 **으릿거리넌디** 뭔지 물르겄네.

으릿-광대[-릳꽝-] 표어릿-광대 명'어리-(幼/愚)+ㅅ+광대(傀/儡)'. ①곡예에서 판을 재미있게 꾸려가는 사람. ②우스운 말이나 행동으로 남을 웃기는 사람.

으릿-배기[-릳빼-] 표어리-보기 명 ☞ '으립배기'.

으릿-으릿[-릳-릳] 표어릿-어릿 부 어떤 물체가 어릿거리는 모양. ¶증신이 흐려지구 눈 앞이 자꾸 **으릿으릿** 어지럽다넌디 그 사람 뭔 병이 들어두 단단히 든 모냥이여.

으릿으릿-허다[-릳-리터-/-릳-릳터-] 표어릿어릿-하다 형무엇이 자꾸 눈앞에서 어릿거리다. ¶책을 읽을라믄 자꾸 글씨가 **으릿으릿허넌디** 왜 그런지 물르겄어? 나이 먹어가매 눈앞이 **으릿으릿허넌** 건 노안인 겨. 인전 시상 궂은 것덜 보지 말구 좋게 살라구 신께서 주넌 슨물인 겨.

으ː마 표어ː마(御馬) 명임금이 타는 말. ¶테레비에 보믄 말여. 임금이 으마를 떡허니 타구 신하덜을 데리꾸 대궐을 나스넌 거 보먼 음청히 폼 나잖여. 나두 임금이 되서 으마 한 번 딱 타 봤으믄 좋겄어.

으마으마-허다 표어마어마-하다 형 매우 엄청나고 굉장하다. ¶서울 간 질이 경복궁일 가 봤넌디 증말루 **으마마허더먼**.

으:말 표어:말(語末) 명<언어> 낱말의 끝.

으:말-으:미 표어:말-어:미(語末語尾) 명<언어> 활용하는 말에서 맨 끝에 오는 어미.

으붓-딸[-붇-] 표의붓-딸 명개가하여 온 아내가 데리고 들어온 딸. 가봉녀(加捧女). 의녀(義女). ¶쯧, **으붓딸**이 여럿인디 또 딸을 읃었구먼.

으붓-새끼[-붇-] 표의붓-자식 명 ☞ '으붓자석'.

으붓-아들[-부다-] 표의붓-아들 명 개가하여 온 아내가 데려온 아들. 가봉자(加捧子). 의자(義子). ¶저건 애비두 아니구먼. **으붓아들**이래두 저렇기 내쳐두넌 뱁은 읎으니께 말여.

으붓-애비[-부대-] 표의붓-애비 명 어머니가 개가하여 얻은 남편. 계부(繼父). ¶**으붓애비**가 너머 구박히서 애가 집을 나가뻤졌다는구먼.

으붓-에미[-부데-] 표의붓-어미 명 아버지가 재혼하여 얻은 아내. 계모(繼母). ¶어려서버텀 키운 자석덜인디

으붓에미라구 아무두 모시질 않겄다구 헜댜.

으붓-자석[-붇짜-] 표의붓-자식 명 개가하여 들어온 아내가 데려온 자식. 가자(假子). ¶저 눔은 내 속이루 났어두 어쩔 때 보먼 **으붓자석** 같다니께.

으붓-자슥[-붇짜-] 표의붓-자식 명 ☞ '으붓자석'.

으:사 표어:사(御史) 명<역사> ①왕명으로 특별한 사명을 띠고 지방에 파견되던 임시 벼슬. ②'암행어사(暗行御史)'의 준말. ¶지주버더 마름이 미서웁구, **으사**버덤 가으사(假御使)가 더 미서운 뱁이랴.

으:사 표어:사(語史) 명<언어> 한 언어의 기원과 음운, 의미, 문법 따위의 변천을 기록한 역사.

으:사-또 표어:사-또(御史道) 명 '어사(御史)'의 높임말.

으:사-출또 표어:사-출또(御使出頭) 명<역사> 조선시대, 암행어사가 지방 관아의 주요 사건을 처리하기 위하여 좌기(坐起)를 벌이던 일. ¶춘향가이선 **으사출또**허넌 장믄(場面)이 질 시원허지.

으:사-출뚜 표어:사-출두(御使出頭) 명 ☞ '으사출또'의 원말.

으:사-화 표어:사-화(御賜花) 명<역사> ①조선시대, 문무과에 급제한 사람에게 임금이 하사하던 종이꽃. ¶**으사화**는 과거이서 장원급제를 허야

꽂일 수 있넌 거라닝게. ②진찬(進饌) 때에 신하들이 사모에 꽂던, 임금이 내린 꽃. =사화(賜花). 모화(帽花). 금사화(錦賜花).

으 : 색-허다[-새커-] 표어 : 색-하다 (語塞-) 형 ①서먹서먹하여 멋쩍고 쑥스럽다. ¶난 여자만 만나문 응 **으색헤서** 말이 안 나와. ②대답하는 말 따위가 궁색하다. ¶실수헌 게 많으니께 변퉁(辨明)두 **으색허게** 되더먼. ③서투르거나 어울리지 않아 자연스럽지 아니하다. ¶새 옷이 좋긴 헌디 이런 옷을 춤 입어선지 **으색허네**.

으서 표어서 부 ☞ '어여'. ¶**으서** 가자.

으서-지다 표으스러-지다 동(자) ① 단단한 덩어리가 깨져 부스러지다. ¶올마나 심이 장사던지 도치루 꽝허구 치니께 바위가 다 **으서지더라니께**. ② 살갗이나 뼈가 무엇에 부딪혀서 찢어지거나 깨지다. ¶절구 곡석을 허치다가 절구뗑이헌티 맞어서니 손잔딩이가 **으서졌댜**.

으 : 설프다 표어 : 설프다 형 '얼-(迷/愚)+설-(未熟)+브(접사)+-다→어설프다/으슬프다>으설프다'. ①하는 일이 몸에 익지 아니하여서 거친 데가 있다. ¶그렇기 **으설프게** 칼질허다간 큰일난다. ②어떤 것에 허술한 데가 있다. ¶너는 허넌 일마두 **으설프구나**. ③신중함이 없이 가볍게 행동하다. =으슬프다. ¶**으설프게** 근디려 놔서 종

기가 더 승났군.

으 : 설피 표어 : 설피 부어 : 설피 부 '으슬프-(未熟)+이(접사)'. 어설프게. =으슬피. ¶뭔 일을 그렇기 **으설프게** 허넝 겨?

으스름 표어스름 명 '어슬(擬態)+음(접사)→어스름>으스름/으슬름'. 조금 어둑한 상태. 또는 어둑한 때. ¶**으스름** 즈녁이 오딜 바뻐 가넌감?/**으스름** 초승달이 쓸쓸헤 보이는구먼.

으슬프다 표어설프다 형 ☞ '으설프다'. ¶**으슬프게** 헐 것이문 애시당초이 그만둬.

으 : 슬피 표어 : 설피 부 ☞ '으설피'. ¶**으슬피** 뎀비다간 큰 코 다칠 겨.

으슴푸레 표어슴푸레 부 ☞ '으심푸레'. ¶날이 **으슴푸레** 밝어오문 기냥 잠이 깨 버린다닝게.

으슴푸레-허다 표어슴푸레-하다 형 ☞ '으심푸레허다'. ¶가로등이 있긴 허지만, **으슴프레헌** 동네 밤질은 나댕기기가 점 그려.

으시다 표으스러-뜨리다 동(타) 으러지게 하다. ¶나한티 자꾸 발길질허넌디 한 번만 더 허믄 늬 발을 **으시구** 말 겨.

으시-대다 표으스-대다 동(자) 어울리지 아니하게 우쭐거리며 뽐내다. ¶부자는 아부진디 왜 지가 꼴사납게 **으시대구** 지랄이랴.

으실-으실 표으슬-으슬 부 소름이 끼칠 듯이 찬 느낌이 이어지는 모양. ¶

날이 **으실으실** 춘 게 눈이래두 내릴 태세구먼.

으실으실-허다 표으슬으슬-하다 형 소름이 끼칠 듯이 찬 느낌이 있다. ¶**으실으실헌** 게 고뿔이 들래나 비네.

으심푸레 표으슴푸레 부달빛이나 불빛, 사물의 형체 따위가 침침하고 흐릿하여 분명하지 않은 모양. ¶어젯밤이 생여집 옆일 지나가던디 **으심푸레** 허연 것이 생여집 안이루다가니 스윽 들어가더라구./떠난 지 30는두 넘은 고향 마을이닝께, **으심푸레** 떠오르긴 허넌디 분명허덜 않이여.

으심푸레-허다 표어슴푸레-하다 형 빛이 흐릿하고 침침하다. ¶세겨가 다 됐나 오째 등잔불이 그렇기 **으심푸레헌 겨?**

으안 표어안 명혀의 안쪽. 어이가 없어 굳어진 혀의 안쪽. ¶**으안**이 벙벙 허다.

으여 표어서 부 ☞ '어여'. ¶**으여** 가자.

으여뿌다 표어여쁘다 형 '이쁘다/예쁘다'의 예스러운 말. ¶그렇기 **으여뿐** 샥시가 머덜라구 나헌티 시집오겄냐?/**으여뿌게** 웃음짓넌 봄꽃덜이 내 매음을 설레게 헌다.

으여삐 표어여삐 부 '으여쁘-(天/娃)+이(접사)→으여삐'. 어여쁘게. ¶우리 애가 많이 부족허더래두 **으여삐** 봐 주시게.

으영-부영 표어영-부영 부의욕이 없이 되는 대로 게으르게 행동하는 모양. ¶**으영부영** 하루해가 다 넘어갔네./**으영부영허덜** 말구 싸게 일 끝내자구.

으:용 표어:용(御用) 명①임금이나 나라에서 쓰는 일. ②권력에 영합하고 그 이익을 위하여 자주성 없이 행동하는 일.

으:용-신문[-심-] 표어:용-신문(御用新聞) 명정부의 권력자나 권력 기관에 영합하여 그 정책을 지지, 옹호하는 편파적인 신문. =으용지. ¶그 신문은 **으용신문**이라구 소문이 나서니 난 안 봐.

으우렁-드우렁 표어우렁-더우렁 부 ☞ '으우룽드우룽'.

으우룽-드우룽 표어우렁-더우렁 명 '표준화과정→으우룽드우룽>으우렁드우렁>어우렁더우렁'. 여러 사람들과 어울려 들떠 지내는 모양. ¶**으우룽드우룽** 친구덜허구 놀러만 댕기지 말구 속 즘 채려라.

으이-읎다[-음따] 표어이-없다 형 ☞ '으이읎다'.

으이-읎다[-읍따] 표어이-없다 형 '어히없다>어이없다/으이읎다'. 일이 너무 뜻밖이어서 기가 막히다. =으츠구니읎다. ¶허이구 참내! 도둑질헌 눔이 몽딩이 든다더니 **으이읎어** 말두 안 나오네.

으인 표어인 관 '오찌 된'의 준말. ¶여

기까장 자네가 **으인** 일루 왔년가?/**으인** 까닭인지 말을 점 히 보라구.

으:응-대:장 표어:영-대:장(御營大將) 명<역사> 조선 시대에 둔 어영청의 으뜸 벼슬. 품계는 종2품. =으영대장.

으:응-층 표어:영-청(御營廳) 명<역사> 조선 시대 군영인 삼군문(三軍門)의 하나. 효종 3년에 만들어지고 고종 21년에 폐함. =어영청. ¶**으응층**은 이완(李浣)을 초대 대장이루 허여 군영이 베풀어졌다.

으적-잖다[-짠타] 표의젓-잖다 형 말이나 행동 따위가 점잖지 못하고 가벼운 데가 있다. ¶어째 일 허넌 게 **으적잖여./으적잖언** 눔이 말썽만 시피는군.

으:전 표어:전(御前) 명☞'**으즌**'. ¶**으전**이 스다./**으전**이 나아가다.

으:전-회:의 표어:전-회:의(御前會議) 명☞'**으즌회의**'.

으:절 표어:절(語節) 명☞'**으즐**'.

으접-잖다[-짠타] 표의젓-잖다 형 '**으적잖다**'. ¶**으이구, 으접잖은** 넘 같으니라구.

으줍잖다[-짠타] 표어쭙잖다 형 ①언행이 분수를 벗어난 데가 있다. ¶남이 일인 **으줍잖게** 쩌드넌 거 아니여. ② 상대가 특별하거나 대단한 데가 없다. ¶참내, **으줍잖은** 것덜이 으시대넌 꼴이라니.

으중간-허다 표어중간-하다(於中間

-) 형 이러기에도 덜 맞고, 저러기에도 덜 맞다. ¶눈치보맨서 **으중간허게** 있다가 빠져 나와./차 시간이 **으중간허구먼.**

으중-띠다 표어중-되다(於中-) 형 '어중/으중(於中)+되-(爲)+다→으중되다>으중띠다>으징띠다'. 정도가 넘거나 쳐져서 알맞지 아니하다. =으징띠다. ¶여럿이 먹긴 즉구 혼저 먹긴 많구, 양이 **으중띠구나**.

으즈럽다[-따] 표어지럽다 형☞'**으지럽다**'.

으즈럽히다[-러피-] 표어지럽히다 동(자) ☞'**으지럽히다**'.

으:즌 표어:전(御前) 명 '표준화 과정→으즌>으전>어전'. 임금의 앞. ¶**으즌**이 엎디리다. **으즌**이 스다.

으:즌 표어:전(御殿) 명 임금이 사는 집. =궁즌(宮殿).

으:즌-회:의 표어:전-회:의(御前會議) 명 '**으즌회의>으전회의**'. <역사> 임금 앞에서 중신들이 나라의 일을 의논하는 회의. ¶영조는 **으즌회의**에 참석치 아니허구 세자를 대신 보내서니 주관터락 헸다.

으:즐 표어:절(語節) 명<언어> '표준어화 과정→으즐>어즐/으절>어절'. 문장을 이루는 도막도막의 마디. ¶문장서 떠쓰기를 단위루 허넌 한 딩이의 말을 **으즐**이라 헌다.

으증쯩-허다 표어정쩡-하다 형 '표준

화과정→으증쯩허다>으정쩡허다>어정쩡허다'. 분명하지 아니하고 모호하거나 어중간하다. ¶이럴 수두 읎구 저럴 수두 읎으닝께 내 행동이 **으증쯩헐** 수빼끼 읎능 겨./**으증쯩허게** 안지지 말구 털푸데기 안지란 말여.

으:지 표어:지(御旨) 명임금의 뜻. 임금의 뜻을 알리는 말이나 글. ¶**으지**(御旨)를 받들다./**으지**(御旨)를 즌(傳)허다.

으지간-허다 표어지간-하다 형☞ '에지간허다'. ¶그런 일을 참다니, 늬 승질두 참 **으지간허구나**.

으지간-히 표어지간-히 부☞ '에지간히'.

으지럽다[-따] 표어지럽다 형 '어즐/으즐(擬態)+-업(접사)+-다→으즈럽다>으지럽다'. ①사물이 빙빙 도는 것같이 정신이 흐리고 몸을 가누기 어렵다. ¶**으지러워** 꼼짝 뭇헌다더니 웬 문밖 출입이여? ②모든 것이 뒤얽혀 갈피를 잡을 수 없다. ¶여러 생각이 **으지럽게** 떠올러 갈피를 뭇 잡겄구먼. ③사회가 혼란스럽고 질서가 없다. = 으즈럽다.

으지럽히다[-러피-] 표어지럽히다 동(자) '으지럽-(亂)+히(접사)+-다'. 어지럽게 만들다. =으즈럽히다. ¶증신 **으지러우닝께** 나가서 떠들어라./시국(時局)이 **으지러우닝께** 퇴근허드믄 나댕기지 말구 일찍일찍 집이루 들어와.

으:진 표어:진(御眞) 명임금의 전신 모습을 그린 그림이나 사진. ¶조선시대 임금의 초상화를 뫼시넌 곳을 진즌(眞殿)이라 불렀넌디, 이에 따러 임금의 초상화를 **으진**이라 불르게 되었다.

으:진 표거의 부 '거진/그진>으진(ㄱ 탈락)'. ①어느 한도에 매우 가까운 정도. ¶일이 **으진** 되가넌 거 같으닝께 일어날 준비덜 허슈. ②매우 닮게, 아주 비슷하게. =그진. 거진. ¶멜론이란 게 맛이 **으진** 참외같다잉.

으질르다 표어지르다 동(타) ☞ '어질르다'.

으징-띠다 표어중-되다(於中-) 형☞ '으중띠다'.

으처구니 표어처구니 명☞ '으츠구니'. ¶**으처구니** 읎는 일을 당허니께 입만 벌어지구 말이 안 나오더라니께유.

으처구니-읎다[-읍따] 표어처구니-없다 형☞ '으츠구니읎다'.

으츠구니 표어처구니 명상상 밖의 엄청나게 큰 사람이나 사물. =으처구니. ¶하두 **으츠구니**가 읎어서니 말두 안 나오더라구.

으츠구니-읎다[-읍따] 표어처구니-없다 형일이 너무 뜻밖이어서 기가 막히다. =으처구니읎다. ¶내참, **으츠구니** 읎어서니 기냥 웃구 말었어.

으:휘[-히] 표어:휘(語彙) 명①어떤 일정한 범위 안에서 쓰이는 낱말의 총체. ¶**으휘**는 상황이 맞게 개려쓸

중 알으야 허넌 겨. 뜻이 비젓허다구 으휘를 암다나 붙이믄 못 쓰게 되는 겨. ②<언어> 어떤 종류의 말을 순서대로 모아 적어 놓은 글.

으:휘-론[-히-] 표어:휘-론(語彙論) 명<언어> 어휘의 형성, 구조, 의미, 용법 따위를 연구하는 언어학의 한 분야.

으:휘-륵[-히-] 표어휘-력(語彙力) 명어휘를 마음대로 부리어 쓸 수 있는 능력 ¶니가 책을 읽구두 뜻을 물르넌 거는 **으휘륵**이 무잘러서 그런 겨.

으흠 표어험 감①짐짓 위엄을 부리며 내는 기침 소리. ¶**으흠**, 냥반이 지나넌디 웬 쌍눔덜이 질을 막너냐? **으흠**, 늬 눔이 냥반이믄 난 증승판서다, 이눔아. ②기척을 나타내려고 일부러 내는 기침 소리. ¶**으흠**, 집이 누구 있넌감? **으흠** 소리 나넌 거 보닝께 밖이 누가 왔나 비다.

윽 표억(億) 주 만(萬)의 만 배를 나타내는 수. ¶사읍(事業) 실패루 수 **윽**(億)을 날렸어. 관체언 앞에 쓰일 때. ¶그런 은혜는 **윽** 배루 갚어두 무잘르 능 겨.

윽-눌르다[응-] 표억-누르다 동(타) '표준화 과정→윽눌르다>억눌르다>억누르다'. 솟아나는 감정을 참거나, 누군가의 심리와 행위에 압력을 가하다. ¶승질이 나두 내 맘버텀 **윽눌를** 중 알어야 헌다구. 이를 앙다물구 분을 **윽눌르구** 있는 중이구먼유./누구래두 자꾸 **윽눌르믄** 반발을 허넌 벱이여. 그렇기 **윽눌르덜** 말구 살살 달래맨서 일을 히야 헌단 말여.

윽-눌리다[응-] 표억-눌리다 동(자) '윽눌르다'의 피동사. ¶그늠덜헌티 **윽눌려서니** 이적까장 지기를 피지 못허구 살었넌디 그늠덜 떠나닝께 인전 살 것 같구먼.

윽류[응뉴] 표억류(抑留) 명강제로 머물게 하는 것. ¶소말리아 해적덜헌티 피랍됐던 슨원덜이 증부의 노력이루 **윽류** 한 달만이 풀려났다.

윽불-숭유[-뿔-] 표억불-숭유(抑佛崇儒) 명<역사> 불교를 억제하고 유교를 숭상함. ¶조슨조 **윽불숭유** 시책이루 절덜이 숱허게 읎어졌지만서두, 백성덜까장 절을 멀리헌 것은 아니잖여.

윽-시게[-씨-] 표억-세게 부☞ '억시게'.

윽-시다[-씨-] 표억-세다 형☞ '억시다'.

윽제[-쩨] 표억제(抑制) 명①감정이나 욕망, 충동적 행동 따위를 내리눌러서 그치게 함. ②정도나 한도를 넘어서 나아가려는 것을 억눌러 그치게 함. ¶하늘 물르구 올르넌 지름값 **윽제**를 위허여 증부가 증유사 때리기에 발붓구 나섰다너먼. ③<의학> 흥분한 신경 세포의 활동이 다른 신경

세포에 의하여 억눌림.
윽제-허다[-쩨-] 표억제-하다(抑制-) 동(타) ①감정, 욕망, 충동 따위를 내리눌러 그치게 하다. ②정도를 넘어서는 것을 억눌러 그치게 하다. ¶심들어두 감증을 **윽제허구** 차분허니 대처히야능 겨.
윽조-창생[-쪼-] 표억조-창생(億兆蒼生) 명수많은 백성. ¶시방은 **윽조창생**이 상감 얼굴 쳐다보매 사넌 시대가 아닌 겨.
윽지[-찌] 표억지 명이루기 힘든 일을 무리하게 해내려는 고집. =억지. ¶너 **윽지** 눈물 짜넌 거 다 안다니께.
윽지-루[-찌] 표억지-로 부이치나 조건에 맞지 아니하게 강제로. =억지루. ¶**윽지루** 헐 것이믄 애초에 시작을 허덜 말어.
윽지-웃음[-찌] 표억지-웃음 명웃기 싫은 것을 억지로 웃는 웃음. =억지웃음. ¶**윽지웃음** 흘리매 아양 떨어봐야 다 소용읎는 겨.
윽척 표억척 명일을 하는 태도가 몹시 모질고 끈덕짐. 또는 그런 사람. =윽측. ¶평생 **윽척**을 떨어 돈은 점 모았는디 돌어보닝께 그게 다 훗거더라구.
윽척-꾸리기 표억척-꾸러기 명매우 억척스러운 사람. =윽측꾸리기. ¶그 친군 돈 되넌 거믄 똥오줌두 개리지않넌 **윽척꾸리긴디** 뭔 일은 못허겄어.
윽척-스럽다[-쓰-따] 표억척-스럽다

형☞'윽측시럽다'. ¶이렇기 **윽척스럽게** 일히 봐야 누가 알어주넌 것두 아닌디 내가 왜 이 고상을 사서 허넌지 물르겄어.
윽측 표억척 명☞'윽척'.
윽측-꾸리기 표억척-꾸러기 명☞'윽척꾸리기'.
윽측-빼기 표억척-빼기 명몹시 윽척스러운 사람.
윽측-시럽다[-씨-따] 표억척-스럽다 형몹시 모질고 끈덕지게 일을 해 나가는 태도가 있다. =윽척스럽다. ¶평생(平生)을 **윽측시럽게** 살었넌디 남은 건 저 집 한 채배끼 읎다닝께.
은: 문-일치 표언문-일치(言文一致) 명실제로 쓰는 말과 그 말을 적은 글이 서로 같음. ¶**은문일치**가 좋긴 허지. 이것저것 따지지 않구 말 나오넌 대루 쓰믄 되는 거잖어.
은: 문-책 표언문-책(諺文冊) 명한글로 쓴 책을 속되게 이르는 말.
은: 븐: 표언변(言辯) 명말을 잘하는 재주나 솜씨. ¶걔가 생긴 거는 숭물시리두 **은븐**(言辯)은 참 좋다닝께.
은사 표언사(言事) 명말이나 말씨. ¶아넌 사람찌리 오가넌 **은사**가 왜 그 모냥인 겨?
은약 표언약(言約) 명말로 한 약속. =언약. ¶피차이 어려운 일이 있드래두 **은약**은 지키야 허덜 않겄남?
은: 쟁 표언쟁(言爭) 명말다툼. ¶

쓸디읎넌 **은쟁**은 피허넌 게 상책인 겨.
은:쟁-허다 표언쟁-허다 (言爭-)
동(자) 말다툼을 하다. ¶콩이네 팥이네 **은쟁허구** 있으믄 일 츠리는 누가 허능 겨?
은:제 표언:제 부☞ '온제'보다 쓰임 빈도가 그게 낮다. ¶너 엄만 **은제** 온다니?/**은제**는 지가 다 책음질 것차람 야그허더만, 지 불리허니 오리발이군.
은:제-나 표언:제-나 부☞ '온제나'보다 쓰임 빈도가 낮다. ¶걘 **은제나** 소식을 즌헤올라나./걘 **은제나** 일찍 일어나.
은:질 표언질 (言質) 명나중에 꼬투리나 증거가 될 말. =언질. ¶내달까정 돈을 갚겄단 **은질**을 받었이닝께 지둘러보믄 뭔 까닭이 나겄쥬./그런 일이 있었으믄 나헌티 **은질**이라두 히주야지.
은짢다[-짠타] 표언짢다 형☞ '은짢다'.
¶그 넘허구 얘기허다보닝께 영 속이 **은짢어**지대./내 말을 **은짢게** 생각지 말어.
은짢다[-짠타] 표언짢다 형'은-(好)+디(어미)+않-(不爲)+-다→은짢다>은짢다'. 마음에 들지 않거나 불쾌하다. 몸이 좋지 아니하다. =은짢다. ¶아부지가 그 일 땜이 올마나 **은짢** 허시던 중 아남?/그런디, **은짢** 허셔두 오쩔 수가 읎구먼유.
을르다 표으르다 동(타) ①상대편에게 겁을 먹도록 위협하다. ¶막 **을렀넌디**

눈 하나 끔쩍 안허더라구. ②어울려 싸우다. ¶운동장이서 일대일루 **을러** 볼 텨?
을-버무리다 표얼-버무리다 동(타) ①언행을 불분명하게 대충하다. ¶말을 똑띠기 뭇허구 설렁설렁 **을버무리**는 게 먼가 찔리넌 게 있는개 벼. ②여러 가지를 대충 뒤섞다. ¶지가 시간두 읎구 음석 솜씨두 읎구 혀서니 꼬추가루에 푸성가리를 대충 **을버무려** 왔구먼유. ③음식을 잘 씹지 아니하고 넘기다. =얼버무리다.
을:-비치다 표얼:-비치다 동(자) ①빛이 어른거리게 비치다. ¶둥그런 달이 우물이 **을비쳐** 있는디 거 분위기가 그만이더라구. ②어떤 대상이, 가리고 있는 것에 어렴풋하게 나타나 보이다. ¶방문이 시커먼 게 **을비쳐서니** 깜짝 놀랐다닝께그려. ③바로 비치지 않고 이지러지게 비치다. ¶거울을 개지구 장냥 그만혀. 나헌티 자꾸 **을비치닝께** 내가 눈을 뭇 뜨겄잖어.
을:-빠지다 표얼:-빠지다 동(자) 정신이 없어지다. 정신이 혼미해지다. ¶걔가 원래 똑떡헌 놈인디 여수같은 여자한티 홀려서 **을빠진** 겨.
을:-뺨 표얼-뺨 명얼결에 치는 뺨. =얼뺨. ¶애가 버릇이 하 읎어서 **을뺨** 한 대 올렸다가니 그 아배가 쫓어와서 아주 혼났어.
을씨구 표얼씨구 감①흥에 겨워서 가

녑게 장단을 맞추며 내는 소리. ¶을씨구, 잘헌다. ②보기에 아니꼬워서 조롱할 때 내는 소리. =얼씨구. ¶을씨구, 못난 것이 꼴값허구 자빠졌네.

을씨구나 표얼씨구나 감☞ '을씨구'. ¶을씨구나, 좋다. 지화자 좋네.

을씨구-즐씨구 표얼씨구-절씨구 감 흥겨울 때에 장단을 맞추며 내는 소리. =얼씨구절씨구. ¶을씨구즐씨구 차차차. 지화자 좋구나, 차차차.

을:-차래 표얼-차려 명'을(乙)+차리-(醒)+-어(어미)'. 규율을 바로잡기 위하여 상급자가 하급자에게 비폭력적으로 육체적인 고통을 주는 일. ¶줘패넌 것두 문제지먼 을차래도 사람 잡넌 거라닝께. 글타구 군이서 을차래 까장 읎앨 수두 읎잖여.

을-치기 표얼-치기 명①이것도 저것도 아닌 중간치. ¶김사장은 기냥 이름만 올려논 을치기 사장이여. 바지사장이란 말이여. ②모자라거나 못 마땅한 사람. ¶에구, 지 밥두 못 챙겨먹는 을치기같으니라구.

읅다[윽따] 표얽다 동(타) 끈이나 줄 따위로 이리저리 걸다. ¶대충 읅어 뒀이닝께 인전 괜찮겄지. (자) 얼굴이나 물건에 흠이나 자국이 생기다. =얽다. ¶어렸을 적이 뽕(病)을 앓았나 얼굴이 많이 읅었더먼.

읅-매다[응-] 표얽-매다 동(자)(타) 자유로이 움직이지 못하도록 구속하다. ¶씰디읎넌 것이 읅매지 말어./갸헌티 읅매여 따러댕기믄 너헌티 좋을 게 하나두 읎을 겨.

읅어-매다[을거-] 표읅아-매다 동(타) 이리저리 끈이나 줄을 걸어 동여매다. =얽매다. ¶대충 읅어매 놓긴 헌디, 큰 바람이 온다니 걱정이구먼.

음:석 표음:식(飮食) 명사람이 먹을 수 있는 밥이나 국 따위의 물건. ¶지름진 음석이 넘쳐나넌 시상인디 맛은 예즌만 못히여. 그건 음석 맛이 문제가 아니구 자네 입이 고급이 된 탓인 겨.

음:석-물[-썽-] 표음:식-물(飮食物) 명사람이 먹고 마시는 것을 통틀어 이르는 말. ¶음석물은 필요헌 만침 썩만 맹글구 냉겨서 버리넌 일 읎더락 혀.

음:석-상[-쌍] 표음:식-상(飮食床) 명음식을 차려 놓은 상. ¶음석상 앞이 놓구 내남보살허믄 복 나가는 겨. 입맛 읎으니 음석상 뵈기싫겄지먼 윽지루라두 멫 술 떠봐.

음:석-용[-썽농] 표음:식-용(飮食用) 명음식을 만들거나 조리하는 데 쓰임.

음석-점[-쩜] 표음식-점(飮食店) 명음식을 파는 가게. ¶금제(經濟)가 어려우니께 음석점덜두 장사히 먹기가 이즌 같지 않다.

음청 표엄청 부양이나 정도가 아주 지

나치게. =엄청. ¶고여니 따러나섰다 가니 **음청** 고상만 헸다닝께.

읎 : 다[음:따] 표없 : 다 형☞ '읎다'의 이형태(異形態). ¶차비가 **읎어서** 집이 까장 걸어갔다.

읎 : 애다[음쌔-] 표없 : 애다 동(타) ☞ '읎애다'. ¶아깝다구 창고이다 싸 뒀더니 짐만 되걸래 이참이 다 **읎애번 졌유**.

읎 : 어-지다[음 : 써-] 표없 : 어-지다 동(자) ☞ '읎어지다'. ¶해가 지자 붉 던 놀이 점점 **읎어졌다**.

읎 : 이[음 : 씨] 표없 : 이 부☞ '읎이'. ¶땅두 돈두 암것두 **읎이** 먼 농살 짓년 다구 네려온 겨?

읍 : 신-여기다[-씬-] 표업신-여기다 형 '읎/없-(無)+이(접사)+너기-(想)+-다→없(읍)시너기다/읍슈이너기다?>읍신여기다'. 교만한 마음에서 남을 낮추어 보거나 하찮게 여기다. ¶보기에 하찮은 것두 **읍신여기믄** 안 되는 겨./넘을 **읍신여기는** 마음은 나를 츤(賤)허게 허년 겨.

읍자[-짜] 표업자(業者) 명어떤 사 업을 직접 경영하는 사람. =업자. ¶**읍 자덜찌리** 짜구서니 갑을 후려치넌디 우덜이 당헐 재간이 읎지.

읍종[-쫑] 표업종(業種) 명직업이 나 영업의 종류. =업종.

읎 : 다[음 : 따] 표없 : 다 형①사람, 동물, 물체 따위가 존재하지 않다. ¶시방 우리집인 암두 **읎유**./하늘인 구 름 한 점 **읎는디유**. ②어떤 사실이나 현상이 현실로 존재하지 않다. ¶구신 같은 거는 시상이 **읎어**. ③어떤 일이 나 현상 따위가 나타나지 않다. =읎 다. ¶사막이는 비가 **읎다**./넌 그런 말 헌 적 **읎잖어**.

읎 : 애다[읍 : 쌔-] 표없 : 애다 동(타) ①없어지게 하다. ¶노름이루 전 재산을 **읎앴다**. ②사람이나 동물 따위를 죽이 다. =읎애다. ¶농약을 뿌려 벌레덜을 싹 **읎앴다**.

읎 : 어-지다[읍 : 써-] 표없 : 어-지다 동(자) 있던 것이 없게 되다. =읎어지 다. ¶밥을 굶었더니 심이 다 **읎어졌다**.

읎 : 이[읍 : 씨] 표없 : 이 부①없는 상태로. ¶아무 문제도 **읎이** 일이 진행 되였다. ②가난하게. =읎이. ¶**읎이** 산 다구 사람을 그렇기 깐보는 거 아녀.

읎 : 이-허다[읍 : 씨-] 표없 : 이-하다 동(타) 없어지게 하다.

응겁결[-결] 표엉겁결 명미처 생각하 지 못하거나 뜻하지 아니한 순간.

응겁결-이[-꺼리] 표엉겁결-에 부자 기도 미처 모르는 사이에 갑자기. ¶ 지난 번인 **응겁결이** 당했지믄 담인 으 림읎을 겨.

응 : 덩-방아 표엉 : 덩-방아 명엉덩이 가 바닥과 쾅 부딪는 것. 털썩 주저앉 는 짓. ¶얼음판이서 **응덩방아를** 찧다.

응 : 덩-짝 표볼기-짝 명'응덩이'를

속되게 이르는 말. =응딩짝. ¶저런 버릇읎넌 느석은 **응덩짝**을 아프게 패주야 혀.

응:뎅이 표엉:덩이 명☞ '응딩이'.

응:뎅이-춤 표엉:덩-춤 명☞ '응딩이춤'.

응:딩이 표엉:덩이 명 '응(엉)덩이>응뎅이>응딩이'. 사람이나 짐승의 뒤쪽 허벅다리와 허리 사이의 불룩한 부분. ¶**응딩이**가 무겁다./**응딩이**가 근질거리다./**응딩이**에 뿔나다.

응딩이-춤 표엉덩-춤 명기쁘거나 신이 나서 엉덩이를 들썩들썩하는 짓. =응뎅이춤. ¶뭔 좋은 일 있넌감? 왼 종일 궁딩이가 씰룩씰룩 **응딩이춤**이 쉬덜 않넌구먼.

응:딩-짝 표볼기-짝 명☞ '응덩짝'. ¶나헌티 **응딩짝**을 한 번 맞어볼 텨?

응망 표엉망 명일이나 물건이 헝클어지고 뒤섞여 갈피를 잡을 수 없는 상태. ¶산돼지가 감자밭을 **응망**이루 맹글어놨군./셤 승적이 아주 **응망**이군.

응망-진창 표엉망-진창 명 '엉망'을 강조하여 이르는 말. ¶멧도야지덜이 감자밭을 **응망진창**이루 파헤쳐 놨네.

응치-뻬 표엉덩이-뼈 명☞ '응치뼈'. ¶자네 노친께서 낙상을 혀서 **응치뻬**를 다치셨다매?

응치-뼈 표엉덩이-뼈 명<의학> 척추의 아래 부분에서 대퇴골로 이어지는 이등변 삼각형의 뼈. ¶미끄러져서니 얼음판이 올마나 씨게 주저앉었넌지 **응치뼈**가 부셔지넌 중 알았유.

이렇기[-러키] 표이렇게 부이러한 정도로. 또는 앞뒤 내용을 지시하는 말. ¶너머 심들 때니는 **이렇기** 요령두 필중 알으야 허능 겨./**이렇기** 증리를 끝냈구먼유.

이려 표이래 (구문) '이리허여/이러허여'가 줄어든 말. ¶이웃이 살맨서 꼭 **이려야** 쓰겄는감?/몸집은 **이려**두 지가 태권도가 3단이유./새로 산 물건이란 게 왜 **이려**?

이려두 표이래도 (구문) ☞ '이리두'. ¶**이려두** 안 되든 헐 수 읎지머./지 사정이 점 그런디, **이려두** 안 되겠유?

이려서 표이래서 (구문) ☞ '이리서'. ¶늬가 나헌티 **이려서**는 안 되잖어. 늬가 자꾸 **이려서** 내가 널 이뻐헤 줄려야 줄 수가 읎넌 거여./일이 **이려서** 늦은 거구먼유./**이려서** 그런 거닝께 한 번만 봐 주슈.

이-루 표이리-로 부'이리루/일리루'의 준말. ☞ '일루'. ¶**이루** 와서 후딱 밥 할 술씩 떠./**이루** 가믄 예산장이 나오남유?

이류 표이래요 (구문) '이러혀유/이러히유'의 준말. '이러혀유/이러히유>이리유>이류'. ¶우덜 모냥이 원래 **이류**./애가 애쓴다구 쓴 게 **이류**.

이리두 표이래도 (구문) '이리허여두', 또는 '이러허여두'가 줄어든 말. =이려두.¶네가 암만 **이리두** 난 널 좋아 헐 수가 읎어./**이리두** 한 시상이구 저 리두 한 시상인디 그렇기 쎄빠지게 일 헐 필요가 뭐 있다?/느덜이 나헌티 **이리두** 되능 겨?

이리-루 표이리-로 부이곳으로. 이쪽 으로. '이리'의 강조. =일루. ¶애야, **이리루** 점 가차이 와 보거라.

이리서 표이래서 (구문) '이리허여서/ 이러허여서'가 줄으든 말. =이리서. ¶ 느덜이 늘 **이리서** 내가 맘을 뭇 놓는 겨./**이리서** 시상이 꽁짜가 읎다능 겨./늬가 **이리서** 말이 많은 겨./일이 **이리서야** 뭐가 되겄넌가?

이맀다-저랬다 표이랬다-저랬다 (구 문) '이리허였다가 저리허였다가'가 줄 어든 말. ¶아니 앞장슨 사람이 **이맀다 저랬다** 허믄 쫓어가넌 우덜은 워쩌란 얘기래유?

이-만침 표이-만큼 부①이만한 정도 로. ¶일을 **이만침**이나 헤 놨으니 다행 이쥬. ②이쯤 떨어진 곳으로. ¶넌 **이 만침** 물러나 있어라. 명①이만한 정 도. ¶갸가 그리두 물건을 **이만침**이나 마련헤 놨다니 대견허구먼. ②이쯤 떨 어진 곳. ¶자동차가 여길 지나넌디 애 가 **이만침**에서 갑자기 튀어나왔구먼유.

이맛-독[-맏똑] 표이맛-돌 명아궁이 위쪽 앞에 걸쳐 놓은 길쭉한 돌. ¶**이 마독**이 짧은디, 아궁지를 점 좁히믄 안될라나?/가마솥을 걸 것이닝께 구 찮어두 **이맛독**을 새루 찾어보자구.

이-망큼 표이-만큼 부명☞ '이만침'.

이서-지다 표이어-지다 동(규칙) 서로 잇대어지다. 끊어지지 않고 계속되다. ¶줄이 잘 **이서지질** 않어서 또 풀러졌네.

이스다 표잇다 동(규칙) '닛-+다→닛 다>잇다(불규칙), 닛+우+다>니수다> 이스다(규칙)'. ①끊어진 물체를 매거 나 묶어 떨어지지 않게 하다. ¶끈냉이 를 **이서라**. ②어느 곳에 사람이나 물 건을 줄처럼 세우다. ¶열이 끊치지 않 구 **이서졌다**. ③일이나 상태를 끊어지 지 않고, 서로 통하게 하다. ¶대를 **이 스야지**./사람과 사람을 **이스는** 일이 그리 쉽던감?

이:씨 표에이-씨 감☞ '아이씨'. ¶이 씨, 너 자꾸 구찮게 허믄 승낼 겨.

이-짝 표이-쪽 대말하는 이에서 가까 운 곳이나 가까운 방향. 또는 자기를 포함한 사람이나 가까이 있는 사람. = 입짝. ¶**이짝**이루 가야 헌다넌디, 왜 자꾸 엉뚱헌 디루 가능감?/**이짝**이 먼 첨 사과휬으믄 그짝두 사과히야 헐 것 아닌감?/**이짝**은 내 동상이여.

이짝-저짝 표이쪽-저쪽 대이쪽과 저 쪽. ☞ '입짝접짝'. ¶**이짝저짝** 둘러봤 자 늬편은 읎다닝께./**이짝저짝** 시끄 럽지 않은 곳이 읎구먼.

이-터락 표이-토록 부'표준어화 과정 →이터락>이토록'. 이러한 정도로까 지. 이렇게까지. ¶늬가 **이터락** 어렵게

익살-꾸리기

된 중은 미처 물렀어./일이 **이터락** 어 그러지더락 뭣허구 있었던 겨?

익살-꾸리기[-쌀-] 표익살-꾸러기 명우습거나 재미있는 언행을 잘 하는 사람. 익살꾼. ¶개가 **익살꾸리기**라 교실이 웃음소리가 안 끊쳐.

일 : -루 표이리-로 부'일 : 리(此方)+루→일 : 리루>일 : 루'. 이쪽으로. 이쪽 방향으로. ¶**일루** 와서 하냥 놀자./얼릉 **일루** 와서 몸 점 녹여.

일루-절루 표이리-저리 부'일리(此方)+루(조사)+절리(彼方)+루(조사)'. ①정해진 방향없이 이쪽과 저쪽으로. ¶**일루절루** 떠댕기기만 허덜 말구 찬찬히 생각을 히봐. ②말이나 행동이 되는 대로 흐트러진 모양. =일리절리. 이리저리. ¶**일루절루** 책음을 피헐 핑계만 찾지 말어.

일리 표이리 부'표준어화 과정→일리>이리'. 이쪽으로. 이곳 방향으로. =일루. ¶넌 **일리** 와. 장꽌만 **일리** 오믄 일은 금방 끝날 겨.

일리-절리 표이리-저리 부행동이나 방향을 바로 잡지 못하고 왔다갔다하는 모양. =일루절루. ¶넘 잘 되넌 거 **일리절리** 들떠봐야 다 헛것이여./**일리절리** 오락가락허기버덤은 지일 하나 똑띠기 허넌 게 최고라닝께.

일 : 쓰다 표일으키다 통(타) '닐-(起)+혀-(引)+다→닐쓰다>일쓰다'. ①일어나게 허거나 무엇을 생기게 하다. ¶태풍으로 배가 쓰러졌는디, 그거 **일쓸라믄** 큰일이여. ②없었던 것을 처음으로 세우거나 번성케 하다. ¶장손인 늬가 꼭 집안을 **일쓰야** 헌다.

일이키다[이리-] 표일으키다 통☞ '일쓰다'가 표준어화한 말.

잎-사구[입싸-] 표잎-사귀 명☞ '잎새기'. 쓰임 빈도가 높은 점을 들어, 잎새기를 기준으로 정리함. ¶사과나무 **잎사구**가 갈이 되두 전이 다 떨어졌구먼./땅이 걸으야넌디, 거름이 부실허니께 **잎사구**가 먼첨 떨어지는 겨.

잎-새[입쌔] 표잎-사귀 명☞ '잎새기'.

잎-새기[입쌔-] 표잎-사귀 명'표준어화 과정→잎새/잎새기/잎사구>잎사귀'. 낱낱의 잎. =잎사구. 이파리. ¶무슷 **잎새기**를 뫄서 씨래기를 맹글었다./가지밭이 가서니 묵은 **잎새기**를 따 내거라.

잎새-담배[입쌔-] 표잎-담배 명'표준어화 과정→입새담배>잎담배'. 제조되지 않은, 잎사귀를 그대로 말린 담배. ¶**잎새담배**를 쓸두 않구 기냥 말어피넌 사람이 다 있더먼./시골서는 **잎새담배**를 피넌 사람이 흔혀.

으유-럽다[-따] 표여유-롭다(餘裕-) 형너그럽고 넉넉함이 있다. ¶넘덜차람 **으유럽게** 살구 싶은 맴이야 굴뚝이지. 근디 **으유럽게** 사넌 게 맴대루 되간?/인전 핵겨두 졸읍힜으닝께 시간이 점 **으유럽겄구먼**. 시간이 으유러운 건지 일이 읎어 심심헌 건지 잘 물르겄어.

옥즌[-쭌] 표역전(驛前) 명역의 앞쪽. ¶오늘이 **옥즌** 장날인 중 알었더먼, 날짜를 헥갈렸네./예산 **옥즌**이서 만나기루 혔넌디 바람맞은 모냥이유.

은:십 표연:습(練習) 명학문이나 기예 따위를 되풀이하여 익힘. ¶애가 붓글씨 **은십**을 열심허더니 지법 숭내를 내넌구먼./**은십**두 읎이 시합이 나갈 겨?

은:십-량[-냥] 표연:습-량(練習量) 명어떤 일에 익숙해지도록 훈련하는 양. ¶**은십량**이 즉어서 시합이 나가 잘 헐라나 물르겄네유./그럼 **은십량**을 늘리믄 쓰잖여.

은:십-상[-심쌍] 표연:습-생(練習生) 명'표준어화 과정→은십상>은십생>연습생'. 예체능 분야에서, 본격적인 활동을 위해 준비하는 사람. ¶그 옹기쟁이가 **은십상** 하나를 두었다넌디 일은 안 배구 속만 쎔인다너먼.

은:십-용[-심뇽] 표연:습-용(練習用) 명연습하는 데에 쓰임, 또는 그런 물건. ¶물건이 왜 이렇기 시부정찮은 겨? 그건 **은십용**이라 그렇구유, 진짜는 좋아유.

은:십-장[-짱] 표연:습-장(練習帳) 명연습할 때 쓰는 공책. ¶공부헐라믄 **은십장**이 필요헌디유. 이눔이 **은십장** 사준 지가 온젠디 또 사달라는겨?

은:십-허다 표연:습-하다(練習-) 명(자)(타) 어떤 일에 익숙하도록 훈련하다. ¶저거 허넌 거 보믄 우섭게 뵈두 보통 **은십허선** 되넌 게 아녀./느덜 **은십허라구** 혔넌디 은십은 안 허구 뭣허구 있었던 겨?

은:츨 표연:철(軟鐵) 명무르고 전성(展性)과 연성(延性)이 큰 철. ↔강츨(鋼鐵).

을브다 표엷다 형빛깔이 연하거나, 물건의 두께가 작다. ≒얄브다. ¶옷 빛깔이 너머 **을브지** 않넌감?/종이가 **을버서니** 잘 찢어지겄어.

응 표영 부①(부정하는 말과 함께) 전혀. 또는 도무지. ¶술은 끊었는디 담배는 **응** 못 끊겄어. ②아주. ¶사진이 **응** 실물허구 딴판이군.

ㅈ

자빠-띠리다 표자빠-뜨리다 동(타) 자빠지게 하다. ¶떠오는 사람을 발거리처서 **자빠띠렸다**.

자빠-지다 표자빠-지다 동(자) '졎/젓-(後轉)+브(접사)+-아/어+디-(落)+-다→젓바디다/젓버디다>잣버지다/자빠지다'. ①어떤 물체나 사람이 뒤로 또는 옆으로 넘어지다. ¶<속> 재수읎넌 눔은 뒤루 **자빠져두** 코가 깨진다./**자빠진** 짐이 셔간다. ②'눕다'의 속어. ¶술 주정헐라믄 디비 **자빠져** 자. ③남의 행동을 얕잡고 비웃어 줄 때 쓰는 말. ¶지랄허구 **자빠졌네**./얼라리? 쑈허구 **자빠졌군**.

자상-시럽다[-따] 표자상-스럽다 (仔詳-) 형 마음 씀이 세심하고 정이 깊은 듯하다. ¶그 남자 생긴 것허군 달르게 무진장 **자상시럽더라구**.

자석 표자식 (子息) 명 ☞ '자슥'.

자석-복[-뽁] 표자식-복(子息福) 명 ☞ '자슥복'.

자석-새낑이 표자식-새끼(子息-) 명 ☞ '자슥새낑이'.

자슥 표자식 (子息) 명 ①아들과 딸. =자석. ¶오찌 여태까정 **자슥**이 읎단 겨? ②남자를 욕할 때 '놈'보다 비속하게 이르는 말. ¶저누무 **자슥**은 맨날 일을 저질르구 댕기네./저 **자슥**을 다시 만나믄 기냥 안 둘 겨. ③어린아이를 귀엽게 이르는 말. =자석. ¶고놈으 **자슥** 뉘 **자슥**인 중은 물르겄지먼 참 구엽게두 생겼네.

자슥-복[-뽁] 표자식-복 (子息福) 명 ①훌륭한 자식을 둔 복. ¶웃집 사람은 **자슥복**두 많은개 벼. 두 아들이 다 공무원셤이 합격혔댜. ②자식을 많이 낳은 복. =자석복. ¶읎넌 눔이 쪽박이 밤 주서담듯 애만 싸질렀는디, 이게 **자슥복**이 많은 겨? 읎는 겨?

자슥-새낑이 표자식-새끼 (子息-)

⑲자식을 낮추어 이르는 말. ¶**자슥새 끵**이라군 저눔 하난디 하루가 멀다허구 일만 저질른다니께유.

작작-허다[-커-] 표작작-하다 휑너무 지나치지 않게 적당히 하다. ¶이눔아, 늬 에미 속 쎅이넌 짓 점 **작작히여**.

잔-가쟁이 표잔-가지 ⑲☞ '잔가징이'. ¶새로 난 **잔가쟁이**덜은 다 짤러 주야 허녕 겨. **잔가쟁이** 땜이 열매기가 잘 안 열거든.

잔-가징이 표잔-가지 ⑲나무의 작은 가지. ¶**잔가징이** 개지구 씨름허덜 말구 밑둥을 싹 벼 버리라닝께 그러네. **잔가징이** 백 개 치넌 것버덤은 밑둥을 비는 게 낫잖겄남?

잔-까시 표잔-가시 ⑲물고기의 작고 가는 뼈. ¶밴댕이는 **잔까시**가 많으닝께 막 생키덜 말어.

잔치-서르지 표잔치-설거지 ⑲잔치를 끝내고 남은 음식을 먹어 치우는 일. ¶잔치를 회으믄 **잔치서르지**두 있으야 잖유. 지덜이 음석 잘 먹었으니 **잔치서르지**는 우덜헌티 맥기라니께유.

잘못[-묻] 표잘못 ⑲잘하지 못하여 그릇되게 한 일. 또는 옳지 못하게 한 일. ¶그런 **잘못**을 저지르다니. 늬 **잘못**이 크구나! ㉿틀리거나 그릇되게. 적당하지 아니하게. ¶날 만만허게 본 모냥인디 번짓수를 **잘못** 찾었구먼.

잘못-허다[-무터-] 표잘못-하다 동(자)(타) 어떤 일을 그릇되게 하다. ¶다 지가 **잘못헌** 거니 딴 사람덜은 봐줘유.

잡어-늫다[느타] 표잡아-넣다 동(타) ①붙잡아 억지로 들어가게 하다. ¶날 저물었으니 닭을 닭기장이다가 **잡어늫거라**. ②잡아 옥에 가두다. ¶저 깡패눔을 내가 꼭 가막소이다가 **잡어늫구** 말 텨.

잡어-다리다 표잡아-당기다 동(타) 잡아서 자기 있는 쪽으로 끌어당기다. =잡어댕기다. ¶줄다리기 헐 적이는 줄을 꽉 잡구 몸을 낮춘 담이 줄을 **잡아다려라**.

잡어-댕기다 표잡아-당기다 동☞ '잡아다리다'.

잡어-딜이다 표잡아-들이다 동(타) 밖에 있던 것을 잡아서 안으로 들어오게 하다. ¶떠댕기는 목매기를 오양간이 **잡아딜였다**./깡패덜은 다 **잡아딜이라**구 경찰스장이 소리질렀다.

잡화-즘[자퐈-/자파-] 표 잡화-점 (雜貨店) ⑲일상생활에서 쓰는 여러 가지 물품을 파는 가게. ¶**잡화즘**이 가서 성냥허구 양초 점 사다줘.

장그다 표잠그다 동(타) 열지 못하도록 자물쇠를 채우거나 빗장을 걸다. ¶대문은 **장거** 놓지 말어라./밤인 꼭 문을 **장그구** 자거라.

장기다¹ 표잠기다 동☞ '쟁기다'. ¶문이 **장겨서니** 들어갈 수가 읎유.

장기다² 표잠기다 동☞ '쟁기다'. ¶장

마루 갱굴물이 허벅다리까장 **장기더락** 불었유.

장냥 표장난 명'작란(作亂)→장난/장냥'. ①재미나 심심풀이 삼아 하는 짓. ②짓궂게 놀리는 짓. ¶**장냥**이루 헌 건디 왜 화는 내구 그려? 너는 **장냥**이라두 난 아녀, 임마./인전 **장냥**은 그만덜 말자. **장냥** 치다 친구찌리 쌈 허겄구먼.

장냥-감[-깜] 표장난-감 명아이들이 가지고 노는 여러 가지 물건. 완구(玩具). ¶불량 **장냥감**을 개지구 놀다가 다치는 애덜이 즉지 않댜.

장냥-꾸리기 표장난-꾸리기 명장난이 심한 아이. 장난이 심한 사람. ¶저런 **장냥꾸리기** 느석을 봤나.

장냥-꾼 표장난-꾼 명장난하기를 좋아하는 사람. ¶저 냥반은 보통 **장냥꾼**이 아녀./옛날이 오성과 한음이라넌 냥반이 무지 **장냥꾼**이였다넌구먼.

장냥-기[-끼] 표장냥-기(-氣) 명장난이 섞인 기운. ¶**장냥끼**가 또 발동했구먼./**장냥끼**로 일허지 말어. 그렇기 일허다간 다치기 십상이여.

장냥-조[-쪼] 표장난-조(-調) 명장난기가 배어있는 말투. ¶기냥 **장냥조**루 헌 말인디 그이가 증말인 중 알고 일을 벌런 거유.

장냥-질 표장난-질 명장난하는 짓. ¶으른이 되서 애덜허구 **장냥질**이라니, 그참 나잇갑이나 허슈.

장냥-치다 표장난-치다 동(자) 몹시 장난을 하다. ¶시상이 **장냥치넌** 거버덤 더 재밌는 거 있으믄 말덜 히봐.

장냥-허다 표장난-하다 동(자) 재미나 심심풀이로 놀다. ¶쟤는 맨날 **장냥허너라** 증신이 팔렸는디 공부할 새가 오딨유?

장-대미[-때-] 표장-대(長-) 명'장(長)+대(棒)+미(접사)'. 과실을 딸 때 쓰는 길이가 긴 막대기. =창대미. ¶**장대미**가 있이야 호두을 털 건디.

장적 표장작(長斫) 명잘라서 쪼갠 땔나무. ¶도치 들구 뭣허능 겨? 보믄 물러? **장적** 뻐개잖어. 그려? 난 **장적** 뻐개는 것은 물르겄구 모탕만 탕탕 치걸래 모탕 부시기 허넝 중 알었지.

장적-가리[-까-] 표장작-가리(長斫-) 명장작을 쌓아놓은 더미. =장작데미. ¶**장적가릴** 뒀다 뭐혀? 이럴 때 불 땔라구 **장적가릴** 쌓아둔 것 아녀?

장적-개비[-깨-] 표장작-개비(長斫-) 명낱낱의 장적. ¶**장적개비** 싸논 것 안 뵈는감? 저게 다 내가 뻐갠 **장적개비**라닝께.

장적-데미[-떼-] 표장작-더미(長斫-) 명쌓아놓은 장작 무더기. ¶**장적데미** 가서니 장적 몇 개만 더 가져오니라.

장적-불[-뿔] 표장적-불(長斫-) 명나무를 쪼갠 장작으로 피운 불. ¶군불을 지피넌 디 **장적불**이라니. 이 집은 장적이 남어 도년 모냥일세.

장적-윷[-정눝] 표장작-윷(長斫-) 명장작처럼 크고 굵게 만든 윷. ¶식구덜 노넌디 **장적윷**을 가져오믄 워떡혀. **장적윷** 갖다 버리구 째끄맣게 다시 깎어와.

재근-허다 표재건-하다(再建-) 동(타) ①이미 없어진 것이나 허물어진 것을 다시 세우다. ¶불타 없어진 근물을 **재근허다**. ②없어지거나 쇠퇴한 이념이나 사상 따위를 다시 일으켜 세우다. ¶무녀진 조직을 **재근허다**.

재치기 표재채기 명코 안의 신경이 자극을 받아 갑자기 코로 숨을 내뿜는 일. ¶회의 시간이 들구 **재치기**가 나올라구 히서 얼릉 배깥이루 나왔다.

잽히다[재피-] 표잡히다 동(자) ①'잡다'의 피동. ¶도둑눔이 **잽혔다**. ②고름이나 물 따위가 몸의 어떤 부위에 고이다. ¶손톱 끝이 고름이 **잽혔다**./갱굴물이 가심까장 **잽혔다**. ③꽃망울이 맺히다. ④어떤 것에 매여 마음대로 행동하지 못하는 상태가 되다. ¶그는 마누라한티 **잽혀** 꼼짝 뭇허구 산다./걱정거리가 생겨 일손이 **잽히지** 않넌다. (타) '잡다'의 사동. ¶노름허다가 오도바이까장 즈당을 **잽혔댜**./도둑질을 허다가 주인한티 목덜미를 **잽히구** 말었지.

쟁기다¹ 표잠기다 동'잠그-(閉)+이(접사)+-다→잠기다>장기다(변자음화)>

쟁기다'. 채워지거나 막혀 열리거나 나올 수 없는 상태가 되다. =장기다¹. ¶광이 **쟁겼넌디** 뭘루 따구 들어갔댜?/시방 목이 **쟁겨서니** 말 허기두 심들유.

쟁기다² 표잠기다 동(자) '줌기다→장기다>쟁기다'. ①물, 어둠 따위에 무엇이 들어간 상태가 되다. ¶배가 물이 **쟁겼다**. /어둠 속이 마을이 **쟁겨** 들었다. ②감정이나 의식 따위가 무엇에 깊이 빠지다. =장기다². ¶슬픔이 **쟁겨** 일을 지대루 하질 뭇했다.

쟈-네 표재 네 대'저 아이네'의 준말. ¶**쟈네덜**은 배두 안 고픈개 벼./**쟈네야** 노는 것 빼믄 시체잖어.

쟈:-덜 표 애들 대'저 애덜'의 준말. ¶남덜 다 바쁜디 **쟈덜**은 뭐허구 있넌 겨?

저 표겨 명'겨/져>저'. 벼, 보리, 조 따위의 곡식을 찧어 벗겨 낸 껍질. ¶저 묻은 가이 똥 묻은 가이 숭본다더니 늬가 딱 그짝이여./쇠죽을 쒀야 허넌디 **저**가 떨어졌네.

저:-께 표저기-쯤 대말하는 이나 듣는 이로부터 멀리 있는 어느 곳을 가리키는 말. ¶지가 말헌 디가 **저께유**.

저께-찜 표저기-쯤 대☞'저께'. ¶**저께찜**서 크다런 노루가 펄쩍펄쩍 뎌댕겼유.

저렇기[-러키] 표저렇게 부①그러한 정도, 그러한 모양으로 ¶내 생즌이 **저렇기** 일 잘 허넌 사람은 보길 츰이여./

저렇기 떠댕기다간 금방 지칠 텐디. ②조금 떨어져 있는 사물을 가리키는 말. ¶사람덜이 **저렇기** 많이 모였네.

저려 표저래 (구문) '저리허여/저러허여→저리혀'가 줄어든 말. ¶**저려** 봐야 아무 소용 읎을 것이여./쟈가 왜 **저려**? 쟈가 **저려두** 되능 겨?

저려두 표저래도 (구문) ☞ '저리두'. ¶쟈가 겉이룬 **저려두** 속이룬 그렇지 않다닝께.

저려서 표저래서 (구문) ☞ '저리서'. ¶**저려서**는 일이 안 풀릴 거래두 말을 통 안 들유./**저려서니** 내가 널 믿구 일을 뭇헌다닝께.

저-루 표저리-로 뷔 ☞ '즐루'. ¶이늠덜이 **저루덜** 가라닝께 왜 들구 이루 와쌌년다? **저루** 안 가구 또 입짝이루 오믄 인저버텀은 혼꾸녕을 낼 텨.

저류 표저래요 (구문) '저리혀유/저리히유→저리유'가 줄어든 말. ¶쟈는 맨날 뜀박질만 허구 **저류**. 비 오넌 날두 **저류**? 야, 노상 허넌 짓거리가 **저류**.

저를 표겨를 의명 '겨르→겨를>저를'. 어떤 일 밖에 다른 데로 눈 돌릴 수 있는 잠시의 여유. 조그만 시간. ¶일허기두 바쁜디 놀러갈 **저를**이 오디 있겄어./시방같은 농번기엔 죽을 **저를두** 읎다구유.

저리두 표저래두 (구문) '저려서>저리서'. '저리허여두', 또는 '저러허여두'가 줄어든 말. ¶암만 **저리두** 혼저는 헐 수 읎넌 일이라닝께 그러네./겉보매는 **저리두** 속은 실허다닝께유.

저리서 표저래서 (구문) '저려서>저리서'. '저리허여서', 또는 '저러허여서'의 준말. ¶**저리서** 내가 쟈를 뭇 믿넌 거여./어려서버텀 몸이 **저리서** 맨날 걱정이네유.

저맀다[-린따] 표저랬다 (구문) '저렇기 헸다'가 줄어든 말. ¶쟈가 **저맀다** 히서 내가 용서헐 성싶은가? **저맀다구** 헤서 달러지는 건 읎어.

저-만침 표저-만큼 뷔①저만한 정도로. ¶일을 **저만침**이나 헤 놨으니 다행이쥬. ②저쯤 떨어진 곳으로. ¶넌 **저만침** 물러나 있어라. 명①저만한 정도. ¶물건을 **저만침**이나 마련허느라 고생 꽤나 헸겄구먼. ②저쯤 떨어진 곳. ¶자동차가 여길 지나넌디 애가 **저만침**이서 갑자기 튀어나왔구먼유.

저-망큼 표저-만큼 뷔명 ☞ '저만침'.

저범 표젓-가락 명 '저(箸)+ㅅ+엄(접사)'. 음식을 집을 때 쓰는 한 쌍의 가느고 긴 막대기. =적깔. 적가락. ¶아니 **저범**을 짝찌기루 노믄 오티기 음식을 집어 먹으란 거여?

저범-질 표젓가락-질 명 젓가락으로 음식을 집는 일. ¶다 큰 눔이 **저범질**두 지대루 뭇허넌구먼.

저스다 표젓 : 다 동 (규칙) '활용형태 : 저스게. 저스구. 저스니. 저스더락. 저서. 저서라'. ①어떤 물체가 고르게 섞

이도록 손이나 기구 따위로 돌리다. ¶죽을 **저스야닝께** 숟갈 점 가져와. ②배나 맷돌을 어느 방향으로 움직이다. ¶노를 **저서라**. ③부정의 뜻으로 머리나 손을 흔들다. =젓다. ¶내 제안을 들은 그는 단호허게 머리를 **저섰다**.

저-시: 상 표저-세: 상(-世上) 명 죽은 다음에 간다는 저쪽의 세상. 저승. ¶쩟, 그 사람두 참. 평생 고상만 허다가 시상 좋아지구 먹구 살만침 되니께 **저시상**이루 떠나가너먼. 부디 **저시상**이 가선 픈안히 사시게.

저-죽 표겨-죽(-粥) 명 쌀의 속겨로 쑤어낸 죽. 강죽(糠粥). ¶내리 숭년이 드니 **저죽**두 귀허게 생겼어.

저:-짝 표저-쪽 대 '표준어화 과정→즙짝>접짝>저짝>저쪽'. ☞ '즈짝'. ¶아까침 **저짝**에서 노년 걸 봤유. 그러니께 **저짝**이루 가서니 찾어보슈.

저-참 표관심 밖 명 관심 밖의 것. ↔이참. ¶저눔이 공부는 **저참**이구 맨날 놀 생각만 허넌구나.

저-터락 표저-토록 부 ☞ '즈터락'. ¶**저터락** 동상이 고상허넌디 성이 되가지구서니 넌 입때껏 귀경만 허구 자빠졌던 겨?

적-가마[-까-] 명 ☞ '젓가마'. ¶방앗간에 **적가마**가 읎다니 말이 되남. 다 주기 싫으닝께 그렁 거지.

적-가락[-까-] 표젓-가락 명 '저(箸)+ㅅ+가락→젓가락>적가락(변자

음화)>적갈/저깔'. ☞ '저범'.

적깔 표젓-가락 명 '적가락'의 준말. ☞ '저범'.

적깔-질 표젓가락-질 명 '적가락질'의 준말. ☞ '저범질'.

적구[-꾸] 표격구(擊毬) 명 ①말을 타구 막대기로 공을 치는 무예의 한 종류. ②달리면서 공을 치는 놀이.

적발-이[-빠리] 명 '적/즉-(記錄)+발이(접사)→적발이/즉발이'. 적발(記錄)을 하는 사람. 나중에 참고하기 위하여 문서에 일의 내용을 기록하는 사람. =즉발이. ¶갑자기 모인 것이닝께 오늘 긍비(經費)의 수입 지출에 대한 것은 임시루 자네가 **적발이**를 맡어줘야겄어.

전디다 표견디다 동 (자)(타) '견니다/견디다→젼디다>전디다'. ①어려운 환경에 굴복하지 않고 버티다. ¶삼판이서 당헌 모욕을 **전디지** 뭇헌 일링이 아배가 쥐약을 먹구 죽었다. ②물건이 열이나 압력을 받는 가운데에서 원래의 상태를 유지하다. ¶으른 둘이 올러가자 **전디지** 뭇헌 그네줄이 툭 끊어지구 말었다.

절:-루 표절-로 부 '즐루>절루'. ☞ '즐루'. ¶**절루** 돌어가지./암만히두 **절루** 돌어가넌 게 나슬 것 같잖남?

절:리 표저리 부 ☞ '즐리'. ¶**절리** 가봤댔자 벨 수 읎다닝께. 가넌 순간이 넌 찬밥 되능 겨.

접-니불[접-] 표겹-이불 명솜을 두지 않고 겹으로 지은 이불. ¶홑니불두 더운디 먼 **접니불**이랴?

접-두루매기[-뚜-] 표겹-두루마기 명 겹으로 만든 두루마기. ↔홑두루매기.

접-바지[-빠-] 표겹-바지 명겹으로 된 바지. ↔홑바지. ¶한여름이 **접바지** 입구 쏘댕기다니.

접-사둔[-싸-] 표겹-사돈(-査頓) 명 겹혼인을 해서 맺어진 사돈. ¶큰 애둘이 중신이루 맺었넌디 금실이 좋구 서루 맘이 맞어서니 그 동상들두 혼인시키게 되였다너먼. 그러닝께 두 집안이 서루 **접사둔**이 된 거지.

접-살림[-쌀-] 표겹-살림 명① 한 가족이 나뉘어 따로 차린 살림. ② 본처를 두고 첩을 얻어 이중으로 하는 살림. ¶자네 요집 **접살림** 채렸다넌디 그 재미가 오떤가?

접접-이[-쩌비] 표겹겹-이 부여러 겹으로. 여러 개가 포개진. ¶**접접이** 옷을 쩌입구두 왜 그렇기 떠는가?

젓[젇] 표젖 명'젖(乳)>젓'. ① 분만 뒤 포유동물의 유방에서 분비하는 유백색의 액체. ¶애 에미의 **젓**이[저시] 즉다./애기가 **젓**을[저슬] 먹다./즈것이 양의 **젓**이루[저시루] 맹근 음석인가? ② 유방(乳房).

젓-가마[젇까-/적가-] 명'저(糧)+ㅅ+가마(叺)→젓가마>적가마(변자음화)'. 보릿겨나 쌀겨 따위를 담은 가마니. =적가마. ¶가이죽을 쒀야 허니 **젓가마**이 가서 저 멫 바가지 퍼 와라.

젓-가심[젇까-] 표젖-가슴 명'젓(乳)+가심(胸)→젓가심'. 젖이 있는 가슴 부위. ¶**젓가심**이 아프다./**젓가심**이 멍울이 섰다.

젓-팅이[젇-] 표젖-퉁이 명젖꼭지와 젖꽃판을 중심으로 살이 불룩하게 나온 부분. 유방. ¶그 으자의 큰 **젓팅이**가 흔들리다.

젓-멕이[젇-] 표젖-먹이 명'젓(乳)+먹-(食)+이(접사)→젓멕이'. 젖을 먹는 갓난아이나 어린 짐승. ¶**젓멕이**를 놔두고 오딜 가능 겨?

정 표경(經) 명① 경서. ¶쇠귀에 **정** 읽기. ② 무당의 푸닥거리. ¶손거리가 와서니 밤새 **정**을 읽넌다.

정갱이 표정강이 명무릎에서 발목까지 이르는 다리 앞 뼈가 있는 부분. ¶**정갱이**를 긁어차다.

정갱이-뻬 표정강이-뼈 명정강이 안쪽에 있는 긴 뼈. 정강뼈. ¶말래 모캥이에 부집어서니 **정갱이뻬**가 부셔지넌 중 알었어.

정그다 표잠그다 동(타) '줌다/줌그다>잠그다>점그다>정그다'. ① 물 속에 물건을 넣거나 가라앉게 하다. ¶물이 손을 **정그다**./따신 물이다가 종콩 점 **정거** 놔라. ② 어떤 일에 관여하다. ¶암만 어려운 일이 있어두 나쁜 일이다가는 발을 **정그지** 말어, 이?

정-읽다[-닉다/-닐따] 표굿-하다 동(자) 무당이 굿을 하다. ¶애가 오래 아퍼서 **정읽넌다구** 슨거릴 불렀다너먼.

정-치다 표경-치다(黥-) 동(자) ①호된 벌이나 꾸지람을 받다. ¶저런 **정칠** 눔 같으니라구./저 녀석 까불더니 **정치구** 있구먼. ②아주 심한 상태를 못마땅하게 여겨 이르는 말. ¶**정치게** 깡깜해서 통 질이 안 뵈네.

제금 표딴-살림 명딴살림. ¶인전 애가 장승(長成)헸이니 **제금**이래두 내줘야 허지 않겄남?

제금-나다 표따로-나다 동가족의 일부가 따로 살림을 차려나가다. ¶그 친구 발써 **제금나서** 애를 둘이나 났구 살유.

제금-내다 표따로-내다 동(타) 가족의 일부를 따로 살림을 차려 내보내다. ¶아니 장개두 안 간 자석을 **제금낸다구유**? 이이, 그렇다닝께. 시골이 있으믄 장개보내기 심들다구 미리 집 사줘서 **제금내** 빼릴 거랴.

제우 표겨우 부☞'지우'. ¶연태까장 **제우** 요것만침배끼 뭇헌 겨?

제우-제우 표겨우-겨우 부☞'지우지우'. ¶**제우제우** 꾀째 른(免)헸구먼유.

젠 : 장-헐 표젠 : 장-칠/젠 : 장-맞을 감'제기 난장(亂杖)을 맞을 것'이란 뜻으로, 뜻 같지 아니하여 불평하는 말. ¶**젠장헐**, 되넌 일이 한 개두 읎네.

젱일 표종일(終日) 명'종일(終日)>죙일>젱일'. 하루 내내. 아침부터 저녁까지. =죙일. ¶**젱일** 농땡이만 치구 안 뵈더니 온제 나타난 겨?

져 : -살이 표겨우-살이 명'겨슬(冬)+살(生)+이→겨으살이>즈살이/겨살이'. ①가지와 잎이 엉기는 겨우살이과 관목. 기생목(寄生木). ②대추나무에 잎이 엉기는 병리 현상. =즈살이. ¶대추낭구에 **져살이** 찐 거 보닝께 대추 농사넌 다 됐네.

적-가지[-까-] 표곁-가지 명'곁(側)+가지(枝/莖)→곁가지>격가지(변자음화)'. ☞'격가징이'가 표준어화한 것.

적-가쟁이[-까-] 표곁-가지 명☞'격가징이'.

적-가징이[-까-] 표곁-가지 명'곁/곁(側)+가지(枝)+엉이(접사)→곁가징이>격가쟁이(변자음화)>격가징이'. 나무의 원줄기에서 돋아난 작은 가지. =격가쟁이. 격가지. ¶산이 가서 솔낭구 **격가징이** 점 쳐놨다가 즘이 때어겼다.

젓 : -지름[젇찌-] 표여-기름 명쌀의 속겨를 짜내 만든 기름. ¶우리 딸내미는 **젓지름**이 살결이 좋대나 어쨌대나 허맨서 노상 얼굴이다 찍어발르구 있유.

조-께 표조기-쯤 대말하는 이나 듣는 이로부터 조금 떨어진 곳이나 그 가까운 곳. ¶**조께**서 일허다가 넘어졌유.

조께-찜 표조기-쯤 대☞'조께'.

조렇키[-러키] 표조렇게 (구문) '조러허기'가 줄으든 말. =조롱기. ¶**조렇기**

빠져댕기믄 잡을 재간이 있간디?
조려 표조래 (구문) '조리허여', 또는 '조리허여'가 줄어든 말. ¶쟈가 행동은 얌즌허니 **조려두** 승질나믄 보통이 아니여./요짐 조 놈이 말썽만 시피매 **조려**.

조려두 표조래도 (구문) ☞ '조리두'. ¶요려두 안 되구 **조려두** 안 된다믄 나보구 어쩌라는 규?/입구 댕기넌 거는 **조려두** 속은 올마나 부잔지 물류.

조려서 표조래서 (구문) ☞ '조리서'. ¶그 냥반이 허는 일이 노상 **조려서** 문제라닝께./**조려서**는 일이 틀어질 것 같은딩./**조려서** 내가 저 냥반헌티는 일 맥기지 말자구 핬넌디.

조롷기[-로키] 표조롷게 (구문) '조로허기'가 줄어든 말. =조렇기. ¶째끄만 녀석이 달음박질을 잘 히두 **조롷기** 잘 헐 수가 있능 겨?

조:-루 표조리-로 兄☞ '졸루'. ¶뒷간 갈라믄 오디로 간대유? **조루** 돌어가믄 뒷간이구먼.

조류 표조래요 (구문) '조러허유/조러히유'의 준말. '조러허유/조러히유>조리유>조류'. ¶다 큰 츠녀가 옷 입은 모냥이 **조류**./크다맨서니 뭐가 **조류**?

조리다 표조러다 형 '조러허다'의 준말. '조러허다→조렇다>조렇다>조리다'. '활용형태 : 조리두. 조리서. 조류. 조렀다니께. 조렀어. 조렀유'. 생김새나 성질 따위가 조와 같다. ¶**조리서** 지가 재를 안 데꾸 댕길라넌 거유./쟤가 **조리두** 승질백이는 대차유./이 방 어질른 거 말씸이유? 그건 다 쟤가 **조렀유**.

조리두 표조래도 (구문) '조리허여두/조리허여두'가 줄어든 말. =조려두. ¶요리두 안 되구 **조리두** 안 안되다믄 나보구 어쩌라는 규?/입구 댕기넌 거는 **조리두** 속은 올마나 부잔지 물류.

조리서 표조래서 (구문) '조리허여서/조리허여서'가 줄어든 말. =조려서. ¶사람이 **조리선** 안 되능 겨./쟈가 **조리서** 내가 늘 따러댕기매 살펴주구 있유.

조-짝 표조-쪽 대화자와 청자로부터 조금 멀리 떨어진 곳이나 방향. 또는 그곳에 있는 사람. =줍짝. ¶**조짝**이루 가믄 조용헌 디가 나올 겨./**조짝**이서 오라넌디유? 그려? 금방 **조짝**이루 갈 테닝께 장꽌만 지둘르라구 즌혀.

졸러-매다 표졸라-매다 동(타) 더 단단하게 조여 매다. ¶허립바두 운동화두 다 **졸러맸으닝께** 인전 출발허자구./다신 풀어지지 않더락 꽉 점 **졸러매** 봐.

졸:-루 표졸리-로 兄 '졸 : 리(近彼方)+루(조사)→졸 : 리루>졸 : 루>조 : 루'. 조쪽으로. 조 방향으로. ¶시방 **졸루** 뗘간 사람이 누구랴? **졸루** 떠갈 사람이 누군 누구겄유?

졸르다¹ 표조르다 동 끈이나 줄로 감긴 것을 더 단단히 죄다. ¶그렇기 **졸르덜** 말고 살살 매란 말여.

졸르다² 표조르다 통차지고 끈덕지게 무엇을 요구하다. ¶늬가 백날 따러댕기매 졸러두 들어줄 사람 읎어. 그러닝께 더 이상 졸르덜 말어.

졸리 표조리 부 '표준어화 과정→졸리>조리'. 조쪽으로. 조쪽 방향으로. ¶존말루 헐 때 졸리 가라잉. 열 실 때까지 졸리 안 가믄 줘 팬다이.

좃다 [졷따] 표쪼다 통(규칙) 뾰족한 끝으로 쳐서 찍다. ¶정이루 돌을 좃넌다.

죙일 표종일(終日) 명 ☞ '젱일'. ¶안 턴 일을 죙일 헸더니 왼 삭신이 다 노곤노곤허네유.

줏다 [줃따] 표줍다 통(규칙) '줏다/줃다→줏다'. '활용형태 : 줏게[줃께]. 줏구[줃꾸]. 줏어[주서]. 줏으니[주스니]'. '줍다'의 옛말. 떨어지거나 흩어져 있는 것을 집다. ¶낙엽 줏기가 나의 일이다./알밤을 줏었다./공을 줏으러 뛰다.

중 표줄 의명 어떤 방법, 셈속 따위를 나타내는 말. ¶광으해(廣魚醢) 먹을 중 아남? 난 해 먹을 중 물러.

중-빨 표중-길(中-) 명 여러 물건에서, 중간쯤의 등급에 해당하는 것. =중찔(中帙). ¶이건 상빨이 아니라 중빨이구먼.

중-짜 표중-길(中-) 명 여럿 가운데 중간쯤 가는 품질을 가진 물건. =중찔(中帙). ¶돈이 점 부족허믄 중짜루 몇 개 딜여놓으슈.

중-찔 [-찔] 표중-길(中-) 명 ☞ '중짜'. ¶상질은 다 나갔구유. 중찔만 남었유. 중찔이래두 필요허시믄 얘기허슈.

쥔 -냥반 표주인-양반(主人兩班) 명 주인을 높여 이르는 말. =퀀 : . ¶가게 쥔냥반은 오디 가구 자네가 있는가? 일 점 보구 온대서 쥔냥반 대신 지가 장꽌 가게를 봐주구 있능 규.

즈:가 [-까] 표저 : 가(低價) 명 싼 값. ¶즈가루 판다구 헤서 쌀라나 허구 갔더니 물건이 하찔(下秩)이더먼.

즈:가-주 [-까-] 표저 : 가-주(低價株) 명 주식 시장 가격에 비하여 주가가 낮은 주식. ¶즈가주라넌 게 고여니 즈가주겄는감? 다 뭔 문제가 있으닝께 즈가준 겨.

즈:-개발 표저 : -개발(低開發) 명 발달이 덜된 수준. ¶즈개발 국가 사람딜이라구 무시허믄 안 되여. 멫 십 년 즌만 히두 우리나라가 즈개발 국가였잖어.

즈:금-통 표저 : 금-통(貯金筒) 명 동전을 모을 수 있도록 만든 통. ¶웬 즈금통이랴? 이, 애딜헌티 줄라구 벙어리즈금통 한 개 사 봤어.

즈:금-통장 표저 : 금-통장(貯金通帳) 명 예금통장. ¶즈금통장 점 일루 내봐. 왜 넘의 즈금통장은 줘보라능감?

즈:기 표저기 대 '뎌긔>져기>즈기'. 말하는 이나 듣는 이로부터 멀리 있는 곳을 가리키는 대명사. ¶아부진 즈기

있잖유. 남덜 다 바빠죽겄넌디 저 냥반은 **즈기**서 뭣허구 있댜?

즈ː-기압 표저ː-기압(低氣壓) 명 ①대기 중에서 주위보다 상대적으로 기압이 낮은 부분. ¶태풍이 울대승(熱帶性) **즈기압**이루 바뀌맨서 우리 지방이 큰 비가 올 거라는구먼. ②기분이나 일의 형세가 좋지 아니한 상태. ¶시방 느이 아부지가 **즈기압**이닝께 조용히덜 혀.

즈ː-네 표저-네/저희-네 명 ①말하는 이나 듣는 이로부터 멀리 있는 사람들. ¶**즈네**가 아쉬운 츠지닝께 불르지 않더래두 우덜헌티 돌어올 겨. ②'저희네'의 준말. ¶**즈네**가 뭐 헌 게 있다구 큰소리랴?

즈ː-능 표저ː-능(低能) 명 지능이 보통보다 썩 낮음. 또는 그런 상태.

즈ː-능-아 표저ː-능-아(低能兒) 명 정신 능력의 발달이 늦어진 아이. ¶우리 애가 점 늦되긴 혀두 **즈능아**는 아니구먼유.

즈ː-능-허다 표저ː-능-하다(低能-) 형 지능이 보통보다 썩 낮다. ¶그 친구가 국민핵겨 댕길 적이는 하두 공불 뭇혀서 **즈능허다구** 놀림을 받기두 혔넌디, 시방은 번듯허니 사장이 됬잖여.

즈ː-덜 표저희-들 대 ☞ '즈이덜'의 준말. ¶**즈덜**이 다 알어서 허께유./**즈덜**이 뭘 헐 중 안다구 나스는 겨.

즈-루 표저리-로 부 ☞ '즐루'. ¶자리를 **즈루** 욍기지 그려? **즈루** 욍기믄 뭔 수 있간디?

즈리 표저리 부 ☞ '즐리'. ¶**즈리** 가라닝께 왜 자꾸 치대구 자빠진 겨? 증말 **즈리** 안 갈 겨?/그 냥반은 여루 장꽌 왔다가니 **즈리** 돌어갔넌디유.

즈ː-모음 표저ː-모음(低母音) 명 <언어> 입을 크게 벌리고 혀를 가장 낮추어서 발음하는 모음. 'ㅐ', 'ㅏ' 따위.

즈ː-물가[-까] 표저ː-물가(低物價) 명 <경제> 낮은 물가. ¶국제 지름값허구 곡물값이 자꾸 올러가서니 증부가 **즈물가** 증책을 오래 유지헐 거라너먼.

즈ː-밀도[-또] 표저ː-밀도(低密度) 명 밀도가 낮음. 낮은 밀도.

즈ː-뭉 표저ː-명(著名) 명 세상에 이름이 널리 드러나 있음. ¶그런 **즈뭉**(著名) 인사가 머더러 이런 시골까장 찾어온다능 겨?

즈ː-뭉-허다 표저ː명-하다(著名-) 형 세상에 이름이 널리 드러나다. ¶그리두 문학 강연회디 **즈뭉헌** 지역 작가를 초청히야 되지 않겄는감?

즈ː-살이¹ 표겨우-살이 명 '즊/즐(冬)+살-(生)+이(접사)→즈살이'. 겨울 동안 먹고 입고 지낼 옷가지나 양식 따위를 통틀어 이르는 말. ¶산골서 **즈살이** 준비가 벨 것 있겄나. 기냥 낭구나 많이 히서 싸 놓으믄 되넌 거지.

즈:-살이² 표겨우-살이 명 ☞ '져살이'. ¶대추낭구이 즈살이가 잔뜩 졌이니 인전 대추농사두 다 틀려베렸어.

즈:수 표저:수(貯水) 명물을 인공적으로 모음. 또는 인공적으로 가둬놓은 물. ¶즈수량(貯水量). 즈수조(貯水槽). 즈수지(貯水池).

즈:수-량 표저:수-량(貯水量) 명저수지나 호수 따위에 있는 물의 양. 또는 그곳에 모아둘 수 있는 물의 양. ¶예당즈수지의 즈수량을 늘리기 위헌 지방(堤防) 증축 공사가 금토(檢討) 중이다.

즈:-수로 표저:-수로(低水路) 명가뭄 때에도 물이 흐르는 하천 부지의 얕은 부분. ¶즈수로는 우혐허니께 가지덜 말어라.

즈:-승능 표저:-성능(低性能) 명기계의 성질이나 기능이 떨어짐.

즈:-승장 표저:-성장(低成長) 명자라는 정도가 낮음. =즈성장. ¶물가가 너머 올러서 인플레를 잡기 우혀서 증부가 즈승장 증책을 핀다는군.

저-시상 표저-세상(-世上) 명죽은 다음에 간다는 저쪽의 세상. 저승. ¶저시상이 가선 쬑기지 말구 행복허게 사슈./그 사람은 발써 저시상이 갔다니께.

즈:압 표저:압(低壓) 명①낮은 압력. ②낮은 전압.

즈:액 표저:액(低額) 명적은 금액의 돈. ¶그 사람한틴 즈액이래두 우덜 헌틴 큰 돈이여.

즈자 표저자 명시장이 서거나 사람들이 많이 오가는 곳. ¶너두 즈자이 점 나가봐. 밤중이두 불빛덜이 번쩍번쩍 헌다닝께.

즈:-자세 표즈:-자세(低姿勢) 명상대편에게 눌려 굽실거리는 낮은 자세. ¶그렇기 즈자세루 나가닝께 즈 자식이 널 자꾸 깐보는 겨.

즈작-거리[-꺼-] 표저잣-거리(-距離) 명'저자(市長)+ㅅ+거리(距離)→즈잣거리>즈작거리(변자음화)'. 시장이 서는 곳이나 도시의 거리. ¶넌 즈작거리나 쏘댕기매 사고치덜 말구 집 구석이 처백혀 있어./집이만 처백혀 있지 말구 즈작거리래두 나가서 바람 좀 쐬봐.

즈:장-허다 표저:장-하다(貯藏-) 동(타) 물건이나 재화 따위를 모아서 간수하다. ¶창고이 잔뜩 즈장혜 놓구 서니 먼 욕심이루 그걸 또 걷어가는 겨?

즈:조-허다 표저:조-하다(低調-) 형①활동이나 감정이 침체하다. ¶그런 즈조헌 활동이루 뭘 허겄어? ②능률이나 성적이 낮다. ¶판매 실적이 즈조히서 걱정이구먼.

즈:주 표저:주(咀呪/詛呪) 명남에게 재앙이나 불행이 일어나도록 빎. 또는 그리하여 일어난 재앙이나 불행. ¶너가 백날 즈주를 퍼붜 봐라.

내가 눈이나 꿈쩍허냐?/넘이 눈이 피눈물나게 허믄 하늘이 즈주를 내릴 것이구먼.

즈 : 주-시럽다[-따] 표저 : 주-스럽다(咀呪-) 형저주를 할 마땅한 점이 있다. ¶그 냥반 허넌 일마두 어그러지니 하늘이 **즈주시럽기두** 헐 거여.

즈 : -주파 표저 : -주파(低周波) 명<물리> 진동수가 낮은 파동이나 전파. ¶**즈주파** 신호를 감지허다.

즈 : 주-허다 표저 : 주-하다(詛呪/咀呪-) 동(자) 남에게 재앙이나 불행이 일어나도록 빌다. ¶다 내가 무지라서 생긴 일이닝께 누굴 원망헐 일두 **즈주헐** 일두 아니여.

즈지 표저지(沮止) 명막아서 못하게 함. 동(타) 즈지허다. ¶청정 지역이 웬 산업폐기물 매립장이 들어슨다는 겨? 그런 건 오티기던지 **즈지히야** 혀.

즈 : -지대 표저 : -지대(低地帶) 명낮게 자리 잡은 구역. ¶예당즈수지의 수문개방이루 오가와 신암의 **즈지대**가 물이 잠긌다너먼.

즈 : -지방 표저 : -지방(低脂肪) 명지방의 함유 비율이 낮음. ¶요즘은 애나 으른이나 **즈지방** 식품덜만 먹넌 모냥이여.

즈지-선 표저지-선(沮止線) 명어느 곳 이상 넘어오지 못하도록 막는 경계선. ¶구제역 확산을 막기 위헌 1차 **즈지선**이 뚫렸다너먼. 2차 **즈지선**인 홍성이 뚫리믄 예산두 난리나능 겨.

즈 : 질 표저 : 질(低質) 명낮은 품질. ¶저런 **즈질**을 상품이라구 팔다니./저눔 알구 보닝께 순 **즈질**이구먼.

즈질르다 표저지르다 동'표준어화 과정→즈질르다>저질르다>저지르다'. 죄를 짓거나 잘못이 생겨나게 행동하다. ¶그 눔이 큰일을 **즈질렀댜**. 큰일났구먼, 오티기허다가 그런 실수를 **즈질른 겨**?

즈-짝 표저-쪽 대화자와 청자로부터 멀리 떨어진 곳이나 방향. 또는 그 두 사람으로부터 멀리 떨어진 어떤 사람이나 사람들. =즙짝. 접짝. 저짝. ¶**즈짝**이 가봤넌디 암두 읎네유./**즈짝**이 있던 애덜 다 오디 갔넌지 물르남유? 아까침 **즈짝**에서 노넌 걸 봤넌디, 시방두 그짝서 노넌 지는 물르겄유.

즈 : -차원 표저 : -차원(低次元) 명사고방식이나 수준이 낮음. ¶우덜이 **즈차원**이믄 늬덜은 즈즈차원인 겨.

즈 : -출산[-싼] 표즈 : -출산(低出産) 명아이를 적게 낳음. ¶**즈출산**의 가속화루 폐교허넌 궁우(境遇)가 너머 많어. 애덜이 읎어서 최근 몇 는 동안 여러 초등핵겨가 문을 닫었잖어.

즈 : 칭 표저 : 층(底層) 명'표준어화 과정→즈칭>저칭>저층'. 바닥층. 맨 아래층. ¶싸서 **즈칭**이루 이사혔더니 시끄럽구 안 좋은 믄(面)이 있더먼.

즈 : 탄-소 표저 : 탄-소(貯炭所) 명

석탄, 숯 따위를 모아서 간수하여 두는 곳. ¶**즈탄소**이 몸지가 너머 많이 쌓였구먼. 청소 점 히야 쓰겄어.

즈:탄-장 표저:탄-장(貯炭場) 명 석탄, 숯 따위를 모아서 간수하여 두는 장소. ¶탄이 올마나 남었나 **즈탄장**이를 댕겨와 봐라.

즈-터락 표저-토록 부 '표준어화 과정 →즈터락>저터락>저토록'. 저러한 정도로까지. ¶**즈터락** 애쓰넌디 한 번 봐 주지./**즈터락** 동상이 고상허넌디 성이 되가지구서니 넌 입때끗 귀경만 허구 자빠졌던 겨?

즈:하 표저:하(低下) 명 정도, 수준, 능률 따위가 떨어져 낮아짐. ¶경쟁특 **즈하**가 문제인디 오쩌믄 좋겄넌가? 따지구보믄 슨수덜 사기 **즈하**가 더 문제쥬.

즈:하 표저:하(邸下) 명 조선시대에, 왕세자를 높여 이르던 말.

즈해 표저해(沮害) 명 막아서 못하도록 해침. ¶**즈해** 요소덜이 너머 많은디 오찌히야 헐까?

즈해-되다 표저해-되다(沮害-) 동(자) 막히고 해침을 당하다. ¶지역 발즌에 **즈해되는** 것덜을 읎애는 것이 슨글(先決) 문제여.

즈해-허다 표저해-하다(沮害-) 동(타) 막아서 못하도록 해치다. ¶늬가 도와주진 못헐 망정 **즈해허지는** 말어야잖어.

즈희[-히/-이] 표저희 대 ☞ '즈이'.
즈희-덜[-히-/-이-] 표저희-들 대 ☞ '즈이덜'.

즉나라-허다[증-] 표적나라-하다(赤裸裸-) 형 ①아무것도 입지 아니하고 발가벗다. ②있는 그대로 다 드러내어 숨김이 없다. ¶행증착오가 **즉나라허게** 다 드러난 판국인디 뭔 븐퉁(辨明)이랴?

즉:다[-따] 표적:다 형 '격다>즉다'. 수효나 분량, 정도가 어느 정도에 미치지 못하다. ¶지난 태풍이루 과실이 많이 떨어져설랑 출하량이 **즉어졌어**. 과실값이 크게 올렀으니, 양이 **즉다구** 꼭 손해는 아닝 겨.

즉도[-또] 표적도(赤道) 명 '즉도>적도'. 위도의 기준이 되는, 지구의 중심을 지나는 선. =적도.

즉발-이[-빠리] 명 ☞ '적발이'. ¶오늘 있었던 일은 **즉발이**가 잘 적어놨을 것이여.

즉색[-쌕] 표적색(赤色) 명 ①짙은 붉은색. ¶근널목이선 **즉색불**이 들어오믄 질을 건느넌 게 아니여. ②<사회> 공산주의나 사회주의를 상징하는 빛깔.

즉소[-쏘] 표적소(適所) 명 '즉소>적소'. 꼭 알맞은 자리. ¶사람이 못났어두 다 지 자리, 지 **즉소**가 따로 있능개 벼.

즉수[쑤] 표적수(赤手) 명 맨손.

즉수-공권[-쑤-꿘] 표적수-공권(赤手空拳) 명맨손과 맨 주먹. 아무 것도 가진 게 없음을 이르는 말. ¶자네 시방 **즉수공권**이루 뭣을 허겄다는 것인감?

즉수-단신[-쑤-] 표적수-단신(赤手單身) 명맨손과 홀몸. 재산도 없고 의지할 데도 없는 외로운 몸을 이르는 말. ¶도시루 간다구 **즉수단신**인디 뭔 수가 생기겄는감?

즉 : 어두 표적 : 어도 부①아무리 적게 잡아도. ¶**즉어두** 경력[긍륵]이 3년은 붙으야 일을 점 헐 텐디. ②아무리 낮게 평가하여도. ¶갸는 **즉어두** 너차람 그짓말은 허구 댕기지 않여. ③마음에 차지 아니하여도 그런대로. ¶지가 고등가 슨상이라믄 **즉어두** 애덜헌티 그런 짓은 뭇허넌 겨.

즉 : 어-지다 표적 : 어-지다 동(자)양이나 수가 적게 되다. ¶애가 충격이 올마나 컸던지 말수가 **즉어지구** 집배깥이 나오는 횟수두 퍽 **즉어졌구먼**.

즉 : 이 표적 : 이 명'젹(小)+이(접사)→져 : 기[저으기]>적 : 이/즉 : 이'. 꽤 어지간한 정도로. ¶놀래서 가심이 떨넌디 인전 **즉이** 갈앉졌어.

즉 : 이-나 표적 : 이-나 부다소라도. 얼마간이라도. ¶벨 일 아니구나 싶어 **즉이나** 가심이 가러앉었다./전번 일이 끄드름허져서 **즉이나** 다행이다 싶었더니 또 터졌군.

즉임-자 표적임-자(適任者) 명어떠한 임무나 일에 알맞은 사람. ¶동네 일은 나헌티 맥겨봐. 내가 이장이룬 딱 **즉임자**라닝께.

즉자[-짜] 표적자(赤字) 명①붉은 펜으로 교정을 본 글자나 기호. ②지출이 수입보다 많아서 생기는 결손액. ¶요짐 통 장사가 안되니, 이달두 **즉자**른(免)허긴 글렀나 벼.

즉-자색[-짜-] 표적-자색(赤紫色) 명붉은빛을 많이 띤 자주색. =적자색. ¶빨랑빨랑 스둘러. 즈녁놀이 **즉자색**이루 븐(變)헌 걸 보니 곧 어둬지겄구먼.

즉 : 잖다[-짠타] 표적 : 잖다 형'젹-(少)+-지+아니(否)+ㅎ-(爲)+-다→즉 : 잖다'. ①수나 양이 적지 아니하다. ¶나이가 **즉잖으니** 얼릉 장개가야지. ②소홀히 하거나 대수롭게 여길 만하지 아니하다. ¶저번인 내가 자네 덕을 **즉잖게** 입었지.

즉 : 잖이[-짜니] 표적 : 잖이 부'즉잖-(不少)+이(접사)'. ①수나 양이 적지 않게. ¶장개갈라믄 돈이 **즉잖이** 들어가니께 부지런이 돈 벌으야 혀. ②소홀히 하거나 대수롭게 여길 것이 아니게. ¶개가 헌 일이 많으니께 **즉잖이** 여기믄 뭇써.

즉토-마 표적토-마(赤土馬) 명①중국 삼국 시대에 관우가 탔다는 준마. ¶관운장이 올마나 몸집이 컸던지 **즉토마** 아니구는 말덜이 멫 달을 버티지 뭇허구 쓰러졌다. ②매우 빠른 말. ¶저기, 왜란 때 홍의장군이 탔던 말두 시뻘건 **즉토마**였다넌구먼.

즉화[즈콰] 표적화(赤化) 명①붉게 됨. ②공산주의에 물듦. 또는 그렇게 되게 함. ¶육이오 동란 적이 예산인 빨갱이덜이 참 많었어. 날마두 **즉화** 사상인가 먼가 들먹이매 그때 말 안 듣넌 사람 많이 직였어.

즉확-허다[-콰커-] 표적확-하다(的確-) 형틀림없이 들어맞다. ¶애매헌 표흔(表現)버덤 **즉확헌** 표흔이 필요헌 겨.

즉황-색[즈쾅-] 표적황-색(赤黃色) 명붉은빛을 많이 띤 누런색. ¶**즉황색**을 쓰닝께 즈녁놀이 더 생생허게 나타나너먼.

즌: 표전:(煎) 명생선이나 고기, 채소 따위로 양념을 하고 밀가루를 묻혀 기름에 지진 음식을 통틀어 이르는 말. ¶**즌**을 부쳐 먹다./두부이다가 김치**즌**을 둘렀더니 막걸리 안주루 아주 좋더만.

즌: 표전:(廛) 명물건을 벌여 놓고 파는 가게. 또는 시장처럼 사람이 몰려 있는 것을 빗대어 이르는 말. =전. ¶그 집 앞이 사람덜이 **즌**을 치구 있던디, 그 집이 먼 일 있는감?/그런 외진 곳이다가 **즌**을 벌리믄 장사가 되겄는가?/생선**즌**일 누가 맹겨와야 쓰겄넌디.

-즌 표전:(戰) 접①'전투', 또는 '전

쟁'의 뜻을 더하는 접미사. ¶**즌투**는 장기**즌**일수루기 백성의 피해가 늘어나는 겨. 그러닝께 단기**즌**이 아니믄 나라구 백성덜이구 아작나능 겨. ②'시합'이나 '경기'의 뜻을 더하는 접미사. ¶개인**즌**은 암체두 우리가 밀릴 것이닝께 단체**즌**이다가 힘을 집중해 보자구.

-즌: 표전:(殿) 접'큰 집'의 뜻을 더하는 접미사. =전. ¶수덕사 대웅**즌**이 웅장허긴 웅장허더먼. 사진 속의 이게 그 유명헌 무량수**즌**이여.

-즌 표전(展) 접'전시회'를 뜻을 더하는 접미사. ¶미흡(美協) 예산지부**즌**이 문예회관이서 열린다너먼. 예산문흡(文協)의 시화**즌**도 같이 열린댜.

즌가 표전가(傳家) 명①부모가 자식에게 살림을 물려줌. ②집안 대대로 전하여 내려옴.

즌:가 표전:가(轉嫁) 명①잘못이나 책임을 다른 사람에게 넘겨씌움. ¶지 책임을 넘헌티 **즌가**허는 건 좋지 않은 겨. ②시집을 두 번째로 감.

즌:가-되다 표전:가-되다(轉嫁-) 동(자) 잘못이나 책임이 다른 사람에게 넘겨지다. ¶모임에 참석허지 않은 사람덜한티 모든 잘못이 **즌가되었다**.

즌:가-허다 표전:가-허다(轉嫁-) 동(타) 잘못이나 책임을 다른 사람에게 넘겨씌우다. ¶우리 잘못을 넘

덜헌티 **즌가허**먼 뒷탈이 생길 것이 뻔헌디 오쩔라능 겨?

즌가지-보 표전가지-보(傳家之寶) 명대대로 집안에 전하여 내려오는 보물. ¶그 집안 **즌가지보**래서 봤더니먼, 뭔 허연 밥주발떼기더먼. 아녀, 이 사람아. 그게 밥주발같이 생겼어두 조슨시대 층화백자(靑華白瓷)랴.

즌갈-꾼 표전갈-꾼(傳喝-) 명안부를 묻거나 말을 전하는 사람. ¶**즌갈꾼**은 붙인 겨? 야, 댕길러가넌 인편(人便)이 소식 즌혔구먼유.

즌공-의 표전공-의(專攻醫) 명<의학> 전문의의 자격을 얻기 위하여 병원에서 일정 기간 임상 수련을 하고 있는 의사. 수련의.

즌과[-꽈] 표전:과(全科) 명①학교에서 규정한 모든 교과. ②초등학교의 전 과목에 걸친 학습 참고서. ¶공부라믄 징그럽게 안 허던 눔이 **즌과**는 머더러 사달래는 겨? **즌과**가 읎으믄 숙제를 뭇히 가서 선생님헌티 혼난단 말유.

즌:과 표전:과(戰果) 명전투나 경기 따위에서 올린 성과. ¶이번 대회는 통 **즌과**가 읎구먼. 꼭 **즌과**가 있으야 허나. 기냥 참가헌 것만이루두 뜻이 있넌 거지.

즌과[-꽈] 표전과(全科) 명<법률> 이전에 죄를 범하여 재판에 의하여 확정된 형벌의 전력. ¶저 눔이 넘 쉭이넌 디는 **즌과**가 많언 눔이닝께 너머 신용허덜 말어.

즌광-슥화[-스콰] 표전광-석화(電光石火) 명번갯불이 번쩍거리는 것과 같이 매우 짧은 시간이나 매우 재빠른 움직임을 비유하여 이르는 말. ¶그 눔 참 **즌광슥화**네. 요참까장 핵교 있더니 온제 거길 갔댜./쟈는 몸만 빨른 게 아니구 머리 돌어가넌 것두 즌광슥화유.

즌:광-판 표전:광-판(電光板) 명여러 개의 전구를 평면에 배열하고 전류를 통하여 그림이나 문자 따위가 나타나도록 만든 판 ¶**즌광판**이 환허걸래 와 봤더니 가게문이 닫혔군. 문을 닫었으믄 **즌광판**은 왜 켜논 거랴?

즌교¹ 표전교(傳敎) 명종교를 널리 전도함. ¶목사님은 요짐 **즌교**허러 댕기너라 참 바쁘다닝께유.

즌교² 표전교(傳敎) 명<역사> 임금이 명령을 내림. 또는 그 명령. ¶삼사(三司)에 **즌교**를 내리다./비븐사(備邊司)에서 임금의 **즌교**를 받들다.

즌교 표전교(全校) 명한 학교의 전체. =전교. ¶**즌교** 학생 회장 슨거기 나가다./**즌교** 모븜생이 되다.

즌교-상 표전교-생(全校生) 명한 학교의 전체 학생. =즌교생. ¶그 핵겨는 **즌교상**이라야 쉬운 명두 안 되어./말루는 원허넌 학상덜만 허넌 자율학십이지믄, **즌교상**이 다헌다너먼.

즌교-생 표전교-생(全校生) 명 ☞
'즌교상'.

즌권[-꿘] 표전권(專權) 명혼자 마
음대로 권력을 휘두름. 또는 그 권력.
=전권. ¶무소불위의 **즌권**을 휘두르던
독재자덜이 다 떠나가구 인전 우리 나
라두 민주화 많이 됐어.

즌궤 표전궤(前軌) 명앞선 바퀴자국.
이전 사람의 그릇된 일이나 행동의 자
취. =즌철(前轍).

즌:근 표전:근(轉勤) 명근무하는
곳을 옮김. =전근. ¶아부지가 **즌근**허
게 되어 부득불 우리집은 이사를 허게
되었다.

즌:기 표전:기(電氣) 명①<물리>
물질 안에 있는 전자나 이온들의 움직
임 때문에 생기는 에너지의 한 형태.
¶**즌기** 른도기(面刀機)루 른도를 힜
다./**즌기**가 안 들어오넌 산 속이라 발
즌기를 하나 딜여왔다. ②몸에 저리거
나 짜릿하게 오는 느낌을 속되게 이르
는 말. ¶찬 손이 내 목을 스치자 찌르
르 **즌기**가 흘렀다./그 남자의 손질이
스치자 온 몸이루 **즌기**가 흘렀다.

즌:기-공 표전:기-공(電氣工) 명
발전, 변전, 전기 장치의 가설 및 수리
따위의 직업에 종사하는 사람. ¶즈 집
인 **즌기공**이 와서 꽁짜루 기량기(計量
器)를 바꿔 달아줬댜.

즌:기-료 표전:기-료(電氣料) 명
전기를 사용한 요금. =즌기세. 즌기요

금. ¶날 더운디 에어콘은 됬다 뭣헐라
능 겨? 난 그거 **즌기료** 미서워서 뭇
쓰것어.

즌:기-메기 표전:기-메기(電氣-)
명<동물> 몸에 발전 기관이 있어 즌기
를 일으키는 전기 메깃과의 민물고기.

즌:기-세[-쎄] 표전:기-세(電氣
稅) 명전기를 사용한 요금. =즌기료
(電氣料). ¶이 냥반아, 슨풍기래두 점
틀어 봐. **즌기세** 애끼다가 사람 쩌 죽
겄구먼.

즌:기-신호 표전:기-신호(電氣信
號) 명<물리> 소리나 그림 따위를
전류와 전압과 같은 전기적 세기로 바
꾼 것.

즌:기즈:항 표전:기-저:항(電
氣抵抗) 명<물리> 도체에 전류가 흐
르는 것을 방해하는 작용

즌:기-톱 표전:기-톱(電氣-) 명
전동기의 힘으로 톱날을 회전시키거
나 왕복 운동하게 하여 목재를 자르고
켜는 톱.

즌:기-회로 표전:기-회로(電氣回
路) 명전류가 흐르는 통로.

즌:깁-불[-집뿔] 표전:깃-불(電
氣-) 명'즌기(電氣)+ㅅ+불(火)→즌
깃불>즌깁불(변자음화)'. 전등에 켜
진 불. ¶누가 배깥이다가니 **즌깁불**을
환허게 써논 겨?

즌:기-대리미 표전:기-다리미(電
氣-) 명'즌기(電氣)+다리-(衤)+ㅁ+

이(접사)'. 전기 저항에 의하여 발생하는 열을 이용한 다리미. ¶야덜아, **즌기대리미** 갖구[각꾸] 장냥허믄 안 된다이.

즌 : 깃-줄[-낃쭐] 표전 : 깃-줄(電氣-) 명전류가 흐르도록 하는 도체(導體)로서 쓰는 줄. =즌선. 즌선줄. ¶**즌깃줄** 있으믄 몇 발만 빌려 주슈.

즌 : -나무 표젓 : -나무 명<식물> '표준어화 과정→젓나모/전낭구>즌낭구>즌나무>전나무'. 소나뭇과의 상록교목. ¶쓸디읎넌 **즌나무**는 머더러 심구 있대유? 이 사람아, **즌나무**가 자라믄 올마나 멋진디그려.

즌-날 표전-날(前-) 명①일정한 날을 기준으로 한 바로 앞날. ¶오늘이 소풍 **즌날**인디, 우덜이 그새 잠이 오겠남유? ②이전의 어느 날. 또는 얼마 전. =전날. ¶**즌날**버팀 약조가 있었넌 디 그 냥반이 까먹구 있었대유.

즌 : 낭 표전 : 낭(錢囊) 명돈주머니.

즌 : -낭구 표젓 : -나무 명 ☞ '즌나무'의 옛말. ¶이즌이야 **즌낭구**는 쓸 디가 통 읎었잖유.

즌 : -내기 표전 : -내기(廛-) 명가게에 내다 팔려고 날림으로 만든 물건. =전내기.

즌-달[-딸] 표전-달(前) 명지난달. ¶**즌달**치두 뭇 받었넌디 이번 달까장 월급을 밀리믄 우린 오티긴댜?

즌담¹ 표전담(全擔) 명어떤 일이나 비용의 전부를 도맡아 하거나 부담함. ¶그 많은 긍비(經費)를 그 냥반헌티 몽창 **즌담**시키믄 안 되잖어. 냅듀. 그 냥반이 죽어두 혼저 **즌담**헌다는디 우덜이 말릴 재간 있간유.

즌담² 표전담(專擔) 명전문적으로 맡거나 혼자서 담당함. ¶째끄만 시골 핵겨인 **즌담** 교사같은 건 읎유. 애덜이 몇십 명두 안 되서니 교감슨생님두 교실서 애덜 갈치넌 디 먼 **즌담** 교사가 따루 있겄유.

즌도 표전도(傳道) 명①도리를 세상에 널리 알림. ②<기독교> 교리를 널리 전하여 믿지 아니하는 사람에게 신앙을 가지도록 인도함. ¶요즘인 교회덜은 많구 나라 인구가 늘지 않으닝께 **즌도**허기가 예즌 같지 않은개 벼. 즌도두 좋은디 너머 유별나게는 허덜 않헸으믄 좋겄어.

즌 : 도 표전 : 도(顚倒) 명①엎어져 넘어지거나 넘어뜨림. ②차례, 위치, 이치 따위가 뒤바뀌어 원래와 달리 거꾸로 됨. ¶객이 큰소릴 치다니, 주객이 **즌도**되두 한참 **즌도**됐구먼./상황이 **즌도**됐으니께 인전 우덜두 생각을 잘히서 츠신(處身)히야 되능 겨.

즌 : 등 표전 : 등(電燈) 명전기의 힘으로 밝은 빛을 내는 등. ¶**즌등**두 읎넌 컴컴헌 디서 왜 그러구 있니?/스위치를 눌러두 안 써지는 게 **즌등**이 나간내 뷰.

즌:등-불[-뿔] 표전:등-불(電燈-) 명전등에 켜진 불. 또는 전등에서 나오는 불빛. ¶**즌등불**이 왜 이렇기 흐린 겨? 즌기 애끼너라 **즌등불**두 밝게 뭇 쓰능 겨?

즌:등-신화 표전:등-신화(剪燈新話) 명<문학> 1378년경, 중국 명나라 구우가 지은 전기체 형식의 단편 소설집. ¶고금의 괴담기문을 속아 맹근 **즌등신화**는 우리나라 최초의 소슬인 금오신화의 모태라 헐 것이다.

즌:란[즐-] 표전:란(戰亂) 명전쟁으로 인한 난리. ¶그 나란 왜 **즌란**이 끊이질 않는 겨?

즌:람[즐-] 표전:람(展覽) 명①펴서 봄. ②어떤 물품을 일정한 장소에 진열하여 놓고 여러 사람에게 보임. ¶무료 **즌람**이러더니 왜 돈을 받는 겨? **즌람**은 무료구유, 저건 기부금을 모금허넌 거래유.

즌:람-실[즐-] 표전:람-실(展覽室) 명어떤 목적으로 필요한 물품을 모아 진열하여 놓은 방. ¶추사스예백일장 입상작 **즌람실**은 3칭이 있구유. **즌람실**루 들어가시믄 관계자덜을 만날 수 있구먼유.

즌:람-회[즐-/즐-훼] 표전:람-회(展覽會) 명물건이나 예술 작품을 진열하여 놓고 여러 사람에게 보이는 모임. ¶오가서 국화 **즌람회**가 열린대서니 가봤더니 참 볼 만허더먼.

즌:래[즐-] 표전래(傳來) 명①예로부터 전하여 내려옴. ¶임금님 귀는 당나귀 귀? 이건 **즌래동화** 아닌감? ②외국에서 전하여 들어옴. 동(자) 즌래-허다. (피)즌래-되다. ¶목화는 고르(高麗)시대 원나라서 **즌래된** 거랬잖어.

즌량[즐-] 표전량(全量) 명'표준어화 과정→즌량>전량'. 전체의 분량이나 수량. ¶이번이 농사진 건 **즌량**을 한 번이 넹겨번졌유. **즌량**을 다? 진짜루 하나두 안 냉긴 겨?

즌:류[즐:-] 전:류(電流) 명전하가 도체를 따라 이동하는 현상. ¶고압 **즌류**가 흘르다.

즌:류-계[즐:-/즐:-게] 표전:류-계(電流計) 명직류 또는 교류의 전류 값을 측정하는 계기.

즌륜[즐-] 표전륜(前輪) 명자동차나 자전거 따위의 앞바퀴. ¶이 차는 **즌륜** 구동이구먼 체인을 왜 뒵바쿠다가 칠라능 겨?

즌:리-층[즐:-] 표전:리-층(電離層) 명'표준어화 과정→즌리칭>즌리층>전리층'. 전리권 안에서 이온 밀도가 비교적 큰 부분.

즌:리-품[즐:-] 표전:리-품(戰利品) 명전쟁을 통해 얻은 물품. ¶갸랑 죙일 쌈질만 허구 댕기더니 **즌리품**이란 게 기끗 눈팅이 뷔터진 거구나.

즌립-선[즐-썬] 표전립-선(前立-

腺) 명남성 생식기의 요도가 시작되는 부위를 윤상(輪狀)으로 둘러싸는 장기. ¶암만히두 **즌립선**이 문제가 있내보랴. 오줌을 지리구 들구 싸대믄 **즌립선**염이래잖어.

즌：마 표즌：마(戰馬) 명전쟁에 쓰는 말.

즌：말 표전：말(顚末) 명처음부터 끝까지 일이 진행되어 온 경과. ¶사건의 **즌말**이 밝혀지긴 혔지먼, 응 뒷맛이 개운털 않구먼.

즌매-수입 표전매-수입(專賣收入) 명정부나 지방 자치 단체가 물건 파는 일을 독점하여 얻은 수입.

즌매-특허[-트커] 표전매-특허(專賣特許) 명①정부가 발명의 보호와 장려를 위하여 발명품의 판매 독점권을 허가하는 일. ¶저 냥반이 논가넌 쟁기를 새루 발뭉(發明)히서 **즌매특허**를 땄댜. 트랙타 이양기가 늠쳐나넌 시상이 쟁기루 **즌매특허**를 따서 뭣혀? ②독차지하여 담당하는 일을 비유적으로 이르는 말. ¶쟈는 욕배끼 물러. 욕허넌 게 쟈 **즌매특허**래잖어.

즌모 표전모(全貌) 명'표준어화 과정→즌모>전모'. 전체의 모습. ¶이번 일은 꼭 **즌모**를 밝혀서니 다신 이런 일이 안 일나더락 히야 혀. 뭐, 다 드러난 일이닝께 인전 **즌모**구 뭐구 따질 것두 읎유.

즌：몰 표전：몰(戰歿) 명전장에서 싸우다 죽음. ¶츤암함 **즌몰** 장뱅(將兵)덜의 추모 행사장이 눈물바다였대유.

즌문 표전문(全文) 명어떤 글에서 한 부분도 빠지거나 빼지 아니한 전체. ¶**즌문**을 읽어보두 않구 한 귀텡이만 보다 말은 눔이 먼 아넌 쳴 허넝가?

즌반 표전반(全般) 명어떤 일이나 부문에 대하여 그것에 관계되는 전체. ¶그 친군 가게 운응(運營) **즌반**을 맥기기엔 미덥잖은디.

즌반 표전반(前半) 명전체를 둘로 나누었을 때의 앞 부분. ¶오티기 **즌반**은 잘 넹겼넌디 후반이 문제구먼. **즌반**만 잘 넹기믄 될 거라더니 뭔 말씸 이래유?

즌반-기 표전반-기(前半期) 명어떤 기간을 둘로 나누었을 때의 앞부분에 해당하는 시기. ¶**즌반기**두 마무리 되여 가넌디 내가 응원허넌 팀이 쬐째니 오쩐댜? **즌반기**인 부상 슨수가 많어서니 그리 된 거닝께 후반기엔 괜찮을 규.

즌반-부 표전반-부(前半部) 명전체를 둘로 나누었을 때 앞을 이루는 부분. ¶후반부는 참 그럴 듯혔넌디 **즌반부**가 통 아니었유. 그럼 **즌반부**만 점 손 보믄 안 되까?

즌반-적 표전반-적(全般的) 관명 ☞ '즌반즉'.

즌반-즉 표전반-적(全般的) 관명 '표준어화 과정→즌반즉>전반즉/즌반적>전반적'. 어떤 일이나 부문에 대하여 그것과 관계되는 전체에 걸친 것. =전반즉. 즌반적. ¶오쩨, 일이 **즌반즉** 이루 꼬여번졌네그려./**즌반즉** 문제닝께 속상허긴 허지먼 이참이 아예 새루 시작허믄 오떨까유?

즌:보 표전:보(電報) 명전신을 이용한 통신이나 통보. ¶애덜헌티 **즌볼** 치구 오넌 질인감? 그려, 근디 이 노무 **즌보**가 낼까장 도달헐라나 물르젔어.

즌:보 표전:보(轉補) 명같은 직급 안에서 다른 관직으로 보(補)하여 임명됨. ¶그 친구가 이번이 승진허게 되서 **즌보** 대기 중이랴. 그려? 그럼 **즌보** 발룡(發令)은 온제 난댜?

즌:보 표전:보(戰報) 명전쟁이나 경기 따위의 경과나 결과를 알리는 보도.

즌부 표즌부(全部) 명낱낱을 모두 합친 것. 또는 모두 다. =전부. ¶가진 것 **즌부** 다 내놔 봐. 이게 내가 가진 것 **즌부**여.

즌:부상-대[-때] 표전:봇-대(電報-) 명☞'**즌붓대**'와 함께 가장 많이 쓰이는 말. =즘부상대. 즌주. 즌신주. ¶**즌부상대**인 머더러 올라가는감? 야, **즌부상대** 속이 까치집 점 털라구유.

즌북 표전북(全北) 명〈지명〉 우리나라 남서부에 있는 도. =즌라북도[즐라북또].

즌:붓-대[-분때] 표전:봇-대(電報-) 명전선이나 통신선을 늘여 매

기 위하여 세운 기둥. =즘붓대. 즌부상대, 즌주. ¶**즌붓대**가 베락을 맞어서니 허리가 뚝 꺾여버렸댜. 그리서니 아랫 동네이 즌기두 다 끊겼댜.

즌:비 표전:비(戰費) 명전쟁하는 데 드는 비용. ¶분단 땜이 국고이서 지출되넌 **즌비**의 부담이 너머 크다.

즌:비 표전:비(戰備) 명전쟁을 할 준비. 또는 그런 장비. ¶**즌비**를 갖추다.

즌:산 표전:산(電算) 명전자계산기나 컴퓨터를 이르는 말.

즌:산-망 표전:산-망(電算網) 명컴퓨터로 연결되는 통신 조직망. ¶우리나라는 고속 인터넷 **즌산망** 구축에서 시계를 슨도허구 있다.

즌생 표전생(前生) 명삼생(三生)의 하나. 이 세상에 태어나기 이전의 생애. =전생. ¶**즌생**이 뭔 업보를 졌걸래 내가 이 고상을 허넌지 물르겄어./내가 저걸 스방이라구 만나서니 이 개고상을 허넌 걸 보믄 암체두 **즌생**이 웬수였던개 벼.

즌:선-줄[-쭐] 표전:선-줄(電線-) 명☞'**즌깃줄**'. ¶**즌선줄**이 땅이루 늘어져서 위험허구먼.

즌:성 표전:성(轉成) 명기능이나 상태 따위가 바뀌어 다른 것으로 됨. 통(자) 즌성-되다/즌성-허다. ¶어떤 품사가 다른 품사루 **즌성허는** 경우는 흔허다./수를 나타내넌 말이 체언 앞

이 놓일 적이는 관동사(冠形詞)루 즌 **성헌다**.

즌：성-어미 표전성-어미 (轉成語尾) 명<언어> '표준어화 과정→즌승으미>즌성어미>전성어미'. 용언의 어간에 붙어 다른 품사의 기능을 수행하게 하는 어미. ¶학상덜이 질 헷갈리넌 게 **즌성어미**허구 파생즙사여. **즌성어미**가 허넌 일허구 즙사가 허넌 일을 잘 물르기 때민이지.

즌세 표전세 (傳貰) 명<경제> 부동산 소유자에게 일정한 금액을 맡기고 일정 기간 동안 부동산을 빌려 쓰는 일. ¶오티기 된 눔으 게 집값버더 **즌세**가 비싼 겨? 해 배낄 적마두 **즌세**갑이 이렇게 올러싸믄 가난헌 우덜은 오디루 가란 말여?

즌：세 표전：세 (戰勢) 명전쟁, 경기 따위의 형세나 형편. ¶**즌세**는 발써 지울었어. **즌세** 뒤집을 생각허덜 말구 긍기(競技) 증리헐 준비나 히여.

즌세-난 표전세-난 (傳貰難) 명전세 값이 치솟아, 전세로 주택이나 건물을 임대하기가 힘든 상황을 비유하여 이르는 말. ¶요짐 **즌세난**이 심허서 집갑이나 즌셋갑이나 비젓허댜.

즌세-기 표전세-기 (傳貰機) 명세를 내고 빌려 쓰는 비행기. ¶대통령(大統領)이 **즌세기**편(-便)이루 서유럽 순방질이 올렀댜.

즌셋-돈[-셋똔] 표전셋-돈 (傳貰-) 명 전세를 얻을 때 그 부동산의 소유주에게 맡기는 돈. ¶쥔이 빚지구 도망허넌 통이 **즌셋돈** 다 날리게 생겼다능 겨.

즌셋-집[-셋찝] 표전셋-집 (傳貰-) 명 전세로 빌려 주거나, 빌려 쓰는 집. ¶ 즌셋집이래두 **즌셋집** 나름이여. **즌셋집**두 큰 차이가 있다닝께.

즌소 표전소 (全燒) 명남김없이 홀랑 다 타 버림. 동(자) 즌소-허다. 즌소-되다. ¶물건 잔뜩 쟁여둔 가게가 **즌소**혔나 빈디, 보험이서 다 보상헤 준대나 오젼대나 벨 걱정 안허더라구.

즌속 표전속 (專屬) 명오로지 어떤 한 기구나 조직에만 소속됨. ¶무슨 기획산가 먼가허구 **즌속** 기약을 맺었댜. **즌속** 기약허믄 음반두 내구 인전 가수가 다 된 거라너먼. 동(자) 즌속-허다. 즌속-되다.

즌-속력[-송녁] 표전-속력 (全速力) 명낼 수 있는 최대의 속력. ¶으림읎넌 짓 허덜 말라구려. 지까짓께 **즌속력**을 낸다구 날 따러오겠어?

즌：송 표전：송 (電送) 명글이나 사진 따위를 전류나 전파를 이용하여 먼 곳에 보냄. 동(타) 즌송-허다. (자) 즌송-되다. ¶내가 **즌송헌** 팩스는 잘 받은 겨? 암튼 나는 **즌송했**으닝께 나머진 자네가 알어서 츠리혀.

즌：송 표전：송 (餞送) 명헤어짐이 서운하여 잔치를 베풀어 보냄. ¶뵈기 싫은 늠 간다넌디 먼 **즌송**까장 허려는

겨? 인저 가믄 온제 볼 중 물르넌디 **즌송**이래두 히야 맴이 편허쥬. 동(타) **즌송-허다**.

즌송 표전송(傳誦) 명입에서 입으로 전하여 가며 욈.

즌ː송-망 표전ː송-망(電送網) 명<통신> 방송국에서 보내는 전파를 시청자에게까지 전달하는 체계.

즌수 표전수(傳授) 명기술, 지식 따위를 전하여 줌. 동(타) 전수-허다. 동(자)즌수-되다. ¶지자(弟子)덜헌티 기술을 **즌수허다**.

즌수 표전수(傳受) 명기술, 지식 따위를 전하여 받음. ¶기술 **즌수**이 으늠(餘念)이 읎다. 동(타) 즌수-허다. ¶스승헌티서 기술을 **즌수허다**.

즌ː술 표전ː술(戰術) 명①전쟁 또는 전투 상황에 대처하기 위한 기술과 방법. 전략의 하위 개념. ②일정한 목적을 달성하기 위한 수단이나 방법. ¶우덜두 이렇기 마구잽이루 헐 것이 아니라 먼 그럴 듯헌 **즌술**이 필요헌 거 아뉴?

즌술 표전술(前述) 명앞에서 이미 진술하거나 논술함. 동(타) 전술-허다. ¶이미 **즌술헌** 바와 같으닝께 더 자세헌 건 이 책을 보더라구이.

즌ː술-가 표전ː술-가(戰術家) 명전술에 능한 사람.

즌ː술-적[-쩍] 표전ː술-적(戰術的) 명'표준어화 과정→즌술즉>즌술적>전술적'. 전술과 관련된, 또는 그런 것. ¶이건 **즌술적**인 문제라 이해허기 심들 거구먼.

즌ː술-학 표전ː술-학(戰術學) 명군사 전술 분야에 관하여 연구하는 학문.

즌승 표전승(傳承) 명문화, 풍속, 제도 따위를 이어받아 계승함. 동(자) 즌승-허다. 즌승-되다. ¶미풍양속을 **즌승허넌** 것이 왜 고리타분헌 것인감? 아, 미풍양속을 **즌승허자넌** 걸 머라 헌 게 아니구 이전 것이 너머 매이덜 말자는 뜻이루 헌 말이라닝께.

즌ː승 표전ː승(戰勝) 명전쟁이나 경기 따위에서 싸워 이김. ¶왜왕 생일날 말여. 왜늠덜 상해 **즌승** 축하장을 폭탄이루다가니 '꽝'허구 콩가루를 맹근 이가 누군 중 아넌 감?

즌ː승-국 표전ː승-국(戰勝國) 명전쟁에 이긴 나라. ¶층일즌장(淸日戰爭)의 **즌승국**이라 그들먹거리던 왜늠덜이 이 나라 국모를 시해헌 을미독븐(乙未毒變)을 기억허시는가?

즌ː시 표전ː시(戰時) 명전쟁이 벌어진 때. ¶**즌시**예 먼 정황(景況)이 있었겄남. 옷가지 몇 개 추려개지구 산속이루 내뺐지.

즌ː시-관 표전ː시-관(展示館) 명어떤 물품을 전시할 목적으로 세운 건물. ¶슨사유적 **즌시관**이래나 뭐래나. 극장리 **즌시관**이 유믱(有名)허대서 갔더니 먼 뼉대기 멫 개허구 돌맹이 멫 개 주서다 놨다먼그려.

즌:시-대 표전:시-대(展示臺) 명물품을 전시할 수 있도록 벌여 놓은 대. ¶즌시대는 머더러 딜여놓은 겨? 가게 광고물이래두 꽂어노라구 누가 즌시대를 슨물헸네유.

즌식[-/-씩] 표전식(前式) 명이전의 법식. ¶이번인 즌식이루다가니 대충 허믄 안 되는 겨. 즌식이 오땠넌디유?

즌신 표전신(前身) 명①신분, 단체, 회사 따위의 바꿔기 전의 본체. ¶지2 케이비에스(KBS)의 즌신은 이즌의 동양방송이잖어. ②<불교> 전생의 몸.

즌:신 표전:신(電信) 명문자나 숫자를 전기 신호로 바꾸어 전파나 전류로 보내는 통신. ¶즌신, 즌화가 나오맨서 픈지(便紙)가 쑥 들어갔잖여.

즌:신 표전:신(戰神) 명싸움을 잘하는 사람을 비유적으로 이르는 말. ¶먼 옛날에 치우(蚩尤)라넌 즌신이 있었다년디 들어본 즉 있는감? 그 즌신이 중국 묘족(苗族)의 조상이라구두 허구 우리 조상이 된다구두 헌다년디.

즌:신-주 표전:신-주(電信柱) 명 ☞ '즌부상대'.

즌:신-환 표전:신-환(電信換) 명발송인의 지급 송금의 청구에 따라 발행되는 우편환의 하나. ¶이전인 외지루 돈을 부칠라믄 즌신환을 많이덜 이용했넌디, 시방이야 누가 그걸 이용허 겄어?

즌심 표전심(專心) 명마음을 오로지 한곳에만 기울임. ¶어려운 일이닝께 한 눈 팔덜 말구 즌심이루 헤야헐 것이여.

즌:아-허다 표전:아-하다(典雅-) 형법도에 맞고 아담하다. ¶행동그지가 즌아헌 것이 요짐 젊은 사람같지 않구먼.

즌액 표전액(全額) 명액수의 전부. ¶즌액을 기부힜대서니 많은 돈인 중 알었더니 멫 푼 되두 않는구먼. 그리두 개니께 즌액을 기부헤 준 중이나 알어.

즌언 표전언(傳言) 명 ☞ '즌은'.

즌:업 표전:업(轉業) 명 ☞ '즌웁'.

즌업-농 표전업-농(專業農) 명 ☞ '즌웁농가'.

즌:업-사[-싸] 표전:업-사(電業社) 명 ☞ '즌웁사'.

즌용 표전용(專用) 명①공동으로 쓰지 아니하고 혼자서만 씀. ¶이건 내 즌용이닝께 만지지덜 말어. ②오로지 한 가지만을 쓰거나, 일정한 부문에만 한하여 씀. ¶한글 즌용이 다 좋은 것만은 아녀./돈두 읎대매 먼 즌용 축구장을 맹근다넌 겨?

즌:용 표전:용(轉用) 명예정되어 있는 곳에 쓰지 아니하고 다른 데로 돌려서 씀. 동(자) 즌용-허다. (피) 즌용-되다. ¶지가 회장이믄 회장이지 횟돈을 허티다가 지맘대루 즌용허믄

쓰졌는감?

즌용-물 표전용-물(轉用物) 명어떤 특정한 사람만이 혼자 사용하는 물건. ¶관공스 차가 지 **즌용물**이 아니잖어. 근디 왜 지 **즌용물**차람 집이루 타구 댕기는가 말이여.

즌:운 표전:운(戰雲) 명전쟁이 벌어지려는 살기를 띤 형세. ¶남북한 축구 긍기장일 갔더니 **즌운**이 피어나더먼./중동 나라인 시방 **즌운**이 감돌구 있댜.

즌원 표전원(田園) 명도시에서 떨어진 시골이나 교외(郊外)를 이르는 말. ¶퇴직허믄 **즌원**이 들어가서 조용허게 쉬구 싶어./**즌원** 생활두 헤본 사람이 허넌 거지, 아무나 허넌 거 아뉴.

즌원 표전원(全員) 명소속된 모든 사람. ¶빠진 사람 읎이 **즌원** 참속헸는감?

즌:원 표전:원(電源) 명①전기 코드의 콘센트 따위와 같이 기계 등에 전류가 오는 원천. ¶불을 끄야겠넌디 **즌원**이 오디 붙은 겨? ②발전 시설 같은, 전기 에너지를 얻는 원천.

즌원-주택 표전원-주택(田園住宅) 명농경지나 녹지 따위가 있어 시골의 정취를 느낄 수 있게 교외에 지은 주택. ¶이 사람아, **즌원주택**이 좋은 중 누가 물러? 돈이 읎으닝께 **즌원주택**을 뭇 짓넌 거지.

즌월세 표전월세(傳月貰) 명전세(傳貰)와 월세(月貰)를 아울러 이르는 말. ¶요짐 **즌월세**가 너머 올러서 집 읎넌 스민덜 상심이 크댜. 맞어, 집갑은 떨어지넌디 **즌월세**만 죽어라 올른다구 허더라구.

즌유 표전유(專有) 명혼자 독차지하여 가짐. 동(타) **즌유-허다**.

즌유-물 표전유-물(專有物) 명혼자 독차지하여 가지는 물건. ¶동네 물건을 지 **즌유물**차람 혼저 개지구 쓰믄 오티기남? 그게 지 **즌유물**인 겨?

즌:율 표전:율(戰慄) 명몹시 무섭거나 두려워 몸이 벌벌 떨림. ¶**즌율**을 느끼다./**즌율**이 휩싸이다.

즌언 표전언(傳言) 명'표준어화 과정→즌은>즌언>전언'. 말을 전함. 또는 전하는 말. ¶그래서, 그 **즌언**이란 게 뭔 겨? 야, 사장님은 일이 있어 늦으닝께 먼첨덜 퇴근허라넌 사모님의 **즌언**이구먼유.

즌음 표전음(傳音) 명<심리> 어떤 사람의 사고, 말, 행동 따위가 멀리 있는 다른 사람에게 전이되는 심령 현상. 텔레파시. ¶**즌음**이란 것이 무흡지 (武俠誌)서나 나오는 것 아닌감? 근디, 스양책이두 **즌음**이 나온대너먼. 텔레파시래나 머라나 허넌 거 말여.

즌읍 표전업(專業) 명'표준어화 과정→즌읍>즌업>전업'. ①전문으로 하는 직업이나 사업. ¶맨날 바쁘다매 쏘댕기긴 허더먼 그 냥반 **즌읍**이 뭔질 물르겄어. 그 냥반은 바쁘게 쏘댕기매 넘의 일 챙견허넌 게 **즌읍**이여. ②어떤 일에 전념하여 일함.

즌 : 읍 표전 : 업 (轉業) 명'표준어화 과정→즌읍>즌업>전업'. 직업을 바꿈. ¶가게는 자꾸 심들구, **즌읍**을 허긴 허야너디 마땅헌 게 읎을라나? 동(자) 즌읍-허다.

즌읍-농가[즈늠-] 표전업-농가 (專業農家) 명식구 중에 농사일 이외의 다른 직업에 종사하는 사람이 없는 농가. ¶요짐 **즌읍농가** 허믄 딱 두 가지여. 하난 늙은이 내외가 사넌 집이던지, 아니믄 도시서 농사짓겄다구 네려온 집이지.

즌 : 읍-사[-싸] 표전 : 업-사 (電業社) 명'표준어화 과정→즌읍사>즌업사>전업사'. 여러 가지 전기 기구 따위를 팔거나, 전기 가설(架設)에 관한 일을 해 주는 가게. ¶**즌읍사**가 예 즌인 참 잘 나갈 때가 있었넌디 말여. 시방은 읍내 다 뒤져두 **즌읍사**는 찾어보기 심들다닝께.

즌 : 이 표전 : 이 (轉移) 명①자리나 위치 따위를 다른 곳으로 옮김. ②사물이 변천함. ③<심리> 앞에서 행한 학습이 나중 학습의 효과에 영향을 미치는 것. ④<의학> 병원체나 종양 세포가 다른 장소로 번지는 변화. 동(자) 즌이-허다. 즌이-되다. ¶**즌이된** 암세포./암세포가 여러 장기루 **즌이허다**.

즌임 표전임 (專任) 명어떤 일을 전문적으로 맡거나 맡김. 또는 그런 사람. ¶우리 아가 이번이 대학 **즌임** 강사가 되얐어. 그려? 시간 강사루 오래 고상헌다구 걱정이 많더니 자네 인전 다리 뻗구 자겠구먼.

즌임-자 표전임-자 (前任者) 명이전에 그 임무를 맡아보던 사람. ¶**즌임자**가 일을 너머 잘 히서 내가 부담시러 죽겄어. 죽어라 히두 **즌임자**버더 잘 허기가 쉽덜 않다닝께.

즌자 표전자 (前者) 명①지난번. ¶**즌자**이 내가 헸던 얘기 있잖남. 그것 좀 생각헤 봤어? ②두 가지의 사물이나 사람을 들어 말할 때, 먼저 든 사물이나 사람. ¶아무리두 **즌자**가 더 낫잖겄나?

즌 : 자 표전 : 자 (電子) 명<물리> 음전하를 가지고 원자핵의 주위를 도는 소립자의 하나.

즌 : 자-기산기 표전 : 자-계산기 (電子計算機) 명<물리> 전자 회로를 이용하여 계산을 하는 데 쓰는 기계. ¶근전지가 다 됐나? **즌자기산기**를 새루 하나 장만히야 쓰겄네.

즌 : 자-공학 표전 : 자-공학 (電子工學) 명<물리> 전자의 운동 현상과 그 응용 기술을 연구하는 학문. ¶**즌자공학**을 즌공히서 즌자 회사에 들어갈라구 헌다.

즌 : 자-렌지 표 전 : 자-레인지 (電子-range) 명<물리> 마이크로파의

성질을 이용하여 식품을 가열하는 조리 기구. ¶즌자파가 많이 나온다닝께 **즌자렌지** 돌릴 즉인 가차이 허덜 말어.

즌 : 자-오 : 락 표전 : 자-오 : 락 (電子娛樂) 명컴퓨터, 전자오락실의 기계, 텔레비전 따위를 이용하여 입력된 프로그램의 규칙에 따라 하는 놀이. ¶날마두 핵겨 앞서서 **즌자오락**만 허러라구 밥 먹넌 것두 잊구 살유.

즌 : 자-오 : 락실 표전 : 자-오 : 락실 (電子娛樂室) 명전자오락을 할 수 있도록 시설을 갖추어 놓고 영업하는 곳. ¶어렸을 적인 **즌자오락실**이 살더니, 시방은 맨날 피시방서 날밤 샌다니께유.

즌자-즌 표전자-전 (電子戰) 명레이더 따위의 각종 전자 장비를 이용하여 벌이는 전쟁. ¶요새 즌쟁은 **즌자즌**이여. 총이나 대포 개지구 쏴대넌 게 아니구 송꼬락이루 단추만 눌르믄 되는 겨.

즌 : 자-파 표전 : 자-파 (電磁波) 명<물리> 공간에서 전기 마당과 자기 마당이 주기적으로 변화하면서 전달되는 파동. ¶핸드폰두 신호가 갈 즉이 즌자파가 많이 나온다너먼. 그 **즌자파**가 뇌허구 귀다가니 나쁜 영향을 준댜.

즌작 표전작 (前酌) 명술자리에 참여하기 전에 이미 딴 자리에서 마신 술. ¶**즌작**이 과해서 진 술 안 먹을류. 오

디서 **즌작**을 그리헌 겨?

즌 : 장 표전 : 장 (戰場) 명①싸움이 난 곳. =즌장터. ② =즌쟁(戰爭).

즌 : 장-터 표전 : 장-터 (戰場-) 명싸움이 이루어지는 곳. =즌쟁터. ¶시장이 완즌히 **즌장터**여. 물건이 딸리닝께 사람덜이 밀구 땡기구 **즌장터**두 그런 **즌장터**가 읎더라구.

즌 : 장-판 표전 : 쟁-판 (戰場-) 명싸움이 어지럽게 벌어지는 곳. ¶아니, 이늠덜이 집안을 **즌장판**이루 맹글어 났구먼./그 **즌장판**인 가덜 않넌 게 좋겄구먼.

즌재 표전재 (全載) 명소설이나 논문 따위의 글을 출판물에 실을 때에 전체를 다 실음. 동(자) 즌재-되다. (타) 즌재-허다. ¶**즌재**를 허믄 분량이 너머 많지는 않다던감? 물러. 기냥 내가 쓴 것을 다 **즌재허겄다구** 했구먼

즌 : 쟁 표전 : 쟁 (戰爭) 명☞ '즌장'.

즌 : 쟁-터 표전 : 쟁-터 (戰爭-) 명 ☞ '즌장터'.

즌적[-쩍] 표전적 (全的) 관명☞ '즌즉'.

즌적 표전적 (前績) 명☞ '즌즉'.

즌 : 적 표전 : 적 (戰績) 명☞ '즌즉'.

즌제 표전제 (前提) 명①어떠한 사물이나 현상에 앞서 내세워지는 것. ¶**즌제** 조근(前提條件)읎이 지말대루 따르기루 혔유. 증말이여? **즌제** 조근두 읎이 따르기루 혔단 말이지이? ②추

리에서, 결론의 기초가 되는 판단. ¶**즌제**가 사실허구 달르믄 글론(結論)두 당은(當然)히 사실이 아니겄지이?

즌제 표전제(專制) 명제 생각대로 일을 결정함. 또는 개인이 국가의 권력을 장악하고 마음대로 일을 처리함. ¶**즌제**증치. **즌제**군주. **즌제**군주제. **즌제**자.

즌-주[-쭈] 표전-주(前週) 명지난 주. ¶**즌주**인 머더느냐구 꼬빼기두 안 뵌 겨? 이, **즌주**인 내가 점 바뻤어.

즌주 표전주(全州) 명<지명> 전라북도 중앙부에 있는 시. ¶**즌주**를 댕여 왔넌디 말여. 그 **즌주**비빔밥이 소문대루 먹을 만허데그려.

즌주 표전주(轉注) 명①물이 돌아서 흘러 들어감. ②기존 한자의 뜻을 확대·발전시켜 다른 뜻으로 쓰는, 한자 육서(六書)의 하나. ¶**즌주** 문자와 가차 문자./한자의 부족헌 의미를 확대, 재생산헌 **즌주** 문자.

즌 : 주 표전 : 주(電柱) 명☞'즌부상대'. ¶이번 태풍이 올마나 쎘던지 **즌주**가 다 뻽혔다닝께.

즌즉[-쪽] 표전적(全的) 관명 '표준어화 과정→즌즉[즌쪽]>즌적[즌쩍]>전적[전쩍]'. 하나도 남김 없이 모두다. ¶그 문제의 **즌즉** 책음은 자네가 지야 허넝 겨. 야, **즌즉**이루 지가 책음질테니께 걱정일랑 붙들어 매슈.

즌즉 표전적(前績) 명이전에 이루어 놓은 업적. =즌적. ¶**즌즉**이 삐까뻔쩍 헌디, 이거 다 믿을만 헌 겨?

즌즌 표전전(前前) 명①매우 오래 전. ¶**즌즌**이 자네가 얘기헸던 일 말여. 다시 생각헤보닝께 도저히 안 되겄더라구. ②앞의 앞. ¶**즌즌** 직장이 그리두 좋았어?

즌 : 즌 표전 : 전(輾轉/轉轉) 명이리저리 굴러다니거나 옮겨 다님. 동(자) **즌즌-허**다. ¶여러 곳을 **즌즌**히 봤지먼 그나마 나은 딘 여기뿐이 읎더라구. 그려, 인전 여기저기 **즌즌허덜** 말구 여기서 정붙이구 살어.

즌 : -즌세 표전 : -전세(轉傳貰) 명<법률> 전세로 얻은 집을 다른 이에게 다시 전세를 놓는 일. ¶집을 살라구 허넌디 **즌세**가 통 안 빠져서리 **즌즌세**를 놓기루 헸어.

즌 : 지 표전 : 지(剪枝) 명나무 모양을 바로잡거나, 많은 과실의 수확하기 위해 곁가지를 자르는 일. =가징이치기. 가젱이치기. ¶**즌지**두 뭇 허매 가새만 들구 슬치넌구먼. **즌질** 잘못허믄 낭구만 베리는 겨. 동(자) 즌 : 지-허다.

즌 : 지 표전 : 지(電池) 명화학 반응으로, 전극 사이에 전기 에너지를 일으키는 기구. ≒뺏떼리(배터리). ¶후라시 불빛이 약헌 거 보닝께 **즌지**가 다 된 모냥이여. 그럼 **즌지**를 갈어끼구 다시 써봐.

즌지-즌능 표전지-전능(全知全能)

명모든 일을 다 알고, 다 해낼 수 있는 능력. 통(자) 즌지즌능-허다.

즌:지-훈:련[-훌-] 표전:지-훈:련(轉地訓鍊) 명늘 하던 곳이 아닌, 다른 지역의 장소에 가서 하는 훈련. ¶돈 딜여 **즌지훈련**까장 댕겨왔으믄 실력(實力)이 늘으야 쓰지. 이건 말루 만 **즌지훈련**허구 왔다닝께.

즌집 표전집(全集) 명동종의 저작물을 모아 질로 만든 책. ¶원래 **즌집**이라넌 건 한 번이 다 읽긴 심들어유. 더군다나 사상**즌집**이라넌 게 올마나 어려운 건디유.

즌차 표전차(前車) 명앞서 떠나간 차. 또는 앞서 가는 차. ¶**즌차**를 꼭 탔이야 횄넌디./**즌차**를 죽 따러가믄 나올 것이구먼유.

즌처 표전처(前妻) 명'표준화 과정→ 즌츠>즌처>전처'. 지금의 아내가 있기 이전에 죽거나, 헤어진 아내. =즌츠. ¶큰엄니는 **즌처**소생을 친자석차람 질렀다.

즌츠 표전처(前妻) 명☞ '즌처'.

즌-츤후 표전-천후(全天候) 명'표준어화 과정→즌츤후>즌천후>전천후'. 기후 조건에 상관없이 모든 기능을 발휘함. ¶**즌츤후** 농읍(農業)이란 게 오딨어? **즌츤후** 농읍은 비닐농사를 말허넌 겨./그는 가물으나 비가 오나 땅만 파넌 **즌츤후** 농사꾼이여.

즌철 표전철(前轍) 명'표준어화 과정 →즌츨>즌철>전철'. 이전의 잘못된 행적이나 일의 자춰. =즌츨. ¶니 아부지의 **즌철**을 따러지 말어. 너는 잘못된 **즌철**을 발브지 말구 바르게 되야지.

즌:철 표전:철(電鐵) 명'표준어화 과정→즌츨>즌철>전철'. 전동차나 전기철도를 이르는 말. ¶고속 **즌철**이 생기긴 했다지먼 예산이 지나두 안허년 걸 뭘. 그러닝께 **즌철**이란 건 우덜헌틴 낭구 꼬닥지이 매댕긴 물렁감인 겨.

즌체 표전체(全體) 명무리를 이룬 대상의 모두. ¶**즌체**가 모이더락 지둘르믄 너머 늦으닝께 우덜 먼첨 출발허지. **즌체**라구 헤봤자 느인디(넷인데) 좀 더 지둘르자구.

즌초-즌 표전초-전(前哨戰) 명<군사> '즌초즌/즌초전>전초전'. 본대 앞의 전선에서 벌어지는 작은 전투, 또는 큰 싸움에 앞서 적의 전력을 알기 위해 벌이는 싸움. ¶**즌초즌**이서버텀 깨박살이 났이니 오쩌믄 좋댜./이건 **즌초즌**이닝께 요 정도루 허닝 겨.

즌:촉 표전:촉(箭鏃) 명화살의 끝에 박은 쇠붙이.

즌:축 표전:축(電蓄) 명음반에 있는 홈의 진동을 늘여 소리로 바꿔주는 기구. ¶낡은 **즌축**은 뭐덜라구 구허슈? 다 부서진 **즌축**도 돈이 되는 규?

즌츨 표전철(前轍) 명☞ '즌철'.

즌:츨 표전:철(電鐵) 명☞ '즌철'.

즌파 표전파(全破) 명건축물이나

시설물 따위가 모두 파괴됨. 퉁(자) 즌파-허다. 즌파-되다. ¶이번 수해루 다가니 **즌파헌** 집덜헌티 증부가 츤만 원씩 지원헌다너먼. 근디 **즌파된** 집을 오티기 츤만 원 개지구 새로 진댜?

즌파 표전파(傳播) 명전하여 멀리 퍼져 나감. 퉁(타) 즌파-허다. (자) 즌파-되다. ¶외국 문물덜만 마구 **즌파되닝께** 우리것덜이 자꾸 사러지넌 것 같어.

즌 : 파 표전 : 파(電波) 명<물리> 전기 통신에 주로 쓰이는 전자기파. ¶여긴 산골이라 **즌파**가 약해서니 테레비를 기냥은 못 봐. 그려, **즌파**가 올마나 약헌지 나지오도 맨날 칙칙거린다닝께.

즌 : 파-사 표전 : 파-사(電波社) 명예전에 텔레비전, 라디오, 전축 따위의 전기 제품을 취급하던 가게. ¶예전이 우리 집이 **즌파사**를 했거든. **즌파사**헐 땐 참 돈 잘 붙었어.

즌 : 파-탐지기 표전 : 파-탐지기(電波探知機) 명<물리> 전파를 이용하여 물체의 상태나 위치를 추적하는 장치. =네이다.

즌판 표전판(全-) 명남김없이 모두. 모든 판. ¶열 판을 허구서니 **즌판**을 다 졌단 말여?

즌패 표전패(全敗) 명싸움이나 경기 따위에서 한 차례도 이기지 못하고 모두 짐. ↔즌승(全勝). ¶오티기 허먼 너 차람 **즌패**를 헐 수 있다니? **즌패**를 허구두 낯짝이서 웃음이 나오능 겨? 퉁(자) 즌패-허다.

즌폐 표전폐(全廢) 명어떤 것을 아예 그만둠. 퉁(타) 즌폐-허다. ¶속상허다구 음석이란 음석은 죄다 **즌폐허구** 머리 쌈매구 드러눴유.

즌 : 폭-기[-끼] 표전 : 폭-기(戰爆機) 명<군사> 공중 전투와 폭격을 주 임무로 하는 비행기. ¶유럽 은합(聯合)의 **즌폭기덜**이 리비아 군사시슬을 증밀 타극(打擊)헜다너먼.

즌 : 표 표전 : 표(錢票) 명금액이 적혀 있어, 그 만큼의 현금으로 교환할 수 있는 종이. ¶일을 허먼 흔금(現金)이루 안 주구 꼭 **즌표루** 주네. **즌표** 바꾸러 댕기넌 일두 참 구찮여.

즌-허다[즈너-] 표전-하다(傳-) 퉁①어떤 물건을 다른 이에게 넘겨주다. ¶물건은 잘 **즌헜남**? 야, 잘 **즌헤** 줬구먼유. ②후대에 물려주거나, 남겨져 이어지다. ¶화학 슴유 츤지인 시상인디 노끈냉이 꼬넌 기술은 머더러 **즌헐라구** 헌댜?

즌 : 화 표전 : 화(電話) 명①'즌화기'의 준말. ¶**즌화**가 왜 부셔졌다는 겨? 저 냥반이 애덜이 말썽시핀다구 승질내매 **즌화**를 집어던졌유. ②즌화기를 이용하여 대화를 주고받는 행위. ¶일 바쁜디 죙일 **즌화만** 헐 텐감?

즌 : 화 표전 : 화(戰火) 명전쟁이나 전쟁으로 인한 화재. ¶한국동란 즉인

이웃덜이 농민동맹이다 치안대다 갈려서니 그 간즙즉인 **즌화루** 안 상헌 집안이 읇구먼유.

즌:화 표전 : 화(戰禍) 명 전쟁으로 인한 재앙. ¶육이오 동란 즉이는 **즌화**가 참혹혔유.

즌:화-국 표전 : 화-국(電話局) 명 예전에, 전화 가입 신청을 받거나 전화를 설치, 교환해 주던 기관. ¶그전이 **즌화국** 댕기던 냥반 시방두 기냥 있남? 뭔 걸유. **즌화국**인 발써 증는(停年)퇴직혔구먼유.

즌:화-기 표전 : 화-기(電話機) 명 전화를 할 수 있도록 고안된 기계. ¶**즌화기**가 방안이 있으니 불픈(不便)허구먼. 무슨 **즌화기** 하나 장만히야내 벼.

즌:화-번호 표전 : 화-번호(電話番號) 명 각 전화마다 지정된 번호. ¶내 즘포이 어울리넌 **즌화번호**를 따너라구 애 점 썼어./자네 집 **즌화번호**는 뭐여?/가더락두 **즌화번호**는 냉겨놓구 가.

즌:화-비 표전 : 화-비(電話費) 명 전화를 쓴 대가로 전화가 가입된 회사에 내는 돈. =즌화세. ¶이번 달 **즌화비**가 왜 이렇기 많이 나온 겨? **즌화비** 아까운 중 물르넌 애덜이 디립다 쓴 모냥이구먼.

즌:화-세[-쎄] 표전 : 화-세(電話稅) 명 ☞ '즌화비'. ¶집이 **즌화세**가 빌루 안 나왔구먼. 요짐 누가 집 즌활 쓰남. 다덜 핸드폰을 쓰닝게 집 **즌화세**는 표두 안나.

즌:화-위복 표전 : 화-위복(轉禍爲福) 명 재앙이나 고난이 복으로 바뀜. ¶오차피 한 번은 겪을 일이었으닝께, 나쁘게만 생각지 말구 **즌화위복**이루 생각히여.

즌:화-질 표전 : 화-질(電話-) 명 꼭 필요한 것이 아니면서, 쓸데없이 하는 전화를 속되게 이르는 말. ¶갸는 바뻐죽겄을 때믄 꼭 씰데없넌 **즌화질**을 해싸서 시간을 축낸단 말여./늬까짓[늬까직] 게 뭔디 이래라저래라 나헌티 **즌화질**인 겨?

즌:홧-줄[-활쭐] 표전 : 홧-줄(電話-) 명 =즌화슨. 즌화선. ¶**즌홧줄**을 확 끊어버지기 즌이 얼른 즌화 끊어라이./**즌홧줄**이 다 오딜 간 겨?

즌:황 표전 : 황(戰況) 명 전쟁이나 전투가 이루어지는 상황. ¶아프가니스탄이서 텔레반 몰어내넌 즌쟁말여. **즌황**이 미군헌티 늘 유리허든 않은 모냥이여.

즌횡 표전횡(專橫) 명 혼자서 권력을 차지하고 제 멋대로 휘두름. 동(자) 전횡-허다. ¶회장의 **즌횡**을 두고만 볼 텐가? 회가 회원을 우셔서 있넌 거지 돈이구 일이구 지맘대루 **즌횡허믄** 우덜은 뭣이 되능가?

즌후 표전후(前後) 명 ①앞과 뒤. ②어떤 시기나 숫자에 가까운 것. ¶애야, 질 건늘 땐 **즌후**를 잘 살피야 헌다 이./그 일이 있었던 게 아마두 재작년 슫달 그믐께 **즌후**였을 겨. 그 **즌후**인 눈이 참 많었넌디 말여. 그 날 나이가 서른 **즌후**루 뵈넌 남자가 날 찾어왔어.

즌 : 후 표전 : 후(戰後) 명전쟁이 끝난 뒤. ¶**즌후** 시대(世代)덜은 즌장의 미서움을 잘 물르지.

즌 : 흔 표전 : 흔(戰痕) 명전쟁의 자취. ¶**즌흔**이 가실래믄 즉어두 삼대가 지나야헌댔어. 그닝께 6·25의 **즌흔**이 다 가실래믄 즌장을 본 늙은이덜 다 눈감은 뒤가 되능 겨.

즑 : 표겨울 명☞'즑'에서 'ㄱ'이 탈락한 형태. ¶시방인 **즑**이두 비니루루 하우스를 짓구 농삿일허넌 사람이 많댜.

즐 표절(節) 명사물의 마디. 또는 말이나 노래가 나뉘는 한 부분. ¶이건 4**즐**루 된 노래구먼./이 부분은 주의(主語)가 생략된 **즐**이라닝께.

즐 표절 명스님들이 기거하며 불상을 모시고, 불도를 닦는 곳. =절. ¶초파일이 니얼이라 **즐**이 점 댕겨올라구 혀./**즐**이서 산다구 다 중이간?

-즐 표절(節) 접어떤 명사 뒤에 붙어, 기념할 만한 날의 뜻을 더해주는 말. ¶광복**즐**. 삼일**즐**. 개츤**즐**.

즐-간[-깐] 표절-간(-間) 명'절'을 속되게 이르는 말. ¶**즐간**이 가서두 눈치 잘 보먼 새우적국 으어먹는대잖어./갸는 고시공부헌다구 조용헌 **즐**간을 찾구 있유.

즐감 표절감(切感) 명간절하고 뼈저린 느낌. =절감. 동(타) 즐감-허다. ¶지 츠지가 그렇지 뭇허단 걸 **즐감허구** 있유./돈 벌기가 어렵다는 걸 이번이 **즐감혔구먼유**.

즐감 표절감(節減) 명아끼어 줄임. 동(타) 즐감-허다. ¶어떤 물건이든 애껴 쓰구 **즐감허더락** 혀라.

즐-갑[-깝] 표절-값 명절을 받은 답례로 건네는 돈. 또는 받은 만큼의 답례로 하는 구실. =절값. ¶**즐**을 받었으믄 **즐갑**은 줘야쥬./**즐갑**두 뭇 받을 즐을 머더러 헌 겨?

즐교 표절교(絶交) 명사귐을 그만두거나 왕래를 끊음. =절교. ¶너랑은 다신 안 볼 겨. 인전 완즌히 **즐교**란 말여. 새 겼으야 **즐교**두 있넌 거지. 그 동안 너랑은 친허지두 않었넌디 먼 **즐교**여? 동(자) 즐교-허다.

즐 : 기 표겨울 명'즑(冬)+이(조사)'. 계절 가운데 가장 늦은, 날씨가 매우 추운 계절. =즑. 즐. ¶이번 **즐긴** 뭣허매 지낼 겨? 머 **즐기야** 삿내끼를 꼬던지 낭구나 댕기넌 거쥬.

즐기 표절기(節氣) 명①한 해를 스물네 개로 쪼개놓은 철. ②계절. =절기. ¶**즐기**가 궁칩(驚蟄)인디 날이 왜 이리 안 풀린댜?

즐 : 다 표절 : 다 동(타) 다리에 문제가 있어, 걸을 때 몸이 한편으로 기우뚱

거리다. =절다. ¶다리는 왜 **즈는** 겨? 어제니 삽질을 되게 헸더니 오른편짝 다리가 아퍼서니 좀 **즈구** 있네유.

즐단-허다[-딴-] 표절단-하다 (切斷 -) 동사물을 자르거나 끊어내다. = 절단허다. ¶당뇨 땜이 글씨 발고락 두 개를 **즐단허게** 생겼대유./그 집 큰애가 **츨근**(鐵筋)을 **즐단허다가니** 크게 다쳤대나 봐유.

즐라도 표전라도 (全羅道) 명<지명>전라남도와 전라북도를 아울러 이르는 말.

즐레-즐레 표절레-절레 부'표준어화 과정→즐레즐레>절레절레'. 부정의 뜻을 나타내기 위해 머리나 고개를 좌우로 흔드는 모양. ¶야 올마나 시국지 같은지 보넌 사람마두 고개를 **즐레즐레** 흔들유./인전 고만 혀. 들구 혼내닝께 갸가 질려서니 **즐레즐레** 고갤 저스구 있구먼.

즐:-루 표저리-로 부'즐:리(彼方)+루(조사)→즐:리루>즐:루/즈루>절:루/저루'. 저곳, 또는 저쪽으로. =절루. 저루. ¶다덜 **즐루** 떠가던디, 뭔일 났내 뷰. **즐루** 가먼 오딘디?

즐리 표저리 부'표준어화 과정→즐리/즈리>절리>저리'. 저쪽으로. 저곳 방향으로. =절리. 즈리. ¶넌 **즐리** 가. 늬가 여기 있어봤자 좋을 게 한 개두 읎다닝께그려.

즐후 표절후 (節侯) 명계절이나 절기.

=즐기. ¶시방 **즐후**가 오티기 되지? **즐후**가 츠서(處暑) 지났이닝께 곧 백로(白露)구먼유.

즑: [즐/즉] 표겨울 명'겨슭(冬)/겨슭?→겨울/저읅?>즈읅?>즑/즐'. 겨울철. =즐. ¶즑이[즐기]야 뭐 특별헌 일이 있겠남. 이번 즑이[즐기]두 낭구를 허러 댕기던지 삿내끼를 꼬맨서 지내야지.

즑:-음석[즈:름-/즈:금-] 표겨울음식 (-飮食) 명겨울철에 즐겨 먹는 음식. ¶즑음석[즈름석/즈금석]은 머니머니히두 션헌 동치미멀국이 최고여.

즑:-진장[즐:찐-/즉:찐-] 표김장 명겨우내 먹기 위하여 김치를 한꺼번에 많이 담그는 일. 또는 그렇게 담근 김치. ¶즑**진장**[즐찐장/즉찐장]은 올마나 준비힐라구려? 즑**진장**이야 늘 우리 식구 먹을 만침만 허닝 거쥬, 머.

즑:-짐치[즐:-/즉:찜-] 명겨울 동안 먹을 김장 김치. ¶오티기 즑**짐치**[즐짐치/즉찜치]가 여태까장 남었댜?/즑**짐치**는 많이 준비헌 겨?

-즘 표점 (店) 접어떤 명사 뒤에 붙어 '가게'나 '상점'의 뜻을 더하는 말. ¶상**즘**(商店). 의류**즘**(衣類店). 포목**즘**(布木店).

즘: 부상-대[-때] 표전:봇-대 (電報上-) 명'즌부상대→즘부상대(변자음화/순음화)'. ☞ '즌부상대'.

즘: 봇-대[-붇때] 표전:봇-대 (電

報-) 명☞'즌붓대'에서 'ㄴㅂ→ㅁㅂ'으로 동화된 형태(변자음화/순음화).

즘성 표짐승 명'즁싕(衆生)>즘싱>즘성'. ①사람이 아닌, 기거나 날아다니는 척추동물. ¶말 무더년 **즘성**이라구 그러믄 못 쓰능 겨. ②매우 잔인하거나 야만적인 사람을 비유적으로 이르는 말. ¶지 애비애비두 몰러보구 주먹질허넌 눔은 **즘성**이여.

증자 표정자(亭子) 명기둥과 지붕만 있는, 놀거나 쉬기 위해 지은 집. ¶일산이수증(一山二水亭)이란 **증자**를 아년가? 이, 신양이 있넌 추사의 흔판(懸板)이 붙은 **증자** 말이지?

증자-나무 표정자-나무(亭子-) 명 ☞'증자낭구'. ¶지금두 고향 생각허믄 여름날 **증자나무** 밑이다가니 자리 깔구 낮잠 자던 일이 눈이 선혀.

증자-낭구 표정자-나무(亭子-) 명동네의 길가에 있는 큰 나무. ¶동네마두 **증자낭구** 하나씩덜이 있어서니, 그 마을을 떡 지키구 있잖여.

증:작 표정:작 명요긴하거나 진짜인 것. ¶좀전이 헌 거는 연십이구 증작은 시방버텀이여. 부말 실지로. ¶**증작**헐 말은 못허구 왔어.

증:직 표정직(正直) 명마음에 거짓이나 꾸밈이 없이 바르고 곧음. ¶**증직**이 몸이 배지 않으믄 행실이 그짓이 끼넌 벱이다.

증:직-허다[-지커-] 표정직-하다(正直-) 동마음이 곧고 바르다. ¶애야, 사람이 **증직히야지** 그짓말이나 허구 그럼 못 쓰능 겨.

증:체 표정:체(正體) 명사물 본디의 형체. 바른 글씨체.

지: 표계:(契/稧) 명주로 경제적인 도움이나, 친목도모를 위하여 만든 협동 조직. ¶**지**를 들긴 했는디 순번이 꾀째라 찜찜허구먼./**지**를 타다./**지**를 태우다./**지**를 허다.

지: 표제(劑) 의명<한의학> 탕약 스무 첩이나 그만한 분량의 환약(丸藥)을 일컫는 단위. ¶엄니헌티 한약 한 **지**만 져다 디리더락 허지.

지: 표자기(自己) 대그 사람 자신. ¶**지**가 온제버텀 날 봤다구 반말헌다니?

지: 표제:(祭) 명신에게 음식을 바치며 예를 올리는 일. ¶산**지**(山祭)를 지내다./**지**(祭)를 올리다.

지: 표제 대①'뎌(自)+이(조사)→뎨>제>지'. ①자기를 낮추어 이르는 말. ¶**지**가유, 이리뵈두 떢박질 슨수유. ②'뎌+의>저의'의 준말. ¶**지** 동상이 점 못 났어두 이쁘게 봐 주슈./**지** 숭 열 개인 늠이 넘 숭본다니, **지**나 잘 허라구려.

지-갑 표제-값 명물건의 값어치에 맞는 가격. ¶올히 배차 농사가 풍년이라닝께 **지갑** 받구 넹기긴 다 틀린 거여.

지:과 표제:과(製菓) 명과자나 빵을 만드는 일. ¶내 아덜 눔이 **지과**

기술을 익혀서니 지빵사가 되겠다넌디 그런 것두 밥벌이가 되남?

지:과-업 표제:과-업(製菓業) 명 과자나 빵을 만드는 직업. ¶요짐 **지과업**이 올마나 잘 나가넌지두 물르남? 대기읍(大企業) 가운디 여러 개가 **지과업**이랴.

지:과-즘 표제과-점(製菓店) 명 과자나 빵을 만들어 파는 가게. ¶**지과즘**이 갔넌디 빵갑이 무지 올렀더라구. **지과즘** 빵갑이 밀가루가 올러서 같이 올른 거랴.

지:관 표제:관(祭官) 명 제사를 관장하는 사람, 또는 제사에 참여한 사람. ¶산짓날(山祭-)은 다가오넌디 **지관**은 누가 보구, 축관은 누가 본댜?

지:구 표제:구(祭具) 명 제사에 쓰이는 여러 가지 도구. '제기(祭器)'로 순화. ¶**지구**두 챙기덜 않구 지사를 올린다구 슬친 겨?

지-구실 표제-구실 명 자기가 마땅히 해야 할 일이나 책임. ¶**지구실**두 뭇허넌 사람을 델구 가서 머덜라능 겨?

지긋:-허다[-그터-] 표지긋-하다 형 ①나이가 비교적 많다. ¶낫살이 **지긋허믄** 나잇갑을 히야지. ②참을성 있게 끈덕지다. ¶화만 낸다구 되넌 게 아니라니께. **지긋허게** 참을 중도 알어야 히여.

지:기 표제:기(祭器) 명 제사에 쓰이는 여러 도구. ¶오늘 아부지 기일이닝께 **지기** 점 챙겨놓거라.

지-까직 표제-까짓 관 ☞'지까짓'이 변자음화한 형태. ※끝받침 'ㅅ'이 어금닛소리 앞에서 'ㄱ'으로 변함. ¶**지까직** 게 미서워서 그러넌 중 알어?

지-까집 표제-까짓 관 ☞'지까짓'이 변자음화한 형태. ※끝받침 'ㅅ'이 입술소리 앞에서 'ㅂ'으로 변함. ¶**지까집** 물근(物件)이 먼디 그렇기 자랑허능 겨?

지-까짓[-까진] 표제-까짓 관 (끝받침이 혓소리나 센입천장소리 앞에서) 겨우 그 따위 정도의. =지까직. 지까집. ¶**지까짓** 눔이 멀 안다구 나스는 겨?

지남-츨 표지남-철(指南鐵) 명 ①쇠붙이를 끌어당기는, 자성(磁性)을 가진 쇠. 자석(磁石). ¶핵겨서니 **지남츨**을 가져오랬다구 히서 하나 사오넌 중이여./애헌티 **지남츨** 하날 사줬더니 되게 좋아허더라구. ②수평으로 자유로이 움직일 수 있도록 괴어놓은 침 모양의 자석. 자침(磁針).

지:다라-지다 표기:다래-지다 동 (자) '질-(長)+다랗-(접사)+-아-+지-(爲)+-다→질다라지다>지다라지다'. 기다랗게 되다. ¶날이 더우니께 읏(엿)가락이 늘어져서 **지다라졌네**.

지:다랗다[-라타] 표기:다랗다 형 '질-(長)+다랗-+-다→지다랗다'. 꽤 길다. ¶**지다란** 끈내끼가 필요헌디 구할 디 읎을라나?

지 : 단 　표제 : 단(祭壇) 명제사를 지내는 단. ¶산지사(山祭) 즌날이믄 동네 으른덜은 산지당일 올러가 증승(精誠)딀여 지단을 손보구 청소했다.

지-달 　표제-달 명정해놓은 달. ¶지달이 일 끝낼라믄 밤낮 서둘러두 때가 무잘르겄어.

지달리다 　표기다리다 동(타) '기드리다/기드리다→지달리다'. ☞ '지둘르다'. ¶온제 올 지두 물르구 지달릴라닝께 되게 지루허구먼.

지 : 당 　표제 : 당(祭堂) 명신에게 제를 올리는 집. ¶평소 지당이란 사람덜이 피허는 곳 중이 하나였다.

지 : 당 　표제 : 당(製糖) 명설탕을 만드는 것. ¶지일지당(第一製糖)은 이즌(以前) 이름이구 시방은 씨제이그룹인가 먼가루 이름이 바꼈다너먼.

지 : 당-업 　표제 : 당-업(製糖業) 명설탕의 제조를 주로 하는 직업.

지 : 대다 　표기 : 대다 동(타) 무엇을 의지하여 비스듬이 대거나 누구를 의지할 대상으로 하다. ¶배람박이 지대지 말구 똑띠기 안지야지. (자) 누군가에게 마음을 의지하다. ¶부모한티 자꾸 지대들 말구 늬 스스루 일어서 보라닝께.

지-대루 　표제-대로 부①정해진 제 격식대로. ¶책을 읽었으믄 속잇것을 지대루 알으야지. ②마음 먹은 그대로. ¶늬 생각이 지대루 들어맞었어. ③알맞은 정도로. ¶지대루 허지두 뭇허맨서 나스기는 일등이구먼.

지 : 대-스다 　표기 : 대-서다 동(자) 몸을 벽 따위에 의지하여 서다. ¶담배락이 지대서서 멀 그렇기 쳐다보는 겨?

지 : 대-앉다[-안따] 　표기 : 대-앉다 동(자) 몸을 벽 따위에 의지하여 앉다. ¶자꾸 넘한티 지대앉으믄 누가 좋다구 허남.

지 : -덜 　표자기-들 대 '지(自己)+덜(접사)'. 앞서 나온 사람을 예사롭게 가리켜 쓰는 재귀대명사. ¶지덜두 물르구 그랬다넌디 즉당히 용서히 주시쥬. 아니, 지덜이 물르구 그랬다넌 게 말이 되능감?

지둘르다 　표기다리다 동(타) '기들우다/기둘오다>지둘르다'. 무엇이 오기를 바라면서 시간을 보내다. =지달리다. ¶시방 온다닝께 째끔만 지둘르자.

지둥 　표기둥 명'긷(柱)+웅(접사)→지둥'. ①주춧돌 위에 들보·도리 따위를 받치는 나무나 쇠 따위의 것. ¶먼첨 지둥을 세지./지둥버텀 서까래가 굵으믄 쓰겄어? ②중심이나 의지가 되는 사람이나 그런 것. ¶큰놈은 내가 지대넌 우리 집 지둥이여.

지둥-감[-깜] 　표기둥-감 명①기둥을 만들 만한 재료. ¶지둥감이루 쓸만헌 낭구가 드물어. ②집안이나 단체, 나라의 의지가 될 만한 사람. ¶늬가 장남이잖어. 장남은 집안의 지둥감인 겨.

지둥-감어리[-까머-] 　표기둥-감 명길

(柱)+웅(접사)+감(접사)+어리(접사)'. ☞ '지둥감'을 속되게 쓰는 말. ¶그 냥반은 구장이란 **지둥감어리**는 관두구 반장감어리두 못되넌 사람이여.

지둥-머리 표기둥-머리 명기둥의 맨 위쪽. ↔지둥뿌리기. ¶**지둥머리**는 들보랑 잘 맞이야 좋은 겨.

지둥-목 표기둥-목(-木) 명기둥감으로 쓸 만한 굵은 나무. ¶**지둥목**이 점 삐뚤어졌넌디 기냥 써두 될라나?

지-때 표제-때 명①무슨 일이 있을 그 때. ¶오떤 일이던지 일은 **지때** 허는 버릇을 질러야 혀. ②정해 놓은 시각. ¶밥이란 게 **지때**를 잘 맞춰서니 먹으야 근강혜지넌 벱이라닝께.

지랑 표간장(-醬) 명음식물의 간을 맞추는데 쓰는 검은 액체. =장물(醬-). 지랑물. 지렁. 지렁물. ¶지샷상이 청장(淸醬)을 빠띠리믄 오티긴댜? 얼릉 청장 점 딜여와. 알었유, 근디 **지랑**이라구 허믄 쉬울 텐디, 머더러 그렇기 어렵게 말헌댜?

지랑-물 표간장-물(-醬-) 명☞ '지랑'. ¶꿍얼그리딜 말구 장꽝이 가설래미 **지랑물** 한 보새기 후딱 떠오너라.

지렁 표간장(-醬) 명☞ '지랑'보다 사용 빈도가 낮다.

지렁-물 표간장-물(-醬-) 명☞ '지랑'.

지:렝이 표지:렁이 명☞ '지렁이'.

지:례 표제:례(祭禮) 명제사를 지내는 예법이나 예절. =제례(祭禮). ¶우덜같은 가난헌 농투산이야 **지례**(祭禮)같은 걸 잘 알것남. 기냥 멫[멕] 가지 음석 채려놓구 증성껏 절이나 디리넌 거지.

지르다 표기르다 동(타) '길-(長)+오우(접사)+-다→길오다/길우다>지르다'. ①무엇을 보살펴 자라게 하다. =질르다. ¶모를 **지르다**./콩나물을 **지르다**. ②가르쳐 우수한 자질을 가지게 하거나, 생기게 하다. ¶운동 선수를 **지르다**./인재를 **지르다**./일찍 일어나넌 버릇을 **질러보거라**.

지름 표기름 명①물보다 가볍고 잘 타는 성질을 가진 액체. ¶방바닥이다가 골판지를 바르구 **지름**을 멕였다./소당이 **지름**을 둘르구 호박즌을 부친다. ②태워서 밝히거나 동력을 얻는데 필요한 액체. = 세겨(石油). ¶좀 춰두 **지름** 애껴야 허니께 난로는 피지 말어. ③기계나 도구의 마찰 부분에 치는 미끈미끈한 액체. ¶자징거 발판이 뻑뻑헌 게 **지름** 점 쳐야겄어. ④사람의 살갗에 분비되는 끈끈한 물질이나 밥의 윤기. ¶메칠 먹구 놀기만 허더니 얼굴이 개**지름**이 번지르르 허구먼./찰밥이라서 **지름기**가 도는구먼.

지름-간장 표기름-간장(-醬) 명기름과 양념을 곁들인 간장. ¶파래는 **지름간장**을 발러먹으야 맛있닝 겨.

지름-걸레 표기름-걸레 명기름기를

닦아 내거나, 기름을 묻혀 물건을 닦는 걸레. ¶철대문이 녹이 났으니께 **지름걸레루** 문대서 닦어내라.

지름-기[-끼] 표기름-기(-氣) 명 ①무엇에 묻거나 섞여 있는 기름 기운이나 기름덩이. ¶이 괴기는 **지름기가** 너머 많구먼. ②윤택한 기운. ¶얼굴이 **지름기가** 좔좔 흘르는 거 보닝께 요짐 살만헌개 벼?

지름-내 표기름-내 명 기름에서 나는 독특한 냄새. ¶골목이 **지름내가** 그득헌 걸 보니 뉘집 잔치허녕개 벼.

지름-덩어리[-떵-] 표기름-덩어리 명 ☞ '지름띵이'.

지름-뎅이[-뗑-] 표기름-덩이 명 ☞ '지름띵이'.

지름-띵이 표기름-덩이 명 기름이 뭉쳐진 덩어리. =지름덩어리. 지름뎅이. ¶괴기를 사오랬더니 **지름띵이를** 사왔네.

지름-불[-뿔] 표기름-불 명 ①기름으로 켜는 등불. 유등(油燈) ②기름을 태우는 불. ¶모깃불을 펴놨으믄 그만이지 **지름불은** 왜 쓴 겨?

지름-샘 표기름-샘 명 생물의 살갗에서 기름을 분비하는 곳. 유선(油線). 피지선(皮脂腺).

지름-종이 표기름-종이 명 기름을 먹인 종이. 유지(油紙). ¶우리집 족보는 **지름종이루** 맹글어진 거다.

지름-지다 표기름-지다 동(자) ①음식물 따위에 기름기가 많다. ¶**지름진** 음석을 먹었더니 속이 니끼하네. ②사람이나 동물 따위가 살지고 기름기가 많다. ¶송아치를 잘 멕였나 **지름기가** 흘르넌군. ③흙이 걸다. ¶땅이 **지름져서** 곡석덜이 잘 크넌군.

지름-질[-찔] 표지름-길 명 멀리 돌지 않고 가깝게 질러 통하는 길. ¶그짝이루 가믄 **지름질이** 나오니께 글루 질러가.

지름-체 표기름-체 명 기름을 받아 거르는 체. ¶**지름체가** 맥혀서 일이 더디구먼.

지름-칠 표기름-칠(-漆) 명 기름을 칠하는 일. ¶연장덜이 녹실었으니 **지름칠** 점 히야겄다.

지름-통 표기름-통(-桶) 명 기름을 담아두는 통. ¶**지름통이** 볐으니 지름을 담어두거라.

지름-틀 표기름-틀 명 참깨나 들깨 따위의 기름을 짜는 기계. 유자기(油榨器). ¶참내, 지름방앗간이 **지름틀이** 절단났다구 야중이 오라넌군.

지링이 표지렁이 명 '디룡(地龍)+이(접사)→디룡이>지룡이>지렁이/지링이'. <동물> 몸이 원통형으로 가늘며, 많은 마디가 있고, 암수 한 몸으로 된, 빈모강의 환형동물. ¶사람은 지 분수를 알으야 허넝 겨. **지링이** 용꿈 꾸구 용써봐야 질바닥이 올러와 말러죽기뻬니 더 허냐구. 질바닥이 말러죽은 **지링이가** 되더락두 난 이 시궁창일 벗어날 규.

지 : -모임 표계 : -모임 (契-) 명계를 하기 위한 모임. ¶메칠 뒤에 **지모임**이 있넌디 짓돈 매련이 걱정이네.

지 : 물 표제 : 물 (祭物) 명①제사에 쓰이는 음식. =지수(祭需). ¶**지물** 장만은 끝났는감? **지물**이래야 뵐 것 있간듀? ②'희생물'을 비유.

지물-이 표제물-에 부저 스스로의 바람에. ¶**지물이** 자빠지구서니 왜 나한티 눈을 흘긴댜./애가 **지물이** 울음을 끊쳤군.

지 : 미 표제 : 미 감'제 어미'의 준말. '제 어미붙을'의 뜻으로, 몹시 못마땅할 때 쓰는 욕설. ¶**지미**, 일이 드럽게 꼬여가네.

지벙 표지붕 명'집(家)+엉(접사)'. 집의 꼭대기 부분을 씌우는 덮개. ¶비가 하두 와 싸닝께 **지벙**에서 비가 새네. 그럼 **지벙**을 고치야쥬.

지비-고사리 표고비-고사리 명☞'고비1'.

지 : -삼자 표제 : -삼자 (第三者) 명어떤 일의 당사자가 아닌 사람. ¶**지삼자**는 이렀다저렀다 쩌들지 말구 조용히 귀경이나 히여.

지 : -쌀 표계 : 쌀 (契-) 명농촌에서 흔히 행해지던 쌀계에서, 개인에게 주어진 양의 쌀. 또는 쌀계에 모여진 쌀. ¶숭는(凶年)이 이태 이어지니께 **지쌀**을 내지 뭇허넌 지원들이 늘어났어.

지-아무리 표제-아무리 부'제(自)+아모(某)+리(접사)'. 남을 낮잡아 쓰는 말로, 제 딴에는 몹시. ¶지가 **지아무리** 용써두 부처님 손바닥 안이여./도야지가 **지아무리** 뛴다구 노루를 앞질를 수 있겠남.

지우 표겨우 부간신히, 기껏해야. 가까스로. =제우. ¶**지우** 어른내 든(免)헌 아헌티 장개가란 말은 심헌 것 아뉴? 손이 귀헌 집이닝께 스둘르넌 거지, **지우** 열 살 배기를 당장 장개야 보내겄나?

지우-지우 표겨우-겨우 부가까스로 ¶**지우지우** 시간 안이 일을 끝내긴 힜내유./무진 떠서니 **지우지우** 늦잖게 도착힜구먼유.

지우뚱 표기우뚱 부이리저리 기울어지면서 흔들리는 모양. ¶마차가 베랑이루 **지우뚱** 넘어가는디 큰일나넌 중 알었다닝께.

지우뚱-거리다 표기우뚱-거리다 통(자) 물체가 이쪽저쪽으로 기울어지며 흔들리다. ¶깔짐이 자꾸 **지우뚱거려**서 심들어 죽겄네.

지우뚱-대다 표기우뚱-대다 통(타) 몸이나 어떤 물체를 이리저리 기울이며 흔들다. ¶이 느무 지게가 왜 들구 **지우뚱대는** 겨?

지우뚱-허다 표기우뚱-하다 통(자)(타) 한쪽으로 기우듬하게 기울어지다. ¶(자) 몸이 **지우뚱허구** 옆이루 지울었다. (타) 말뚝을 그리 **지우뚱허게**

세른 안 되여.

지웃-거리다[-읃꺼-] 표기웃-거리다 동(자)(타) ☞ '찌웃거리다'.

지웃-대다[-읃때-] 표기웃-대다 동(자)(타) ☞ '찌웃대다'.

지웃-지웃[-읃-읃] 표기웃-기웃 부 ☞ '찌웃찌웃'.

지 : 원 표계 : 원(契員) 명계에 들어간 사람. ¶동네지가 **지원**이 너머 많어서 지주가 관리허기 쉽딜 않을 겨.

지저구 표기저귀 명'깆(布)+어구(접사)→지저구'. 간난아이의 똥오줌을 받어 내기 위하여 다리 사이에 채우는 천. ¶핵겨까장 댕기넌 눔이 오줌을 싸다니 **지저굴** 채워줄가 부다.

지 : 주 표계 : 주(契主) 명계를 만들고 주관하는 사람. ¶**지주**가 튼튼허질 뭇허니께 들구 불안허네.

지즘-장 표지점-장(支店長) 명지점의 업무를 총괄하며 지점을 맡어 다스리는 직위. 또는 그 직위에 있는 사람. ¶**지즘장** 자리가 비어 있넌디 자네가 점 맡어서니 애써주야겄어.

지 : 집 표계 : 집 명'겨집>기집/지집'. ①여자(女子). ¶넌 **지집**이라믄 환장허맨서 왜 장개는 뭇 드넌 겨? ②아내. ¶그 친군 장개가더니 **지집**만 끼구 집배같이두 안 나오네.

지 : 집-년 표계 : 집-년 명계집을 비속하게 이르는 말. ↔사내놈. ¶다 큰 **지집년**이 해거름이 오딜 그렇게 싸댕

기능 겨?

지 : 집-애 표계 : 집-애 명'지집+아이→지집애'. 시집가지 않은 나이 어린 여자 아이. ¶**지집애**만 싯을 키우니께 이쁘긴 헌디 점 허즌히여.

지 : 집-질[-찔] 표계 : 집-질 명다른 여자와 관계하는 행위. ↔서방질. ¶낯짝은 곰보딱지를 헤가지구 오티기 **지집질**은 허넌지 물르겄네.

지-츨 표제-철 명알맞은 때. ¶과실이던 너무새던 **지츨**이 먹으야 지맛이 나넌 벱이여./올힌 날이 하두 이상허니께, 뱃꽂두 **지츨**을 물르구 필 생각두 안 허는군.

지침 표기침 명'깆-(咳嗽)+음(어미)→기춤/지춤>지침'. ①갑자기 숨소리가 터져 나는 일. ¶**지침**을 자꾸 허넝 거 보닝께 고뿔든 모냥이군. ②목소리를 가다듬거나, 가래를 떼려고 숨을 터트리는 일. ¶그 냥반 먼 구린 것이 있넌지 고연히 우리집일 와서 들구 헛**지침**을 허더라구.

직게[-께] 표집게 명'집-(執)+ㅅ+게(접사)→직게(변자음화)'. 물건을 집는 데 쓰는, 끝이 두 가닥으로 갈라진 도구. =찍게. ¶아니 은탄(煉炭)을 갈으야는디 **직게**가 도대체 오디로 간 겨?

직게-발[-께-] 표집게-발 명'집-(執)+게(접사)+발(足)→집게발>직게발(변자음화)'. 집게처럼 생긴 발이나, 그런 도구. ¶즈짝이 있넌 **직게발**을 가

져와라./저 그이는 **직게발**만 크다랗구먼.
직게-송꼬락[직께-] 표집게-손가락 명 ☞ '집게손꼬락'이 변자음화한 형태.
집게-손꼬락[-께송-] 표집게-손가락 명집-(執)+게(접사)+손꼬락(指). 엄지손가락과 가운뎃손가락 사이에 있는 손가락. ¶**집게손꼬락**을 들어 슬메시 낭구 위를 가리쳤다.
직-그ː래[-끄-] 표직-거ː래(直去來) 명중개인을 거치지 아니하고 살 사람과 팔 사람이 직접 거래함. ¶**직그래**허믄 좋기야 허지. 근디 그게 오디 쉬운감?
진¹ 표긴 명윷놀이에서, 자기 말로 남의 말을 쫓아 잡을 수 있는 거리. =**찐**. ¶도개 **진**에 걸 **진**이구먼. 그닝께 암치기나 던져두 되어./모도 **진**이구먼. 이거 못 잡으믄 지닝께 죽어두 모를 내야 되여.
진ː² 표진지 명구어에서 밥의 높임말인 '진지'를 줄여 쓰는 말. ¶아부지, **진**잡쉈유? 아니, 그새 **진** 잡순 규?/**진**잡숫다가니 오디 간대유?
진ː-네모 표긴ː-네모 명직사각형(直四角形). 장방형(長方形). 긴네모꼴.
진ː-말 표긴ː-말 명너절하고 길게 늘어놓는 말. ¶**진말** 집어치구 밀린 외상갚이나 갚으란 말여.
진ː-바눌 표긴ː-바늘 명(구어체에서) 시계의 분침.

진ː-소매 표긴ː-소매 명어깨에서 팔목까지 오는 소매. 또는 그러한 옷. ↔반소매. ¶날이 차졌으니께 **진소맬** 입으야겄지?
진-양말[-냥-] 표스타킹 명무릎이나 그 위로 올라오는 목이 긴 양말. 스타킹(stocking) ¶사내 녀석이 **진양말**은 왜 찾는 겨?
진장 표김장 명'딤장/진장(沈藏/陣藏)→진장'. 겨우내 먹기 위하여 여러 김치를 한꺼번에 많이 담그는 일. 또는 그렇게 담근 김치. ¶동짓달이 지나가넌디 **진장**은 온제 헐라구 여태까장 꿈지럭거리는감?
진장-감[-깜] 표김장-감 명김장에 필요한 배추나 무 따위의 푸성가리. =진장거리. ¶배차는 넉넉허구 무수는 부족헌디 **진장감** 점 노느지 않을 텨?
진장-갑[-깝] 표김장-값 명김장을 하는데 쓰이는 돈. ¶**진장갑**이 많이 올렀다는디 배차 농사가 이응 션찮어서 베랑 돈이 안 되었어.
진장-거리[-꺼-] 표김장-거리 명☞'진장감'. ¶배차가 비싸니께 **진장거리** 준비가 걱정되네.
진장-독[-똑] 표김장-독 명김장을 담그는데 쓰는 독. ¶**진장독**을 묻으야는디 괭이자루가 뚝 부러져번졌으니 오쩐댜?
진장-출 표김장-철 명김장을 담그는 철. ¶**진장철**두 지났구 인전 삼동(三

쏙)이 한가허겼구나!

진장-허다 표김장-하다 동(자) 겨우내 먹을 김장을 담그다. ¶모리가 우리 **진장허는** 날인디 품앗이헤줄 테닝께 우리 것 먼첨 도와줘.

진 : -젱일 표진 : -종일(盡終日) 명 하루가 다하도록. 하루 내내. ¶**진젱일** 콥빼기두 안 뵈더니 밥 먹을 때 되닝께 나타나닝구먼.

진증 표진정(眞正) 부거짓 없이 참으로. ¶니가 **진증** 날 막어보겄단 말이지?

진증 표진정(鎭靜) 명①소란스럽고 어지러운 일이 조용하게 가라앉음. ¶아유, 애덜 손님이 가니께 집안이 점 **진증**이 되네. ②격앙된 감정이나 아픔 따위가 가라앉음. =진정. 동(타) 진정-허다. (자) 진정-되다. ¶마음을 **진증허구** 찬찬히 말혀 봐./진통제를 맥였더니 아픈 게 **진증된년지** 잠이 들었네.

진 : -진 표긴 : -긴 관길고 긴. ¶**진진** 세월 허송허다보니께 쉰머리만 남었구먼.

진 : 진-날 표긴 : 긴-날 명길고 긴 날. 긴 세월. ¶**진진날** 방구석이 처백혀만 있으믄 오째는 겨?/여름 **진진날** 넘덜은 바뻐 죽겄다는디 저 눔은 낮잠만 자구 있었던 게로구먼.

진 : 진-해 표긴 : 긴-해 명기나긴 해. 길고 긴 낮 시간. ¶저 눔은 **진진해** 다 보내구 저녁나절 되닝께 일헌답시구 나스닝구먼.

짓-눌르다[진-] 표짓-누르다 동(타) 마구 누르거나, 심리적 압박을 심하게 가하다. ¶사람을 **짓눌르기만** 허믄 워칙헌대유? 그렇기 애를 **짓눌르닝께** 야가 기를 못 피구 댕이잖유.

질¹ 표길 명'긿>질'. ①사물이 지날 수 있도록 땅 위에 낸 공간. ¶**질**을 닦다./**질**을 내다./**질**을 떠나다./**질**을 재촉허다. ②물 위나 공중에서 일정하게 다니는 곳. ③걷거나 탈것을 타고 어느 곳으로 가는 노정. 삶의 과정. ¶노력 허믄 **질**이 열리는 뻡이여.

질² 표길 명①물건에 손질을 잘하여 생기는 윤기나 다루기 좋게 된 상태. ¶연장을 새루 장만힜더니 **질**이 안 들어서 영 불펀(不便)허구먼. ②짐승이나 물건이 부리기 좋게 된 상태. ¶황소는 승질이 급허서니 **질**을 들이기가 어렵지. ③어떤 일에 익숙하게 된 솜씨. ¶츰 허넌 일이라 **질**이 안 들어서 그렇지, 곧 잘 헐 거유.

질³ : 표길 : 의명사람 키만큼의 길이를 나타내는 단위성 의존 명사. ¶그 새양물은 짚이 시 **질**이나 된다.

질-가생이[-까-] 표길-가 명길의 양옆쪽. =질갓. ¶가을이 되자 **질가생이** 코스모스가 흐드러지게 피어올렀다.

질-갓[-갇] 표길-가 명☞'질가생이'. ¶**질갓**이다가 가로수를 심기루 헸다.

질갓-집[-갇찝] 표길갓-집 명길가에

있는 집. ¶우리집은 **질갓집**이라 맨날 시끄럽다.

질-거리[-꺼-] 표길/길-거리 명사람이 많이 다니는 길, 또는 그런 거리. =질걸. ¶비가 와서 **질거리**가 질퍽질퍽헌 게 장냥이 아니라닝께.

질-걸[-껄] 표길/길-거리(-距離) 명'질거리'가 줄어든 말. ¶눈이 왔이니께 **질걸** 점 쓸자./**질걸**이 복잡히서 나댕기기가 어렵게 됐군.

질 : 구-질 : 다 표길고 길다 형아주 길다. ¶**질구진** 시간 멀허구 있다가 아직까지 끝내질 뭇헌 겨?/**질구진** 끈내끼를 옆이 두구 왜 그리 고생허넝 겨?

질-그륵 표질-그릇 명'딜(陶)+그륵(器)→질그륵'. 잿물을 쓰지 않고, 진흙만으로 구워 만든 윤기 없는 그릇. ¶**질그륵**은 잘 깨지니께 조심히서 욍기도록 혜라.

질-나다[-라-] 표길-나다 동(자) ① 버릇이 되어 익숙해지다. ¶은어먹넌 거두 여러 번 허니께 **질났넌지** 인전 아무렇지두 않이여. ②어떤 물건이 손에 익어 쓰기에 좋게 되다. ¶그도(鋸刀)가 **질나서** 쓸만허다.

질-놀이 표길-놀이 명농악대, 군악대, 탈꾼 따위가 놀이 본마당에 들어가기에 앞서 놀 자리로 풍악을 울리면서 가는 행렬. ¶멩절이믄 풍장치는 으른덜의 **질놀이**를 어깨 들썩이매 따러댕겼다.

질-눈 표길-눈 명간 길을 잘 익혀두는 눈썰미. ¶**질눈**이 밝다. **질눈**이 으뜸다.

질 : 다¹ 표길 : 다 형①물체의 두 끝이 서로 멀다. ¶이 끈내끼는 너머 **질은디**./이 막대는 참 **질구나**! ②어느 때에서 다른 때까지의 시간이 오래다. ¶이번 휴가는 **질어서** 여러 곳을 여행헐 수 있겄다. ③글이나 말 따위의 분량이 많다. ¶글이 너머 **질어서** 읽기가 어렵다.

질 : 다² 표길 : 다 동(자) 식물이나 머리카락, 수염 따위가 자라다. ¶머리가 **질어서** 묶으구 댕기야겄네./팻모가 너무 **질어서** 꺾어서 심으야겄다.

질 : -다랗다[-라타] 표길 : -다랗다 형'지다랗다'의 원말. ¶급식을 타려는 애덜이 **질다랗게** 줄을 스는 중이었다.

질-닦기[-닥기/-딱기] 표길-닦기 명'질(路)+닦-(修繕)+기(접사)'. 무너지거나 어수선한 길을 바르게 고치는 일. ¶추석 멩절 즌날이믄 동네 으른들은 한 집이 한 사람씩 낫과 삽을 들구 모였다. 고향이루 돌아오넌 자석덜을 맞이허기 위허여 **질닦기**를 허려넌 것이다.

질-동무[-똥-] 표길-동무 명같이 길을 가는 사람. 함께 길을 걷는 친구. =질벗. ¶막차를 타구 집이루 오는 동안 **질동무**읎넌 밤질은 즉잖이 호젓허구두 미서웠다.

질-들다 표길-들다 동(자) ①물건이

손질이 잘 되어 다루기가 나아지다. ¶츰이는 이 일이 무지 어렵드만 **질들으니** 헐만 허군. ②동물이 훈련되어 잘 따르게 되다. ¶황소인디두 뜻밖이루 잘 **질들었군**.

질-이다 표길-들이다 동(타) '질들이다→질딜이다>질딜이다'. ①물건 손질을 잘하여 다루기 좋게 된 상태가 되도록 하다. ¶흙손을 새루 장만히서 **질들이는** 중이구먼유. ②짐승 따위를 잘 훈련시켜 부리기 좋도록 하다. =질딜이다. ¶그리서 욍간허문 황소는 놔두구 암소를 **질들여** 밭갈이 소루 쓰능 거 아닌가 배.

질-딜이다 표길-들이다 동☞'질들이다'. ¶연장이 새거라 손이 안 맞으니 얼릉 **질딜여야겄네**.

질러-내다 표기르다 동(타) ①식물이나 동물 따위를 키워내다. ¶숙주나물을 점 **질러냈이니** 갖다 먹어. ②능력이나 자질을 계발하여 주다. ¶운동 슨수를 **질러낸다넌** 게 말차람 쉽덜 않이여.

질르기 표기르기 명 동물이나 식물 따위를 자라게 하는 일. ¶예구, 시루이 물이 잘 안 빠지문 대공이 쩜이 백히는 건디, 연태 콩나물 **질르기두** 못허남?

질르다 표기르다 동(타) ☞'지르다'의 원말. ¶모종을 **질르다**./콩나물을 **질르다**./인재를 **질르다**.

질-마중 표길-마중 명 길에 나가서 올 사람을 기다리는 일. ¶시장이 간 엄니덜 **질마중**을 떠난 애덜이 장고개를 넘구 있었다.

질-모캥이 표길-모퉁이 명 길이 구부러지거나 꺾여 돌아간 곳. =질모텡이. 질모튕이. ¶**질모캥이**마두 총을 멘 군인이 한둘씩 스성이구 있었다.

질-모텡이 표길-모퉁이 명 ☞'질모캥이'.

질-모튕이 표길-모퉁이 명 ☞'질모캥이'.

질-목 표길-목 명 넓은 길에서 좁은 길로 들어서는 어귀. ¶**질목**이 좁어서니 짐차가 들어가덜 뭇헐 텐디 큰일이네.

질목-쟁이[-쨍-] 표길-목 명 ☞'질목'. ¶늬가 뭔디 사람 댕이넌 **질목쟁이** 막구 지랄이여?

질-바닥[-빠-] 표길-바닥 명 길의 바닥. 길거리나 길의 위. 노면(路面). 노상(路上). ¶**질바닥**이 얼음판이라 차끌구 댕기기는 우험허다./비가 와서 **질바닥**이 수렁이 됬다.

질-벗[-뻗] 표길-벗 명 ☞'질동무'. ¶올마 전이 **질벗**이 서울루 이사를 가넌 바람이 먼 질을 혼저 댕겨야 헌다.

질-섶[-썹] 표길-섶 명 길의 가장자리. ¶애야, 논두렁의 **질섶**인 배얌이 흔허니께 조심히야 헌다.

질-손[-쏜-] 표길-손 명 먼 길을 가는 나그네. ¶스산 가넌 **질손**인디 물 한 그륵만 읃어 마십시다.

질쌈 표길쌈 명 실을 내어 옷감을 짜는

수공(手工) 일을 통틀어 이르는 말. ¶집이서 노상 **질쌈**은 히봤넌디, 그거배끼 다른 일은 물류.

질쌈-틀 표길쌈-틀 명실을 뽑고 옷감을 짤 때 쓰는 기구. 방적기(紡績機).

질-잽이 표길-잡이 명①여럿이 가는 길을 앞서 이끌어주는 사람. ¶산질이 복잡헌디 누구 **질잽이** 노릇헐 사람 읎남? ②방향을 잡아가는데 도움이 되는 사물. ③어떤 목적을 이루도록 이끌어주는 사람. ¶좋은 책이야말루 인생 성공의 **질잽**인 겨.

질 : 질-이 표길 : 길-이 부①성이 나서 펄펄 뛰는 모양. ¶그는 이교수까장 으용학자라구 **질질이** 몰어부쳤다./**질질이** 날뛰기만 허덜 말구 먼 일이 있었넌지 찬찬히 얘길혀 봐. ②여러 길이나 되는 높이로. 아주 높게. ¶분수대서 뿜어나오넌 물질이 **질질이** 솟구쳐 올렀다.

질쭉-질쭉 표길쭉-길쭉 부여럿이 모두 기다란 모양. ¶나무덜이 **질쭉질쭉** 잘 크구 있구면.

질쭉-허다[-커다] 표길쭉-하다 형'질-(長)+쭉(접사)+허-(爲)+-다'. 어느 정도 길다. ¶다덜 키가 **질쭉허구먼**./창대미가 **질쭉허니** 쓸만허구나.

질-채림 표길-차림 명'길/질(路)+차리-(服裝)+ㅁ(어미)→길차림/질차림'. 길 떠나는 옷차림. 여행을 떠나기에 알맞은 차림. ¶**질채림**이 그게 머여? **질채림**은 멋부릴라구 허믄 안 좋은 겨.

질-턱 표길-턱 명길섶과 비탈면이 이어지는 길의 가장자리. ¶자빠지믄 오틱헐하구 오똑헌 **질턱**이루 댕기는겨?/질이 질어서니 심발 버릴꺼미 **질턱**이루 댕기능 규.

질-품 표길-품 명삯을 받고 남이 갈 길을 대신 가는 일. ¶**질품**허라 나섰넌디 질을 잘 물러서 헤매기만 허다가 기냥 왔어. 그리기 **질품**팔이가 쉬운 일이 아니라구 혔잖어.

질-호사 표길-호사(-豪奢) 명장가나 시집갈 때 겉치레로 호사스럽게 차려입고 가는 것. 또는 호사스런 옷차림. ¶평생 호사라군 물르던 응감쟁이가 아들이 혜준 양복을 입구서니 멫날 메칠째 **질호사**허매 시장통일 쏘댕긴다너먼.

짐 :¹ 표김 : 명①물이 열을 받아서 뽀얗게 기체로 피어오르는 것. ¶부옇게 **짐**이 나는 감자를 급히 먹다가 입천장을 데구 말었다. ②추운 곳에서 숨 쉴 때 나오는 하얀 기체. 또는 더울 때 얼음에서 피어나는 하얀 기체. ¶차거운 유리창이다 대구서니 입짐을 후 불자 흐얗게 **짐**이 서렸다.

짐 :² 표김 : 명<식물> 바다 속 바위에 자라는, 가장자리는 밋밋하며 주름이 져 있는 검은 자주색의 해초. 또는 그것을 말려서 네모지게 가공한 식품.

¶짐 한 톳이 스물루 들어왔넌디 아우지 동상집이랑 노나먹으야겠네.

짐³ 표김 의명 무엇을 하는 차에. 어떤 기회에 계기에. ¶떡 본 **짐**이 지사 지낸다잖어./그러닝께 이왕 고향 온 **짐**이 흠씬 셨다가란 말여.

짐:-발[-빨] 표김:-발 명 ①김의 홀씨(胞子)가 잘 자라도록 설치해놓은 발. ¶**짐발**을 잘 막어서 짐양식이 풍년이 들었댜. ②김밥을 말 때 쓰는 발. ¶**짐발**이냐구 다 낡어서니 뭇 쓰겄다.

짐:-밥[-빱] 표김:-밥 명 김 위에 밥을 편 뒤 소를 박아 말아 만든 음식. ¶아니, **짐밥** 한 줄 가지구 누구 코에 붙이라구 허넌 겨?

짐벙 표점벙 무 어떤 물체가 물에 잠겼다 뜰 때 나는 소리나 모양.

짐벙-거리다 표점벙-거리다 동 (자)(타) ①자꾸 점벙 소리가 나거나, 그런 소리를 내다. ②국물이 들어있는 음식에 수저를 넣었다 뺐다 하다. ¶여럿이 음석을 먹을 땐 자꾸 **짐벙거리는** 거 아녀.

짐벙-대다 표점벙-대다 동(자)(타) ☞ '짐벙거리다'.

짐벙-짐벙 표점벙-점벙 무 ①자꾸 점벙 소리가 나는 모양. ②음식물에 수저를 자꾸 넣었다 뺐다 하는 모양. ¶늬가 **짐벙짐벙** 음석을 자꾸 근디리니께 드러워서 뭄 먹겄잖어.

짐:-새다 표김:-새다 동(자) 흥이 깨지거나 맥이 빠져 싱겁게 되다. ¶**짐새넌** 소릴 들으니께 허구 싶덜 않다./헛품팔이나 다름없넌 디 **짐새서** 일헐 맛이 나남?

짐성 표김승 명 '즘싱(衆生)>즘성>짐성'. ☞ '즘성'. ¶뿔 달린 **짐성**은 사람한티 고마운 **짐성**이여./저 **짐성**만두 뭇헌 눔 같으니라구./저 넘은 사람이 아니라 두 발 달린 **짐성**이여.

짐장 표김장 명 ☞ '진장'.

짐장-감[-깜] 표김장-감 명 ☞ '진장감'.

짐장-갑[-깝] 표김장-값 명 ☞ '진장갑'.

짐장-거리[-꺼리] 표김장-거리 명 ☞ '진장거리'.

짐장-독[-똑] 표김장-독 명 ☞ '진장독'.

짐장-츨 표김장-철 명 ☞ '진장츨'. ¶**짐장츨**두 지났구 인전 삼동(三冬)이 한가허겄구나!

짐치 표김치 명 '딤치(沈菜)→짐치>김치'. 소금에 절인 배추나 무 따위에 고춧가루, 파, 마늘 따위의 양념으로 버무려 발효시킨 음식. ¶**짐치**를 당그다./**짐치**를 찌다.

짐치-즌 표김치-즌 (-煎) 명 곡식 가루에 김치를 썰어 넣고 반죽하여 부친 전. ¶겨울 막걸리에는 **김치즌**이 지격인디.

짐치-찌개 표김치-찌개 명 김치를 넣

고 끓인 찌개. ¶**짐치찌개**를 오티기 이렇기 구수허게 끓일 수 있능 겨?

짐칫-독[-친똑] 표김칫-독 명김치를 담아두는 항아리. =진장독. ¶감증 있으믄 말루 헐 것이지 왜 죄읎넌 **짐치독**은 발루 차넝 겨?

짐칫-돌[-친똘] 표김칫-돌 명김칫독 안의 김치가 들뜨지 않도록 눌러놓은 돌덩이. ¶**짐칫돌**루 눌러놓질 않았더니 짐치가 다 셔번졌어.

짐칩-멀국[-침-] 표김칫-국물 명'짐치(沈菜)+ㅅ+멀(淡)+국(羹)→짐칫멀국>짐칩멀국(변자음화)'. 김치 포기에서 나온 양념이 배인 물. ¶니끼헌 괴기를 먹을 땐 선헌 **짐칫멀국**이 최고라닝께.

집-고상[-꼬-] 표집-고생(-苦生) 명집이 안 좋거나 없어 겪는 어려움. ¶넘의집살이 헐라니께 암체두 **집고상**이야 되었지.

집-즘성[-쯤-] 표집-짐승 명집에서 기르는 짐승. 가축(家畜). =집짐성. ¶**집즘성**은 놔 멕이믄 남헌티 해가 되는 겨./**집즘성**두 쥔이 맴을 줘야 살찌는 겨.

집-짐성[-찜-] 표집-짐승 명 ☞ '집즘성'.

짓 : -날[진-] 표곗:-날(契-) 명계원들이 모여서 결산을 하기로 정한 날. ¶**짓날**은 다가오넌디 돈 맹글 디가 읎네.

짓 : -돈[지똔/진똔] 표곗:-돈(契-) 명①계에 들어서 내는 돈. ¶**짓돈**이 올마인디 걱정인 겨? ②계에서 탄 목돈. ¶**짓돈**을 탔으니 낡은 위채를 점 손봐어졌네.

짓 : -술[-쑬/진쑬] 표곗:-술(契-) 명계모임에서 마시는 술. ¶**짓술**은 당은(當然)히 지타는 사람이 내넌 것이구, 안주는 지주가 쏜다너먼.

짚다[집따] 표깊다 형①위에서 아래까지의 거리가 멀다. ¶**짚은** 수렁에 빠지다./우물물이 참 **짚다**. ②바깥에서 속까지의 거리가 멀다. ¶굴이 생각버덤 참 **짚어**. ③생각이나 마음 씀이 진지하고 신중하다. ¶속이 참 **짚은** 사람이군. ④강하거나 지극하다. ¶정이 **짚으믄** 떼기가 어려운 벱인디. ⑤시간에 따라 어떤 상황이 심해지다. ¶인전 병이 **짚어서** 고치기 힘들댜. ⑥안개나 어둠이 짙다. ¶밤이 **짚기** 즌이 얼릉 가봐.

짚디-짚다[집띠집따] 표깊디-깊다 형아주 깊다. ¶방죽 옆이 수렁인 **짚디짚어서니** 한 번 빠지믄 나오기가 아주 심들다너먼.

짚숙-이[집쑤기] 표깊숙-히 부아주 깊게. 아주 깊은 모양. ¶구락젱이를 청소헌다매 그리 깔짝거리믄 오티기여. 고무래를 **짚숙이** 느서 긁어내야지.

짚숙-허다[집쑤커-] 표깊숙-하다 형 '짚-(深)+숙(접사)+허-(爲)+-다'. 깊고 으슥하다. ¶산고랑팅이가 **짚숙허니** 한여름이두 으스스허구먼.

짚이 표깊이 명'깊(深)+이→기픠>깊이/짚이'. ①깊은 정도. 위에서 밑바닥까지의 거리. ¶물이 **짚이**를 알 수 읎어. ②사람의 진지한 모습이나 내용의 충실도.

짚이-갈이 표깊이-갈이 명<농업> 쟁기로 논이나 밭을 깊게 가는 일. 심경(深耕). ¶두둑을 높일라믄 **짚이갈이**를 히야능 겨.

짚이-짚이 표깊이-깊이 부아주 깊게. ¶뭔디 그렇기 **짚이짚이** 감춰대능 겨?

짜개-짜개 부쪼개고 쪼개서. 둘 이상으로 쪼개서. ¶**짜개짜개** 찢어놓지만 말구 잘 점 정돈히 봐.

짜개다 표쪼개다 동(타) 어떤 것을 둘 이상으로 나누다. ¶날 더운디 수박이래두 **짜개** 먹자./밤낭구를 **짜개서** 윷을 맹글었다.

짜구 표자귀 명흔히 너무 많이 먹어서 생기는, 배가 붓고 발목이 굽으면서 일어서지 못하는 짐승의 병. ¶똥배가 너머 나와서 잘 걷지두 뭇허넌 게 꼭 **짜구난** 가이같구먼.

짜구-나다 표자귀가 나다 동(자) 흔히 너무 많이 먹어서 배가 붓고 발목이 굽으면서 일어서지 못하는 자귀병에 걸리다. ¶강아지가 잘 먹넌다구 들구 먹을 걸 주믄 **짜구나능** 겨.

짜구때-나무 표자귀-나무 명☞'짜구때낭구'. ¶요즘이는 **짜구때나무**를 가로수루 심기두 허더먼. **짜구때나무**는 깨깟허구, 꽃내가 좋으닝께 그렇겠지.

짜구때-낭구 표자귀-나무 명<식물> 콩과의 낙엽 교목. ¶가지색과 붉은색이 얽히구 향기가 좋아서 그 꽃을 볼라구 **짜구때낭구** 울타리 옆이다가 많이 심었지.

짜징 표짜증 명'짜증>짜징(전설모음화)'. 탐탁지 않아 상대에게 벌컥 역정을 내는 짓. ¶**짜징**은 내어서니 뭣허나, 강짜는 부려서니 뭣허나.

짜징-나다 표짜증-나다 동(자) 마음이 언짢아 역정이 나다. ¶아이 **짜징나** 죽겄네. 왜 나는 허넌 일마두 되넌 게 읎댜?

짜징-내다 표짜증-내다 동(자) 마음에 탐탁치 않아 역정을 내다. ¶속 상헌 중은 알겄지만 암디서나 **짜증내믄** 오티기는가?

짜징-시럽다[-따] 표짜증-스럽다 형 '짜징(憊症)+-시럽-(접사)+-다'. 보기에 짜증이 나는 데가 있다. ¶나는 셤공부가 **짜징시러서** 집밖이루 나갔다.

짜징이 표짜증 명☞'짜징'의 이형태. ¶엄니는 고여니 나헌티 **짜징이**를 부린다./나는 **짜징이**가 나서 왝왝 소리를 질렀다.

짜징이-나다 표짜증-나다 동☞'짜징나다'의 이형태. ¶요짐은 왜 이렇기 **짜징이나넌** 일만 자꾸 생긴댜?

짜징이-내다 표짜증-내다 동☞'짜징내다'의 이형태. ¶**짜징이내지** 말구 서루 웃으맨서 지내거라.

짝 표쪽 의명 앞말이 나타내는 방향이나, 그 방향에 있는 곳을 뜻하는 말. ¶해가 뜨넌 **짝**이 오딘가? 넘이 동네 오닝께 오먼 **짝**이 오먼 **짝**인지 통 물르겄구먼.

짬-매다 표매다 동 '짜-(縛)+ㅁ+매-(繩)+-다'. 새끼줄이나 끈 따위로 싸듯이 감거나 빙 둘러 매다. =쩜매다. 쩜매다. ¶자루이다가 곡석을 늫구 꼭꼭 **짬맸다**./짚이루 배차를 **짬매** 주다./머리를 잘 **짬매구** 댕기야지 그게 머냐?/풀러지지 않게 꼭 **짬매** 둬.

짭-치다 표치이다 동 (자) 무겁거나 큰 물체에 눌리거나 깔려 옴짝달싹 못하게 되다. ≒치 : 다. ¶장날 버스가 올마나 만원이던지, 사람덜헌티 **짭쳐** 죽넌 중 알었유./이를 워젼다? 애가 지게 밑이서 놀다가니 지겟다릴 근디려서 나뭇짐이 **짭쳤다**./쟈가 왜 쩔뚝거리는 겨? 말두 말유. 저 늠이 심자랑 헌다구 볏섬 들구 뛰다가니 볏섬헌티 **짭쳤대유**, 글씨.

째꼬만 표자그만/조그만 관 '째끄맣-(小如)+ㄴ(어미)'. 조금 작은. ¶담배락 틈이루 **째끄만** 게 밤마두 들락거리넌디 그게 먼 짐성인질 물르었어.

째끄맣다[-마타] 표자그맣다 형 '작-(小)+-으마(접사)+ㅎ-(爲)+-다→작으맣다>째그맣다'. 조금 작은 듯하다. ¶방이 참 **째끄맣구먼**.

째끔 표쪼끔 부 ①정도나 분량이 적게. ¶**째끔**만 봐주게. ②시간적으로 짧게. ¶여름이 다가오자 해가 질어지구 일헐 시간이 **째끔** 늘어났다.

쨈 : 보 명 '짜-(逆情)+ㅁ(어미)+-보(접사)→짬보>쨈보'. 자주 울거나 보채는 아이를 속되게 이르는 말. =울보. ¶**쨈보**가 될라구 그러나, 왜 그렇기 맨날 짜대냐?

쩌-눌르다 동 (타) '찧-(臼)+-어+눌르-(抑)+-다→찧어눌르다>쩌눌르다>쩌눌르다'. 절굿공이로 찧듯이 위에서 힘을 가하다. ¶위서 저리 **쩌눌르넌디** 누군덜 전딜 재간이 있겄남?/인전 그만 **쩌눌러**. 더 **쩌눌르믄** 밑이 것이 다 터지겄구먼.

쩜-매다 표매다 동 (타) ☞ '짬매다'. '짬매다, 쩜매다'에 비해 쓰임 빈도가 '낮다'. ¶대충 **쩜매** 놓구 들어가자구.

쩜-부리다 표겹-치다 동 (타) 여러 가지가 한데 섞이거나, 여러 일이 겹쳐 일어나다. ≒접치다. ¶혼사집이 여럿 **쩜부려서** 오티기히야 헐질 물르겄네./일을 자꾸 **쩜부리게** 맹글지 말란 말여.

쩜 : -장 표막-장 (-醬) 명 '쩜(?)+장(醬)'. 보리밥이나 찹쌀밥에 메줏가루를 섞어 담가 간단하게 만들어 먹는 된장. ¶봄판이 밥맛 읎을 땐 **쩜장**이 최고여. 썩썩 비며 먹어두 좋구, 부루쌈을 싸 먹어두 **쩜장**이 밥맛 돋구넌딘 최고라닝께.

쪄 : -입다[-따] 표껴 : -입다 동(타) '끼-(疊)+-어+입-(服)+-다→쪄입다'. 옷을 입은 위에 겹쳐서 또 입다. ¶고뿔이 걸려 옷을 잔뜩 **쪄입었다**.

쩐 : 다[-따] 표끼-얹다 동☞ '쩐지다'. ¶뒴을 잘 쩐더락 늬가 도와줘라.

쩐 : 지다 표끼-얹다 동(타) '끼(찌)-+언지-+-다→끼(찌)언지다>쩐지다'. 물이나 가루 따위를 흩어지게 뿌리다. ¶에구 더워라. 내 등이다가 찬물 점 **쩐져** 줘.

쫄러-매다 표졸라-매다 동☞ '졸러매다'의 센말. ¶아니 그렇기 **쫄러맨넌**디 두 또 풀러진 겨?

쫒겨-가다[쬗껴-] 표쫓겨-가다 동☞ '쫓겨나다'. ¶금세 **쫒겨갈** 것을 머더러 온 겨?

쫒겨-나다[쬗껴-] 표쫓겨-나다 동(자) 내쫓김을 당하다. ¶지가 잘못허구서 **쫒겨나게** 생긴 걸 나더러 오쩌라능 겨?

쫒겨-댕기다[쬗껴-] 표쫓겨-다니다 동(자) 어떤 대상에 몰려 피해 다니다. ¶그 친구 도둑질허다 들켜서 경찰덜한티 **쫒겨댕기구** 있다녀먼.

쫒기다[쬗끼-] 표쫓기다 동(자)(타) ①두려움으로 마음이 불안한 상태에 놓이다. ¶**쫒기넌** 가이가 요란허게 짖넌대잖어. 뭔 잘못이 있으닝께 들구 변명헤쌌넌 겨. ②어떤 대상을 피해 다니다. ¶들개 피허니 호랭이 만난다 구 난 맨날 **쫒길** 팔잔 개벼. ③어떤 자리에서 떠나도록 내몰리다. ¶에서 **쫒기구** 싶덜 않으믄 가만히 있어.

쪽 : 다 표적 : 다 형☞ '즉다'의 센말. ¶일손이 너머 **쪽은디** 사람을 사야 헐 라나.

찌다¹ 표끼다 동(자) ①안개나 연기 따위가 서리다. ¶잔뜩 구름이 **찐** 거보닝께 장마가 시작될라나 배. ②때가 엉겨 붙다. ¶옷이 때가 **쩌서** 쌔까매졌군. ③이끼나 녹 따위가 물체를 덮다.

찌 : 다² 표끼이다 동(자) '찌-(挾)+이(접사)+-다→찌이다>찌 : 다'. '찌다'의 피동. ¶벽 새이 **쩌서** 못 나가겠네./옷장 짚숙히 **쩌서** 못 끄내졌어.

찌 : 다라-지다 표기 : 다래-지다 동 ☞ '지다라지다'의 센말.

찌 : 다랗다[-라타] 표기 : 다랗다 형 ☞ '지다랗다'의 센말.

찌리 표끼리 접'특정 부류만 서로 함께'의 뜻을 가진 접사. ¶난 갈랜다. 느덜**찌리** 잘 놀어라./같은 집안**찌리** 왜덜 싸우넌지 무르겠어.

찌리-찌리 표끼리-끼리 부무리를 지은 여럿이 모두 따로따로. ¶꼴같잖은 것덜이 **찌리찌리** 지랄허구 자뻐졌네./시상 산다넌 게 다 **찌리찌리** 어울리는 거여.

찌우뚱 부☞ '지우뚱'의 센말.

찌우뚱-찌우뚱 표기우뚱-기우뚱 부물체가 이쪽저쪽으로 자꾸 기울어지며 흔들리는 모양. =지우뚱지우뚱. ¶ 이느무 물지게가 왜 자꾸 **찌우뚱찌우뚱** 흔들린댜?

찌우뚱-허다 표끼우뚱-하다 동☞ '지우뚱허다'의 센말.

찌울 표기울 명☞ '지울'.

찌울-기 표기울-기 명☞ '지울기'.

찌울다 표기울다 형☞ '지울다'의 센말.

찍게[-께] 표집게 명☞ '직게'의 센말.

찍게-손꼬락 표집게-손가락 명☞ '집게손꼬락'.

찐 표낀 명☞ '진'의 센말. ¶도 **찐**이나 개 **찐**이나 그게 그거잖어./걸 **찐**이 개 **찐**이닝께 걸버터 나야 쓰겄구먼.

찔:다 표길:다 형☞ '길다'의 센말.

찔:-다랗다[-라타] 표길:-다라핳다 형☞ '질다랗다'의 센말.

찔쭉-찔쭉 표길쭉-길쭉 부☞ '질쭉질쭉'의 센말.

찜 표쯤 접명사, 명사구 뒤에 붙어 '정도'의 뜻을 더하는 접미사. ¶거서 얼마**찜** 더 있으야 히유? 한 달포**찜** 더 지둘러야 히여.

찜-매다 표매다 동☞ '짬매다'와 같이 '꼭 매다'의 뜻으로 많이 쓰이는 말. ¶그것 하나두 **찜매덜** 뭇허남? 일루 주구 내가 **찜매넌** 걸 잘 봐.

ㅊ

차지다 표찾다 동(타) '활용 형태 : 차지게. 차지구. 차지더락(찾더락). 차져서. 차지니께. 차질라구. 차지너라'. 여기저기를 뒤지거나 살피다. 무엇을 알아내려고 애쓰거나 그것을 알아내다. =찾다. ¶널 **차질라구** 내가 올마나 헤맸넌지 알기나 아냐?

창-꽤 표참-깨 명 '춤(眞)+째(荏)→참깨>창꽤(변자음화)'. 참깻과의 한해살이 풀, 또는 그 씨앗. ¶여름두 되기 전이 비가 맨날 오닝께 **창꽤** 농산 글렀군./**창꽤**가 기니 짧으니, 좁쌀이 크구 작으니.

창-꽵목[-꽴-] 표참-깻묵 명 '춤(眞)+째(荏)+ㅅ+목(粟)→춤빼목>참깻목>창꽵목(변자음화)'. 참깨에서 기름을 짜고 남은 찌기. ¶**창꽵목**이루 죽을 점 쒀 봤넌디 잡숴보슈.

창-꽷-잎[-꽨닙] 표참깻-잎 명 참깨의 잎. ¶맨날 비가 와싸니 **창꽷잎**이 썩어다 쏟어졌다닝께.

창-대미(槍-)[-때-] 표 장-대 (長-) 명 '창(槍)+대(竿)+미(접사)'. 과실을 딸 때 쓰는 길이가 긴 막대기. =장대미. ¶밤 털러 갈 거니께 **창대미** 갖구 따러와.

창-지름 표참-기름 명 참깨로 짠 기름. =챙기름. 챙지름. ¶창꽤 농사만 짓지, 농사꾼이 **창지름**을 먹을 수 있간유?

채리다 표차리다 동 ①상에 음식을 먹을 수 있도록 늘어 놓다. ¶잔칫상을 참 잘 **채렸구먼**. ②살림이나 가게 따위를 벌릴 채비를 하다. ¶가게를 **채리다**./새 살림을 **채리다**. ③격식있게 준비하다. ¶옷을 **채려** 입다. 예의를 **채리다**. ④욕심을 채우거나 정신을 되찾다. ¶증신 점 **채려** 이 사람아.

챙-기름 표참-기름 명 ☞ '창지름'. ¶어이구, 구헌 **챙기름**을 머러 이렇기 많이 개지구 왔다?

챙-지름 표참-기름 명☞'창지름'.¶밥 비벼먹넌디 먼 **챙지름** 타령이여? 늬가 먹넌 건 들지름두 아까워 이눔아.

처-늫다[-느타] 표처-넣다 통(타) 무엇을 마구 집어넣다.¶어른내를 승폭력허넌 나뿐 눔덜은 다 강물이다가 **처느야** 히여.

처-백히다[-배키-] 표처-박히다 통(자) 매우 세게 박히다.¶애덜아, 춥다구 방구석이만 **처백혀** 있지 말구 나가서니 놀어.

천도-복사[-싸] 표천도-복숭아(天桃-) 명<식물> 복숭아의 변종으로, 거죽에 털이 없고 윤이 나는 복숭아. =천도복숭아.¶오쩨 복사가 털이 읎댜? 이게 옛날 신선덜이 먹던 **천도복사**랴. 그러니 보통 복사허군 달른 거지.

천상 표천생(天生) 부하는 수 없이. 별 수 없이. 어쩔 수 없이.¶아무두 나슨 사람이 읎으니께 그 일은 **천상** 늬가 허야겄다.

철물-즘 표철물-점(鐵物店) 명☞'츨물즘'.

체인-즘 표체인-점(chain-店) 명 가게를 여러 곳에 두고 중앙에서 통제·경영하는 점포 조직.

첵 표척 의명그럴 듯하게 꾸미는 거짓 태도나 모양.¶아넌 **첵** 그리두 늬가 그런 거 다 아니께 좋게 말루 헐 때 실토혀.

초가-지벙 표초가-지붕(草家-) 명 짚이나 억새 따위로 이엉을 엮어 올린 지붕.¶**초가지벙**이어서 이태 한 번쓱은 새루 해일으야지 그렇지 않으믄 비가 새여.

초-갈 : 표초-가을(初-) 명여름에서 이어지는 가을의 초기. ↔늦갈.¶요짐은 **초갈**이란 건 읎어. 가을 오녕가 싶으믄 찬바람 이넌디 뭘.

초-꼬치장 표초-고추장(醋-醬) 명 초를 넣어 묽게 만든 고추장.¶해쳐(膾-) 먹넌 딘 옥시(亦是) **초꼬치장**이 맛있으야 허넌 벱이여이.

초싹-초싹 표촐싹-촐싹 부주책없이 달랑거리며 돌아다니거나 까불어대는 모양.¶그렇기 **초싹초싹** 나스다가 온 젼간 큰 코 다칠 겨.

초행-질[-찔] 표초행-길(初行-) 명 처음 가는 길.¶지두 **초행질**이라 여가 오딘지 잘 물류./**초행질**이라넌 게 원래 흠헌 벱이닝께 조심히서 댕겨와.

촌-시럽다[-따] 표촌-스럽다(村-) 형엉성하여 세련된 맛이 없다.¶오티기 골러두 요롱기 **촌시런** 옷을 골렀댜?/거기 가믄 **촌시럽게** 굴덜 말구 즘잖게 있이야 혀.

추수-츨 표추수-철(秋收-) 명추수하는 철. =갈근이츨.¶**추수츨**이 끝나니 진장츨이 됐구먼.

추즐 표추절(秋節) 명가을철. =갈츨.¶슨선헌 거 보닝게 **추즐**은 **추즐**인개 벼.

충이다 표끌다 통일의 중간에 시간을

보내다. ¶일 점 츙이지 말어./오년 질이 친구를 만나서리 시간을 즉잖이 츙였유.

츅 : -허니[츠커-] 🟦시험 따위에 어김없이 붙는 모양. =척허니. ¶남덜이 그렇기 가구 싶어허년 서울대학이 측허니 붙었다너면./그집 아덜이 교사 임용섬이 측허니 붙었다.

츤덕-꾸리기 표천덕-꾸러기 (賤-) 명늘 업신여김과 푸대접을 받는 사람이나, 그러한 물건. =츤덕쟁이. ¶저 말썽만 시피넌 츤덕꾸리기를 오티기야 옳다?/쓰다 남은 저 물건덜이 츤덕꾸리기라닝께.

츤덕-쟁이 표천덕-꾸러기 (賤-) 명 ☞'츤덕꾸리기'.

츤 : 민 표츤 : 민 (賤民) 명신분제 사회에서, 지체가 낮고 천한 백성. ¶요짐이야 츤민, 쌍것이 따루 있남. 지가 츠신을 낮게 허든 그게 츤민이구 쌍것이지.

츤 : 박-시럽다[-씨-따] 표천 : 박-스럽다 (淺薄-) 형 ☞'츤박허다'. ¶여자가 오쩌믄 저렇기 츤박시럴 수가 있능 겨?/그 여자가 츤박시럽게 몸을 굴리넌 것두 다 시즐(時節) 잘못 탠 탓이라닝께.

츤 : 박-허다[-바커-] 표천 : 박-하다 (淺薄-) 형생각이 얕고, 언행이 상스럽다. ¶츤박허기가 오치기 이를 디가 읎구먼.

츤은득-시럽다[-씨-따] 표천연덕-스럽다 (天然-) 형'표준어화 과정→츤은득시럽다>츤연덕스럽다>천연덕스럽다'. 시치미를 떼고 아무렇지도 않은 듯 꾸미다. ¶먼 그짐말을 그렇기 츤은득시럽게 허능 겨?

츤 : 출 표천 : 출 (賤出) 명천한 신분의 집안에서 태어난 사람, 또는 천첩(賤妾)의 자식. ¶첩자석이라구 츤출이라 욕허믄 뭇쓰능 겨./요짐이야 게을르구 뭇난 짓허넌 눔이 츤출인 거지.

츤츤이[-츠니] 표천천히 부동작이나 태도가 급하지 아니하고 느리게. ¶저 먼첨 가 있을 테닝께 츤츤이덜 오슈.

츨¹ 표철 명세상 이치나 사람 도리를 깨닫게 되는 상태. 또는 그러한 정신적 능력. 지각(知覺). ¶아이구, 이눔아 츨 즘 들어라. 장개갈 나이가 되구두 츨이 읎유, 저눔이.

츨² 표철 명'철(節)>츨/철'. ①일정한 기후 특성을 보이는 계절. ¶츨 지난 옷을 왜 끄내남?/츨이 바낄라나 갑자기 취진 기분이네. ②한 해 중 어떤 일을 하기에 좋은 때. ¶요짐이야 농사짓넌 츨이 따루 있남?

츨 표철 (鐵) 명은백색의 고체로 금속 원소의 하나. 원소번호 26. 원소기호 fe.

츨궤 표철궤 (鐵櫃) 명철판으로 만든 궤. ¶츨궤 스랍장./조그만 손츨궤.

츨궤 표철궤 (鐵軌) 명철도의 레일(rail).

¶양짝 질가생이루 곱게 핀 코스모스가 **츨궤**차람 끝읎이 이서져 있다.

츨근 표철근(鐵筋) 명콘크리트 속에 넣어 콘크리트를 보강하기 위하여 쓰는 막대 모양의 철재. ¶가로 **츨근**./**츨근** 구조물./**츨근** 근축(建築)./**츨근** 공구리(콘크리트).

츨기 표철기(鐵器) 명쇠로 만든 그릇이나 기구. ¶**츨기**문화./**츨기**를 사용허다.

츨기 표철기(鐵騎) 명①철갑을 입은 기병. ②용맹한 기마병.

츨기-시대 표철기-시대(鐵器時代) 명연모를 철기로 만들어 쓰던 시대. ¶**츨기시대**는 슥기시대, 층동기시대를 이은, 인류 문화 발즌의 지3단계를 말헌다.

츨-딱스니[-쓰-] 표철-딱서니 명'츨(철)'을 낮게 이르는 말. =철딱스니. ¶**츨딱스니** 읎넌 눔 같으니./**츨딱스니**가 들 때두 됬넌디.

츨모 표철모(鐵帽) 명전투할 때 쓰는 쇠로 만든 모자. ¶융니오(六二五) 적이 **츨모**를 탈바가지라구덜 힜잖어. 민대가리다가니 **츨모**를 쓰믄 이 탈바가지가 될 즉마두 머리 위서 뱅글뱅글 돌어댕겼지.

츨문 표철문(鐵門) 명쇠로 만든 문. =철문.

츨물 표철물(鐵物) 명쇠로 만든 여러 가지 물건. =철물.

츨-물르다 표철-모르다 동(자) 사리를 분간할 줄 모르다. ¶**츨물르구** 헌 일이닝께 심허게 헐 수 있남. 좋게 타일러서 보냈지.

츨물-즌 표철물-전(鐵物廛) 명☞'**츨물즘**'. ¶소시랑 점 사러 **츨물즌**이 댕겨 오께유./요새는 **츨물즌**이라구 허지 않구 **츨물즘**이라구덜 허더라구.

츨물-즘 표철물-점(鐵物店) 명쇠붙이로 만든 여러 물건을 파는 가게. =철물즘. 츨물즌. ¶**츨물즘**이서 왜낫시 개만 사와./그도가 뼈물어서 줄을 사러 **츨물즘**일 들러 왔어.

츨-새[-쌔] 표철-새 명철에 따라 살 곳을 바꾸는 새. ↔텃새. ¶**츨새**덜이 날러오넌 거 보닝께 즑이 다가왔내 벼.

츨조망[-쪼-] 표철조망(鐵條網) 명가시철사를 얼기설기 엮어놓은 것. 또는 그것으로 친 울타리. ¶**츨조망**을 치다./빈 집 가생이다 **츨조망**은 머더러 둘른대유?

츰 : 표처음 명시간상, 순서상으로 맨 앞. ¶늬가 **츰**이루 도착헸으니 장허구나./나한티는 늬가 **츰** 친구여.

치리기 표찌꺼기 명'치-(蒔籍)+리(접사)+-기'. ①곡식을 체로 치고 남은 찌꺼기. ¶곡석 증리 다 끝냈으믄, **치리기**는 냅두구 알곡만 집이루 딜여놔./알맹이는 그륵이 담구 **치리기**는 버려라. ②쓸모 있는 것에 끼이지 못하고 버려지는 물건. ¶**치리기**같은 물건만 잔뜩 받어놨구먼./인전 저런 **치리기**는 취급허지 말유. ③머리나 능력이 모자란 사람을 비유하여 이르는 말. ¶저 **치리기**는 머더러 델구 온 겨?/저런 **치리기**를 봤나?/넌 **치리기**같은 늠이여.

치마-저구리 표치마-저고리 명여자들이 입는 한복치마와 한복저고리. ¶**치마저구리** 곱게 채리시구 오딜 댕겨오시년 거래유?/노년 꼴을 딱 보믄 즈게 슨머심이지, **치마저구리** 글쳤다구 다 여자인가?

치막-감[-마깜/-막깜] 표치맛-감 명 '치마(裳)+ㅅ+감(材料)→치맛감>치막감(변자음화)'. 치마를 만드는데 쓰는 천. ¶치마를 맹근다구 포목즘이 가서니 **치막감**을 떠오래유. **치막감**은 몇마나 뜰라넌디?

친목-지[-찌] 표친목-계(親睦契) 명친목을 꾀하기 위해 만들어진 계. ¶오랜만이 동창덜이 많이 모였는디 이참에 **친목지** 하나 맹글믄 오떨까?

친-자석 표친-자식(親子息) 명자기가 낳은 자식. ¶**친자석**을 뭇 읃어서 으붓자석을 데려다 질른다넌구먼.

친-자슥 표친-자식(親子息) 명☞'친자석'.

ㅋ

커리 표켤레 의명신, 양말, 버선 따위의 짝이 되는 두 개를 한 벌로 세는 단위. ¶추석 슨물루 아부지가 운동화 두 **커리**를 사 오셨지. 한 **커리**는 내 것이구, 또 한 **커리**는 동상 것이었어.

클-나다 표큰일-나다 동(자) '크-(大)+ㄹ(어미)+나-(生)+-다'. ①'큰일이 나다'가 줄어들어 단독형으로 굳어진 합성어. 다루기 힘든 어려운 일이나 큰 문제가 생기다. ¶이 집안두 **클났구먼**./교장 슨상님, 핵겨이 **클났으닝께** 얼릉 가 보슈./째끔만 더 늦었으믄 **클 날 뻔 힜다닝께유**./애가 다쳤으니 **클 난 거 아뉴**?

키다¹ 표켜다 동 ☞ '쓰다'. ¶환허니께 즌깃불을 **키지** 말어라.

키다² 표켜다 동(타) ①톱으로 나무를 잘라 나누다. ¶제재소서 통나무를 **킨다**. ②현악기를 연주하다. ¶바이올린을 **킨다**. ③누에고치나 목화에서 실을 뽑아내다. ¶목화솜을 **키다**.

콕-구녁[-꾸-] 표콧-구멍 명 ☞ '콕구먹'. ¶**콕구녁**을 선허게 허는 방법이 읎을까?

콕-구녕[-꾸-] 표콧-구멍 명 ☞ '콕구먹'. ¶말이 되넌 소릴 히야지, 오디서 개 **콕구녕** 뜯넌 소리를 허구 자빠졌냐?

콕-구먹[-꾸-] 표콧-구멍 명 '코(鼻)+ㅅ+굵(孔)+억(접사)→콧구먹>콕구먹(변자음화)'. 코에 뚫린 두 구멍. ¶**콕구먹**이 맥혀서니 답답혜 미치겄어./어린 눔이 오디서 **콕구먹** 벌렁거리매 대드는 겨?/**콕구먹**만헌 자리 하나 놓구 무지허게덜 나스넌구먼.

콧-등배기[콘뚱-] 표콧-등 명 '코(鼻)+ㅅ+등(背)+배기(접사)'. 코의 등성이. =콧잔등. ¶날이 올마나 추운지 **콧등배기**가 얼어붙넌 중 알었어./하두 까불어 싸서 **콧등배기**를 한 대 줘

팼더니, 글쎄 코피가 퍽 터져버린 규.

콧-시염[콛씨-] 표콧-수염(-鬚髥) 명코 아래에 난 수염. 준콧섬. ¶젊은 늠덜이 **콧시염** 질르구 댕기년 걸 보믄 눈꼴셔 못 보겄어.

콧-지름[콛찌-] 표콧-기름 명콧등에서 나는 기름기.

콧-짐[콛찜] 표콧-김 명①콧구멍으로 나오는 더운 김. ¶밭갈이에 지친 소가 거칠은 **콧짐**을 은(連)달아 내뿜었다. ②누군가에게 끼치는 힘을 비유하여 이르는 말. ¶**콧짐** 신 냥반이 뒤에 있어서니 개덜 맘대루는 막 뭇헐 것이여.

콩-꽴목[-꽴-] 표콩-깻묵 명콩기름을 짜고 남은 찌기. ¶**콩꽴목**은 퇴비장이다 버리덜 말구 쇠죽 쑬 때 느서 끓여.

콩-잎새기[-닙쌔-] 표콩-잎 명콩의 잎. ¶**콩잎새기**를 왜 퇴비장이 버리능겨? 퇴낑이가 **콩잎새기**를 올마나 잘 먹는디.

콩-지름 표콩-기름 명콩에서 짜낸 기름. ¶즌 부치넌디 왜 **콩지름**을 쓰능규? 어허, 들지름은 비싸닝께 뭇 쓰능거지.

큰-질 표큰-길 명'큰(大)+ㄴ(어미)+긿(路)→큰길/큰질'. ①크고 넓은 길. ¶찔리년 거 있나, 왜 **큰질** 두고 샛질루 댕기남? ②사람들과 자동차의 통행량이 많은 큰 도로. ¶**큰질루** 댕길 때는 차조심허구.

큰질-가[-까] 표큰길-가 명큰길의 양쪽 옆. ¶저짝 **큰질가**이 코스모스가 양쁜짝이루 곱게 폈던디유. 오뚜, **큰질가**이 같이 안 가볼래유?

키 : 다 표키우다 동(타) '크-(大)+이(접사)+-다→킈 : 다>키 : 다'. ①사람이나 사물의 길이, 넓이, 높이, 부피 따위를 크게 하다. ¶애를 **킬라믄** 지대루 **키야지**./강아지를 하나 주서 왔넌디 오티기 **키야** 헌댜? 가이새끼는 대충 **켜두** 되잖유. ②일의 규모, 범위, 정도, 힘 따위를 강하게 하다.

ㅌ

탐-시럽다[-따] 표탐-스럽다(貪-) 형보기에 좋아 마음이 끌리는 데가 있다. ¶목련이 참 **탐시럽게** 폈구먼. 소복헌 여인덜이 **탐시럽게** 떼를 져온 것만 같애.

태:다¹ 표태어-나다 동(자) '트-(受/賦)+이(접사)+-다→트이다>태:다'. ①사람이나 동물이 형태를 갖추어 어미의 태(胎)로부터 세상에 나오다. ¶좋은 부모헌티 **태야** 헐 것을 뭇난 부모한티 **탠** 게 문제여. ②복이나 재주, 운명 따위를 선천적으로 지니다. ¶개헌티 머라고덜 말어. 원래 **태기를** 무잘르게 **탠** 걸 오티길 겨.

태:다² 표태우다 동(타) '타-(燒)+이(접사)+-다→태:다'. 어떤 것을 불에 타게 하다. =태우다. ¶종이를 **태다**./맨날 햇빛 속이 쏘댕기더니 얼굴을 새까맣게 **탰군**.

태:다³ 표태우다 동(타) '트-(乘)+이 (접사)+-다→태:다'. 이동 수단에 몸을 싣게 하다. =태우다. ¶자징거를 너만 타지 말구 동상두 점 **태** 줘./걸어가는 동네 아줌니를 내 자동차이다 **태** 주었다.

태:다⁴ 표태우다 동(타) '트(受)+이(접사)+-다→태:다'. 받도록 미리 정해져 있는 어떤 것을 받아가도록 하다. ¶짓돈(곗돈)을 **탰다**./사원들의 월급을 **탰다**.

택 표턱 의명마땅히 그리하여야 할 까닭이나 이치. 그만한 정도나 처지. ¶**택**두 읎다. 그럴 **택**이 있겄는감?/갸는 즐대루 나쁜 짓을 헐 **택**이 읎넌디.

통-꼬추 표통-고추 명썰지 아니한 통째의 고추. ¶동치미인 푸른 **통꼬추**가 들어가야 션헌 뱁이여.

통-장적 표통-장작(-長斫) 명쪼개지 않은 통째로의 장적. ¶이우지 초상이 났넌디 갖다줄 게 마땅치 않구먼.

통장적이 마당 가득헌디 저거 한 단 묶어다주믄 쓰겄구먼, 뭘 그러나?

통통-장 표청국-장(淸麴醬) 명'통통(찧지 않아 콩이 통통한?)+장(醬)'. 삶은 콩을 볏짚에 띄워, 소금과 막고춧가루를 넣어 속성으로 만들어 먹는 된장. ¶**통통장**두 장인감? 구른내 나넌 **통통장**은 절루 쳐뻐려. 아니, 왜 심뽀가 그렇댜? 싫으믄 지나 안 먹으믄 되지, 그 맛난 **통통장**을 넘덜두 뭅 먹게 왜 치래능 겨?

툼벙 표물-웅덩이 명물이 고여 있는 웅덩이. ¶애덜이 **툼벙**이서 멱 감넌다.

틈새기 표틈새/틈새기 명틈의 아주 좁은 부분. ¶바위가 깨져 **틈새기**가 생겼다.

ㅍ

파다 표후비다 통(타) 틈이나 구멍 속을 후비거나 긁어내다. ¶귀는 왜 자꾸 **파는 겨**? 그렇기 **파지만** 말구 븡원(病院)일 가보라닝께./노상 그렇기 코를 **파니께** 헐은 게 낯을 새가 읎잖어.

팔목-쟁이[-쨍-] 표팔-모가지 명 '팔(臂)+목(頸)+장이(접사)'. 팔목을 속되게 이르는 말. =팔므가지. 팔모가지. ¶그느무 **팔목쟁이**는 뒷짐지넌디 배끼 쓸 디가 읎능 겨? 넘 바쁜 걸 보믄 **팔목쟁이**를 걷어붙이구 얼릉 뎀벼들으야 헐 것 아닌가 배?

팔-므가지 표팔-모가지 명 '팔(臂)+믁(頸)+아지(접사)'. ☞ '팔목쟁이'. ¶쟈 **팔므가지**는 금테 둘렀내 벼. 그러닝께 넘덜 팔 떨어지게 일헐 때두 쟈 **팔므가지**가 내남보살이잖여.

패이다 표파이다 통(자) '포/퍼-(掘)+이(접사)+-다'. 구덩이가 만들어지거나, 무늬나 기호가 새겨지다. =팽기다. ¶이 옷은 이쁘긴 헌디 가심짝이 너무 **패인** 것 같구먼.

팽기다 표파이다 통(자) '파다'의 피동사. =패이다. ¶아니, 누가 마당이 와서 곡괭이질이라두 했나? 마당이 왜 이렇기 **팽겼댜**?

푸성가리 표푸성귀 명<식물> 사람이 가꾼 채소나 저절로 난 나물 따위를 통틀어 이르는 말. ¶짐장이 끝난 밭이서 **푸성가리**를 모아 씨래기를 맹글었다.

푸장-나무 표떡갈-나무 명☞ '푸장나무'. ¶**푸장나무** 물거리 멫 전만 히다 줘.

푸장-낭구 표떡갈-나무 명<식물> 떡갈나무, 졸참나무 따위를 통틀어 일컫는 말. ¶나무깐 가서 **푸장낭구** 두 뭇만 가져와.

푸장-치다 명 '푸장(枹)+치-(伐)+-다→푸장치다'. 겨울 땔감으로 쓰기 위해 가을철에 신갈나무, 떡갈나무, 졸참나무 따위의 푸장나무 가지를 베다. ¶즘이 다가오닝께 옆집인 산이서 **푸장치구** 있더먼, 자녠 안 치남? 아뉴. 니얼버턴 **푸장치러** 산이 점 올러댕기야쥬.

풀-뿌리기 표풀-뿌리 명풀의 뿌리. ¶내참, 드러워서. 내가 **풀뿌리기**는 캐 먹어두 그 짓은 뭇헌다닝께./**풀뿌리기**는 왜 모대구 있대유? 이런, 이건 약초여. 이게 기냥 **풀뿌리기**루 뵈남?

풀-데미[-떼-] 표풀-더미 명쌓아놓은 풀의 더미, 또는 풀이 많음을 빗대어 일컫는 말. =풀디미. 풀더미. ¶짧은 **풀데미**는 가생이루 쳐놔라./그리기 배암이 있을지두 물르넌 **풀데미** 속인 뭣허러 들어간대냐?

풀-디미[-띠-] 표풀-더미 ☞'풀데미'.

풀르다 표풀다 동(타) 묶이거나 얽힌 것 따위를 그렇지 않은 상태로 헤쳐 놓다. ¶신발끈냉이를 **풀르다**./엉킨 실내끼를 **풀르다**./삿내끼루 묶은 보따리를 **풀르다**.

풀-잎새[-닙쌔/-립쌔] 표풀-잎사귀 명☞'풀잎새기'.

풀-잎새기[-닙쌔-/-립쌔-] 표풀-잎사귀 명낱낱의 풀잎. ¶야가 서리 맞은 **풀잎새기**마냥 왜 이리 풀이 죽었댜?

풋-꼬추[푿-/푹-] 표풋-고추 명☞'애꼬추'. 예전에는 '애꼬추'가 많이 쓰였지만, 지금은 '풋고추'를 더 많이 쓴다. ¶**풋꼬추**가 시들어서니 지맛이 안 나너먼. 여보슈. **풋꼬추** 싱싱헌 걸루 점 내오슈.

ㅎ

하냥 표함께/같이 부 '한(同)+양(접사)'. 한데 어울려. 더불어. ¶혼저 가지 말구 이따가 나랑 **하냥** 가자.

하-빨 표하-길(下-) 명여러 등급의 물건 가운데 품질이 떨어지는 것. =하찔(下삣). ¶내가 잘 물른다구 **하빨**을 갖다준 거구먼./애가 착허긴 헌디 공부는 늘 **하빨**이여.

하:즐-기 표하:절-기(夏節期) 명여름철에 해당하는 기간. =여름츨. ¶밭농사허넌 사람이 **하즐기** 낮 질다구 낮잠 잘 저를 있남.

하-짜 표하-길(下-) 명 ☞'하빨'. ¶내가 아쉬울 땐 **하짜**두 구헐 수가 읎구먼.

학:-절구[-쩔-] 표돌-확 명 '확(搗臼)+절구(臼)'. 돌을 우묵하게 파서 만든 절구. 곡식을 빻는 도구. ¶보릿가루를 맹글어준다구 엄마는 **학절구**에 보리쌀을 집어늫었다.

한가-럽다[-따] 표한가-롭다(閑暇-) 형바쁘지 않고 여유가 있다. ¶바심을 다 끝내놓으닝께 **한가럽다** 뭇헤 심심허기까장 허구먼.

한-시:상 표한-세:상(-世上) 명한평생 사는 동안. ¶우덜두 갈 때가 됐구먼. 돌어보믄 **한시상**이 뜬구름차람 갔어.

한-츨 표한-철 명한창 성한 때. 성수기(盛需期). ¶메띠기두 유월 **한츨**이구 수박 농사는 여름이 **한츨**인디, 노상 비만 와싸서 클났네.

할인-즘 표할인-즘(割引店) 명할인된 상품만을 전문적으로 판매하는 가게. ¶대송(大形) **할인즘**이 예산이 들어오넌 걸 막기 위허여 재래 시장의 상인덜이 들구 일어났다.

해:-일다 표일다 동(타) '해(新?/爲?)+일-(起)+-다'. 묵은 지붕의 헌 기와나 낡은 이엉 따위를 걷어내고 새로

지붕을 단장하다. ≒이다. ☞'일다'. ¶시 해나 지붕을 **해일지** 않었더니 부엌이루 비가 새들와. 그림 같걸이가 끝나넌 대루 얼릉 **해일으야겠구먼**.

허구-많다[-만타] 표하고-많다 형많고도 많다. ¶**허구많은** 날 두구 왜 해필(何必) 오늘이냔 말여.

허구-진 관'허구(許久)+지-(長)+ㄴ(어미)'. 길고 긴. ※'허구다/허구헌'의 다른 형태. '허구질다'의 어형으로 쓰이는 경우가 발견되지 않아 형용사가 아닌 관형사로 정리함. ¶**허구진** 날 한탄만 허덜 말구 애덜 생각히서래두 증신(精神)을 채려야지, 이 사람아.

허구-허다 표허구-하다(許久-) 형날이나 달, 세월 따위가 매우 오래다. ¶너는 시간이 **허구허잖어**. 뭐여? 취직은 안 되구, **허구헌** 날 방구석이 처백혀 식구덜 눈치만 보구 있을라닝께 환장허겄어, 이 사람아. 허긴 너는 **허구헌** 날 사고만 치구 댕기너라 취직 공부헐 새두 읎었지?

허깐 표헛-간(-間) 명'허(虛)+ㅅ+간(間)→헛간>허깐(변자음화)'. 막 쓰는 물건을 쌓아 두는 문짝이 안 달린 광. ¶뭇 쓰넌 물건일랑 **허깐**이다가 느둬.

허깐-방[-빵] 표헛간-방(-房) 명'허(虛)+ㅅ+간(間)+방(房)→헛간방>허깐방(변자음화)'. 허간으로 쓰는 허름한 방. ¶갈 디 생길 동안 **허깐방**이래두 쓴다믄 처 주겄네.

허-깔리다[-/혁-] 표헷-갈리다 동(자) '허(虛)+ㅅ+가르-(分)+리(접사)+-다→헛갈리다>헉갈리다/허깔리다(변자음화)'. ①정신을 차리기 어렵다. ¶자꾸 **허깔리게** 말 돌리지 말구 내 돈이나 내노슈. ②여러 가지가 뒤섞여 갈피를 잡지 못하다. ≒헤깔리다. ¶이거 오디가 오딘지 **허깔려서니** 질을 못 찾겄어.

허다-허다 부하다가 하다가, 많이 애쓰다가. ¶**허다허다** 안 되믄 말쥬, 뭐.

허당 표허방 명구덩이나 함정(陷穽). ¶발 조심혀. 거긴 **허당**이여.

허르르 표하르르 부'허르르허다'의 어근. ①힘없이 한숨을 몰아쉬는 모양. ¶슨 보러 갔다온 자석이 **허르르** 한쉼을 내쉬매 들어오더라구. 그리서 또 틀렸구나 혔지. ②몸의 기운이 다빠져 늘어지는 모양. ¶애가 핵결 댕겨와서는 **허르르** 씨러져버러더라구. 깜짝 놀래서니 머릴 만져보닝께 열이 펄펄 끓는 겨.

허르르-허다 표하르르-하다 동(자) ①힘이 없이 한숨을 몰아쉬다. ¶공무원 섬보구 온 눔이 **허르르허맨서니** 한쉼을 내쉬넌디 땅이 꺼지넌 거 같드라구. ②몸의 기운이 빠져 맥을 놓다. ¶다덜 지처서 **허르르허넌구먼**. 시합 끝났이닝께 인전 즈녁덜 먹구 푹 쉬자구.

허립-바[-빠] 표허리-띠 명☞'허릿바'가 변자음화한 형태. ¶**허립바**가 끊어져서니 바지가 흘러네리넌디, 아무 끈냉이라두 있었으믄 좋겄네.

허릿-바[-릳빠] 표허리-띠 명 '허리(腰)+ㅅ+바(繩)→허릿바'. 바지가 흘러내리지 않도록 허리에 매는 띠. =허립바. ¶왜 **허릿바**를 풀르능 겨? 이, 진수승찬이 눈앞이 있넌디, **허릿바**버텀 풀르지 않구 오떡허겄남?

허발-허다 표허발-하다 동(자) 몹시 굶주려 있거나 궁하여 체면 없이 함부로 먹거나 덤비다. ¶먹는 디만 **허발허지** 말구 공부허넌 디두 허발 점 히봐 이눔아.

허숭애비 표허수아비 명 ①곡식을 해치는 새, 짐승 따위를 막기 위해 논밭에 세우는 사람 모양의 물건. ¶**허숭애비**마냥 서 있기만 헐 겨? ②제구실을 하지 못하고 자리만 차지하고 있는 사람. ¶**허숭애비**두 지 구실을 헌다넌디, 넌 날마두 놀기만 헐 겨?

허지먼 표하지만 부 서로 일치하지 아니하거나 상반되는 사실을 나타내는 두 문장을 이어주는 접속 부사. ¶**허지먼** 일이 그리 될 중 난 물렀지.

허티루 표허투루 부 아무렇게나 되는 대로. ¶넘 일은 **허티루** 허믄 욕을 들으닝께 지대루 헤주야 허능 겨.

헌디¹ 표한데 부 서로 대립되는 내용의 앞뒤 문장을 이어주는 말. ¶**헌디** 자네는 시방 뭣 허능가?/나는 일허다 장깐 쉬네만 **헌디** 자넨 이 시간이 오딜 가능가?

헌 : -디² 표헌 : -데 명 ☞ '흔디'.

헙-발[-빨] 표헛-발 명 ☞ '헛발'.

헙발-질[-빨-] 표헛발-질 명 ☞ '헛발질'. ¶차라넌 공은 안 차구 **헙발질**만 허넌구먼.

헛-디[헏띠] 표헛된 곳 명 '흐/허(虛)+ㅅ+디(所)→홋디>헛디'. 목적하는 바가 아닌 곳. 따로 정해진 곳이 아닌 곳. =홋디. ¶저짝이루 가야잖어. 근디 왜 자꾸 **헛디**루만 끌구 댕기는 겨?/**헛디**만 쏘댕기덜 말구 공부 점 히여./구딩일 이짝이다 파라닝께 왜 **헛디**다가 파논 겨?/**헛디**루 자꾸 돈이 새 나가서 큰일이여.

헛-발[-빨/헙빨] 표헛-발 명 '허(空/虛)+ㅅ+발(足)→헛발>헙발(변자음화)'. 잘못 디디거나 잘못 내친 발. =헙발. ¶깔짐을 지구서니 논뚝질서 **헛발**을 디뎌서 발목쟁이를 뺐댜.

헛발-질[헏빨-/헙빨-] 표헛발-질 명 '허(空/虛)+ㅅ+발(足)+질(접사)→헛발질>헙발질(변자음화)'. 빗나간 발질. =헙발질. ¶이늠이 오디서 은어터지구 와서니 나헌티 **헛발질**을 헤대능 겨?

헛-심[헏씸] 표헛-심 명 '허(虛)+ㅅ+힘(力)→헛힘/헛심>헷심'. 보람없이 쓰는 힘. =헷심. ¶돈두 안 되구 알어주두 않넌 디다가 고여니 **헛심**만 썼네.

헛-티[헏-] 표헛된 곳 명 ☞ '헛디'의 이형태. ¶생색두 안 나고 괜이 **헛티**가다 돈만 날렸군.

헛-지랄[헏찌-] 표헛-짓 명☞'헛짓'을 이르는 욕설. ¶**헛지랄** 허덜 말구 술 처먹었으믄 얼릉 집이나 가.

헛-지침[헏찌-] 표헛-기침 명'허(虛)+ㅅ+기침(咳嗽)→헛기침>헛지침'. 인기척을 내거나 목청을 가다듬기 위하여 일부러 하는 기침. ¶방안이서 둥굴던 나는 아부지의 **헛지침** 소리에 벌떡 일앉었다.

헛-질¹[헏찔] 표헛-길 명①잘못 들어선 길. ¶에구, 그러보닝께 여태 **헛질**루 온 것이구먼. ②목적하는 바를 이루지 못하고 걷는 길. ¶허구싶두 않구 돈두 안되넌 **헛질**서 고상허지 말구 인전 늬가 허구싶은 일을 히봐.

헛-질²[헏찔] 표헛-짓 명헛되거나 쓸모없는 짓. =헛지랄. ¶여태까장 고상헌 게 다 **헛질**이였다구 생각허닝께 윽장이 무너져.

헛-짐[헏찜] 표헛-김 명떡을 찌거나 밥을 지을 때 엉뚱한 데로 새어 나오는 김. ¶거기서니 **헛짐** 빼덜 말구 이짝이루 얼릉 와.

헛짐-빠지다[헏찜-] 표헛김-나다 동(자) ①엉뚱한 곳으로 김이 새어 나오다. ②한 일의 방향이 그릇되어 기운이 없어지다. =헛짐새다. ¶**헛짐빠지**넌 소리 말구 허던 일이닝께 끝까장 헤보자구.

헤-깔리다 표헷-갈리다 동(자) ☞'허깔리다. ¶말을 똑띠기 히야지, 먼 말을 허구 있넌지 **헤깔려서니** 알어들을 수가 읎어.

헷-소리[헫쏘-] 표헛-소리 명①실속이 없고 미덥지 아니한 말. ¶**헷소리**덜 그만 히여. ②앓는 사람이 정신없이 중얼거리는 말. =헛소리. ¶열이 펄펄 끓더니 올마나 호됐던지 밤새 **헷소리**를 허더라구.

헷-소문[헫쏘-] 표헛-소문(-所聞) 명근거없이 떠도는 소문. =헛소문. ¶오디서 이상헌 **헷소문**만 듣구 댕기나봐.

헷-손질[헫쏜-] 표헛-손질 명①정신없이 손을 휘젓거나 쓸데없이 손을 대어 매만지는 일. ¶애가 눈을 휘번떡거리매 **헷손질**을 허다가 탁 쓰러지더라구. 긍기(驚氣)가 그렇기 미서운 걸 츰 알었구먼. ② 겨냥이 빗나가 제대로 맞지 아니한 손질. =헛손질. ¶권투슨수란 사람이 맨 **헷손질**만 해쌨넌구먼.

헷-수고[헫쑤-] 표헛-수고(-愁苦) 명아무 보람도 없이 애를 씀. 또는 그런 수고. =헛수고. ¶암만 그리봐야 **헷수고**여.

헷-심[헫씸] 표헛-심 명☞'헛심'. ¶**헷심**을 딜이다/**헷심**을 빼다./**헷심**을 쓰다.

헷-일[헫닐] 표헛-일 명보람을 얻지 못하고 쓸데없이 한 노력. =헛일. ¶지나간 여자헌티다가니 자꾸 미련파봤자 다 **헷일**이닝께. 인전 맴 돌리구 증신차려.

헷-지랄[헬찌-] 표헛-짓 명'헛된 짓'을 비속하게 이르는 말. =헛질. 헛지랄. ¶밤이 싸댕기매 **헷지랄**허지 말구 집이 얌즌히 있어.

호-꼬추[호-/혹-] 표호-고추(胡-) 명재래종이 아닌, 종자를 개량한 육종 고추나, 외래종 고추를 이르는 말. ¶**호꼬추**라구 히서 매웁구 안 매웁구 헌 것이 아니여. **호꼬추두 호꼬추** 나름이구, 요짐 시상이 **호꼬추** 아닌 게 오디 있간?

호도-쇵이 표호두-송이(胡桃-) 명가지 끝에 뭉쳐있는 호두열매의 덩이. 또는 아름이 벌지 않은 하나하나의 호두열매. ¶호두가 너머 많이 열으닝께 **호도쇵이**가 참 잘어.

호박-잎새[-닙쌔] 표호박-잎 명 ☞ '호박잎새기'. ¶은헌(軟-) 갈 **호박잎새**를 보닝께 된장을 발러 쌈 싸먹으믄 딱이겄구먼.

호박-잎새기[-닙쌔-] 표호박-잎 명호박의 잎. ¶**호박잎새기**는 뭣허러 따능 겨? 야, 니얼 애덜이 소풍가넌디 떡을 점 싸 보낼라구 **호박잎새기**를 따넌구먼유.

호사-시럽다[-따] 표호사-스럽다(豪奢-) 형호화롭게 사치를 부리는 듯하다. ¶**호사시럽게** 채리구 댕긴다구 멋있넌 게 아니여. 분수를 지키넌 게 **호사시런** 것버덤 난 거라닝께.

홀-애비 표홀-아비 명'ㅎ불(獨)+아비(父)→ㅎ올아비>홀아비/홀애비'. 아내를 잃거나 헤어져 혼자 사는 사내. ¶아따, 과부 심정은 **홀애비**가 아능 겨. 혼저 사넌 사람덜찌리 서루 지대매 살어보자구. 저느무 **홀애비**가 시방 나헌티 뭔 소릴 허능 거랴?

홀-에미 표홀-어미 명'ㅎ불(獨)+어미(母)→ㅎ올어미>홀어미/홀에미'. 남편을 잃거나 남편과 헤어져 혼자 사는 여자. 과부(寡婦). 과수(寡守). ¶㊳ 홀애비 집앞인 몸지가 뿌옇구, **홀에미** 집앞인 큰질 난다.

화닥-그리다[-끄-] 표화끈-거리다 동(자) 몸속에서 뜨거운 기운이 자꾸 올라오다. ¶데서 쏘주다가 손을 오래 당겄넌 디두 자꾸만 **화닥그리네**./얼굴이 **화닥그리더락** 챙피를 당혔다닝께그려.

환즌 표환전(換錢) 명<경제> 서로 종류가 다른 화폐와 화폐, 또는 화폐와 지금(地金)을 교환하는 것. 또는 그런 일. ¶**환즌** 읍무(業務)를 보넌 디가 오디래유? 농흡(農協)이나 은행 같은 디 가시믄 다 있유.

환즌-소 표환전-소(換錢所) 명돈을 외국 돈이나 소액권으로 바꾸어 주는 곳. ¶동즌이 떨어졌이니 **환즌소**를 댕겨와야겄다.

환즌-허다(換錢-) 표환전-하다(換錢) 동서로 종류가 다른 화폐와 화폐,

또는 화폐와 지금(地金)을 교환하다. ¶외국 나갈라믄 딸라루다가니 **환즌히야** 되유. 우리 돈은 외국서 못 쓴다닝께유.

환-즐기 표환-절기(換節期) 명철이 바뀌는 시기. ¶콜록거리년 걸 보닝께 또 **환즐기**가 왔구먼. 그리기 **환즐기**엔 고뿔 안 들게 옷 점 많이 입구 댕기라구 힜잖어.

후듯-이[-두시] 표후듯하게 부 '후듯-/후듯-(溫)+하-(접사)+이(접사)→후듯히>후듯이'. 온기가 있어 따듯하게. ¶날이 추워졌으닝께 옷을 **후듯이** 입구 댕겨야 헌다.

후듯-허다[-두터-/-둗터-] 표후듯-하다 형①온기가 있어 따뜻하다. ¶난로가 있으닝께 **후듯헌** 게 참 좋구먼./방이 **후듯허더락** 군불 점 지피거라. ②마음이나 분위기 따위가 보드랍고 편안하다. ¶늬덜 흉제(兄弟)가 그렇기 우애가 좋으니 내 맘이 참 고맙구 **후듯허구나**.

후레-아덜 표후레-자식(-子息) 명 ☞ '후레자속'. ¶오디서 굴러먹던 눔인진 물르겠지믄 타동(他洞)까장 와서니 행패를 부리다니, 즈런 **후레아덜** 눔을 봤나.

후레-자석 표후레-자식(-子息) 명 ☞ '후레자속'.

후레-자속 표후레-자식(-子息) 명 '흐불(獨)+이(조사)+자속(子息)→호레자속/후레자속'. 부모 없이 홀로 자란 사람에서, 배운 게 없이 막된 사람. =후레아덜. 호로자속. ¶그 눔은 애으른두 물르넌 **후레자속**이닝께 상종두 허덜 말어.

후려-쌔리다 표후려-갈기다 동(타) 손이나 막대 따위를 휘둘러 때리다. =후려쌔리다. ¶이걸 **후려쌔리까**? **후려쌔렸다가니** 고여니 개갑 무넌 수가 있이니께 늬가 참어.

후려-쌔리다 표후려-갈기다 동 ☞ '후려쌔리다'보다 강하게 말할 때 씀.

후염 표헤엄 명 '표준어화 과정→후염>혜염>헤엄'. 사람이나 물고기 따위가 물속에서 움직이는 일. =헤엄. ¶장마루 갱굴물이 불자 애덜은 **후염치기**예 푹 빠져번졌다./장사라닝게 땅 짚구 **후염치기**라더니 실지 헤보닝께 여간 심든 게 아니더라구.

후염-치다 표헤엄-치다 동사람이나 물고기 따위가 물속에서 나아가기 위하여 팔다리나 지느러미를 움직이다. ¶**후염치다**가 몸이 춰지믄 움추리구 물밖이루 나와 뜨건 햇빛이 몸을 말리야 혀.

후-질르다 표휘-지르다 동옷을 구기거나 더럽히다. ¶지발 옷 점 **후질르구** 댕이지 마라.

휘-둘르다 표휘-두르다 동이리저리 마구 내두르다. 사람이나 일을 제 마음대로 마구 다루다. =후둘르다. ¶권력은 막 **휘둘르믄** 백성이 다치는 겨.
휴가-츨 표휴가-철(休暇-) 명직장, 학교, 군대 따위의 단체에서 일정 동안 쉬는 일. 또는 그런 겨를. ¶자네, **휴가츨**이 오딜 갈 건지 증혔나?
흐다 표희다 형 '히(太陽/白)+다→희다>희다/흐다'. ※단독으로는 '흐다'보다 '희다'가 주로 쓰인다. 그렇지만 뒤에 다른 말과 합쳐져 복합어를 이룰 때 '흐-, 흔'으로 구현되는 경우가 많다. ¶파생어: 흐옇다. 흐멀건허다. 흐엽스름허다 따위./합성어: 흔나비. 흔떡. 흔떡국. 흔쌀. 흔쌀밥. 흔자. 흔죽 따위.
흐물다 표허물다 동(타) 축조물이나 쌓아 놓은 물건을 무너뜨리다. =홀다. ¶독담불은 왜 **흐무는** 겨? **흐무는** 것이 아니구 무녀진 디를 새루 쌀라구 허는 겨.
흐미-허다 표희미-하다 형☞'흐밋허다'. ¶눈이 노상 침침허구 **흐미헌** 것이 앵경이래두 하나 맺추야 헐 모냥이여./등잔불이 **흐미헌** 것을 보닝께 새 븍늘이(새벽녘)이 다 됬능개 벼.
흐밋-허다[-미터-/-믿터-] 표희미-하다 형 ①사물이 뚜렷하게 보이지 아니하구 어렴풋하다. ¶눈이 **흐밋허니** 나두 인저 늙내 벼. ②성질이나 태도, 행동 따위가 분명하지 못하다. ¶사람이 말여. 매사가 그렇기 **흐밋허믄** 윗사람 신용 읃긴 틀린 벱이라닝께.
흐얗다[-야타] 표하얗다 형☞'흐옇'

다'의 작은 말. ¶겉이 **흐얗다구** 다 깨깟헌 것은 아니여.
흐:연-허다[-여너-] 표허옇다 형 '표준화 과정→흐은허다>흐연허다>허연허다'. 햇살이나 얼굴빛이 흰 듯하다. ¶시방 즈 낭구 새루 **흐연헌** 것이 휙 지나갔넌디 자넨 뭇 봤남? **흐연헌** 것이구 자시구 간이 난 암것두 뭇 봤어.
흐엽스름-허다[-쓰-] 표희읍스름-하다 형 '흐엫(白)-+-스름(접사)+허-(접사)+-다→흐엽스름허다>희엽스름허다'. 조금 흰빛이 나다. =흐엽시름허다. 희엽스름허다. ¶오째 옷 빛깔이 **흐엽스름헌** 게 꼭 흔 거 읃어입은 것 같네./깜깜헌 밤중이 **흐엽스름헌** 게 왔다갔다 히서니 올매나 놀랬넌지 물러.
흐엽시름-허다[-씨-] 표희읍스름-하다 형☞'흐엽스름허다'.
흐:옇다[-여타/-연타] 표허:옇다 형 어떤 사물이 탁하여 흐릿하게 흰빛이 나다. =허옇다. 흐얗다. ¶젊은 눔이 머리만 **흐옇게** 쇳구나./고연이 방앗간일 찌웃거리다가니 **흐연** 젓가루만 잔뜩 뒤집어썼어.
흐:예-지다 표허:예-지다 동(자) 허옇게 되다. =하얘지다. ¶도둑질을 안헜다구 뻔대다가 증거를 딱 디밀으니께 얼굴이 **흐예지더먼**.
흐:은-허다[-으너-] 표허옇다 형☞'흐연허다'.
흐틀다 표흩다 동(자) 한데 모였던 것

을 따로따로 떨어지게 하다. ¶모대 논 거를 왜 자꾸 **흐트는** 겨?/**흐틀지** 말구 모대란 말여.

흔¹ 표흰 접밝고 선명한. 하얀 빛깔의 뜻을 지닌 접두사. ※'흰'은 단독으로 관형사나 형용사의 관형사형이 되어 자립할 수 있으나, '흔'은 다른 명사 앞에 붙어 복합어를 이룰 때에만 보이므로 접두사로 분류한다. ¶**흔나비. 흔둥이. 흔떡. 흔떡국. 흔밥. 흔쌀. 흔쌀밥. 흔자. 흔죽.**

흔:² 표헌: 관오래되어 성하지 아니하고 낡은. ¶**흔** 신문지라두 모대서 용돈벌이를 헐라구 혀./그 **흔** 모자를 쓰구 어딜 가는가?

흔:금 표헌:금(獻金) 명①돈을 바치거나, 바쳐진 돈. ¶동네다가 **흔금**을 허문 좋은 중은 알지먼 **흔금헐** 돈이 읎으니께 난 무더지. ②<기독교> 주일이나 축일을 맞아 교회에 바치는 돈. ¶**흔금**을 많이 히야 권사두 허구 장로두 헌다는디.

흔:금-허다 표헌:금-하다(獻金-) 명①어느 단체에 돈을 바치다. ¶정치인헌티 **흔금허넌** 일은 생각 점 히야 허닝 겨. ②<기독교> 주일이나 축일을 맞아 교회에 돈을 바치다.

흔-나비 표흰-나비 명'히-(白)+ㄴ(어미)+나비(蝶)→힌나비>힌나비/흔나비'. 몸통과 날개가 흰빛인 나비. ¶배차버러지덜이 **흔나비**가 되서니 배

차밭일 흐옇게 날러댕기네.

흔덩-거리다 표흔뎅-거리다 통잇달아 흔들리다. ¶이빨이 **흔덩거리는디** 미서워서 빼지를 뭇허겄네.

흔덩-흔덩 표흔덕-흔덕 튀무엇이 잇달아 흔들리는 모양. ¶이빨이 **흔덩흔덩** 곧 빠질 거 같으.

흔-둥이 표흰-둥이 명'표준어화 과정→흔둥이>흰둥이'. 살갗이 흰 사람, 또는 흰털을 가진 작은 동물. ↔검둥이. ¶우리 집 앞이 쬥일 **흔둥이** 가이 한 마리가 돌어댕기넌디 누구네 가이랴?

흔:-디 표헌:-데 명'헐/홀-(歇)+ㄴ(어미)+데/디(所)→흔:디'. 헐은 곳. 생채기가 난 곳. ¶**흔디**가 자꾸 덧나너먼. 얼릉 은고라두 발르야지. **흔디**를 기냥 두닝께 그렇잖어.

흔-떡 표흰-떡 명설날 떡국을 만들기 위해 길게 뽑은 가래떡. ¶슫달이 지울믄 방앗간이 **흔떡**을 허넌 사람덜이 지다랗게 줄을 이섰어./슬 즌날이믄 **흔떡**을 쓸으랴 즌을 부치랴 엄니는 하루 쬥일 증신을 빼구 살었지.

흔떡-국[-꾹] 표떡-국 명가래떡을 얇게 비껴 썰어 닭국물이나 쇠고기 국물에 넣고 끓인 음식. ¶**흔떡국**을 먹으믄 나이를 한 살 더 먹넌 거라닝께 애가 시 그륵을 비우더라닝께.

흔-밥 표흰-밥 명'표준어화 과정→흔밥>흰밥/쌀밥'. 잡곡을 섞지 아니하고 흰쌀로만 지은 밥. =흔쌀밥. 쌀밥. ¶

멩일(名日)이 돌어오믄 **흔밥** 먹을 생각이루 입안이 군침이 먼첨 돌었어. 보리밥두 배터지게 먹어봤으믄 쓰겄다 허던 시즐이닝께 **흔밥**은 멩일 때나 먹었지.

흔: 법[-뻡] 표헌 : 법(憲法) 명 <법률> 국가 통치에 관한 각종 근본 법규의 총체. 국가의 근본법이며 국가의 최고 법규. ¶1948는 7월 17일, 제흔 국회서 제증된 대한민국 최초의 **흔법**이 공포되였다.

흔 : 법-학 표헌 : 법-학(憲法學) 명 <법률> 헌법과 헌법에서의 여러 현상을 연구하는 학문. ¶그 교수는 **흔법학**을 은구(研究)허는 법학자다.

흔 : -솜 표헌 : -솜 명 옷이나 이불 따위에서 빼낸 묵은 솜. ¶**흔솜**을 타다가 새 이불을 헌다구 엄니는 솜틀집이를 댕겨왔다.

흔 : 수 표헌 : 수(獻壽) 명 회갑, 칠순연 따위에서 장수를 비는 뜻으로 술잔을 올리는 일. 통(자) 흔수-허다. ¶저냥반, 여러 자석덜이 **흔수허는** 것을 다 받어마시구서니 굴신두 뭇허게 취허셨구먼.

흔 : 시 표헌 : 시(獻詩) 명 기리거나 축하하는 마음으로 시를 지어 바치는 것. 또는 그런 뜻으로 지어 바친 시. ¶다음인 칠순을 맞이헌 아버님께 디리는 **흔시** 낭송이 있겄습니다.

흔 : 신 표헌 : 신(獻身) 명 몸과 마음을 바쳐 있는 힘을 다함. ¶집안이 어려운 디 **흔신**은 뭣헐 망정 속썩이진 말으야지.

흔 : 신-적[-쩍] 표헌 : 신-적(獻身的) 관명 몸과 마음을 바쳐 있는 힘을 다하는, 또는 그런 것. ¶자녀의 성공은 자녀에 대헌 부모의 **흔신적** 사랑, **흔신적인** 노력(努力)의 글과물(結果物)이다.

흔 : -신짝 표헌 : -신짝 명 ①오래 신어 낡아빠진 신. ¶다 닳은 **흔신짝**은 내다버리덜 않구 뭣허러 신발장이 두능 겨. ②쓸모없는 것.

흔 : 신-허다 표헌 : 신-하다(獻身-) 명 몸과 마음을 바쳐 있는 힘을 다하다. ¶넘을 위허여 **흔신허넌** 일두 좋지먼 나를 바르게 허는 일이 먼처여.

흔 : -심발 표헌 : -신발 ☞ '흔신짝'.

흔-쌀 표흰-쌀 명 '히-(白)+ㄴ(어미)+쌀(米)→힌쌀>흔쌀'. 밝게 쓿은 멥쌀. =백미(白米) ¶엄니는 멩일(名日)이나 되야 **흔쌀루** 밥을 지었다.

흔쌀-밥 표흰쌀-밥 명 쌀로만 지은 하얀빛의 밥. =흔밥. ¶아니, 오늘 누구 지삿날인가 웬 **흔쌀밥**이여?

흔-자 표흰-자위 명 '히-(白)+ㄴ(어미)+ㅈ슥(核)→힌즈의>흔자의/흔자'. ①조류의 알 속에 노른자위를 둘러싼 흰 부분. ↔노른자. ¶달걀 노른자넌 쏙 빼먹구 **흔자**만 냉겨놨네. ②눈알에서, 눈동자 바같의 하얀 부분. ¶눈을 흡떴넌디 흐연 **혼자**만 뒤룽뒤룽 허더라닝께. 올매나 놀랬넌지 시방두 그 흐연 **혼자**가 눈앞이 왔다갔다 히여.

혼-자위 표흰-자위 명 ☞ '혼자'가 주로 쓰이고, '혼자위'는 많이 쓰이지 않음.

혼 : 작 표헌 : 작(獻爵) 명①제사 때에 술잔을 올리는 것. ②<가톨릭>미사 때에 포도주가 담긴 잔을 받들어 높이 올리는 것.

혼 : 장 표헌 : 장(憲章) 명①어떠한 사실에 대하여 약속을 이행하기 위하여 정한 규범. ¶1968년 12월 25일 국민교육**혼장**이 발표되고, 곧바루 의무교육이 시행되였다./어린이**혼장**/자연보호**혼장** ②헌법의 전장(典章).

혼 : 정 표헌 : 정(憲政) 명헌법에 따라 행하는 정치. =입혼증치(立憲政治).

혼 : 정-사 표헌 : 정-사(憲政史) 명헌정의 역사. ¶우리나라의 **혼정사**는 1948년 제혼혼법의 제정이서버텀 시작되였다.

혼-죽 표흰-죽 명흰쌀을 물에 불려 쑨 죽. ¶아프다구 굶구만 있으믄 오티기유. 여기 **혼죽**이래두 점 잡숴 봐유./보리죽두 배불르게 뭇 먹넌 헹편인디 뭔 쌀이 있어 **혼죽**을 쑤겄유?

혼 : -지 : 집 표헌 : -계 : 집 명①결혼했다가 혼자된 여자를 속되게 이르는 말. ¶친구 눔이 **혼지집**을 만나 살 게 됐다넌디 온제 인사나 한 번 가야 겄어./아니, **혼지집**헌티 장개를 가겄다니 늬가 지 증신인 겨? ②행실이 부정한 여자를 속되게 이르는 말.

혼 : 책 표헌 : -책(獻策) 명어떤 일에 대한 방책을 올림. ¶왜넘덜이 쳐들어왔어두 **혼책**을 올리는 신하는 즉구, 동인과 스인(西人)은 서루 흘뜯기에 바빴다.

혼 : 털-뱅이 표헌 : 털-뱅이 명 '낡고 헐은 것'을 속되게 이르는 말. ¶아니 이 사람아, **혼털뱅이** 가죽잠발 입구 결혼식장일 오믄 오티기여.

혼-허다 표흔-하다 형①어떤 일이 자주 있거나 일어나서 쉽게 접할 수 있다. ②어떤 것이 아주 많다. ¶그렁 건 **혼혀** 터진 건 디.

혼 : 화 표헌 : 화(獻花) 명신전(神殿)이나 사자(死者)의 영전에 꽃을 바침. 또는 그렇게 바쳐진 꽃. ¶국립혼충원(國立顯忠院)일 가서 **혼화**를 허다.

혼 : 화-가 표헌 : 화-가(獻花歌) 명<문학> 소를 몰고 가던 어느 노인이 수로부인에게 꽃을 바치며 지어 불렀다는, 신라 향가의 하나. ¶**혼화가**는 신라 승득왕 시즐이 오면 노인네가 져 부른 4구체 향가다.

홀 : -갑[-깝] 표헐 : -값 명 '헐/홀-(歇/毀)+ㄹ(어미)+갑(價)'. 물건의 원래 값어치보다 훨씬 싼 값. ¶장마가 온다구 허서 장사꾼헌티 **홀갑**이루 수

박밭을 통채 넹겼어.

흘:다¹ 표헐:다 통(자) ①몸에 부스럼이나 상처 따위가 나서 짓무르다. ¶피곤허믄 입안이 흘어서 늘 고상이여./부시럼이 나서 팔뚝배기가 흘었어. ②물건이 오래되거나 많이 써서 낡아지다. ¶지붕이 흘어서 비가 샌다구.

흘:다² 표헐:다 통(타) ①축조물이나 쌓아 놓은 물건을 무너뜨리다. =흐물다. ¶헌 집을 흘구 새루 집을 져야겄어. ②저장하여 둔 물건을 꺼내어 쓰다. ¶새로 혼 짐치께 맛있을 겨. ③어느 액수의 상태를 무너뜨리다. ¶택시비를 낼라넌디 잔돈이 읎어서 오만 원짜릴 흘구 말었네.

흘:-뜯다[-따] 표헐:-뜯다 통(타) 까닭 없이 남을 해쳐 말하다. ¶치사허게 뒷전이서 넘 흘뜯넌 짓은 허지 말으야지.

흘르다 표흐르다 통(자) ①무엇이 낮은 곳으로 내려가거나 넘쳐 떨어지다. ¶수돗물이 양뎅이에 흘러 넘쳤다. ②어느 방향으로 치우쳐 쏠리다. ¶애기가 점 엉뚱헌 디루 흘렀군. ③어느 것 사이로 움직이다. ¶구름 새루 달이 흘른다./즌기가 흘른다. ④기운이나 상태 따위가 드러나다. ¶옷채림이 꾀죄죄헌 게 촌티가 팍팍 흘르는군./집안 가득 향내가 흘른다./피눈물이 흘른다.

흘리다 표헐리다 통(자) '헐/흘-(毁)+이(접사)+-다→헐이다/흘이다?>흘리다'. '흘다'의 피동. 헐음을 당하다. ¶군이서 하츤증비인가 먼가를 허게 되서니 하츤부지에 있던 집덜이 점부 흘리게 됐다.

흘:-벗다[-벋따] 표헐:-벋다 통(자) '흘-(毁)+벗-(脫)+-다'. ①가난하여 옷이 헐다시피 한 상태로 지내다. ¶보리죽두 뭇 먹넌 흘벗은 사람헌틴 괴긱국 한 그럭이 최곤 겨. ②산이나 들에 나무가 없어 산의 맨바닥이 드러나다. ¶장마 오믄 흘벗은 뒷산이 또 무너질 건디 걱정이구먼.

흘-허다[흐러-] 표헐-하다 (歇-) 형 ①값이 싸다. ¶떨이라 흘허게 디리는 거닝께 깎질랑 말으슈. ②일 따위가 수월하다. ¶일이 흘헐 땐 점 셔둬.

흙-데미[흑떼-] 표흙-더미 명 흙이 많이 쌓이거나, 흙을 모아놓은 더미. =흙디미. 흙더미. ¶독맹이는 골러서니 독담불이다가 버리구 남은 흙데미는 밭이다가 깔어버려./뫼는 흙데미를 일루 윙겨놓더락 히라.

흙-뎅이[흑뗑-] 표흙-덩이 명 ☞ '흙딩이'.

흙-디미[흑띠-] 표흙-더미 ☞ '흙데미'. ¶흙디미서넌 놀덜 말어. 흙디미서 흙장냥만 허닝께 맨날 옷을 후질르잖어.

흙-딩이[흑띵-] 표흙-덩이 명 흙이 엉기어 이루어진 덩어리. ¶가물이 길어지자 쟁기루 갚엎은 밭의 흙딩이덜이 독차람 굳어져 갔다.

흙-모이[홍-] 표흙-무덤 명흙으로 쓴 무덤. 토총(土塚). ¶사람덜이 떠난 동네의 공동묘지, 연고를 잃은 **흙모이**덜이 즈수지 속이루 차침차침 무너져 네렸다.

흙-몬지[홍-] 표흙-먼지 명☞ '흙몸지'.

흙-몸지[홍-] 표흙-먼지 명흙이 일어나서 생긴 먼지. ¶옷이 **흙몸지**로 왼통 허연 거 보닝께 오디서 또 공차구 댕긴 모냥이구먼.

흙-무데기[홍-] 표흙-무더기 명☞ '흙무디기'.

흙-무디기[홍-] 표흙-무더기 명'흙(土)+몬/묻(集)+어기(접사)→흙무더기>흙무디기'. 모여서 쌓인 흙. ¶참내, 하츤즁비인가 먼가를 헌다구 땅차루 밀어낸 **흙무디기**가 바람이 날려 동네가 왼통 흙투성이가 되번졌어.

흙-뭉티기[홍-] 표흙-뭉텅이 명☞ '흙뭉팅이'.

흙-뭉텡이[홍-] 표흙-뭉텅이 명☞ '흙뭉팅이'.

흙-뭉팅이[홍-] 표흙-뭉텅이 명흙이 뭉쳐진 큰 덩어리. ¶개와를 들 올렸넌디 **흙뭉팅이**가 모자라네.

흙-바당[흑빠-] 표흙-바닥 명'흙바당>흙바닥>흙바닥'. 흙으로 된 바닥. =흙바닥. ¶쓸데없이 **흙바당**은 왜 파구 그런댜?/다리심두 읎구 **흙바당**이래두 기냥 주저앉구 싶구먼.

흙-배람박[흑빼-빡] 표흙-바람벽 명방이나 칸살의 옆을 흙으로 둘러막은 벽. ¶**흙배람박**이라 되배종이가 잘 붙덜 않는군.

흙-벡돌[흑빽똘] 표흙-벽돌(-壁-) 명흙으로 만든 벽돌. =흙븍돌. ¶죽어라 **흙벡돌**을 찍어놓으닝께 왠 비랴? **흙벡돌** 점 얼릉덜 안이루 윙겨.

흙-븍돌[흑-똘] 표흙-벽돌(-壁-) 명☞ '흙벡돌'.

흠:구 표흠:구(險口) 명남의 단점을 들어 말하거나 험한 욕설을 하는 것. 또는 그런 말을 하는 사람. =험구. ¶듣넌 사람이 많은 디서 그런 **흠구**를 늘어 놓으니 민망허더먼./으른덜 **흠구**를 그리 함부루 허믄 못쓴다.

흠:난-허다 표흠난-하다(險難-) 형①지세가 다니기에 위험하고 힘들다. ¶산질이 **흠난허니께** 조심히서 따러와. ②험하고 고생스럽다. ¶늬 앞질이 참 **흠난허구나**.

흠:담 표흠:담(險談) 명남을 흠뜯어 하는 말. 남의 단점을 들추어 하는 말. ¶내 앞이서 남 **흠담허넌** 사람은 남 앞이서 내 **흠담**을 허는 뱁이니께 조심혀.

흠:로[-노] 표흠:로(險路) 명험하고 나쁜 길. 험난한 삶. ¶어린 것이 시상의 **흠로**를 오티기 헤쳐갈꾸?

흠:산 표흠:산(險山) 명지세가 가팔라 위험한 산. ¶등산인가 먼가를

헌다맨서 늘상 **흠산**이만 쏘댕긴댜.

흠 : 상 표험 : 상 (險狀) 명거칠고 모질게 생긴 모양이나 상태. ¶그 총각은 얼굴이 **흠상**이라구 슨볼 때마두 퇴짜를 맞는다넌구먼.

흠 : 상-궂다[-군따] 표험 : 상-궂다 형몰골이 모질고 상태가 매우 거칠다. ¶얼굴이 점 **흠상궂다구** 맴꺼정 흠상헌 거는 아닌 겨.

흠 : 악-허다[-마커-] 표험 : 악-하다 (險惡-) 형①지세, 기후, 도로 따위가 험하고 나쁘다. ¶수철리를 좌우루 쌍딩이차람 마주선 안락산과 덕봉산은 산세가 자뭇 **흠악허다**./차동 고개의 굽이진 질은 무진 **흠악허다**. ②사물의 형세가 매우 나쁘다. ¶분우기가 왜 이렇기 **흠악헤진** 겨? ③인심, 성질, 태도, 생김새 따위가 흉악하다. ¶에이, **흠악헌** 눔덜 같으니라구.

흠 : 준 표험 : 준 (險峻) 명☞ '흠준허다'.

흠 : 준-허다[-/-주너-] 표험 : 준-하다 (險峻-) 형지세가 높고 가파르고 험하다. ¶임존성의 백제부흥군은 **흠준헌** 봉수산세를 이용허여 나당 은합군(聯合軍)을 효율적이루 막어냈다.

흠 : 지 표험 : 지 (險地) 명지세가 가파르고 험한 땅. 또는 그러한 곳. ¶그런 **흠지**루 준비두 읎이 떠나다니./**흠지**가 잔뜩헌 디를 머덜라구 자청히서 갈라능감?

흠 : -허다 표험 : -하다 (險-) 형①땅의 형세가 사납고 가파르다. ¶산고랑텡이가 올마나 짚은지 보통 **흠헌** 게 아니여. ②생김새나 모양이 험상스럽다. ¶생김새가 **흠헌** 사람덜이 많더구먼. ③형세가 위태롭다. ¶**흠허게** 놀지 말구 얌즌히 지내라.

흡-물[흠-] 표헛-물 명☞ '홋물'이 변자음화한 형태. ¶**흡물**만 잔뜩 딜이키구두 뭐가 좋아 히죽그리는 겨?

흡물-키다[흠-] 표헛물-켜다 동(자) ☞ '홋물키다'.

홋-디[흗띠] 표헛된 곳 명☞ '헛디'의 본래말. ¶가제 바뻐죽겄넌디 패니 **홋디서** 시간을 뺐겼네./자넨 **홋디다**니 돈을 그리 쓰닝께 맨날 빈털털인 겨.

홋-물[흔-] 표헛-물 명'허/흐(虛)+ㅅ+믈(水)→홋믈>흡물(변자음화)'. 될 것이라고 믿고 애쓴 일이 보람 없이 돌아간 것. =흡물. ¶큰 이문이 남는 일이 있넌 중 알구 떠 갔다가니 **홋물**만 키고 말었어.

홋물-키다[흔-] 표헛물-켜다 동(자) 애쓴 보람 없이 헛일로 되다. =흡물키다. ¶시상이 돈 벌기 쉬운 일은 읎어. 패니 넘이 꾐이 넘어가서 **홋물키덜** 말구 넌 조용히 집이나 있어.

흥 : 겊 표헝 : 겊 명'헐/홀-(毀)+ㄴ(어미)+것(片)→헌것/흔것?>흥겁', '활용 형태 : 흥겁이[흥거비]. 흥겁을 [흥거블]. 흥겁에[흥거베]'. 옷감이나

천의 조각. ¶양말을 겨야 허니께 **홍겁**점 가져오너라.

홍 : 겁-보[-뽀] 표헝겊으로 만든 보자기. 주로 상보(床褓). ¶홍겁을 많이 모대서 **홍겁보**를 맹글었다.

희나리[히-] 표희아리 명 '희-(白)+ㄴ(어미)+알(種)+이(접사)'. 말리는 과정에서 열매의 일부가 상하여 허옇게 뜬 채로 마른 고추. ¶날이 궂이닝께 꼬추가 말르지는 않구 맨 **희나리**만 생기넌군./**희나리**꼬추라두 막 버리덜 말어. **희나리**두 허연 디만 가새로 베내믄 성헌 꼬추나 다름읎는 겨.

희엽스름-허다[-쓰-] 표희읍스름-하다 형 ☞ '흐엽스름허다'. ¶꼬추 빛깔[빅깔]이 **희엽스름헌** 것이 햇빛이 덴내 비구먼.

표준어 색인

ㄱ

가 : 업(家業) 명가 : 읍
가까워-지다 동가차워-지다
가까이 부가차이
가까이-하다 동가차이-허다
가깝다 형가찹다
가라-앉다 동가러-앉다
가랑이 명가랭이
가랑-잎 명가랑-잎새
가로-막다 동가러-막다
가로-막히다 동가러-맥히다
가로-젓다 동가로-저스다
가르다 동갈르다
가리다 동개리다
가맹-점(加盟店) 명가맹-즘
가물/가뭄 명가물
가벼이 부개벼이
가볍다 형개볍다
가뿐-하다 형개뿐-허다
가슴 명가심
가슴-둘레 명가심-둘레
가슴-뼈 명가심-뻬

가슴-살 명가심-살
가슴-앓이 명가심-앓이
가슴-팍 명가심-팍
가슴-팍 명가심-패기
가시 명까시
가시-나무 명까시-나무, 까시-낭구
가시-넝쿨 명까시-넝쿨, 까시-넝쿨, 까시-덩굴, 까시-덩쿨
가시-덤불 명까시-덤부달, 까시-덤불
가시랭이 명까시랭이, 끄시랭이
가시랭이/거스러미 명꺼스랭이
가시-바늘 명까시-바눌
가시-방석(-方席) 명까시-방석
가시-밭 명까시-밭
가시밭-길 명까시밭-질
가엾다 형가 : -읎다
가운데 명가운디
가운뎃-발가락 명가운딧-발꼬락
가운뎃-손가락 명가운디-손꼬락, 가운디-송꼬락
가위표(-標) 명각개-표
가을-걷이 명, 동갈 : -글이
가을-누에 명갈 : -뉘 :
가을-바람 명갈 : -바람

가을-볕 명갈:-볕
가을-비 명갈:-비
가을-일 명갈:-일
가전(家傳) 명가즌
가전(家電) 명가즌
가전-제품(家電製品) 명가즌-지품
가죽-나무 명개가죽-나무, 개가죽-낭구
가지 명가쟁이, 가징이
가지-치기 명가쟁이-치기,
　　가징이-치기, 낭구-치기
가-처분(假處分) 명가-츠분
간:선(間選) 명간:슨
간:선-제(間選制) 명간:슨-제
간-덩이(肝-) 명간-떵이, 간-띵이
간-수(-水) 명갠-수
간수-하다(看守-) 동간수-허다
간장(-醬) 명지랑, 지렁
간장-물(-醬-) 명지랑-물,두지렁-물
간지럼 명근지럼
간지럽다 형근지럽다
간-하다 동간-허다
갈라-지다 동갈러-지다
갈-앉히다 동갈-앉히다
갈퀴 명괄키
갈퀴-질 명괄키-질
갈퀴질-하다 동괄키질-허다
감기다 동갱기다
감미-롭다(甘美-) 형감미-럽다
감싸다 동강구다
감싸-주다 동강궈-주다
갑(匣) 명곽

갑작-스레 부급작-시리
강아지 명개:-새낑이
강철(鋼鐵) 명강츨
같다 형가트다
갚다 동갚으다
개 명가이
개:-고기 명가이-괴기, 개:-괴기
개골창 명개굴-창
개:-구멍 명가이-구녁, 가이-구녕,
　　개:-구녁, 개:-구녕
개:-기름 명개:-지름
개:발-새발 부, 명개:발-쇠:발
개구리 명개구락지, 깨구락지
개구리-헤엄 명거두-후염,
　　깨구락지-후염
개미-누에 명개미-눼
개-벚 명개-뻣
개-벚나무 명개뻣-낭구
개비 명, 의명가치
개숫-물 명개숩-물
개암 명개금
개암-나무 명개금-나무, 개금-낭구
개옻-나무 명개오돌-나무, 개오돌-낭구
개울 명갱굴, 갱굴-창
개울-가 명갱굴-갓
개울-물 명갱굴-물
개-헤엄 명개-후염
개호주 명개호지
갭직-하다 형갑잔-허다, 갭잔-허다
갯-지:렁이 명갯-지:렁이
갱골 명갱고랑

걔 대갸
걔-네 대갸-네
걔-들 대갸-덜
거 : 구(巨軀) 명그 : 구
거 : 금(巨金) 명그 : 금
거기 대거그
거기-쯤 대거께, 거께-찜
거꾸러-지다 동꺼꾸러-지다
거꾸로 부거꾸루, 꺼꿀루
거나-하다 명그나-허다
거 : 담-제(祛痰劑) 명그 : 담-제
거 : 대-하다(巨大-) 형그 : 대-허다
거 : 동(擧動) 명, 동그 : 동
거 : 두(巨頭) 명그 : 두
거두다 명그두다
거두-절미(去頭截尾) 명거 : 두-즐미
거둬-들이다 동거둬-딜이다,
  그둬-딜이다
거란(契丹) 명그 : 란
거르다 동거르다
거만(倨慢) 명그 : 만
거만-하다(倨慢-) 형그 : 만-허다
거 : 머리 명그 : 머리, 금 : 저리
거미 명그미
거미-알 명그미-알
거미-줄 명그미-줄
거미줄-치다 동그미줄-치다
거미-집 명그미-집
거 : 봉(巨峰) 명그 : 봉
거 : 부(巨富) 명그 : 부
거 : 북살-스럽다 형그 : 북살-시럽다

거 : 북-하다 형그 : 북-허다
거뿐-하다 형거뿐-허다
거 : 사(居士) 명그 : 사
거 : 상(巨商) 명그 : 상
거스르다 동거시리다, 거실르다,
  그시르다
거스름-돈 명거시름-돈, 그시름-돈
거슬러-오르다 동거실러-올르다
거슬리다 동거실리다, 그시르다
거 : 실(居室) 명그 : 실
거의 부거이, 거진, 그진, 으 : 진
거의-거의 부거진-거진, 그진-그진
거 : 인(巨人) 명그 : 인
거 : 장(巨匠) 명그 : 장
거적 명꼬적
거적-때기 명꼬적-때기
거적-문 명꼬적-문
거 : 점(據點) 명그 : 점
거 : 지 명그 : 지, 동냥백이, 거렁뱅이,
  비렁백이
거지-반(居之半) 부그지-반
거 : 추장-시럽다 형거치장-시럽다
거치(据置) 명그치
거치다 동그치다
거칠다 형그칠다
거품 명거쿰, 버쿰
거 : 피(去皮) 명게 : 피
거 : 피-고물(去皮-) 명게 : 피-고물
거 : 피-떡(去皮-) 명게 : 피-떡
거-하다(巨-) 형그-허다
거 : 행(擧行) 명, 동그 : 행

건 : 각(健脚) 명근 : 각
건 : 국(建國) 명근 : 국
건 : 군(建軍) 명근 : 군
건 : 너-가다 동근 : 너-가다
건 : 너다 동건 : 느다, 근 : 느다
건 : 너-뛰다 동근 : 너-뛰다
건 : 너-뛰어서 부걸러-쿰, 걸러-큼
건 : 너-오다 동근 : 너-오다
건 : 너-짚다 동근 : 너-짚다
건 : 너-편 명근 : 너-편, 근 : 너-편짝
건 : 널-목 명근 : 널-목
건 : 넛-마을 명근 : 넙-마을
건 : 넛-방 명근 : 넙-방, 건느-방, 건는-방
건 : 넛-산 명근 : 넛-산
건 : 네다 동근 : 네다
건 : 네-받다 동근 : 네-받다
건 : 네-주다 동근 : 네-주다
건더기 명근대기
건드리다 동근 : 대다, 근 : 대리다, 근 : 드리다, 근 : 드리다,
건 : 들다 동근 : 들다, 근 : 딜다
건 : 물(建物) 명근 : 물
건방 명근방
건방-떨다 동근방-떨다
건방-지다 동근방-지다
건배(乾杯) 명근배
건 : 의(建議) 명, 동근 : 의
건 : 의-문(建議文) 명근 : 의-문
건 : 의-서(建議書) 명근 : 의-서
건 : 의-안(建議案) 명근 : 의-안

건 : 평(建坪) 명근 : 평
건 : 필(健筆) 명근 : 필
건 : -하다 형근 : -허다
건재(乾材) 명근재
걷다 동글다
걷어-차다 동글어-차다
걷어-치우다 동글어-치다
걷-잡다 동글-잡다
걸 : 치다 동글 : 치다
걸림-돌 명걸림-독
걸-상(-床) 명글 : 상
걸터-앉다 동겉터-안지다, 글터-안지다
걸핏-하면 부건뜻-허은, 걸썬-허은
걸핏하면 부꺼really : 허은
검 : 객(劍客) 명금 : 객
검 : 거(檢擧) 명, 동금 : 거
검 : 도(劍道) 명금 : 도
검 : 문(檢問) 명금 : 문
검 : 문-검 : 색(檢問檢索)
  명금 : 문-금 : 색
검 : 문-소(檢問所) 명금 : 문-소
검 : 사(檢事) 명금 : 사
검 : 사-관(檢查官) 명금 : 사-관
검 : 사-대(檢查臺) 명금 : 사-대
검 : 사-장(檢查場) 명금 : 사-장
검 : 산(檢算) 명, 동금 : 산
검 : 색(檢索) 명, 동금 : 색
검 : 색-엔진(檢索-engine)
  명금 : 색-엔진
검 : 안(檢眼) 명금 : 안
겉-더껑이 명겉-더껭이

겉-모양(-模樣) 명겉-모냥
겉물이 들다 동겉물-들다
게 명그이
게 : -거품 명그이-거쿰, 게 : -거쿰
게 : -걸음 명그이-걸음
겨 명저
겨-기름 명젓 : -지름
겨누다 동꼬느다
겨를 의명저를
겨우 부제우, 지우
겨우-겨우 부제우-제우, 지우-지우
겨우-살이 명져 : -살이, 즈 : -살이
겨울 명겨을, 즐 : 기, 즒 : , 즐 :
겨울 음식(-飮食) 명즒 : -음석
겨울-철 명겨을-츌, 결 : -츌
겨-죽(-粥) 명저-죽
격구(擊毬) 명적구
견디다 동전디다
겹겹이 부겹겹이
겹겹-이 부접접-이
겹-두루마기 명접-두루매기
겹-말/고의-춤 명겝-말, 굅-말
겹-바지 명접-바지
겹-사돈(-査頓) 명접-사둔
겹-살림 명접-살림
겹-이불 명접-니불
겹-치다 동쩜-부리다
경(經) 명정
경-치다(黥-) 동정-치다
곁-가지 명적-가쟁이, 적-가지, 적-가징이

계(契·稧) 명지
계 : 쌀(契-) 명지 : -쌀
계 : 원(契員) 명지 : 원
계 : 주(契主) 명지 : 주
계 : 집 명지 : 집
계 : 집-년 명지 : 집-년
계 : 집-애 명지 : 집-애
계 : 집-질 명지 : 집-질
계란(鷄卵) 명겨란
계란-구이(鷄卵-) 명겨란-구이
계란-덮밥(鷄卵-) 명겨란-덮밥
계란-빵(鷄卵-) 명겨란-빵
계-모임(契-) 명지-모임
계산(計算) 명, 동기 : 산
계시다 동겨 : 시다, 기시다
곗 : -돈(契-) 명짓 : -돈
곗-날(契-) 명짓-날
곗-술(契-) 명짓 : -술
고갯-마루 명고갭-말랭이
고기 명게기
고기-쯤 대고께-찜
고드래 명낭구-고두래
고둥 명고동
고래 (구문) 고려
고래도 (구문) 고리두
고래서 (구문) 고려두, 고려서, 고리서
고래실 명고라실, 고라실-논
고래 청소하기 명고래(炕洞)-질
고래요 (구문) 고류
고렇게 (구문) 고롷기, 고렇기
고르다 동골르다

고리 부골리
고리-로 부고 : -루, 골 : 루
고무래 명고모래
고무래-질 명고모래-질
고무-줄 명고무-바, 고무-발
고비-고사리 명고비, 지비-고사리
고삐 명고빼이, 괴빼이
고생-스럽다(苦生-) 형고상-시럽다
고수레 명고시레
고욤 명고염
고욤-나무 명고염-나무, 고염-낭구
고의-춤 명괴-타리
고-쪽 대고-짝
고추 명꼬추
고추-상투 명꼬추-상투
고추-씨 명꼬추-씨
고추-장(-醬) 명꼬치-장
고춧-가루 명꼬축-가루, 꼬춧-가루
고춧-물 명꼬춥-물, 꼬춧-물
고춧-잎 명꼬춧-잎, 꼬춧-잎새기
골-때리다 동골-쌔리다, 골-쌔리다
골라-잡다 동개려-잡다
골짜기 명골짜구니
곱슬-머리 명곱실-머리, 꼽실-머리
곱-하기 명곱-허기
공-들이다(功-) 동공-딜이다
공연-스레(空然-) 부고연-시리
공연-히(空然-) 부고여-니
과자-점(菓子店) 명과자-즘
관 : 솔 명광 : 솔
관 : 솔-불 명광 : 솔-불

관심 밖 명저-창
괜-스럽다 형괜-시럽다
괜-스레 부괜-시리
괜찮다 형갠찮다
괜-히 명개 : 니, 괘 : 니
구 : 경 명귀 : 경
구 : 경-가마리 명귀 : 경-가머리
구 : 경-거리 명귀 : 경-거리
구 : 경-꾼 명귀 : 경-꾼
구 : 경-하다 동귀 : 경-허다
구르다 동굴 : 르다¹, 굴르다²
구멍 명구녁, 구녕, 구먹
구멍-가게 명구녕-가게[-까]
구슬리다 동구실르다
구시렁-거리다 동군시렁-거리다
구시렁-구시렁 부군시렁-군시렁
군 : -내 명군 : 둥-내
군 : -더더기 명군 : -더디기
군데군데 빠뜨리고 부걸러쿰, 걸러큼
굿-하다 동정-읽다
궂다 형구지다
궐 : 련-딱지(卷煙-) 명골 : 련-딱지
귀-따갑다 형귀-따겁다
귀뚜라미 명귀뚜래미
귀-머거리 명귀-먹쟁이
귀-뺨 명귀-쌈
귀-뺨/귀싸대기 명귀-쌰대기
귀-뺨/귀-싸대기 명귀-쌈대기
귀-싸대기 명구-쌰대기, 구-쌰배기, 구-쌈대기, 구-쌈배기
귀이개 명귀 : 우개

귀찮다 형구찮다
귀퉁이 명구텡이, 구퉁이, 구팅이, 구퉁-배기
귓-구멍 명귀-꾸녁, 귀-꾸녕, 귀-꾸먹
귓-불 명귀-불알
그길-로 부그질-루
그끄저께 명그-끄저끼
그냥 부걍 :
그다지 부그닥
그래 형, 감, 조, (구문) 그려¹
그래 보았자 (구문) 그리-봤자
그래/맞아 형기여
그래도 부, (구문) 그려두, 그리두
그래서 부그려서, (구문) 그리서
그래서-는 (구문) 그리서-니
그래서는 (구문) 그려서니
그래야 부그리야¹, (구문) 그리야²
그래요 형그류 : ¹, 그류²
그래요/맞아요 형기유
그랬다 (구문) 그맀다
그러게 감그리기
그러고 (어구) 그러구²
그러니까 부그러니께, 그러닝께
그러면 부그라믄, 그러믄
그런데 부그란디, 그런디, 근디
그렇게 부그렇기
그렇다/맞다 형기다²
그렇다-면 (구문) 그렇다-은
그렇지만 부그렇지먼
그렇지 않아도 부가제, 가제두
그르다/그릇되다 형글르다

그리 부글리
그리고 부그라구, 그러구, 그리구
그리-로 부그-루, 글 : -루
그-만큼 부, 명그-망큼
그 아이네 대갸-네
그을음 명끄 : 름
그저께 명그저끼
그-중(-中)/가장 명그-중
그-쪽 대그-짝
그-토록 부그-터락
금-싸라기(金-) 명금-싸래기
굿다 동그시다
기나-긴 명허구-진
기 : 다랗다 형지 : 다랗다, 찌 : 다랗다
기 : 대-지다 동지 : 다라-지다, 찌 : 다라-지다
기 : 대다 동지 : 대다
기 : 대-서다 동지 : 대-스다
기 : 대-앉다 동지 : 대-앉다
기다리다 동지달리다, 지둘르다
기둥 명지둥
기둥-감 명지둥-감, 지둥-감어리
기둥-머리 명지둥-머리
기둥-목(-木) 명지둥-목
기르기 명질르기
기르다 동지르다, 질러-내다, 질르다
기름 명지름
기름-간장(-醬) 명지름-간장
기름-걸레 명지름-걸레
기름-기(-氣) 명지름-기
기름-내 명지름-내

기름-덩어리 명지름-덩어리
기름-덩이 명지름-뎅이
기름-불 명지름-불
기름-샘 명지름-샘
기름-종이 명지름-종이
기름-지다 동지름-지다
기름-체 명지름-체
기름-칠(-漆) 명지름-칠
기름-통(-桶) 명지름-통
기름-틀 명지름-틀
기어-다니다 동겨-댕기다
기어-오르다 동겨-올르다
기와-집 명개 : -집
기우뚱 부지우뚱
기우뚱-거리다 동지우뚱-거리다
기우뚱-기우뚱 부찌우뚱-찌우뚱
기우뚱-대다 동지우뚱-대다
기우뚱-하다 동지우뚱-허다
기울 명찌울
기울-기 명찌울-기
기울다 형찌울다
기웃-거리다 동지웃-거리다
기웃-기웃 부지웃-지웃
기웃-대다 동지웃-대다
기저귀 명지저구
기침 명지침
기특-하다(奇特-) 형기뜩-허다
긴 명진¹
긴 : -긴 관진 : -진
긴 : 긴-날 명진 : 진-날
긴 : 긴-해 명진 : 진-해

긴 : -네모 명진 : -네모
긴 : -말 명진 : -말
긴 : -바늘 명진 : -바늘
긴 : -소매 명진 : -소매
길 명질
길/길-거리(-距離) 명질-걸, 질-거리
길 : 의명질³ :
길 : 길-이 부질 : 질-이
길 : 다 동질 : 다, 형찔 : 다
길 : -다라닿다 형찔 : -다랗다
길 : -다랗다 형질 : -다랗다
길-가 명질-가생이, 질-갓
길갓-집 명질갓-집
길고 길다 형질 : 구-질 : 다
길-나다 동질-나다
길-놀이 명질-놀이
길-눈 명질-눈
길-닦기 명질-닦기
길-동무 명질-동무
길-들다 동질-들다
길-들이다 동질-들이다, 질-딜이다
길-마중 명질-마중
길-모퉁이 명질-모캥이, 질-모텡이, 질-모팅이
길-목 명질-목, 질목-쟁이
길-바닥 명 질-바닥
길-벗 명질-벗
길-섶 명질-섶
길-손 명질-손
길쌈 명질쌈
길쌈-틀 명질쌈-틀

길-잡이 명질-잽이
길쭉-길쭉 부질쭉-질쭉, 찔쭉-찔쭉
길쭉-하다 형질쭉-허다
길-차림 명질-채림
길-턱 명질-턱
길-품 명질-품
길-호사(豪奢) 명질-호사
김 의명짐³
김 : 명짐 :
김 : -발 명짐 : -발
김 : -밥 명짐 : -밥
김 : -새다 동짐 : -새다
김장 명즁 : -진장, 진장, 짐장
김장-감 명진장-감, 짐장-감
김장-값 명진장-갑, 짐장-값
김장-거리 명진장-거리, 짐장-거리
김장-독 명진장-독, 짐장-독
김장-철 명 짐장-츨, 진장-츨
김장-하다 동진장-허다
김치 명짐치
김치-즌(-煎) 명짐치-즌
김치-찌개 명짐치-찌개
김칫-국물 명짐칩-멀국
김칫-독 명짐칫-독
김칫-돌 명짐칫-돌
깁 : 다 동기 : 다¹
깊다 형짚다
깊디-깊다 형짚디-짚다
깊숙-하다 형짚숙-허다
깊숙-히 부짚숙-이
깊이 명짚이

깊이-갈이 명짚이-갈이
깊이-깊이 부짚이-짚이
까다-롭다 형까다-럽다
까다-롭다 형까탈-시럽다
까마귀 명까그매, 까마구
까마귀-밥 명까그매-밥
까물어-치다 동가물-쓰다, 까물-쓰다, 가물-키다, 까물-키다
깔끄럽다 형깔까럽다
깔따구 명깔때기
깜박 부깜막
깜박-거리다 동깜막-그리다, 껌먹-거리다
깜박-깜박 부깜막-깜막
깜박깜박-하다 동깜막깜막-허다
깜박-하다 동깜막-허다
깜빡 부까빡
깜빡-거리다 동까빡-거리다, 까빡-그리다
깜빡-깜빡 부까빡-까빡
깜빡-이 명까빡-이
깜빡-하다 동까빡-허다
깨 명깨
깨-꽃 명깨-꼿
깨끗이 부깨갓이
깨끗-하다 형깨갓-허다
깨-뜨리다 동깨-치다
깻-모 명꽵-모
깻-묵 명꽵-목
깻-잎 명꽷-잎, 꽷-잎새기, 들꽷-잎
꺼끄러기 명꺼럭, 껄-꺼럭
꺼끄렁-베 명꺼스렁-베
꺼끄렁-보리 명꺼스렁-보리

꺼-내다 동꼬-내다
꺼림칙-하다 형께림칙-허다
꺼벅 부꺼뻑
껄끄럽다 형껄꺼럽다
껌벅-껌벅 부껌먹-껌먹
껌벅껌벅-하다 동껌먹껌먹-허다
껌벅-하다 동껌먹-허다
껑충-하다 형겅쩡-허다
껴-입다 동쩌 : -입다
꼬라-박다 동꼬나-박다
꼬라-박다 동꼬나-박다
꼬장/장(杖) 세우기 명꼰장
꼬장꼬장-하다 형꼬장꼬장-허다
꼬장을 부리다 동꼬장-부리다,
  꼰장부리다
꼴 명깔 :
꼴 명꼬라지
꼴-꾼 명깔 : -꾼
꼴-머슴 명깔 : -머심
꼴-지게 명깔 : -지게
꼴-짐 명깔 : -짐
꽁지 명꽁-댕이, 꽁-딩이
꽃-송이 명꼿-송아리, 꼿-쇵이
꾀죄죄 부꾀제제
꾀죄죄-하다 형꾀제제-허다,
  꼬지지-허다
-꾸러기 접-꾸리기
꾸벅-꾸벅 부꿈먹-꿈먹
꾸지나무 열매 명꾸지
꿰 : -매기 명꼬-매기
꿰 : -매다 동꼬-매다

끄느름-하다 형끄드름-허다
끄르다 동끌르다
끌다 동충이다
끌어-당기다 동끄-댕기다
끌어-들이다 동끌어-딜이다
끼다 동찌다, 찌리
끼리-끼리 부찌리-찌리
끼-얹다 동쩐 : 다, 쩐 : 지다
끼우뚱-하다 동찌우뚱-허다
끼워-주다 동쩌 : -주다
끼이다 동찌 : 다²
끼적-거리다 동끄적-거리다
낀 명찐

ㄴ

나누-기 명노누-기
나눗-셈 명노눗-셈
나눠-가지다 동노나-가지다, 노너-가지다
나눠-주다 동노너-주다
나-다니다 동나-댕기다, 나-댕이다
나-뒹굴다 동나동그러-지다, 나-동글다,
  나둥구러-지다, 나-둥굴다
나무 명낭구
나무-귀신(-鬼神) 명나무-구신,
  낭구-구신
나무-꾼 명낭구-꾼
나무-때기 명낭구-때기
나무-젓가락 명나무-저깔, 나무-저범
나무-판자(-板子) 명나무-판때기

나무-하다 동낭구-허다
나뭇-가지 명나무-가젱이,
　나뭇-가징이
나뭇가지 명낭구-가징이
나뭇-더미 명나뭇-데미, 낭굿-데미
나뭇-잎 명낭굿-잎
나뭇-짐 명낭굿-짐
나중 명야중
나중-에 (구문) 야중-이
날궂이를 하다 동날:굿이-허다
날다 동날르다
날-달걀 명날-다갈, 날-달갈
날-달걀(生-) 명생-다갈, 생-달갈
날아-가다 동날러-가다
날아-다니다 동날러-댕기다
날아-오다 동날러-오다
날-장작(-長斫) 명날-장적
날카-롭다 형날카-럽다
낡다 형낡으다
남 명넘
남-부끄럽다 형나-무끄럽다,
　너-무끄럽다, 넘-우끄럽다
남의집-살이 명넘의집-살이
낯-가리다 동낯-개리다
낯-가림 명낯-개림
내:내 부내:동
내:다 동굴-내다
내-동댕이 명내:-동딩이
내:동댕이-치다 동내:동딩이-치다
내:-두르다 동내:-둘르다
내려-가다 동네려-가다

내려-놓다 동네려-놓다
내려다-보다 동네려다-보다
내려다-보이다 동네려다-보이다
내려-뜨리다 동네려-띠리다
내려-보다 동네려-보다
내려-쓰다 동네려-쓰다
내려-앉다 동네려-안지다
내려-오다 동네려-오다
내려-찍다 동네려-찍다
내려-치다 동네려-치다
내리-누르다 동내리-눌르다
내:-맡기다 동내:-맥기다
내:-뱉다 동내:-밭다
내버려-두다 동냅비려-두다, 냇비려-두다
내:-버리다 동내:-비리다, 내:-빌다,
　냅:-버리다, 냅:-불다, 냅:-빌다
내:숭-꾸러기 명내:숭-꾸리기
내전-보살(內殿菩薩) 명내남-보살
내전보살-하다(內殿菩薩-)
　동내남보살-허다
내-젓다 동내:-저스다
내-지르다 동내:-질르다
내-쫓기다 동내:-쫏기다
냅다 부냅:대
냇:-가 명내:깔
냇:-물 명냅:-물
냉:-가슴(冷-) 명냉:-가심
너 대느²
너무 부너머
너무-너무 부너머-너머
너무-하다 형너머-허다

너희 대느이¹
너희-들 대느 : 네-덜, 느 : -덜,
　느 : -들, 늬 : -덜, 늬 : -들, 니네-덜
넉 관늑
넌더리 명넌저리
넌덜-머리 명넌절-머리
널 명늘 :
널 : -감 명늘 : -감
널-따랗다 형늘-따랗다
널 : -뛰기 명늘 : -뛰기
널 : -뛰다 동늘 : -뛰다
널름 부늘름
널름-거리다 동늘름-그리다
널름-널름 부늘름-늘름
널리다 동늘리다
널 : -밥 명늘 : -밥
널 : 빤지 명늘 : -빤지, 널-빤때기
널 : 어-놓다 동늘 : 어-놓다
널 : -조각 명늘 : -조각
널 : -판때기 명늘 : -판때기
넓다 형널브다
넘겨다-보다 동넘-보다
넘겨-듣다 동넹겨-듣다, 넝겨-듣다
넘겨-받다 동넹겨-받다, 넝겨-받다
넘겨-주다 동넹겨-주다, 넝겨-주다
넘겨-짚다 동넹겨-짚다, 넝겨-짚다
넘기다 동넹기다, 넝기다
넘실-거리다 동능실-그리다
넘실-넘실 부능실-능실
넘어-뜨리다 동넘어-띠리다,
　넹겨-띠리다, 넝겨-띠리다

넣다 동놓다
네 관느¹, 늬
네 : -거리(-距離) 명늬 : -질목,
　늬 : -거리
네 : 뚜리 명늣 : -두리
넷 수 느이², 늣
노간주-나무 명노간지-나무, 노간지-낭구
노느다 동노누다
노래기 명노내기
논둑-길 동논둑-질
누 : 르다 동눌 : 르다
누에 명누여, 눼 :
누에-고치 명누여-꼬치, 눼 : -꼬치
누에-농사(-農事) 명누여-농사,
　눼 : -농사
누에-똥 명누여-똥, 눼 : -똥
누에-밥 명누여-밥, 눼 : -밥
누에-쓸기 명눼-쓸기
누에-씨 명누여-씨, 눼 : -씨
누에-알 명눼 : -알
누에-치기 명누여-치기, 눼 : -치기
눈 : -길 명눈 : -질²
눈-길 명눈-질¹
눈-두덩 명눈-두뎅이, 눈-두딩이
눈 : -송이 명눈 : -송아리, 눈 : -쇵이
눕다 동눌 : 다
느긋-느긋 부느싯-느싯
느긋-하다 형느싯-허다
능청-꾸러기 명능청-꾸리기
늦-가을 명늑-갈, 늦-갈
늦-갈이 명마냥-갈이

■■■ ㄷ

다니다 통댕기다¹, 댕이다
다듬-이 명다딤이
다듬이-돌 명다딤잇-독, 다딤잇-돌
다듬이-질 명다딤이-질, 다딤-질
다듬잇-감 명다딤잇-감, 다딤잇-감
다듬잇-방망이 명다딤잇-방맹이
다르다 통달르다, 달브다
다리다 통대리다
다스리다 통다시리다
다정-스럽다(多情-) 형다정-시럽다
다정-스레(情-) 부다정-시리
닥-나무 명닥채-나무, 닥채-낭구
단풍-잎(丹楓-) 명단풍-잎새
달걀 명다갈, 달갈, 닭-알
달걀-구이 명다갈-구이, 달갈-구이
달걀-덮밥 명다갈-덮밥, 달갈-덮밥
달걀-말이 명다갈-말이, 달갈-말이
달걀-찜 명다갈-찜, 달갈-찜
달라-붙다 통달러-붙다
달라-지다 통달러-지다
달리다 통딸리다
닭-고기 명달기-게기
닭-고집(-固執) 명달기-고집
닭-귀신(鬼神) 명달: -구신, 달: -기신
닭-똥 명달기-똥
닭-띠 명달기-띠
닭-발 명달기-발
닭-장(-欌) 명달기-장

닭-죽(-粥) 명달기-죽
닭-해 명달기-해
닮다 형달므다
담가(擔架) 명당까
담그다 통당구다, 당그다
담금-질 명당금-질
담기다 통당기다
담배-갑 명담배-각
담즙(膽汁) 명쓸갯-물
당기다 통댕기다², 땡기다
당선(當選) 명당슨
당일(當日) 통댕일
당일-치기(當日-) 통댕일-치기
당최 명당체
대-나무 명대-낭구
대로 의명대루
대롱-거리다 통매동-거리다
대롱-대롱 부매동-매동
대리-점(代理店) 명대리-즘
대-바늘 명대-바눌
대-비 명대-빗자락
대여-점(貸與店) 명대으-즘
더: 러움 명드: 러움, 디: 러움
더: 러워-지다 통드: 러워-지다,
   디: 러워-지다
더: 럽다 형드: 럽다, 디: 럽다
더: 럽히다 통드: 럽히다
더미 명데미
더부룩-하다 형드부룩-허다
더불다 통드불다
더하기 명보태기

덜 : 〖부〗들 :
덜거덕 〖부〗들그덕
덜거덕-거리다 〖동〗들그덕-거리다
덜그덕-덜그덕 〖부〗들그덕-들그덕
덜그럭 〖부〗덜그럭
덜그럭-거리다 〖동〗덜그덕-거리다
덜그럭-덜그럭 〖부〗덜그덕-덜그덕
덜그렁 〖부〗들그렁
덜그렁-거리다 〖동〗들그렁-거리다
덜그렁-덜그렁 〖부〗들그렁-들그렁
덜 : 다 〖동〗들 : 다
덜렁이 〖명〗덜렝-이
덜컥 〖부〗들컥
덜-하다 〖형〗들 : -허다
덤벼-들다 〖동〗뎀벼-들다
덤비다 〖동〗뎀비다
덥히다 〖동〗뎁히다
덩이 〖명〗, 〖의명〗딩이, 뎅이, 띵이
덩치 〖명〗등치
덩칫-값 〖명〗등칙-갑
데 〖의명〗디
데 : 다 〖동〗디 : 다
데우다 〖동〗데 : 다
데퉁-맞다 〖형〗디퉁-맞다
도깨비-바늘 〖명〗개 : -바눌
도깨비-장난 〖명〗도깨비-장냥
도끼-눈 〖명〗괄키-눈, 까시-눈
도랑 〖명〗똘, 똘-강
도랑-물 〖명〗똘강-물
도리어 〖부〗댑 : 대, 됩 : 대, 되 : 레
도매-점(都賣店) 〖명〗도매-즘

도토리 〖명〗신갱이
독립-성분(獨立性分) 〖명〗독립-승분
돈 : -거 : 래(-去來) 〖명〗돈 : -그 : 래
돈 : -계(-契) 〖명〗돈 : -지
돈-고생(苦生) 〖명〗돈-고상
돈-더미 〖명〗돈-데미
돈-세 : 탁(-洗濯) 〖명〗돈 : -시 : 탁
돌 : 〖명〗독 :
돌 : -계집 〖명〗돌 : -지집
돌 : -구유 〖명〗독 : -구수
돌 : -그릇 〖명〗독 : -그륵
돌 : -기둥 〖명〗독 : -지둥, 돌-지둥
돌 : -길 〖명〗독 : -질
돌 : -너덜 〖명〗독 : -너덜
돌 : -널 〖명〗독 : -널, 독 : -늘
돌 : -담 〖명〗독 : -담
돌 : -담불 〖명〗독 : -담불, 독 : -담부살, 독 : -덤불
돌 : -덩이 〖명〗독 : -뎅이, 독 : -딩이, 돌 : -뎅이, 돌 : -딩이
돌 : -메 〖명〗독 : -메
돌 : -멩이 〖명〗독 : -막, 독 : -멩이, 돌 : -막, 돌-팍
돌 : -무더기 〖명〗독-무데기, 독 : -무디기, 돌 : -무데기, 돌 : -무디기
돌 : -무덤 〖명〗 독 : -무덤
돌 : -발 〖명〗독 : -살
돌 : -밭 〖명〗독 : -밭, 독 : 자갈-밭
돌 : -베개 〖명〗돌 : -벼개, 돌-버개
돌 : -부리 〖명〗독 : -부리, 돌 : -뿌리기
돌 : -산(-山) 〖명〗독 : -산

돌ː-싸움 명독ː-쌈
돌ː-언덕 명독ː-어덕, 돌ː-어덕
돌ː-절구 명독ː-절구
돌ː-짐 명독ː-짐
돌ː-쩌귀 명돌-짜구
돌ː-층계(-層階) 명돌ː-칭게
돌ː-팔매 명독ː-팔매
돌ː팔매-질 명독ː팔매-질
돌-나물 명돌-나물
돌-더미 명독-데미, 독-디미
돌-바닥 명독ː-바닥, 독ː-바당
돌-배 명독-배
돌배-나무 명독배-낭구
돌-송편(-松-) 명돌ː-쇵편
돌아-가다 동돌어-가다
돌확 명학ː-절구
동ː절(冬節) 명동ː-즐
동ː절-기(冬節期) 명동ː즐-기
동아-줄 명동아-바, 동아-발
동여-매다 동동여-매다
동이 명, 의명동이
동이다 동동이다
동이다/맺히다. 동옹-치다¹
돼지-우리 명돼지-울간
되 명됩-박
되-넘기다 동되-넝기다
되똑-거리다 동되똑-그리다, 뙤똑-그리다
되똑-되똑 부뙤똑-뙤똑
되똑-하다 형뙤똑-허다
되-지기 명됩박-지기

두들기다 동두딜기다, 뚜딜기다
두루뭉술-하다 형두리뭉실-허다
두르다 동둘르다
두엄-더미 명됨ː-데미
둑-길 명뚝-질
뒤웅-박 명됨-박
뒷-거ː래(-去來) 명뒷-그ː래
뒷-구멍 명뒤-꾸녁, 뒤-꾸녕, 뒤-꾸먹
뒷-길 명뒷-질
뒷-덜미 명뒷-들미
뒷-등성이 명뒷-등배기
뒷-설거지 명뒷-서르지
뒹굴다 동둥굴다
뒹굴-뒹굴 부둥굴-둥굴
뒹굴뒹굴-하다 형둥굴둥굴-허다
드리다 동디리다
드-세다 형드-시다
들 접덜
들ː-짐승 명들ː-즘성, 들ː-짐성
들-기름 명들-지름
들-길 명들-질
들-깨 명들-꽤
들깨-죽(-粥) 명들꽤-죽
들깻-묵 명들꽵-묵
들여-보내다 동딜여-보내다
들여-앉히다 동딜여-앉히다
들이다 동딜이다
들이-켜다 동딜이-키다
등-덜미 명등-들미
따갑다 형따겁다
따귀 명따구

따뜻-하다 「형」땃땃-허다
따라-나서다 「동」따러-나스다
따라-다니다 「동」따러-댕기다
따로 「부」따루
따로-나다 「동」제금-나다
따로-내다 「동」제금-내다
따로-따로 「부」따루-따루
따사-롭다 「형」따사-럽다
따습다 「형」따숩다, 따시다
딴-살림 「명」제금
딸-자식(-子息) 「명」딸-자석, 딸-자슥
땀-구멍 「명」땀-꾸녁, 땀-꾸녕, 땀-꾸먹
땀-띠 「명」땀-때기, 땀-띠기
땀띠-약(-藥) 「명」땀띠기-약
때리다 「동」쌔리다, 쌔리다
때문 「의명」대민, 땜
땔-나무 「명」땔-낭구
떠-넘기다 「동」떠-넝기다, 떼-넝기다
떠-다니다 「동」떠-댕기다, 떠-댕이다
떠-맡기다 「동」떠-맥기다, 떼-맥기다
떡갈-나무 「명」떡갈-낭구, 푸장-나무, 푸장-낭구
떡갈-잎 「명」갈-잎새
떡-국 「명」흔떡-국
떨어져-나가다 「형」뼈-물다
떼:꾼-하다 「형」떼:꼰-허다
떼어-먹다 「동」띵겨-먹다
또닥-이다 「동」뚜딕-이다
또릿또릿-하다 「형」깨송깨송-허다
똑-바로 「부」똑-바루
똥-구멍 「명」똥-꾸녁, 똥-꾸녕, 똥-꾸먹

똥-더미 「명」똥-데미
똬리 「명」똥아리
뚝새-풀 「명」독사-풀, 독새-풀
뛰어-다니다 「동」떠-댕기다
뜨듯미지근-하다 「형」뜨듯미적지근-허다
뜨습다 「형」뜨시다
뜬금-없이 「부」뜽금-읎이, 뜽금-읎이
뜯기다 「동」띡기다, 띧기다
뜯어-내다 「동」띧어-내다
뜸해-지다 「동」수억-허다

■■■ ㅁ

마당-비 「명」마당-빗자락
마렵다 「형」애렵다
마루 「명」말랭이
마음 「명」애음, 맴 :
마음-가짐 「명」맴 : -가짐
마음-결 「명」맴- : 결
마음-고생(-苦生) 「명」맘 : -고상, 맴 : -고상
마음-껏 「부」맴 : -껏
막-장(-醬) 「명」쩜 : -장
막히다 「동」맥히다
만 : -날(萬-) 「부」맨 : -날
만들다 「동」맨들다
만들다 「동」, 「보동」맹글다
만큼 「의명」망큼, 맨큼, 맹큼
말:썽-부리다 「동」말:썽-시피다
말:씀 「명」말 : 씸

말 : 씀-드리다 동말 : 씸-디리다
말-벌 명왕-탱이, 왕-팅이
말썽-꾸러기 명말썽-꾸리기
맘 : -껏 부맘 : -끗
망개-떡 명멍개-떡
망건(網巾) 명망근
맞닥뜨리다 동맞닥띠리다
맞-당기다 동맞-땡기다
맞-대매 명맞-대미
맞대매-하다 동맞대미-허다
맞-서다 동맞-스다
맞-선 명맞-슨
맞아-들이다 동맞어-딜이다
매끈-하다 형매끼-허다
매다 동짬-매다, 쩜-매다, 찜-매다
매-달리다 동매-댕기다, 매댕기-뛰다
매우/아주 부겁-나게(怯-)
맥-없다(脈-) 형맥-읎다
맥-없이(脈-) 부맥-읎이
맥질-하다 동맥 : 질-허다
맨-몸 명맨몸-땡이, 맨몸-띵이
맨-바닥 명맨-바당
맨-발 명건건이-발
머릿-기름 명머릿-지름
머무르다 동머물르다
머슴 명머심
머슴-살이 명머심-살이
머위 명멍위
머윗잎-쌈 명멍위-쌈
먹-구렁이 명먹-구렝이, 먹-구링이
먹여-치다 동멕여-치다

먹이다 동멕이다
먹이-사슬 명멕이-사실
먹이-통(-桶) 명멕이-통
먹잇-감 명멕잇감
먹히다 동멕히다
먼저 부먼첨
먼젓-번(-番) 명먼첨-번
먼지 명몬지, 몸데기, 몸디기, 몸지
먼지-기둥 명몬지-지둥, 몸지-지둥
먼지-떨이 명몬지-털이개, 몸지-털이개
먼지-바람 명몬지-바람, 몸지-바람
먼지-버섯 명몬지-버섯, 몸지-버섯
먼지-투성이 명몬지-투셍이, 몸지-투셍이
먼처 부먼처
멀대/멍청이 명멀때
멍 명먹
멍-들다 동먹-지다
멍울 명몽우리, 몽울
멍울-멍울 부몽울-몽울
멍-하니 부멍-허니
메뚜기 명메띠기, 뫼띠기
메어-꽂다 동메 : -꼬지다, 메-꼰지다, 메-때리다, 메-쌔리다, 메-쎠리다
메우다 동메꾸다
메-조 명뫼-스슥, 뫼-조
메-치다 동메-패다, 므-패다
명절(名節) 명멩절
명절-날(名節-) 명멩일
명절-맞이(名節-) 명멩일-맞이
몇 관몇
모가지 명모감-댕이, 모감-딩이, 모감-지

모과(木瓜) 뗑모가
모과-나무(木瓜-) 뗑모가-낭구
모래 뗑모새
모래-땅 뗑모새-땅
모래-밭 뗑모새-밭
모래-벌판 뗑모새-벌판
모래-알 뗑모새-알
모래-언덕 뗑모새-어덕
모레 뗑모리
모르다 동물 : 르다⁴
모아 놓다 동모대-놓다
모아 놓은 덩어리 뗑모대미
모양(模樣) 뗑모냥
모으다 동모대다
모이 뗑모시
모이-그릇 뗑모시-그륵
모이-통(-桶) 뗑모시-통
모자라다 혱모잘르다, 모지라다, 모질르다, 무잘르다, 무지라다
모조리 튀몽조리
모탕 뗑모당
모퉁이 뗑모캥이, 모텡이, 모팅이
목-구멍 뗑목-구녁, 목-구녕, 목-구먹
목-덜미 뗑목-들미
목-물/등-목(-沐) 뗑등-역
목화-송이(木花-) 뗑목화-쇵이
몰려-다니다 동몰려-댕기다, 몰쳐-댕기다
몰리다 동몰치다
몰아-넣다 동몰어-늫다
몹쓸 괸무쓸
못 튀뭇

못-나다 혱뭇-나다
몽달-귀신(-鬼神) 뗑몽달-구 : 신
몽둥이 뗑몽뎅이, 몽딩이
몽둥이-찜질 뗑몽뎅이-찜질, 몽딩이-찜질
몽땅 튀몽창
묏 : -등 뗑모잇-잔등, 모잇-잔등어리, 모잇-잔딩이, 묏 : -잔등
묏 : -자리 뗑모잇-자리
묘막(墓幕) 뗑모이-막
묘-지기(墓-) 뗑모이-지기
무더기 뗑, 의뗑무데기, 무디기
무더기-무더기/모아-모아 튀모대-모대
무더기-지다 동무디기-지다
무덤 뗑모이
무덤 뗑모이-판, 모이-판때기
무덤덤-하다(無-) 혱무등등-허다
무르다 동물르다¹
무르다 동물르다²
무르다 혱물르다³
무리떡/백설기 뗑무리-떡
무리별로/덩어리별로 튀모대-루
무섭다 혱미섭다
무-성의(無誠意) 뗑무-승의
무엇-하다 혱머-허다
무엇하려고 (구문) 머다라, 머더라, 머더러
무-자식(無子息) 뗑무-자석, 무-자슥
무지근-하다 혱목작지근-허다
무지렁이 뗑무지렝이
묵은-세배(-歲拜) 뗑묵은-시배
묵직-하다 혱무끈-허다
묶다 동묶으다

문구-점(文具店) 명문구-즘
문장-성분(文章成分) 명문장-승분
물-가 명물 : -가생이
물-갈퀴 명물-괄키
물-고추 명물-꼬추
물-구덩이 명물-구뎅이, 물-구딩이,
 물-쿵뎅이, 물-쿵딩이
물-귀신(-鬼神) 명물-구신
물-김치 명물-짐치
물-동이 명물-됭이
물렁-뼈 명물렁-뻬
물-막이 명물-맥이
물-뱀 명물-배얌
물-벼락 명물-베락
물-안경(-眼鏡) 명물-앵경
물어-넣다 동물어-늫다
물-웅덩이 명둠벙, 툼벙
뭉그적-거리다 동밍기적-거리다
뭉기적-뭉기적 부밍기적-밍기적
뭐/무엇 대머
무엇하려고 (구문) 머다라, 머더라, 머더러
미꾸라지 명미꾸락지, 미꾸리
미련-스럽다 형미련-시럽다
미장이 명미쟁이
밀-거 : 래(密去來) 명밀-그 : 래
밉살-맞다 형믹살-맞다
밉살-스럽다 형믹살-시럽다
밍밍-하다/느끼-하다 형닝닝-허다
밑-구멍 명믹-구녁, 믹-구녕, 믹-구먹

■■■ ㅂ

바 명발 :
바 : 구미 명바 : 게미, 바 : 그미
바구니 명바구리
바깥 명배깥
바깥-마당 명배깥-마당
바깥-문(-門) 명배깥-문
바깥-바람 명배깥-바람
바깥-방(-房) 명배깥-방
바깥-사돈(-査頓) 명배깥-사둔
바깥-세 : 상(-世上) 명배깥-시 : 상
바깥-손님 명배깥-손님
바깥-양반(-兩班) 명배깥-냥반
바깥-일 명배깥-일
바깥-쪽 명배깥-짝
바깥-채 명배깥-채
바깥-출입(-出入) 명배깥-출입
바느-질 명바누-질
바늘 명바눌
바늘-구멍 명바눌-구녕, 바눌-구녁,
 바눌-구먹
바늘-귀 명바눌-귀
바늘-땀 명바눌-땀
바늘-밥 명바눌-밥
바늘-방석(-方席) 명바눌-방석
바닥 명바당
바더리 명바다리
바로 부바루
바른-길 명바른-질

바심-하다 동바심-허다
바싹 부배싹, 빼싹
바지/고쟁이 명깍대기, 깍디기
바지-저고리 명바지-저구리
밖 명백
반 : -쪽(半-) 명반 : -짝
반점(飯店) 명반즘
발 : 명바 :
발-가락 명발-꼬락
발가락-뼈 명발꼬락-뻬
발가-벗기다 동빨개-벅기다, 빨개-벳기다
발가-벗다 동빨개-벗다, 빨개-벗다
발-거리 명발-거리
발거리를 하다 동발거리-치다
발-길 명발-질
발매-하다(發賣-) 동발매-허다
발-모가지 명발목-쟁이, 발-므가지
발-바닥 명발-바당
발채 명바 : 수거리, 바지게
발-힘 명발-심
밟 : 다 동발브다, 밟 : 다[발 : 따]
밤-길 명밤-질
밤-송이 명밤-송아리, 밤-쇵이
밥-통 명밥-텡이, 밥-팅이
방-바닥(房-) 명방-바당
밭-고랑 명밭-고랑텡이, 밭-고랑팅이
밭-길 명밭-질
배짝/비쩍 부빼짝
뱉다 동밭다
버드-나무 명버두-나무, 버두-낭구, 버둘-낭구

버들-개지 명버둘-가쟁이, 버둘-가징이
버들-잎 명버둘-잎, 버둘-잎새
버르-장이 명버리-쟁이, 버르-쟁이
버리다 동베려-번지다
버리다 보동번지다, 뻔지다
버리다/틀어지다 동베리다²
버쩍 부버썩
버쩍-버쩍 부버썩-버썩
버찌 명뻣
버티다 동버팅기다, 뻐팅기다
버팀-돌 명버팀-독
벌레-퉁이 명벌레-팅이
벌벌-떨다 동벌 : 벌-허다
벗겨-내다 동벅겨-내다, 벡겨-내다, 벳겨-내다, 벅겨-지다
벗겨-지다 동벡겨-지다, 벳겨-지다
벗기다 동벅기다, 벡기다, 벳기다
벚-꽃 명뻣-꼿
벚-나무 명뻣-나무, 뻣-낭구
베 : 다 동비 : 다²
베개 명벼개, 버개
베다 동비 : 다³
벼락-치기 명베락-치기
벼룻-돌 명베룻-독
벼르다 동벨르다, 블 : 르다
벼리다 동베리다¹
벼슬 명베슬², 베실²
벼슬-길 명베슬-질, 베실-질
벼슬-살이 명베슬-살이, 베실-살이
벼슬-아치 명베슬-아치, 베실-아치
벼슬-자리 명베슬-자리, 베실-자리

벼슬-하다 동베슬-허다, 베실-허다
벽-돌(壁 -) 명벡-돌, 복 : -돌
벽오동-나무(碧梧桐-) 명백오동,
　　백오동-나무, 백오동-낭구
별로 부벨루, 브랑, 베랑
볍-쌀 명벱-쌀
볍-씨 명벱-씨, 븝-씨, 씻-나락
볏 명베슬¹, 베실¹
볏-가리 명벳-가리, 븃-가리
볏-단 명베-토매, 벳-단
볏-섬 명벳-섬, 벳-슴
볏-짚 명벳-짚, 븃-짚
병아리/닭 명달기-새낑이
보 : 물-섬(寶物-) 명보 : 물-슴
보다 보형비다¹
보리-까락 명보리-꺼럭
보리수(菩提樹) 명뽀루수, 뽀리수
보리수-나무(菩提樹-) 명뽀루수-낭구,
　　뽀루수-나무
보습 명보십
보시기 명, 의명보새기
복사-뼈 명복사-뻬
복숭아 명복사
복숭아-꽃 명복사-꽃
복숭아-나무 명복사-나무, 복사-낭구
복숭아-씨 명복사-씨
본-뜨다(本-) 동쁜-뜨다
본-새/본-때(本-) 명쁜-때
볼기-짝 명응 : 덩-짝, 응 : 딩-짝
봄-누에 명봄-뉘 :
봄-철 명봄-츨

봉우리 명봉어리
부득-부득 부부진-부진
부딪다/부딪치다 동부집다
부서-지다 동부셔-지다
부수다 동부시다
부스러기 명부시래기
부스럭 부부시럭
부스럭-거리다 동부시럭-거리다
부스럭-대다 동부시럭-대다
부스럭-부스럭 부부시럭-부시럭
부스럭지 명부시럭지
부스럼 명부시럼
부스스 부부시시¹
부스스-하다 형부수수-허다, 부시시-허다
불어-넣다 동불어-늫다
브레이크(brake) 명부레끼
블라우스(blouse) 명부라우쓰
비 명빗자락
비누-갑 명비누-깍, 비누-꽉
비닐(vinyl) 명비니루
비-설거지 명비-서르지
비슷-비슷 부비젓-비젓
비슷비슷-하다 형비젓비젓-허다
비슷-하다 형비젓-허다
비위(脾胃) 명비우, 비우-짱
비-질 명빗자락-질
비질-하다 명빗자락질-허다
비탈 명비얄
비탈-길 명비얄-질
비탈-밭 명비얄-밭
비탈-지다 동비얄-지다

빚-더미 명빚-데미
빠개다/뽀개다 동뻐개다
빠뜨리다 동빠 : 치다, 빠띠리다
빠르다 형빨르다
빨갛다 형빨가다
빨랫-돌 명빨랫-독
빼쪽-하다 형빼쪽-허다
뺨 명뺨-때기, 쌰-대기, 쌈-대기,
　싸-대기
뺨-따귀 명뺨-따구
뼈 명뻬
뼈-끝 명뻬-끝
뼈-다귀 명뻬-다구, 뻭-다구, 뼈-다구,
　뻑-다구, 뻑-대기
뼈다귓-국 명뼈다구-국, 뻑대기-국
뼈-도장(圖章) 명뻬-도장
뼈-마디 명뻬-마디
뼈물다 동뻬물다
뼈-빠지다 동뻬-빠지다
뼈-아프다 형뻬-아프다
뼈-저리다 형뻬-저리다
뼛-가루 명뻭-가루, 뼛-가루
뼛-골 명뻑-골, 뼛-골
뼛-속 명뼛-속
뼛-조각 명뼛-조각
뽑히다 동뻡히다
뽕-나무 명오돌개-낭구
뽕-잎 명뽕-잎새, 뽕-잎새기
삐뚤-빼뚤 부삐뚤-빠뚤
삐뚤빼뚤-하다 형삐뚤빠뚤-허다

■■■ ㅅ

사 : 납다 형싸 : 납다
사 : 촌(四寸) 명사 : 춘
사 : 촌-형(四寸兄) 명사 : 춘-엉아
사 : 팔-뜨기 명사 : 팔-띠기
사내-아이 명머스매, 머시매
사내-자식(-子息) 명사내-자석,
　사내-자슥
사다 동돈 : -팔다
사돈(査頓) 명사둔
사돈-댁(査頓宅) 명사둔-댁
사랑-스럽다 형사랑-시럽다
사위 명사우
사철(四-) 명사츨
사철-나무(四-) 명사츨-나무
사치-스럽다(奢侈-) 형사치-시럽다
사헌-부(司憲府) 명사흔-부
사회-면(社會面) 명사회-믄
삭정-이 명삭젱-이, 삭징-이
산-골/산-골짜기 명산-고랑
산-골짜기 명산-고랑텡이, 산-고랑팅이
산-길(山-) 명산-질
산-더미 명산-데미, 산-디미
산-등성이(山-) 명산-등배기
산-딸기 명멍석-때꼴
산-마루(山-) 명산-말랭이
산-봉우리(山-) 명산-봉어리
산-비탈(山-) 명산 : -비얄
산-언덕(山-) 명산 : -어덕

산-짐승(山-) 몡산-즘성, 산-짐성
산화-철(酸化鐵) 몡산화-출
살갗 몡살갓
살 : -길 몡살 : -질
살코기 몡살-케기, 살-쾨기
살-쾡이 몡살-가지
삶 : 다 동살므다, 쌀므다
삼촌(三寸) 몡삼춘
삿갓 몡사갓
상-거 : 래(商去來) 몡상-그 : 래
상-계(喪契) 몡상-지
상 : -길(上-) 몡상 : -빨,
　　상 : -질, 상 : -짜
상판-대기(相-) 몡쌍판-때기
상포-계(喪布契) 몡상포-지
삳-바 몡삽-바
새 : -가슴 몡새 : -가심
새끼 몡새깽이¹, 새낑이¹, 시끼¹
새끼 몡새깽이², 새낑이²
새끼-발가락 몡새끼-발꼬락,
　　새낑이-발꼬락
새끼-발톱 몡새낑이-발톱
새끼-손가락 몡새끼-손꼬락,
　　새끼-송꼬락, 새낑이-송꼬락
색정(色情) 몡색증
샛 : -길 몡샛 : -질
생강-나무(生薑-) 몡개 : 동백-낭구,
　　동백-나무, 동백-낭구
생강나무-꽃(生薑-) 몡동백-꼿
생-고생(生苦生) 몡생-고상, 쌩-고상
생마(生馬) 몡생-매기

생인-발 몡생여-발
생인-손 몡생여-손
서(西) 몡스
서-(庶) 접스-
서/세 관스
**서 : **(署) 몡스 :
서가(書架) 몡스가
서간(書簡) 몡스간
서고(書庫) 몡스고
서 : 곡(序曲) 몡스 : 곡
서 : 광(曙光) 몡스 : 광
서 : 광(瑞光) 몡스 : 광
서글프다 혱스글프다
서글픔 몡스글픔
서글피 뷔스글피
서기(書記) 몡스기
서기(西紀) 몡스기
서 : 기(瑞氣) 몡스 : 기
서넛 몡스넛, 시닛
서다 동스다
서 : 두(序頭) 몡스 : 두
서두르다 동스둘르다
서 : 러워-하다 동스 : 러워-허다
서 : 럽다 혱스 : 럽다
서 : 리(胥吏) 몡스 : 리
서림(書林) 몡스림
서 : 막(序幕) 몡스 : 막
서먹서먹-하다 혱스먹스먹-허다
서 : 모(庶母) 몡스 : 모
서 : 문(序文) 몡스 : 문
서 : 민(庶民) 몡스 : 민

서 : 민-층(庶民層) 몡스 : 민-칭
서비스(service) 몡쓰비스
서산(瑞山) 몡스 : 산
서산(西山) 몡스 : 산
서생(書生) 몡스 : 상
서 : 설(瑞雪) 몡스 : 슬
서속(黍粟) 몡스 : 슥
서 : 손(庶孫) 몡스 : 손
서 : 수(序數) 몡스 : 수
서 : -수사(序數詞) 몡스 : -수사
서 : 술(敍述) 몡스 : 술
서 : 시(序詩) 몡스 : 시
서양(西洋) 몡스양
서양-고추(西洋-) 몡양-꼬추
서양-화(西洋化) 몡스양-화
서양-화(西洋畵) 몡스양-화
서 : 얼(庶孼) 몡스 : 얼
서예(書藝) 몡스예
서예-가(書藝家) 몡스예-가
서 : 자(庶子) 몡스 : 자
서 : 장(署長) 몡스 : 장
서 : 장-관(書狀官) 몡스 : 장-관
서점(書店) 몡 스즘, 스점
서 : 정(抒情/敍情) 몡스 : 정, 스 : 증
서 : 정-성(抒情性) 몡스 : 정-성,
　스 : 증-승
서 : 정-시(抒情詩) 몡스 : 정-시,
　스 : 증-시
서 : 정-적(抒情的) 몡스 : 정-적,
　스 : 증-즉
서찰(書札) 몡스 : 찰

서창(西窓) 몡스창
서 : 천(舒川) 몡스 : 촌
서첩(書帖) 몡스 : 첩
서출(庶出) 몡스출
서 : 투르다 톙스 : 투르다, 스 : 툴다
서폭(書幅) 몡스폭
서 : -푼 몡스 : -푼
서 : 푼-어치 몡스 : 푼-으치
서 : 푼-짜리 몡스 : 푼-짜리
서해(西海) 몡스해
서해-안(西海岸) 몡스해-안
서 : 행(徐行) 몡, 동스 : 행
석 관슥
석(石) 의몡슥
석 : -동 몡슥 : -동
석 : 동-무니 몡슥 : 동-무니
석 : 새-삼베 몡슥 : 새-삼베
석가-모니(Śākyamuni)
　몡슥가, 슥가-모니
석류(石榴) 몡섹류
석류-꽃(石榴) 몡섹류-꼿
석류-나무(石榴-) 몡섹류-나무,
　섹류-낭구
석방(釋放) 몡슥방
석수/석수-장이(石手-) 몡슥수-쟁이
석장(錫杖) 몡슥장
석재(石材) 몡슥재
석전(石戰) 몡슥즌
석존(釋尊) 몡슥존
석탑(石塔) 몡슥탑
석학(碩學) 몡슥학

석호(石虎) 명슥호
석화(石化) 명슥화
석회(石灰) 명슥회
석회-동굴(石灰洞窟) 명슥회-동굴
석회-수(石灰水) 명슥회-수
석회-암(石灰巖) 명슥회-암
석회-질(石灰質) 명슥회-질
선: 명슨:
선:- 접슨:-
선:(善) 명슨:
선각(先覺) 명슨각
선각-자(先覺者) 명슨각-자
선거리 명슨거리
선결(先決) 명슨글
선경(仙境) 명슨긍
선계(仙界) 명슨계
선과(仙果) 명슨과
선:과(善果) 명슨:과
선:과(選果) 명슨:과
선관(仙官) 명슨관
선:관(選管) 명슨:관
선:광(選鑛) 명슨:광
선구(先驅) 명슨구
선구-자(先驅者) 명슨구-자
선군(先君) 명슨군
선-굿 명슨-굿
선금(先金) 명슨금
선급(先給) 명슨급
선급-금(先給金) 명슨급-금
선:남-선:녀(善男善女) 명슨:남-슨:녀
선녀(仙女) 명슨느

선단(仙丹) 명슨단
선단(先端) 명슨단
선달(先達) 명 슨달
선:덕(善德) 명슨:덕
선도(仙道) 명슨도
선도(先導) 명슨도
선:도(善道) 명슨:도
선-돌 명슨-돌
선두(先頭) 명슨두
선:-떡 명슨:-떡
선례(先例) 명슨레
선매(先買) 명슨매
선매(先賣) 명슨매
선박(船舶) 명슨박
선발-전(選拔戰) 명선발-즌
선:방(善防) 명슨:방
선:방-허다(善防-) 동슨:방-허다
선배(先輩) 명슨배
선:벌(選伐) 명슨:벌
선:벌-하다(選伐-) 동슨:벌-허다
선:별(選別) 명슨:블
선:-보다 동슨:-보다
선:-보이다 동슨:-보이다
선부(先父) 명슨부
선불(先佛) 명슨불
선사(先史) 명슨사
선사-시대(先史時代) 명슨사-시대
선:사-하다(膳賜-) 동슨:사-허다
선산(先山) 명슨산
선생(先生) 명선상, 슨상
선생-님(先生-) 명선상-님, 슨상-님

선생-질(先生-) 몡선상-질, 슨상-질
선서(仙書) 몡슨서
선서(宣誓) 몡슨서
선서-하다(宣誓-) 동슨서-허다
선선-하다 형슨선-허다, 슨슨-허다
선성(先聲) 몡슨성
선-소리 몡슨 : -소리
선-술 몡슨-술
선-술(仙術) 몡슨-술
선술-집 몡슨술-집
선식(仙食) 몡슨(:)식
선실(船室) 몡슨실
선 : 악(善惡) 몡슨 : 악
선악-과(善惡果) 몡슨 : 악-과
선약(仙藥) 몡슨약
선약(先約) 몡슨약
선어말-어미(先語末語尾) 몡슨어말-어미, 슨으말-으미
선언(宣言) 몡슨언, 슨은
선언-문(宣言文) 몡슨언-문, 슨은-문
선언-서(宣言書) 몡슨언-서, 슨은-스
선업(先業) 몡슨읍
선 : 업(善業) 몡슨 : 읍
선왕(先王) 몡슨왕
선 : 외(選外) 몡슨 : 외
선 : 의(善意) 몡슨 : 의
선-이자(先利子) 몡슨-이자
선인(仙人) 몡슨인
선인장(仙人掌) 몡슨인장
선 : 자(選者) 몡슨 : 자
선자-옥질(仙姿玉質) 몡슨자-옥질

선 : -잠 몡슨 : -잠
선지 몡슨지
선지(先知) 몡슨지
선지-자(先知者) 몡슨지-자
선집(選集) 몡슨집
선창(先唱) 몡슨창
선창(船艙) 몡슨창
선창-가(船艙-) 몡슨창-가
선채(先綵) 몡슨채
선채(鮮菜) 몡슨채
선 : 책(善策) 몡슨 : 책
선 : 처(善處) 몡동슨 : 처, 슨 : 츠
선천(先天) 몡슨천, 슨츤
선천-성(先天性) 몡슨츤-성, 슨츤즉
선천-적(先天的) 몡슨츤-적, 슨츤즉
선체(船體) 몡슨체
선축(先蹴) 몡슨축
선 : 치(善治) 몡슨 : 치
선친(先親) 몡슨친
선-키 몡슨-키
선통(先通) 몡슨통
선편(船便) 몡슨푠
선포(宣布) 몡슨포
선포-문(宣布文) 몡슨포-문
선폭(船幅) 몡슨폭
선 : -하다 형슨 : -허다
선 : -하다(善-) 형슨 : -허다
선 : -하품 몡슨 : -하품
선화-지(仙花紙) 몡슨화-지
선회(旋回) 몡슨회
선회(禪會) 몡슨회

섣 : -달 몡슫 : -달
섣 : 달-그믐 몡슫 : 달-그믐
섣-부르다 몡슫 : -부르다
섣 : -불리 뷔슫 : -불리, 습 : -불리
설 몡슬, 졉슬-
설 차례상 몡슬 : -상
설(說) 몡슬
설 : -날 몡슬 : -날
설 : 다 동, 혱슬 : 다
설 : -맞이 몡슬 : -맞이
설 : -밑 몡슬 : -밑
설 : -보다 몡슬 : -보다
설 : -빔 몡슬 : -빔
설 : -쇠다 동슬 : -쇠다
설 : 움 몡스 : 룸, 슬 : 움
설 : -음식(-飮食) 몡슬 : -음석
설거지 몡서르지
설거지-물 몡서르집-물, 서르짓-물
설거지-통(-桶) 몡서르지-통
설거지-하다 동서르지-허다
설계(設計) 몡슬계
설계-도(設計圖) 몡슬계-도
설계-사(設計士) 몡슬계-사
설계-사(設計師) 몡슬계-사
설계-서(設計書) 몡슬계-서
설계-안(設計案) 몡슬계-안
설-깨다 동슬-깨다
설-늙은이 몡슬-늙은이
설마 뷔슬마
설마-한들 뷔슬마-헌들
설법(說法) 몡슬법

설비(設備) 몡슬비
설-삶다 동슬-쌂다
설의(設疑) 몡슬의
설-익다 동슬 : -익다
설-자리 몡슬-자리
설-잡다 동슬 : -잡다
설전(舌戰) 몡설즌, 슬즌
설-증(泄症) 몡슬증
설치(設置) 몡슬치
설-치다 동슬 : -치다²
설치다 동슬치다¹
설치-대(設置臺) 몡슬치-대
설치-되다(設置-) 동슬치-되다
설치-하다(設置-) 동슬치-허다(設置-)
설파(說破) 몡슬파
설파-하다(說破-) 동슬파-허다
섮 : 다 혱슲 : 다
섬 몡, 의몡슴¹
섬 : 몡슴 : ²
섬 : -사람 몡슴 : -사람
섬뜩 뷔섬찍, 섬찟, 슴찟
섬뜩-섬뜩 뷔섬찟-섬찟, 슴찟-슴찟
섬뜩-하다 동슴찟-허다, 섬찍-허다, 섬찟-허다
섬벅 뷔씀벅
섬-지기 의몡슴-지기
섬진-강(蟾津江) 몡슴진-강
섭렵(涉獵) 몡습릅
섭리(攝理) 몡습리
-성(性) 졉-승
성 : 몡승 : ²

성:(聖) 명승:¹
성:(聖) 관승:²
성:(姓) 명승:
성:(性) 명승:
성:감-대(性感帶) 명승:감-대
성:경(聖經) 명승:긍
성과(成果) 명승과
성:과(聖果) 명승:과
성과-급(成果給) 명승과-급
성곽(城廓/-郭) 명승곽
성:군(聖君) 명승:군
성균-관(成均館) 명승균-관
성급-하다(性急-) 형승급-하다
성:기(性器) 명승:기
성:-깔(性-) 명승:-깔
성냥 명성냥
성냥-갑(-匣) 명성냥-각
성냥-개비 명성냥-개비
성냥-불 명성냥-불
성:대-하다(盛大-) 형승:대-허다
성:덕(聖德) 명승:덕
성:모(聖母) 명승:모
성:모-마리아(聖母-Maria)
　명승모-마리아
성:모-송(聖母誦) 명승:모-송
성:-모자(聖母子) 명승:-모자
성묘(省墓) 명솅묘, 승묘
성:묘(聖廟) 명승:묘
성:물(聖物) 명승:물
성:미(性味) 명승:미
성:민(聖民) 명승:민

성:배(聖杯) 명승:배
성-범죄(性犯罪) 명승:-븜죄
성:부(聖父) 명승:부
성분(成分) 명승분
성분-부:사(成分副詞) 명승분-부:사
성분-비(成分比) 명승분-비
성불(成佛) 명승불
성:-불구(性不具) 명승:-불구
성:비(性比) 명승:비
성사(成事) 명승사
성:사(聖事) 명승:사
성:산(聖山) 명승:산
성:산(聖算) 명승:산
성:상(聖上) 명승:상
성:-생활(性生活) 명승:-생활
성:서(聖書) 명승:스
성:선-설(性善說) 명승:슨-슬
성:설(性說) 명승:슬
성:세(盛世) 명승:세
성:세(盛衰) 명승:쇠
성:-스럽다(聖-) 형승:-스럽다,
　승:-시럽다
성시(成市) 명승시
성-싶다 보형승-시프다, 승-싶다
성:씨(姓氏) 명승:-씨
성:악-설(性惡說) 명승:악-슬
성어(成語) 명승어
성:욕(性慾) 명승:욕
성인(成仁) 명승인, 승:인
성:자(姓字) 명승:자
성장(成長) 명승장

성장(盛裝) 몡승장
성장-기(成長期) 몡승장-기
성장-하다(成長-) 동승장-허다
성적(成績) 몡승적
성 : 적(性的) 관승 : 적
성 : 직(聖職) 몡승 : 직
성 : 직-자(聖職者) 몡승 : 직-자
성 : 찬(盛饌) 몡승 : 찬
성 : 체(聖體) 몡승 : 체
성 : -추행(性醜行) 몡승 : -추행
성 : 칙(聖勅) 몡승 : 칙
성토(聲討) 몡승토
성토-하다(聲討-) 동승토-허다
성 : -풀이 몡승 : -풀이
성화(成火) 몡승화
성 : 화(聖火) 몡승 : 화
성 : 화-대(聖火臺) 몡승 : 화-대
세 관시
세/셋 쉬, 관스이
세 : 간(世間) 몡시 : 간
세 : -거리(-距離) 몡시 : -거리,
 시 : -질목
세 : -거리/삼-거리(三距離) 몡쇠 : -지름
세 : 겹-살 몡시 : 겹-살
세 : 계(世界) 몡시 : 계
세 : 계(世系) 몡시 : 계
세 : 계-관(世界觀) 몡시 : 계-관
세 : 계-사(世界史) 몡시 : 계-사
세 : 계-화(世界化) 몡시 : 계-화
세 : -끼 몡시 : -끼²
세 : 뇌(洗腦) 몡시 : 뇌

세 : 다 동쇠 : 다
세 : 사(世事) 몡시 : 사
세 : 상(世上) 몡시 : 상
세 : 상-사(世上事) 몡시 : 상-사
세 : 상-살이(世上-) 몡시 : 상-살이
세 : 상-없다(世上-) 형시 : 상-읎다,
 시 : 상-읎다
세 : 상-없어도(世上-) 부시 : 상-읎어두,
 시 : 상-읎어두
세 : 상-없이(世上-) 부시 : 상-읎이,
 시 : 상-읎이
세 : 상-에(世上-) 감시 : 상-이
세 : 상-일(世上-) 몡시 : 상-일
세 : 속(世俗) 몡시 : 속
세 : 수(洗手) 몡시 : 수
세 : 수-간(洗手間) 몡시 : 수-깐,
 시 : 숫-대
세 : 수-대야(洗手-) 몡시 : 숫-대야
세 : 습(世襲) 몡시 : 습
세 : 습-무(世襲巫) 몡시 : 습-무
세 : 안(洗眼) 몡시 : 안
세 : 안(洗顔) 몡시 : 안
세 : 차(洗車) 몡시 : 차
세 : -차다 동시 : -차다
세 : 차-장(洗車場) 몡시 : 차-장
세 : 탁(洗濯) 몡시 : 탁
세 : 탁-기(洗濯機) 몡시 : 탁-기
세 : 탁-물(洗濯物) 몡시 : 탁-물
세 : 탁-소(洗濯所) 몡시 : 탁-소
세 : 태(世態) 몡시 : 태
세 : 파(世波) 몡시 : 파

세우다 동세 : 다
셋 수 싯
소 : 매-점(小賣店) 명소 : 매-즘
소나기 명쏘내기
소-나무 명솔-나무, 솔-낭구
소란-스럽다(騷亂-) 형소란-시럽다
소리-지르다 동소리-질르다
소-박이 명소-배기
속-잎 명속-잎새, 속-잎새기
손-가락 명손-꼬락, 송-꼬락
손가락-도장(-圖章) 명손꼬락-도장
손가락-무늬 명손꼬락-무니
손가락-뼈 명손꼬락-뻬, 손꼬락-뼈
손가락-장갑(-掌匣) 명손꼬락-장갑
손가락-질 명손꼬락-질
손가락질-하다 동손꼬락질-허다
손-모가지 명손-며가지, 손-므가지, 손목-쟁이
손-바닥 명손-바당
손-잡이 명손-잽이
손-장난 명손-장냥
손-힘 명손-심
솔-가리 명솔-깽이, 솔-꺼럭, 솔-껄
솔-가지 명솔-가쟁이, 솔-가징이
솔-따비 명솔-때비
솔-잎 명솔-잎새, 솔-잎새기
송구-스럽다(悚懼-) 형송구-시럽다
송이 명, 의명숭이
송이(松栮) 명쉉이
송이-버섯(松栮-) 명쉉이-버섯
송이-송이 명쉉이-쉉이

송장-헤엄 명송장-후염
쇠-갈퀴 명쇠-괄키
쇠-고삐 명쇠-고뺑이
쇠-귀신(鬼神) 명쇠-구신
쇠-새끼 명쇠-새깽이, 쇠-새낑이
수-거미 명수-크미
수세미 명쑤세미
수양(收養) 명성 : ²
수양-가다(收養-) 동성 : -가다
수양-딸(收養-) 명성 : -딸
수양-부모(收養父母) 명성 : -부모
수양-아들(收養-) 명성 : -아들
수양-아버지(收養-) 명성 : -아부지
수양-어머니(收養-) 명성 : -엄니, 성 : -엄마
수양-오다(收養-) 동성 : -오다
수양-자식(收養子息) 명성 : -자석
수양-하다(收養-) 동성 : -삼다
수양-할머니(收養-) 명성 : -할머니
수양-할아버지(收養-) 명성 : -할아부지
수월-찮다 형쉴 : -찮다
수월-찮이 부쉴 : -찮이
수월-하다 형수억-허다
술-동이 명술-됭이
숨 : -길 명숨 : -질
숨-구멍 명숨-구녁, 숨-구녕, 숨-구먹
숨바꼭질 명숨기-장냥
숯-검정 명숙-껌댕이, 숯-검딩이
숱-하다 형숱-허다
쉬 : 다 동시 : 다
쉬엄-쉬엄 부성 : -섬 :

쉬엄쉬엄-하다 휑셤 : 셤 : -허다
스먹-허다 휑스먹-허다
스신(書信) 몡스 : 신
스타킹(stocking) 몡진-양말
스테인리스(stainless) 몡스댕
슨공-후 : 사(先公後私) 몡슨공-후 : 사
슨-납(先納) 몡슨납
슬다 몡실다
습릅 동습릅-허다
승 의몡승¹
승 : -폭행(性暴行) 몡승 : -폭행
시-건방지다 동시-근방지다
시계(時計) 몡시게
시곗-바늘(時計-) 몡시겝-바눌,
  시겟-바눌
시궁-쥐 몡시국찌
시래기 몡씨라구, 씨래기
시래기-국 몡씨라구-국, 씨래기-국
시렁 몡시렁, 실겅, 실헝
시리다 휑시럽다, 시렵다
시원한 형세 몡개갈
시원스레 되어가다 동개갈-나다
시집살이 몡여우-살이, 여위-살이
식품-점(食品店) 몡식품-즘
신갈-나무 몡신갱이-나무, 신갱이-낭구
신들-거리다 동씬득-거리다
싫다 휑싫 : 다
실랑이 몡실갱이
실-지렁이 몡실 : -지렁이
실지-로(實地-) 흠실지-루
실컷 흠실컨

심 : 다 동심으다
심술-꾸러기 몡심술-꾸리기
싱아 몡셩 : ¹
싱아 몡시엉
싶다 보휑시프다
싸-다니다 동싸-댕기다
싸-돌아다니다 동싸-돌어댕기다
싸라기 몡싸래기
싸라기-밥 몡싸래기-밥
싸리꽃/조팝꽃 몡싸리-꼿
싸리-비 몡싸리-빗자락
싸-매다 동쌈-매다
싸움-질 몡쌈 : -박질
싹-수 몡싸갈-배기, 싹-바가지
쌀-겨 몡쌀-저
쌀-계(-契) 몡쌀-지
쌀-뜨물 몡쌀-뜸물
쌈-구 : 경 몡쌈 : -귀 : 경
쌍-꺼풀(雙-) 몡쌍-까풀
쌍-둥이(雙-) 몡쌍-딩이
써 : 레 몡쓰 : 레
써 : 레-질 몡쓰 : 레-질
썩둑 흠쓱둑
썩둑-썩둑 흠쓱둑-쓱둑
썰 : 다 동쓸 : 다
썰렁-하다 휑썰멍-허다
쑥-스럽다 휑쑥-시럽다
쓰다듬다 동씨다듬다
쓰르라미 몡쓰르래미
쓸개 몡씰개
쓸데-없다 휑씰디-읎다, 씰디-읎다

씌우다 동씨 : 다
-씩 접-썩
씹-구멍 명씹-구녁, 씹-구녕, 씹-구먹
씻다 동씻치다

ㅇ

아그-배 명아가-배
아그배-나무 명아가배-나무, 아가배-낭무
아까 부아까 : -침
아끼다 동애끼다
아낌-없이 부애낌-읎이
아람 명아금
아랫-도리 명아랫-두리
아랫-목 명아랩-목, 아롭-목
아름드리 명아름-디리
아리송-하다 형야리끼리-허다
아무 대암 :
아무리-해도 부암만-히두
아버지 명아부지
아비 명아배
아이 명아 :
아이들 명애-덜
아주까리 명아주까루
아주머니 명아주매, 아주무니, 아줌니
아직 부아적
아직/여태 부여적, 여직
악기-점(樂器店) 명악기-즘
안 : 경(眼鏡) 명앵 : 경
안 : 경-점(眼鏡店) 명앵 : 경-즘

안-사돈(-査頓) 명안-사둔
안-쪽 명안-짝
앉다 동안지다
앉은-뱅이 명안진-뱅이
알-거지 명알-그지
알나리-깔나리 감얼라려-껄라려
알몸-뚱이 명알몸-땡이, 알몸-띵이
알아-차리다 동알어-채리다
앍둑-빼기 명얼금-뱅이
암-거 : 래(暗去來) 명암-그 : 래
암만-하다 형암만-허다
암행-어사(暗行御史) 명암행-으사
앙-가슴 명앙-가심
앞-가림 명 앞-개림
앞-가슴 명아-까심, 앞-가심
앞-길 명앞-질
앞-당기다 동앞-댕기다
앞-등성이 명앞-등배기
앞-면(-面) 명앞-믄 :
앞-모양(-模樣) 명앞-모냥
앞-세우다 동앞-세다
앞-잡이 명앞-잽이
앞-정강이 명앞-정갱이
애개 감애-고게
애개개 감아이고게
애꽃다 동애꾸지다
애-새끼 명애-새깽이, 애-새낑이
액-막이(厄-) 명액-맥이
얇다 형얄브다
얌전 명얌즌
얌전-하다 형얌즌-허다

양-동이(洋-) 몡양-됭이
양복-점(洋服店) 몡양복-즘
양-송이(洋松栮) 몡양-쇵이
양장-점(洋裝店) 몡양장-즘
양품-점(洋品店) 몡양품-즘
얘 대야 : ²
얘-네 대야 : -네
얘-들 대야 : -덜
얘들 대얘 : -네
어 곱얼라
어(語) 졉-으
어 : 가(御街) 몡으 : 가
어 : 가(御駕) 몡으 : 가
어 : 간-대청(-大廳) 몡으 : 간-대청
어간-마루 몡으 : 간-말래
어 : 감(語感) 몡으 : 감
어그러-지다 동으그러-지다
어그려-뜨리다 동으그러-트리다
어 : 근(語根) 몡으 : 근
어긋-나다 동으긋-나다
어기다 동에기다, 으기다
어 : 눌-하다(語訥-) 형으 : 눌-허다
어 : 두(語頭) 몡으 : 두
어두컴컴-하다 형어두침침-허다
어디 대오디, 워디
어디-에다 부오따
어디-에다가 (구문) 오따-가
어디-쯤 대오디-께, 워디-께
어때 (구문) 오뗘, 워뗘
어떠어떠-하다 형오떠오떠-허다
어떠-하다 형오떠-허다, 워떠-허다,

오떨다, 워떨다
어떤 관오떤, 워떤
어떻다 형오떨다, 워떨다
어떻-든 부오떨-든
어레미 몡얼게미, 얼맹이
어루러기 몡어루레기
어 : 르다 동얼 : 르다
어 : 르신 몡으 : 르신
어 : 르신-네 몡으 : 르신-네
어 : 른 몡으 : 른
어리-광 몡으리-광
어리광-하다 동으리광-부리다,
　　으리광-피다
어리굴-젓 몡으리굴-젓
어리-보기 몡어립-배기, 으립-배기,
　　으릿-배기
어린-애 몡어른내
어림-치다 동으림-치다
어릿-거리다 동으릿-거리다
어릿-광대 몡으릿-광대
어릿-어릿 부으릿-으릿
어릿어릿-하다 형으릿으릿-허다
어 : 마(御馬) 몡으 : 마
어마어마-하다 형으마으마-허다
어 : 말(語末) 몡으 : 말
어 : 말-어 : 미(語末語尾)
　　몡으 : 말-으 : 미
어머니 몡어무니, 엄니
어미/엄마 몡어매
어 : 사(御史) 몡으 : 사
어 : 사(語史) 몡으 : 사

어:사-또(御史道) 몡으:사-또
어:사-출두(御使出頭) 몡으:사-출뚜
어:사-출또(御使出頭) 몡으:사-출또
어:사-화(御賜花) 몡으:사-화
어:색-하다(語塞-) 혱으:색-허다
어서 뛷어여, 어이, 으서, 으여
어:설프다 혱으:설프다
어:설피 뛷으:설피, 으:슬피
어스름 몡으스름
어슴푸레 뛷으슴푸레
어슴푸레-하다 혱으슴푸레-허다,
　으심푸레-허다
어안 몡으안
어여쁘다 혱으여뿌다
어여삐 뛷으여삐
어:영-대:장(御營大將)
　몡으:응-대:장
어영-부영 뛷으영-부영
어:영-청(御營廳) 몡으:응-층
어:용(御用) 몡으:용
어:용-신문(御用新聞) 몡으:용-신문
어우렁-더우렁 몡으우렁-드우렁,
　으우렁-드우렁
어이-없다 혱어이-읎다, 어이-읎다,
　으이-읎다, 으이-읎다
어인 관으인
어:전(御前) 몡으:전
어:전(御前) 몡으:즌
어:전(御殿) 몡으:즌
어:전-회:의(御前會議)
　몡으:전-회:의, 으:즌-회:의

어:절(語節) 몡으:절, 으:즐
어정쩡-하다 혱으증쯩-허다
어중간-하다(於中間-) 혱으중간-허다
어중-되다(於中-) 혱으중-띠다,
　으징-띠다
어지(御旨) 몡으:지
어지간-하다 혱에지간-허다,
　으지간-허다
어지간-히 뛷에지간-히, 으지간-히
어지럽다 혱으즈럽다, 으지럽다
어지럽히다 동으즈럽히다, 으지럽히다
어지르다 동어질르다, 으질르다
어:진(御眞) 몡으:진
어쭈 감아쭈
어쭙잖다 혱어집잖다, 으줍잖다
어처구니 몡어츠구니, 으처구니, 으츠구니
어처구니-없다 혱으처구니-읎다,
　으츠구니-읎다
어허라-달구야 감에:헤라-달:고:,
　에:헤라-달:공:
어험 감으흠
어:휘(語彙) 몡으:휘
어휘-력(語彙力) 몡으:휘-륵
어:휘-론(語彙論) 몡으:휘-론
억 쥐, 관윽(億)
억-누르다 동윽-눌르다
억-눌리다 동윽-눌리다
억류(抑留) 몡윽류
억불-숭유(抑佛崇儒) 몡윽불-숭유
억새 몡왁:새
억새-꽃 몡왁새-꼿

억새-밭 명왁 : 새-밭
억-세게 부윽-시게
억-세다 형윽-시다
억울-하다(抑鬱-) 형으굴-허다
억제(抑制) 명윽제
억제-하다(抑制-) 동윽제-허다
억조-창생(億兆蒼生) 명윽조-창생
억지 명어거지, 윽지
억지-로 부윽지-루
억지-웃음 명윽지-웃음
억척 명윽척, 윽측
억척-꾸러기 명윽척-꾸러기, 윽측-꾸러기
억척-빼기 명윽측-빼기
억척-스럽다 형윽척-스럽다, 윽측-시럽다
언 : 제 부은 : 제, 원 : 제, 온 : 제
언 : 제-나 부은 : 제-나, 온 : 제-나,
　원 : 제-나
언 : 젠-가 부은젠가, 온 : 젠-가,
　원 : 젠-가
언문-일치(言文一致) 명은 : 문-일치
언문-책(諺文冊) 명은 : 문-책
언변(言辯) 명은 : 븐 :
언사(言事) 명은사
언약(言約) 명은약
언쟁(言爭) 명은 : 쟁
언쟁-허다(言爭-) 동은 : 쟁-허다
언저리 명언서리, 언설, 엉서리, 엉설
언질(言質) 명은 : 질
언짢다 형은짢다, 은짢다
언청이 명언체이, 언쳉이
얹다 동언지다

얼른 부얼릉
얼른-얼른 부얼릉-얼릉
얼 : 마 부올 : 마, 월 : 마
얼마-나 부올 : 마-나, 월 : 마-나
얼 : 마-만치 (구문) 올 : 마-침
얼 : 마-만큼 (구문) 올 : -마큼,
　올 : -망큼, 월 : -마큼, 월 : -망큼
얼 : 마-씩 부올 : 마-쓱, 올 : 마-씩,
　월 : 마-쓱, 월 : 마-씩
얼 : 마-쯤 부올 : 마-찜, 월 : 마-찜
얼-버무리다 동을-버무리다
얼-비치다 동을-비치다
얼-빠지다 동을-빠지다
얼-뺨 명을 : -뺨
얼씨구 감을씨구
얼씨구나 감을씨구나
얼씨구-절씨구 감을씨구-즐씨구
얼-차려 명을 : -차래
얼-치기 명을-치기
얽다 동읅다
얽-매다 동읅-매다
엄살-꾸러기 명엄살-꾸러기
엄지-발가락 명엄지-발꼬락
엄지-손가락 명엄지-손꼬락, 엄지-송꼬락
엄청 부음청
업신여기다 형읍 : 신-여기다
업자(業者) 명읍자
업종(業種) 명읍종
업히다 동엡히다
없 : 다 형읎 : 다, 읎다
없 : 애다 동읎 : 애다, 읎 : 애다

없 : 어-지다 동읎 : 어-지다, 읎 : 어-지다
없 : 이 부읎 : 이, 읎 : 이
없 : 이-하다 동읎 : 이-허다
엇-비슷하다 형엇-비젓허다
엉클어진 것 명아사리
엉클어진 논 명아사리-논
엉클어진 덤불 명아사리-덤부달,
　　아사리-덤부살
엉클어진 밭 명아사리-밭
엉클어진 숲 명아사리-숲
엉클어진 곳 명아사리-판
엉 : 덩-방아 명응 : 덩-방아
엉 : 덩이 명응 : 뎅이, 응 : 딩이
엉 : 덩-춤 명응 : 뎅이-춤, 응 : 딩이-춤
엉겁결 명응겁결
엉겁결에 부응겁결이
엉기다 동엥기다
엉덩이-뼈 명응치-뻬, 응치-뼈
엉망 명응망
엉망진창 명응망-진창
엎드리다 동엎디리다
에이 감어이-씨
에이-씨 감이 : 씨
엔간-하다 형엥간-허다
엔간히 부엥간-히
여기-쯤 대여께, 께-찜
여름-철 명여름-츨
여우 명여수
여위다 동여이다
여유-롭다(餘裕-) 형으유-럽다
여태-껏 부여적-껏, 여직-껏

역전(驛前) 명옥즌
연 : 습(練習) 명은 : 십
연 : 습-량(練習量) 명은 : 십-량
연 : 습-생(練習生) 명은 : 십-상
연 : 습-용(練習用) 명은 : 십-용
연 : 습-장(練習帳) 명은 : 십-장
연 : 습-하다(練習-) 명은 : 십-허다
연 : 철(軟鐵) 명은 : 츨
연필(鉛筆) 명염필
연필-깎이(鉛筆-) 명염필-깎이
열매 명열매기
엷다 형을브다
염소 명염생이
염소-젖 명염생이-젓
엿-장수 명엿-장사
영 부응 :
옆 명옆-댕이
옆-구리 명역-구리
옆-길 명옆-질
예 감야 : [1]
예사-스럽다(例事-) 형예사-시럽다
오 : 라기 명오 : 래기
오디 명오도개, 오돌개, 오두개
오리-나무 명오리봉-나무, 오리봉-낭구
옥수수 명옥수깽이
옥수수-기름 명옥수깽이-지름
옥수수-떡 명옥수깽이-떡
옥수수-밥 명옥수깽이-밥
옥수수-밭 명옥수깽이-밭
옥수수-수염(-鬚髥) 명옥수깽이-셤 :
옥수수-엿 명옥수깽이-엿

옥수숫-대 명옥수깽잇-대
온 : -종일(-終日) 명왼 : -젱일
온 : -통 부왼 : -통
올가미 명올개미
올-가을 명올-갈
올레리 감얼라려
올-벚 명올-뻣
올-벚나무 명올뻣-낭구
올-해 명올-히
옭아-매다 동읅어-매다
옮겨-가다 동욍겨-가다
옷-가슴 명옷-가심
옹기-점(甕器店) 명옹기-즘
옻 명오돌
옻 명옻-올름
옻-나무 명오돌-나무, 오돌-낭구
옻이 오르다 동옻-올르다
완구-점(玩具店) 명완구-즘
왕-거미(王-) 명왕-그미
왕-모래(王-) 명왕-모새
왜냐하면 부왜냐-은
외-길 명외-질
외-당숙(外堂叔) 명오-당숙
외-사 : 촌(外四寸) 명오-사 : 춘,
　오이-사 : 춘
외-삼촌(外三寸) 명오-삼춘
외-숙모(外叔母) 명오-숙모
외양-간(-間) 명오양-깐
외-할머니(外-) 명오-얄머니, 오-할머니
외-할아버지(外-) 명오-얄아버지,
　오-할아버지

왼 : 명오여
왼 : -낫 명오여-낫
왼 : -발 명오여-발
왼 : -발목 명오여-발목
왼 : -발짝 명오여-발짝
왼 : -배지기 명오여-배지기
왼 : -새끼 명오여-사내끼, 오여-삿내끼
왼 : -손 명오여-손
왼 : 손-잡이 명오여손-잽이
왼 : -씨름 명오여-씨름
왼 : -쪽 명오여-짝
왼 : -쪽/왼 : -편 명오여-편짝
왼 : 쪽-귀 명오여짝-귀
왼 : 쪽-길 명오여짝-질
왼 : -팔 명오여-팔
왼 : -팔뚝 명오여-팔뚝
왼 : -팔목 명오여-팔목
왼 : -편 명오여-편
왼-새끼 명왼-내끼
요기 대요 :
요기-쯤 대요께, 요께-찜
요래 (구문) 요려
요래두 (구문) 요리두
요래서 (구문) 요려서, 요리서
요래요 (구문) 요류
요랬다-조랬다 (구문) 요맀다-조맀다
요렇게 (구문) 요롷기
요렇다 형요맇다
요령-잡이(鐃鈴) 명요령-잽이
요리 부욜리
요리-로 부욜 : -루, 요-루

요리-조리 🅱️욜루-졸루, 욜리-졸리
요-만큼 🅱️, 🅜요-만침, 요-망큼
요즈음 🅜요짐
요-쪽 🅓여-짝, 엽-짝, 요-짝, 욥-짝
욕정(欲情) 🅜욕증
용돈(用-) 🅜개용-돈
우리 🅜울-간
우리-들 🅓우-덜
우수리 🅜우사리
우습다 🅗우섭다
웅덩이 🅜웅딩이
워낙 🅱️원체
웬만-하다 🅗웬만-허다
윗-도리 🅜우잇:-도리
윗-목 🅜우잇-목, 웁-목
윗-방 🅜웁-방
윷: 🅜윳:
으깨-지다 🅓으껴-지다
으르다 🅓을르다
으-대다 🅓으시-대다
으스러-뜨리다 🅓으시다
으스러-지다 🅓으서-지다
으슬-으슬 🅱️으실-으실
으슬으슬-하다 🅗으실으실-허다
으슴푸레 🅱️으심푸레
은행(銀杏) 🅜으낭, 으냉
은행-나무(銀杏-) 🅜으낭-나무,
  으낭-낭구
은행-잎(銀杏-) 🅜으낭-잎새
음:식(飮食) 🅜음:석
음:식-물(飮食物) 🅜음:석-물

음:식-상(飮食床) 🅜음:석-상
음:식-용(飮食用) 🅜음:석-용
음식-점(飮食店) 🅜음석-점
응그리다 🅓으그리다
의붓-딸 🅜으붓-딸
의붓-아들 🅜으붓-아들
의붓-애비 🅜으붓-애비
의붓-어미 🅜으붓-에미
의붓-자식 🅜으붓-새끼, 으붓-자석,
  으붓-자슥
의젓잖다 🅗으적잖다, 으접잖다
이고서 오다 🅓여:-오다
이래 (구문) 이려
이래도 (구문) 이리두
이래서 (구문) 이려서, 이리서
이래요 (구문) 이류
이랬다-저랬다 (구문) 이렀다-저렀다
이렇게 🅱️이렇기
이리 🅱️일리
이리-로 🅱️이-루, 이리-루, 일:-루
이리-저리 🅱️일루-절루, 일리-절리
이-만큼 🅱️이-만침, 이-망큼
이맛-돌 🅜이맛-독
이삭 🅜나락-모가지
이어-지다 🅓이서-지다
이-쪽 🅓이-짝
이쪽-저쪽 🅓이짝-저짝
이-토록 🅱️이-터락
익살-꾸러기 🅜익살-꾸리기
인광(燐光) 🅜스:기
인광을 뿜어내다 🅓스:기-허다

일다 동해-일다
일부러 부역부러
일으키다 동일 : 쓰다, 일이키다
잇다 동이스다
잎-담배 명잎새-담배
잎-사귀 명잎-사구, 잎-새, 잎-새기

ㅈ

자갈-돌 명독 : -자갈
자귀 명짜구
자귀가 나다 동짜구-나다
자귀-나무 명짜구때-나무, 짜구때-낭구
자그만/조그만 관째끄만
자그맣다 형째끄맣다
자기(自己) 대지 :
자기-들 대지 : -덜
자두 명오야
자두-나무 명오야-나무, 오야-낭구
자빠-뜨리다 동자뻐-띠리다
자빠-지다 동자뻐-지다
자상-스럽다(仔詳-) 형자상-시럽다
자식(子息) 명자석, 자슥
자식-복(子息福) 명자석-복, 자슥-복
자식-새끼(子息-) 명 자석-새낑이,
　자슥-새낑이
작작-하다 형작작-허다
잔-가시 명잔-까시
잔-가지 명잔-가쟁이, 잔-가징이
잔치-설거지 명잔치-서르지

잘못 명, 부잘못
잘못-하다 동잘못-허다
잠그다 동장그다, 정그다
잠기다 동장기다, 쟁기다
잡아-넣다 동잡어-늫다
잡아-당기다 동잡어-다리다, 잡어-댕기다
잡아-들이다 동잡어-딜이다
잡화-점(雜貨店) 명잡화-즘
잡히다 동잽히다
장난 명장냥
장난-감 명장냥-감
장냥-기(-氣) 명장냥-기
장난-꾸러기 명장냥-꾸리기
장난-꾼 명장냥-꾼
장난-조(-調) 명장냥-조
장난-질 명장냥-질
장난-치다 동장냥-치다
장난-하다 동장냥-허다
장-대(長-) 명창-대미(槍-), 장-대미
장작(長斫) 명장적
장작-가리(長斫-) 명장적-가리
장작-개비(長斫-) 명장적-개비
장작-더미(長斫-) 명장적-데미
장작-윷(長斫-) 명장적-윷
장적-불(長斫-) 명장적-불
재건-하다(再建-) 동재근-허다
재채기 명재치기
쟤 네 대자-네
저 : 가(低價) 명즈 : 가
저 : 가-주(低價株) 명즈 : 가-주
저 : -개발(低開發) 명즈 : -개발

저:금-통(貯金筒) 명즈:금-통
저:금-통장(貯金通帳) 명즈:금-통장
저기 대즈:기
저기-쯤 대저:-께, 저께-찜
저:-기압(低氣壓) 명즈:-기압
저-네/저희-네 명즈:-네
저:능(低能) 명즈:능
저:능-아(低能兒) 명즈:능-아
저:능-하다(低能-) 형즈:능-허다
저래 (구문) 저려
저래도 (구문) 저려두, 저리두
저래서 (구문) 저려서, 저리서
저래요 (구문) 저류
저랬다 (구문) 저렸다
저렇게 부저렇기
저리 부절:리, 즈리, 즐:리
저리-로 부저-루, 즈-루, 즐:-루
저-만큼 부, 명저-망큼, 저-만침
저:명(著名) 명즈:믕
저명-하다(著名-) 형즈:믕-허다
저:-모음(低母音) 명즈:-모음
저:-물가(低物價) 명즈:-물가
저:-밀도(低密度) 명즈:-밀도
저:-성능(低性能) 명즈:-승능
저:-성장(低成長) 명즈:-승장
저:수(貯水) 명즈:수
저:수-량(貯水量) 명즈:수-량
저:-수로(低水路) 명즈:-수로
저-세:상(-世上) 명저-시:상, 저-시상
저:압(低壓) 명즈:압
저 애들 대자:-덜

저:액(低額) 명즈:액
저자 명즈자
저잣-거리(-距離) 명즈작-거리
저:장-하다(貯藏-) 동즈:장-허다
저:조-하다(低調-) 형즈:조-허다
저:주(咀呪/詛呪) 명즈:주
저:주-스럽다(咀呪-) 형즈:주-시럽다
저:-주파(低周波) 명즈:-주파
저:주-하다(詛呪/咀呪-) 동즈:주-허다
저지(沮止) 명즈지
저지르다 동즈질르다
저지-선(沮止線) 명즈지-선
저:-지대(低地帶) 명즈:-지대
저:-지방(低脂肪) 명즈:-지방
저:질(低質) 명즈:질
저-쪽 대저-짝, 즈-짝
저:-차원(低次元) 명즈:-차원
저:층(底層) 명즈:칭
저:탄-소(貯炭所) 명즈:탄-소
저:탄-장(貯炭場) 명즈:탄-장
저-토록 부저-터락, 즈-터락
저:하(低下) 명즈:하
저:하(邸下) 명즈:하
저해(沮害) 명즈해
저해-되다(沮害-) 동즈해-되다
저해-하다(沮害-) 동즈해-허다
저희 대즈희
저희-들 대즈:-덜, 즈희-덜
적:다 형즉:다
적:어도 부즉:어두
적:어-지다 동즉:어-지다

적 : 이 명즉 : 이
적 : 이-나 부즉 : 이-나
적 : 잖다 형즉 : 잖다
적 : 잖이 부즉 : 잖이
적나라-하다(赤裸裸-) 형즉나라-허다
적다 형쯕 : 다
적도(赤道) 명즉도
적색(赤色) 명즉색
적소(適所) 명즉소
적수(赤手) 명즉수
적수-공권(赤手空拳) 명즉수-공권
적수-단신(赤手單身) 명즉수-단신
적임-자(適任者) 명즉임-자
적자(赤字) 명즉자
적-자색(赤紫色) 명즉-자색
적토-마(赤土馬) 명즉토-마
적화(赤化) 명즉화
적확-하다(的確-) 형즉확-허다
적황-색(赤黃色) 명즉황-색
전(展) 접-즌
전(戰) 접-즌
전 : (廛) 명즌 :
전 : (煎) 명즌 :
전 : (殿) 접-즌 :
전가(傳家) 명즌가
전 : 가(轉嫁) 명즌 : 가
전 : 가-되다(轉嫁-) 동즌 : 가-되다
전 : 가-허다(轉嫁-) 동즌 : 가-허다
전가지-보(傳家之寶) 명즌가지-보
전갈-꾼(傳喝-) 명즌갈-꾼
전공-의(專攻醫) 명즌공-의

전과(全科) 명즌과
전 : 과(戰果) 명즌 : 과
전 : 과(全科) 명즌과
전광-석화(電光石火) 명즌광-슥화
전 : 광-판(電光板) 명즌 : 광-판
전교(全校) 명즌교
전교(傳敎) 명즌교
전교-생(全校生) 명즌교-상, 즌교-생
전권(專權) 명즌권
전궤(前軌) 명즌궤
전 : 근(轉勤) 명즌 : 근
전 : 기(電氣) 명즌 : 기
전 : 기-공(電氣工) 명즌 : 기-공
전 : 기-다리미(電氣-) 명즌 : 기-대리미
전 : 기-료(電氣料) 명즌 : 기-료
전 : 기-메기(電氣-) 명즌 : 기-메기
전 : 기-세(電氣稅) 명즌 : 기-세
전 : 기-신호(電氣信號) 명즌 : 기-신호
전 : 기-저 : 항(電氣抵抗)
　명즌 : 기-즈 : 항
전 : 기-톱(電氣-) 명즌 : 기-톱
전 : 기-회로(電氣回路) 명즌 : 기-회로
전 : 깃-불(電氣-) 명즌 : 깁-불
전 : 깃-줄(電氣-) 명즌 : 깃-줄, 즌선-줄
전-날(前-) 명즌-날
전 : 낭(錢囊) 명즌 : 낭
전 : -내기(廛-) 명즌 : -내기
전-달(前) 명즌-달
전담(全擔) 명즌담¹
전담(專擔) 명즌담²
전도(傳道) 명즌도

전 : 도(顚倒) 명즌 : 도
전 : 등(電燈) 명즌 : 등
전 : 등-불(電燈-) 명즌 : 등-불
전 : 등-신화(剪燈新話) 명즌 : 등-신화
전라도(全羅道) 명즐라도
전 : 란(戰亂) 명즌 : 란
전 : 람(展覽) 명즌 : 람
전 : 람-실(展覽室) 명즌 : 람-실
전 : 람-회(展覽會) 명즌 : 람-회
전래(傳來) 명즌 : 래
전량(全量) 명즌량
전 : 류(電流) 명즌 : 류
전 : 류-계(電流計) 명즌 : 류-계
전륜(前輪) 명즌륜
전 : 리-층(電離層) 명즌 : 리-층
전 : 리-품(戰利品) 명즌 : 리-품
전립-선(前立-腺) 명즌립-선
전 : 말(顚末) 명즌 : 말
전매-수입(專賣收入) 명즌매-수입
전매-특허(專賣特許) 명즌매-특허
전모(全貌) 명즌모
전 : 몰(戰歿) 명즌 : 몰
전문(全文) 명즌문
전반(全般) 명즌반
전반(前半) 명즌반
전반-기(前半期) 명즌반-기
전반-부(前半部) 명즌반-부
전반-적(全般的) 관명즌반-적
전반-적(全般的) 관명즌반-즉
전 : 보(戰報) 명즌 : 보
전 : 보(轉補) 명즌 : 보

전 : 보(電報) 명즌 : 보
전 : 봇-대(電報-) 명 즌 : 부상-대,
　즌 : 봇-대, 즘 : 봇-대, 즘 : 부상-대
전북(全北) 명즌북
전 : 비(戰備) 명즌 : 비
전 : 비(戰費) 명즌 : 비
전 : 산(電算) 명즌 : 산
전 : 산-망(電算網) 명즌 : 산-망
전생(前生) 명즌생
전 : 선-줄(電線-) 명즌 : 선-줄
전 : 성(轉成) 명즌 : 성
전성-어미(轉成語尾) 명즌 : 성-어미
전세(傳貰) 명즌세
전 : 세(戰勢) 명즌 : 세
전세-기(傳貰機) 명즌세-기
전세-난(傳貰難) 명즌세-난
전셋-돈(傳貰-) 명즌셋-돈
전셋-집(傳貰-) 명즌셋-집
전소(全燒) 명즌소
전속(專屬) 명즌속
전-속력(全速力) 명즌-속력
전송(傳誦) 명즌송
전 : 송(電送) 명즌 : 송
전 : 송(餞送) 명즌 : 송
전 : 송-망(電送網) 명즌 : 송-망
전수(傳受) 명즌수
전술(前述) 명즌술
전 : 술(戰術) 명즌 : 술
전 : 술-가(戰術家) 명즌 : 술-가
전 : 술-적(戰術的) 명즌 : 술-적
전 : 술-학(戰術學) 명즌 : 술-학

전승(傳承) 명즌승
전:승(戰勝) 명즌:승
전:승-국(戰勝國) 명즌:승-국
전:시(戰時) 명즌:시
전:시-관(展示舘) 명즌:시-관
전:시-대(展示臺) 명즌:시-대
전식(前式) 명즌식
전신(前身) 명즌신
전:신(戰神) 명즌:신
전:신(電信) 명즌:신
전:신-주(電信柱) 명즌:신-주
전:신-환(電信換) 명즌:신-환
전심(專心) 명즌심
전:아-하다(典雅-) 형즌:아-허다
전액(全額) 명즌액
전언(傳言) 명즌언, 즌은
전업(專業) 명즌업
전:업(轉業) 명즌:업, 즌:읍
전업-농(專業農) 명즌업-농
전:업-사(電業社) 명즌:업-사, 즌:읍-사
전업-농가(專業農家) 명즌업-농가
전용(專用) 명즌용
전:용(轉用) 명즌:용
전용-물(轉用物) 명즌용-물
전:운(戰雲) 명즌:운
전원(全員) 명즌원
전원(田園) 명즌원
전:원(電源) 명즌:원
전원-주택(田園住宅) 명즌원-주택
전월세(傳月貰) 명즌월세

전유(專有) 명즌유
전유-물(專有物) 명즌유-물
전:율(戰慄) 명즌:율
전음(傳音) 명즌음
전:이(轉移) 명즌:이
전임(專任) 명즌임
전임-자(前任者) 명즌임-자
전자(前者) 명즌자
전:자(電子) 명즌:자
전:자-계산기(電子計算機) 명즌:자-기산기
전:자-공학(電子工學) 명즌:자-공학
전:자-레인지(電子-range) 명즌:자-렌지
전:자-오:락(電子娛樂) 명즌:자-오:락
전:자-오:락실(電子娛樂室) 명즌:자-오:락실
전자-전(電子戰) 명즌자-즌
전:자-파(電磁波) 명즌:자-파
전작(前酌) 명즌작
전:장/전:쟁(戰場/戰爭) 명즌:장
전:장-터/전:쟁-터(戰場-/戰爭-) 명즌:장-터
전:장-판(戰場-) 명즌:장-판
전재(全載) 명즌재
전적(全的) 관명즌적
전적(全的) 관명즌즉
전적(前績) 명즌즉
전적(前績) 명즌즉
전:적(戰績) 명즌:적

전전(前前) 명즌즌
전 : 전(輾轉/轉轉) 명즌 : 즌
전 : -전세(轉傳貰) 명즌 : -즌세
전제(前提) 명즌제
전제(專制) 명즌제
전-주(前週) 명즌-주
전주(全州) 명즌주
전주(轉注) 명즌주
전 : 주(電柱) 명즌 : 주
전 : 지(剪枝) 명즌 : 지
전 : 지(電池) 명즌 : 지
전지-전능(全知全能) 명즌지-즌능
전 : 지-훈 : 련(轉地訓鍊)
　명즌 : 지-훈 : 련
전집(全集) 명즌집
전차(前車) 명즌차
전처(前妻) 명즌처, 즌츠
전-천후(全天候) 명즌-츤후
전철(前轍) 명즌철, 즌츨
전 : 철(電鐵) 명즌 : 철
전 : 철(電鐵) 명즌 : 츨
전체(全體) 명즌체
전초-전(前哨戰) 명즌초-즌
전 : 촉(箭鏃) 명즌 : 촉
전 : 축(電蓄) 명즌 : 축
전파(傳播) 명즌파
전파(全破) 명즌파
전 : 파(電波) 명즌 : 파
전 : 파-사(電波社) 명즌 : 파-사
전 : 파-탐지기(電波探知機)
　명즌 : 파-탐지기

전판(全-) 명즌판
전패(全敗) 명즌패
전폐(全廢) 명즌폐
전 : 폭-기(戰爆機) 명즌 : 폭-기
전 : 표(錢票) 명즌 : 표
전-하다(傳-) 동즌-허다
전 : 화(戰火) 명즌 : 화
전 : 화(戰禍) 명즌 : 화
전 : 화(電話) 명즌 : 화
전 : 화-국(電話局) 명즌 : 화-국
전 : 화-기(電話機) 명즌 : 화-기
전 : 화-번호(電話番號) 명즌 : 화-번호
전 : 화-비(電話費) 명즌 : 화-비
전 : 화-세(電話稅) 명즌 : 화-세
전 : 화-위복(轉禍爲福) 명즌 : 화-위복
전 : 화-질(電話-) 명즌 : 화-질,
전 : 홧-줄(電話-) 명즌 : 홧-줄
전 : 황(戰況) 명즌 : 황
전횡(專橫) 명즌횡
전후(前後) 명즌후
전 : 후(戰後) 명즌 : 후
전 : 흔(戰痕) 명즌 : 흔
절 명즐
절(節) 명즐, 집-즐
절 : 다 동즐 : 다
절-간(-間) 명즐-간
절감(切感) 명즐감
절감(節減) 명즐감
절-값 명즐-갑
절교(絶交) 명즐교
절기(節氣) 명즐기

절단-하다(切斷-) 동즐단-허다
절레-절레 부즐레-즐레
절-로 부절 : -루
절후(節侯) 명즐후
점(店) 접-즘
점벙 부짐벙
점벙-거리다 동짐벙-거리다
젓 : -나무 명즌 : -나무, 즌 : -낭구
젓 : 다 동저스다
젓-가락 명저범, 적-가락, 적깔
젓가락-질 명저범-질, 적깔-질
정강이 명정갱이
정강이-뼈 명정갱이-뻬
정자(亭子) 명증자
정자-나무(亭子-) 명증자-나무, 증자-낭구
정 : 작 명, 부증 : 작
정직(正直) 명증 : 직
정직-하다(正直-) 동증 : 직-허다
정 : 체(正體) 명증 : 체
젖 명젓
젖-가슴 명젓-가심
젖-먹이 명젓-멕이
젖-퉁이 명젓-팅이
제 대지 :
제(劑) 의명지
제 : (祭) 명지 :
제-값 명지-갑
제 : 과(製菓) 명지 : 과
제 : 과-업(製菓業) 명지 : 과-읍
제과-점(製菓店) 명지 : 과-즘

제 : 관(祭官) 명지 : 관
제 : 구(祭具) 명지 : 구
제-구실 명지-구실
제 : 기(祭器) 명지 : 기
제-까짓 관지-까직, 지-까집, 지-까짓
제 : 단(祭壇) 명지 : 단
제-달 명지-달
제 : 당(祭堂) 명지 : 당
제 : 당(製糖) 명지 : 당
제 : 당-업(製糖業) 명지 : 당-읍
제-대로 부지-대루
제-때 명지-때
제 : 례(祭禮) 명지 : 례
제 : 물(祭物) 명지 : 물
제물-에 부지물-이
제 : 미 감지 : 미
제 : -삼자(第三者) 명지 : -삼자
제-아무리 부지-아무리
제-철 명지-출
젠 : 장-칠/젠 : 장-맞을 감젠 : 장-헐
조 명스 : 슥
조기-쯤 대조-께, 조께-찜
조래 (구문) 조려
조래도 (구문) 조려두, 조리두
조래서 (구문) 조려서, 조리서
조래요 (구문) 조류
조러다 형조리다
조렇게 (구문) 조렇키, 조롷기
조르다 동졸르다
조리 부졸리
조리-로 부조 : -루, 졸 : -루

조-밥 명스슥-밥
조-쪽 대조-짝
졸라-매다 동졸러-매다, 쫄러-매다
좁-쌀 명스슥-쌀
종일(終日) 명젱일, 죙일
주인-양반(主人兩班) 명쥔:-냥반
줄 의명중
좁다 동줏다
중-길(中-) 명중-찔, 중-빨, 중-짜
즈:-자세(低姿勢) 명즈:-자세
즈:-출산(低出産) 명즈:-출산
전:마(戰馬) 명즌:마
즌부(全部) 명즌부
지:렁이 명지:렝이
지긋-하다 형지긋:-허다
지남-철(指南鐵) 명지남-츨
지렁이 명지링이
지름-길 명지름-질
지붕 명지벙
지점-장(支店長) 명지즘-장
지저분히 부꼬지지, 꾀제제
직-거래(直去來) 명직-그:래
진정(鎭靜) 명진증
진정(眞正) 부진증
진-종일(盡終日) 명진:-젱일
진지 명진:²
질-그릇 명질-그륵
짐벙-대다 동짐벙-대다
짐벙-짐벙 부짐벙-짐벙
짐승 명즘성, 짐성
집게 명직게, 찍게

집게-발 명직게-발
집게-손가락 명직게-송꼬락,
　집게-손꼬락, 찍게-손꼬락
집-고생(-苦生) 명집-고상
집-짐승 명집-즘성, 집-짐성
짓-누르다 동짓-눌르다
짜증 명짜징, 짜징이
짜증-나다 동짜징-나다, 짜징이-나다
짜증-내다 동짜징-내다, 짜징이-내다
짜증-스럽다 형짜징-시럽다
쪼개다 동짜개다
쪼끔 부째끔
쪼다 동좃다
쪽 의명짝
쫓겨-가다 동쫒겨-가다
쫓겨-나다 동쫒겨-나다
쫓겨-다니다 동쫒겨-댕기다
쫓기다 동쫒기다
쯤 접찜
찌꺼기 명치리기

ㅊ

차리다 동채리다
참-기름 명창-지름, 챙-기름, 챙-지름
참-깨 명창-꽤
참-깻묵 명창-꽫목
참깻-잎 명창꽷-잎
찾다 동차지다
처-넣다 동처-늫다

처-박히다 동처-백히다
처음 명츰
척 의명첵
천:박-스럽다(淺薄-) 형츤:박-시럽다
천:박-하다(淺薄-) 형츤:박-허다
천:출(賤出) 명츤:출
천덕-꾸러기(賤-) 명츤덕-꾸리기, 츤덕-쟁이
천도-복숭아(天桃-) 명천도-복사
천생(天生) 부천상
천연덕-스럽다(天然-) 형츤은득-시럽다
천천히 부츤츤이
철 명츨
철(鐵) 명츨
철궤(鐵櫃) 명츨궤
철궤(鐵軌) 명츨궤
철근(鐵筋) 명츨근
철기(鐵器) 명츨기
철기(鐵騎) 명츨기
철기-시대(鐵器時代) 명츨기-시대
철-딱서니 명츨-딱스니
철모(鐵帽) 명츨모
철-모르다 동츨-몰르다
철문(鐵門) 명츨문
철물(鐵物) 명츨물
철물-전(鐵物廛) 명츨물-즌
철물-점(鐵物店) 명철물-즘, 츨물-즘
철-새 명츨-새
철조망(鐵條網) 명츨조망
청국-장(淸麴醬) 명통통-장
청미래-나무 명멍가-나무, 멍가-낭구

체인-점(chain-店) 명체인-즘
초-가을(初-) 명초-갈:
초가-지붕(草家-) 명초가-지벙
초-고추장(醋-醬) 명초-꼬치장
초행-길(初行-) 명초행-질
촌-스럽다(村-) 형촌-시럽다
촐싹-촐싹 부초싹-초싹
추수-철(秋收-) 명추수-츨
추절(秋節) 명추즐
측:량(測量) 명갈:량(-量)
츤:민(賤民) 명츤:민
치마-저고리 명치마-저구리
치맛-감 명치막-감
치이다 동짬-치다
친목-계(親睦契) 명친목-지
친-자식(親子息) 명친-자석
친-자식(親子息) 명친-자슥

ㅋ

켜다 동쓰다¹
켜다 동키다¹
켜다 동키다²
켜-지다 동써-지다
켤레 의명커리
콕-구멍 명콕-구녁, 콕-구녕, 콕-구먹
콧-기름 명콧-지름
콧-김 명콧-짐
콧-등 명콧-등배기
콧-수염(-鬚髥) 명콧-시염
콩-기름 명콩-지름

콩-깻묵 몡 콩-깩묵
콩-잎 몡콩-잎새기
큰-길 몡큰-질
큰길-가 몡큰질-가
키우다 동키 : 다

■■■ ㅌ

탐-스럽다(貪-) 형탐-시럽다
태어-나다 동태 : 다¹
태우다 동태 : 다²
태우다 동태 : 다³
태우다 동태 : 다⁴
턱 의명택
톱/거도(鋸刀) 몡그도
톱-날 몡그돗-날
톱-밥 몡그돕-밥
톱-질 몡그도-질
통-고추 몡통-꼬추
통-장작(-長斫) 몡통-장적
통토-하다(動土-) 동동토-나다, 동티-나다
트림 몡게-트름
틈새/틈새기 몡틈새기

■■■ ㅍ

파이다 동패이다, 팽기다

팔-모가지 몡팔목-쟁이, 팔-므가지
페인트(paint) 몡뻥끼
푸성귀 몡푸성가리
풀다 동풀르다
풀-더미 몡풀-데미, 풀-디미
풀-뿌리 몡풀-뿌리기
풀-잎사귀 몡풀-잎새, 풀-잎새기
풋-고추 몡애-꼬추, 풋-꼬추
피라미 몡갈가리

■■■ ㅎ

하다가 하다가/많이 애쓰다가 튀허다-허다
하고-많다 형허구-많다
하-길(下-) 몡하-빨, 하-짜(下-)
하다 보동쓰다²
하루-살이 몡날-파리
하르르 튀허르르
하르르-하다 동허르르-허다
하얗다 형흐얗다
하:절-기(夏節期) 몡하 : 즐-기
하지만 튀허지먼
한가-롭다(閑暇-) 형한가-럽다
한데 튀헌디¹
한-세 : 상(-世上) 몡한-시 : 상
한참 전에 튀아까-아까
한-철 몡한-츨
할인-즘(割引店) 몡할인-즘

함께/같이 부하냥
함박-눈 명송이-눈
항아리 명바텡이
허구-하다(許久-) 형허구-허다
허리-띠 명괴리-띠, 허립-바, 허릿-바
허물다 동흐물다
허발-하다 동허발-허다
허방 명허당
허섭-쓰레기 명치리기
허수아비 명허숭애비
허 : 옇다 형흐 : 옇다, 흐 : 연-허다,
　　흐 : 은-허다
허 : 예-지다 동흐 : 예-지다
허투루 부허티루
헌 관흔 :
헌 : -계 : 집 명흔 : -지 : 집
헌 : 금(獻金) 명흔 : 금
헌 : 금-하다(獻金-) 명흔 : 금-허다
헌 : -데 명헌 : -디²
헌 : -데 명흔 : -디
헌 : 법(憲法) 명흔 : 법
헌 : 법-학(憲法學) 명흔 : 법-학
헌 : -솜 명흔 : -솜
헌 : 수(獻壽) 명흔 : 수
헌 : 시(獻詩) 명흔 : 시
헌 : 신(獻身) 명흔 : 신
헌 : -신발 명흔 : -심발
헌 : 신-적(獻身的) 관명흔 : 신-적
헌 : -신짝 명흔 : -신짝
헌 : 신-하다(獻身-) 명흔 : 신-허다
헌 : 작(獻爵) 명흔 : 작

헌 : 장(憲章) 명흔 : 장
헌 : 정(憲政) 명흔 : 정
헌 : 정-사(憲政史) 명흔 : 정-사
헌 : -책(獻策) 명흔 : 책
헌 : 털-뱅이 명흔 : 털-뱅이
헌 : 화(獻花) 명흔 : 화
헌 : 화-가(獻花歌) 명흔 : 화-가
헐 : 다 동흘 : 다
헐 : -뜯다 동흘 : -뜯다
헐 : -벋다 동흘 : -벗다
헐 : -값 명흘 : -갑
헐리다 동흘리다
헐-하다(歇-) 형흘-허다
험 : 구(險口) 명흠 : 구
험 : 담(險談) 명흠 : 담
험 : 로(險路) 명흠 : 로
험 : 산(險山) 명흠 : 산
험 : 상(險狀) 명흠 : 상
험 : 상-궂다 형흠 : 상-궂다
험 : 악-하다(險惡-) 형흠 : 악-허다
험 : 준(險峻) 명흠 : 준
험 : 준-하다(險峻-) 형흠 : 준-허다
험 : 지(險地) 명흠 : 지
험 : -하다(險-) 형흠 : -허다
험 : 난-하다(險難-) 형흠 : 난-허다
헛-간(-間) 명허깐
헛간-방(-房) 명허깐-방
헛-기침 명헛-지침
헛-길 명헛-질¹
헛-김 명헛-짐
헛김-나다 동헛짐-빠지다

헛된 곳 몡헛-디, 홋-디, 헛-티
헛-물 몡흡-물, 홋-물
헛물-켜다 동흡물-키다, 홋물-키다
헛-발 몡헙-발, 헛-발
헛발-질 몡헙발-질, 헛발-질
헛-소리 몡헷-소리
헛-소문(-所聞) 몡헷-소문
헛-손질 몡헷-손질
헛-수고(-愁苦) 몡헷-수고
헛-심 몡헛-심, 헷-심
헛-일 몡헷-일
헛-짓 몡헛-지랄, 헛-질, 헷-지랄
헝 : 겊 몡흥 : 겁
헤엄 몡후염
헤엄-치다 몡후염-치다
헷-갈리다 동허-깔리다, 헤-깔리다
혀가 빠지다 형세-빠지다, 쎄-빠지다
혀짤-배기/말-더듬이 몡세짤-배기
혓-바늘 몡섭-바눌, 섯-바눌, 셉-바눌, 셋-바눌
혓-바닥 몡섭-바닥, 셉-바닥, 셋-바닥
형(兄) 몡성, 성아, 엉-아
형-님(兄-) 몡성-님
호-고추(胡-) 몡호-꼬추
호두-송이(胡桃-) 몡호도-쇵이
호박-잎 몡호박-잎새, 호박-잎새기
호사-스럽다(豪奢-) 형호사-시럽다
홀-아비 몡홀-애비
홀-어미 몡홀-에미
홀쳐-매다 동옹쳐-매다
화끈-거리다 동화닥-그리다

환전(換錢) 몡환즌
환전-소(換錢所) 몡환즌-소
환전-하다(換錢) 동환즌-허다(換錢-)
환-절기(換節期) 몡환-즐기
후듯하게 튀후듯-이
후듯-하다 형후듯-허다
후레-자식(-子息) 몡후레-아덜, 후레-자석, 후레-자슥
후려-갈기다 동후려-쌔리다, 후려-쎄리다
후비다 동파다
휘-두르다 동휘-둘르다
휘-지르다 동후질르다
휴가-철(休暇-) 몡휴가-츨
흉 몡숭
흉금(胸襟) 몡숭금
흉기(凶器) 몡숭기
흉년(凶年) 몡숭년
흉년-거지(凶年-) 몡숭년-그지
흉몽(凶夢) 몡숭몽
흉사(凶事) 몡숭사
흉악-하다(凶惡-) 형숭악-허다
흉어(凶漁) 몡숭어
흉작(凶作) 몡숭작
흉적(凶賊) 몡숭적
흉측(凶測) 몡숭칙
흉측-하다(凶測-) 형숭칙-허다
흉-터 몡숭-터
흐르다 동흘르다
흐지부지-하다 형시부정-찮다
흔덕-흔덕 튀흔덩-흔덩
흔뎅-거리다 동흔덩-거리다

흔-하다 형흔-허다
흙-더미 명흙-데미, 흙-디미
흙-덩이 명흙-뎅이, 흙-딩이
흙-먼지 명흙-몬지, 흙-몸지
흙-무더기 명흙무데기, 흙무디기
흙-무덤 명흙-모이
흙-뭉텅이 명흙-뭉텡이, 흙-뭉티기,
　흙-뭉팅이
흙-바닥 명흙-바당
흙-바람벽 명흙-배람박
흙-벽돌(-壁-) 명흙-벡돌, 흙-복돌
흩다 동흐틀다
희다 형흐다
희미-하다 형흐미-허다, 흐밋-허다
희아리 명희나리
희읍스름-하다 형흐엽스름-허다,
　흐엽시름-허다, 희엽스름-허다
흰 접흔
흰-나비 명흔-나비
흰-둥이 명흔-둥이

흰-떡 명흔-떡
흰-밥 명흔-밥
흰-소리 명신-소리
흰-쌀 명흔-쌀
흰쌀-밥 명흔쌀-밥
흰-자위 명흔-자, 흔-자위
흰-죽 명흔-죽
힐끗 부시끗
힐끗-하다 동시끗-허다
힘 명시마리, 시맹이, 심
힘-겨루기 명심-그루기
힘-겹다 형심-급다
힘-껏 부심-껏, 심-끗
힘-닿다 동심-닿다
힘-들다 동심-들다
힘-들이다 동심-딜이다
힘-세다 동심-씨다
힘-쓰다 동심-쓰다
힘-입다 동심-입다
힘-주다 동심-주다

┃이 명 재
- 충남 예산 출생
- 충남대학교 국어국문학과 졸업
- 시인
- E-mail : ymj621014@hanmail.net

예산말사전 제1권

인　쇄 ‖ 2012년 10월 20일
발　행 ‖ 2012년 10월 25일
저　자 ‖ **이　명　재**
발행인 ‖ **성　정　화**
발행처 ‖ 도서출판 **이화**
　　　　　대전광역시 중구 선화동 229-2번지 장현빌딩 2층
　　　　　Tel. 042-255-9707~8 • Fax. 042-255-9709

ISBN 978-89-6439-059-7　04710
　　　978-89-6439-058-0　셋트

값 30,000원

※ 이 책의 무단복제나 전재를 금합니다.
　 잘못 만들어진 책은 바꾸어 드립니다.